RÉPERTOIRE

UNIVERSEL ET RAISONNÉ

DE JURISPRUDENCE

CIVILE, CRIMINELLE,

CANONIQUE ET BÉNÉFICIALE.

OUVRAGE DE PLUSIEURS JURISCONSULTES :

Mis en ordre & publié par M. GUYOT; Écuyer, ancien Magiſtrat.

·TOME QUATORZIÈME.

A PARIS,

Chez PANCKOUCKE, Hôtel de Thou, rue des Poitevins.

Et ſe trouve chez les principaux Libraires de France.

M. DCC. LXXVII.

Avec Approbation & Privilége du Roi.

RÉPERTOIRE

UNIVERSEL ET RAISONNÉ

DE JURISPRUDENCE

CIVILE, CRIMINELLE,

CANONIQUE ET BÉNÉFICIALE.

C

COMPULSOIRE. On nomme ainſi une procédure dont l'objet eſt de contraindre un notaire, un greffier, ou tout autre dépoſitaire public de titres, actes & regiſtres, à les repréſenter & en délivrer ou laiſſer prendre des copies duement collationnées, pour tenir lieu des originaux mêmes à celui qui requiert le Compulſoire.

On ne peut y procéder qu'en vertu de lettres de chancellerie, qu'on nomme lettres de Com-

pulſoire, (*) ou en vertu d'une commiſſion,
qui s'expédie en conſéquence d'une ordonnance
du juge miſe au bas de la requête préſentée à cet
effet par la partie qui a beſoin du Compulſoire.
(**) Cette requête doit énoncer d'une maniere

(*) *Formule des lettres de Compulſoire.*

Louis par la grace de Dieu, roi de France de Navarre,
au premier notre huiſſier ou ſergent ſur ce requis : notre
amé A. . . . nous a expoſé que pour juſtifier le droit qu'il a
dans l'inſtance pendante en notre cour de parlement de. . . .
entre lui & B. . . . Il a beſoin de pluſieurs titres & pièces
qui ſont entre les mains des notaires, greffiers & autres
perſonnes publiques, & il nous a en conſéquence ſupplié de
lui octroyer nos lettres pour les faire contraindre à repréſenter leſdites pièces. A ces cauſes, te mandons, à la requête de l'expoſant, faire commandement à tous notaires,
greffiers & autres perſonnes publiques, de repréſenter les
titres, contrats, ſentences & autres actes, qui te ſeront
nommés par l'expoſant, pour en être par toi fait extraits, vidimus & collations, parties préſentes ou duement appelées ;
ce fait être délivrés à l'expoſant pour s'en ſervir en ladite
inſtance & partout ailleurs, & en cas d'oppoſition ou refus,
les oppoſans & refuſans ſeront aſſignés en notredite cour de
parlement de. . . . pour en dire les cauſes, & en outre procéder comme de raiſon ; de ce faire te donnons pouvoir.
Donné en notre chancellerie du palais à Paris, le neuvième
jour de juillet, l'an de grace mil ſept cent. . . . & de
notre règne, le. . . . *Signé* par le conſeil. . . . & ſcellé.

- (**) *Modèle d'une requête pour obtenir le Compulſoire.*

A M. le lieutenant civil, (*ou autre*) .

Supplie humblement A. . . . diſant qu'il eſt en inſtance
devant vous contre B . . . & pour juſtifier de ſon droit le
ſuppliant a beſoin d'un contrat de vente, (*déſigner la nature de l'acte, comme ſi c'eſt un bail, une tranſaction, &c.*)
paſſé entre M. . . . & N. . . . par devant Bronod & ſon confrère, notaires au châtelet de Paris, le. . . . janvier mil
ſept cent. (*Mentionner ainſi toutes les autres pièces qu'on
a beſoin de faire compulſer*) qui ſont ès-mains de perſon-

précise les actes & titres qu'il s'agit de faire com-

---

nes publiques qui feront difficulté de les représenter, si vous n'y interpolez votre autorité. Ce considéré M.... il vous plaise permettre au suppliant de compulser lesdits actes & autres titres & pièces dont il aura besoin pour s'en servir comme des originaux, en l'instance d'entre lui & B. ... à l'effet de quoi ordonner que commission lui sera délivrée, & vous ferez justice.

L'ordonnance sur cette requête porte : permis de compulser à l'effet de quoi soit commission délivrée ; fait ce... novembre mil sept cent. ...

La commission pour faire compulser expédiée en exécution de cette ordonnance, est ainsi conçue :

A tous ceux.... au premier huissier du.... ou en son absence au premier huissier ou sergent royal sur ce requis : nous vous mandons à la requête de A.... pour lequel ferez élection de domicile où besoin sera, & en conséquence de l'ordonnance de M.... étant au bas de la requête à lui présentée par ledit A.... le.... novembre mil sept cent... faire commandement à tous notaires, greffiers, ou autres personnes publiques de vous exhiber & représenter tous & un chacun les titres, contrats, aveu & dénombremens, baux, sentences & autres actes qui vous seront indiqués par ledit A.... pour être par vous fait extrait, *vidimus* & collation, partie présente ou duement appelée, pour ce fait & délivré audit A.... s'en servir en jugement & partout ailleurs, ainsi qu'il appartiendra ; & en cas de refus, opposition & délai, assigner par devant nous les refusans, opposans & délayans, pour en dire les causes & se voir condamner aux dommages-intérêts dudit A.... & aux dépens, & déclarer que Me. Regley occupera pour ledit A.... De ce faire vous donnons pouvoir. Fait & délivré à... : le... jour de novembre mil sept cent. ...

Par un réglement rendu contradictoirement au châtelet de Paris le 13 février 1696, pour l'expédition des sentences des audiences du parc civil & du présidial, & pour celle des commissions, il est fait défenses aux commis du greffe écrivant à la peau d'insérer dans le compulsoire aucun appointement ni prononciation qui règle les différens des par-

pulfer ; les notaires, greffiers, ou autres officiers publics qui en font les dépofitaires, & fur-tout les dates exactes des regiftres. Quelquefois auffi on obtient la permiffion de compulfer par une fentence, mais plus communément on prend des lettres en chancellerie ou une commiffion du juge faifi de l'inftance, dans laquelle il s'agit de produire les piéces qu'on veút faire compulfer, parce que la procédure en eft bien moins longue & plus fimple (*).

---

ties contradictoirement ou par défaut, ni même des termes en vertu defquels on puiffe faire des faifies, donner mainlevée, procéder à l'ouverture de portes, ni exécuter aucune contrainte, à peine de nullité, de cent livres d'amende, d'interdiction & de tous dépens, dommages & intérêts des parties.

(*) M. Cordier de Caudry, confeiller au parlement de Flandres, difputoit à l'abbaye d'Auchin la haute, moyenne & baffe juftice fur les fiefs de Coquelet & du Tronquoi en Cambrefis. Les deux parties furent admifes par arrêt du 24 décembre 1768, à vérifier refpectivement la poffeffion qu'elles alléguoient en leur faveur.

M. Cordier voulut compulfer les actes, titres & papiers qui fe trouvoient en la poffeffion de l'abbaye concernant ces fiefs. Les religieux s'oppofèrent à fa demande comme prématurée, attendu qu'ils vouloient eux-mêmes faire emploi de leurs titres dans leur enquête. Par arrêt du 22 mars 1769, la cour ordonna aux religieux de faire leur preuve dans trois mois, & permit à M. Cordier de faire fon Compulfoire pour completter fa preuve, après que l'abbaye auroit achevé la fienne. Les religieux n'ayant pu la finir dans les trois mois, M. Cordier prétendit faire fon Compulfoire, mais par arrêt du 18 juillet 1769, la cour accorda encore un mois à l'abbaye, & défendit à M. Cordier de compulfer avant que ce tems ne fût écoulé.

On voit par cet arrêt que quand deux parties font en termes d'enquête, l'une ne peut former de Compulfoire

L'effet de ces lettres ou commission est d'autorifer l'huissier ou sergent auquel elles sont adressées, à contraindre sur la réquisition de l'impétrant les notaires, greffiers ou autres dépositaires publics de titres & actes, de représenter ceux qu'on leur demande & dont ils pourroient faire difficulté de délivrer des copies sans cette formalité. Elle devient indispensable sur-tout à l'égard des notaires. On sait qu'ils ne doivent point communiquer un acte ni en donner d'expédition à ceux qui n'y sont pas expressément dénommés, ou qui ne sont point héritiers de quelqu'une des parties contractantes. C'est une loi que le secret des familles, dont ils sont les dépositaires, ne leur permet pas de violer, & l'on ne peut dans ce cas se procurer l'expédition des pièces dont on a besoin que par la voie du Compulsoire qui fait leur décharge & les met à l'abri de tout reproche.

En vertu des lettres ou commission de Compulsoire, l'huissier donne assignation à la partie adverse de celui qui veut faire compulser, à l'effet de se trouver au jour & à l'heure désignés,

---

contre l'autre avant que celle-ci n'ait achevé son enquête, ou qu'elle ne soit déboutée de la faire, parce qu'elle peut elle-même produire les titres que l'autre voudroit compulser, & ainsi ce seroit faire deux fois la même chose.

Le compulsant est obligé de s'expliquer sur l'emploi qu'il prétend faire des titres qu'il veut compulser, si l'autre partie l'exige. Le parlement de Flandres l'a ainsi jugé par arrêt du 2 août 1696, rendu au rapport de M. Cordouan, entre Jean-Charles le Comte & Charles Wicart. (*Note de M.* MERLIN *, avocat au parlement de Flandres*).

par l'exploit au domicile du greffier ou notaire,
soit que les titres & piéces à compulser y soient
déposés ou que de-là on doive aller les compulser chez un autre officier public (*).

Ces sortes d'assignations pour se trouver aux
Compulsoires, extraits ou collations de piéces,

(*) *Forme de l'exploit d'assignation en vertu des lettres
ou commission de Compulsoire.*

L'an mil sept cent.... le.... jour de novembre, en
vertu des lettres de commission en forme de Compulsoire,
données en la chancellerie du palais à Paris, le.... jour
de.... signées par le conseil & scellées (*ou obtenues au*
châtelet de Paris, le.... jour de.... mil sept cent....
signées & scellées.... (*Il faut énoncer le tribunal d'où la
commission est émanée.*) Et à la requéte de A.... demeurant
à Paris, rue... qui a élu son domicile en la maison de
Me.... son procureur, sise rue.... j'ai huissier à....
soussigné, sommé, interpellé & donné assignation à B....
en son domicile, rue... parlant à.... à comparoir & se
trouver demain vendredi, quatre heures de relevée en l'étude de Me. Bronod, notaire au châtelet de Paris demeurant rue de Bracq, (*lorsque les pièces à compulser ne sont
pas entre les mains du notaire chez lequel l'assignation est
donnée, l'on ajoute ici,* pour de-là se transporter ou besoin sera, pour être présent, &c.) pour être présent, si bon
lui semble, au Compulsoire, vidimus & collation qui y
sera faite de pièces dont ledit A.... aura besoin, & notamment d'un contrat de mariage du dix-sept avril mil sept
cent.... reçu par ledit Me. Bronod entre le sieur Pierre
D.... & la demoiselle Catherine P.... (*désigner en cet
endroit les pièces qu'on veut compulser.*) Déclarant audit
B.... que faute par lui d'y comparoir, il sera procédé au
Compulsoire, tant en absence que présence, & lui ai,
parlant comme dessus, laissé copie tant desdites lettres ou
commission en forme de Compulsoire que du présent exploit, déclarant que Me. R.... procureur occupera pour
ledit A....

se donnoient autrefois aux portes des églises ou autres lieux publics, pour se transporter de là à l'endroit où étoient les piéces qu'il s'agissoit de compulser. Mais cet ancien usage à été abrogé par l'article premier du titre 12 de l'ordonnance de 1667, & l'assignation est toujours donnée chez le greffier ou notaire. On assigne ordinairement au premier jour, excepté lorsque la partie qu'il s'agit d'assigner est éloignée de l'endroit où il faut qu'elle se rende pour voir procéder au Compulsoire ; il est d'usage alors de donner un jour par chaque dix lieues. Il est à propos de remarquer que lorsque l'assignation est donnée dans un autre lieu que celui où les actes & titres doivent être compulsés, il faut dans l'exploit d'assignation, après avoir sommé la partie de se rendre chez un tel notaire ou greffier, déclarer que l'on se transportera de chez lui où il sera nécessaire pour procéder au Compulsoire des piéces.

Il est encore bon d'observer que les assignations pour Compulsoire, qui sont données au domicile du procureur de la partie, ont le même effet que si elles l'étoient au domicile de la partie elle-même. C'est la disposition de l'article 4 du titre 12 de l'ordonnance du mois d'avril 1667.

Indépendamment de l'assignation donnée à la partie & à laquelle il faut joindre copie des lettres ou commission de Compulsoire, l'huissier doit en outre faire au notaire ou greffier dépositaire des titres, une sommation ou commandement de les représenter, & il est essentiel d'énoncer dans cet acte, la nature, le nombre

& la date des piéces qu'on entend faire compulser (*).

S'il arrivoit que fur le commandement le notaire ou greffier fît refus de repréfenter les piéces, ou s'il ne fe trouvoit pas chez lui aux jour & heure indiqués par le commandement, il faudroit dans ce cas lui donner affignation devant le juge duquel la commiffion eft émanée, pour dire les caufes de fon refus & fe voir condamner aux dommages & intérêts du demandeur & aux dépens, & l'on obtient fentence pour contraindre le greffier ou notaire à repréfenter les piéces. Il en eft de même lorfque la partie affignée, étant préfente, s'oppofe au Compulfoire; il faut dans ce cas l'affigner devant le juge, pour l'y faire déduire fes moyens d'oppofition.

On ne doit commencer de procéder aux

(*) *Modèle du commandement qu'on fait à un notaire, greffier ou autre perfonne publique de repréfenter les titres.*

L'an mil fept cent.... le.... jour de.... en vertu des lettres ou commiffion en forme de Compulfoire du.... fignées & fcellées, je.... huiffier à.... fouffigné, déclare avoir fommé & requis Me. Bronod, notaire au châtelet de Paris en fon domicile, rue de Bracq, en parlant à.... de fe trouver demain vendredi, quatre heures de relevée en fon étude, pour me repréfenter les minutes des titres & contrats dont A.... aura befoin & notamment celle d'un contrat de mariage du dix-fept avril mil fept cent.... & par lui reçu entre le fieur Pierre D.... & la demoifelle Catherine P.... (*& ainfi exprimer les piéces dont on a befoin*) pour, defdites minutes être fait Compulfoire, extraits, vidimus & collation, partie préfente ou abfente, & duement appelée, déclarant audit Me. Bronod, qu'il fera payé de fes droits, falaires & vacations, & lui ai, parlant comme deffus, laiffé copie, tant de ladite commiffion que du préfent exploit.

Compulsoires & collations de piéces qu'une
heure après l'échéance de l'assignation donnée
à la partie lorsqu'elle ne se présente pas, &
il faut en faire mention dans le procès-verbal
de Compulsoire suivant l'article 12 du même
titre de l'ordonnance de 1667 (*).

(*) *Modèle d'un procès-verbal de Compulsoire.*

L'an mil sept cent.... le.... jour de.... quatre heures
de relevée, en vertu des lettres de commission en forme de
Compulsoire données en la chancellerie du palais à Paris
le neuvième jour de juillet, signées par le conseil & scellées,
(*ou* obtenues au châtelet de Paris, le....) & à la requête
de A.... demeurant rue.... qui a élu son domicile chez
Me.... son procureur, demeurant rue.... je.... Huissier à.... soussigné, me suis transporté en l'étude de Me.
Bronod, notaire au châtelet de Paris, demeurant rue de
Bracque, où est aussi comparu Me. R.... procureur dudit
A.... lequel m'a dit que pour d'autant plus justifier du
bon droit dudit A.... en l'instance qui est pendante au
parlement (*ou autre juridiction*) entre lui & B.... Il
a besoin de plusieurs titres & pièces, & notamment
d'une expédition d'un contrat de mariage passé pardevant ledit Me. Bronod & son confrere, notaires au
châtelet de Paris, le.... mil sept cent.... entre le sieur
P.... & le demoiselle C.... & comme ledit Me. Bronod
avoit fait quelque difficulté de la lui délivrer, ledit A....a
obtenu des lettres de Compulsoire en la chancellerie du
palais à Paris, le.... mil sept cent.... (*ou bien* une commission en forme de Compulsoire au châtelet de Paris,
le....) en vertu desquelles il a fait sommer ledit B....de
comparoir ce jourd'hui, lieu & heure présente, pour se
trouver & être présent si bon lui semble audit Compulsoire,
avec protestation que faute de comparoir, il y seroit procédé, tant en absence que présence, comme aussi que ledit
A.... a fait sommer Me. Bronod, notaire de comparoir
& se trouver le même jour, lieu & heure pour me représenter la minute, tant dudit contrat de mariage ci-dessus
énoncé que des autres actes dont il seroit requis, pour en

Le notaire ou greffier ne figne point les ex-

la préfence dudit B. . . . s'il comparoiffoit, finon en fon abfence, être fait vidimus, collation & Compulfoire defdites
pieces, pour icelles fervir en ladite inftance d'entre A. . . .
& B. . . . & partout ailleurs, comme les originaux, ainfi
que du tout il réfulte par les exploits contenant fommation
par moi faits le jour d'hier, contrôlés à Paris, ce jourd'hui,
defquelles comparaifons, dites, requifitions & proteftations
ledit A. . . . & ledit Me. . . . procureur audit nom, a requis
acte & défaut contre ledit B.... (*en cas qu'il ne comparoiffe*
pas) & que pour le profit duquel il foit procédé audit Compulfoire, tant en abfence que préfence & ont figné.

Si la partie affignée comparoît, ou procureur pour lui,
l'huiffier fait mention de fa comparution, de fes dires,
requifitions & proteftations, ainfi que des réponfes du re-
querant.

Si le procés-verbal eft par défaut, l'huiffier continue
ainfi.

Surquoi j'ai audit A. . . . & audit Me. . . . procureur audit
nom, donné acte de leurs comparutions, dires & requifitions par eux faites; & attendu qu'il eft cinq heures fonnées
à l'horloge de.... & que ledit B. . . . n'eft comparu ni
procureur pour lui, j'ai contre lui donné défaut, & pour
le profit déclaré qu'en fon abfence j'allois préfentement procéder aux Compulfoire, vidimus, & collation, à l'effet de
quoi & pour y parvenir, j'ai d'abondant fommé, requis &
interpellé ledit Me. Bronod, notaire, parlant à fa perfonne
en fon étude, de me repréfenter la minute du contrat de
mariage dont eft ci-deffus fait mention & aux fins devant
expliquées, à quoi obtempérant, il m'a fur le champ re-
préfenté & mis ès-mains la minute dont eft queftion écrite
fur.. (*tant de*) ... feuilles de.... (*grand ou moyen*) papier timbré, & commençant par ces mots: *pardevant les*
confeillers du roi notaires au châtelet de Paris, fouffignés,
&c. furent préfens fieur P.... & demoifelle N.... & fi-
niffant fur la derniere feuille verfo par ces autres mots,
fait & paffé à Paris, le.... mil fept cent.... & ont
figné en la marge de la premiere page recto. En laquelle
minute font écrits par renvoi ces mots, *avec garantie,*

péditions des actes compulsés ; l'huissier après avoir dressé son procès-verbal, met au bas des pièces compulsées son acte de collation , à moins qu'elles n'aient été transcrites de suite en un seul cahier, auquel cas un seul acte de collation suffit pour toutes les copies ainsi collationnées (*).

_____

lequel renvoi ma partie a dit être approuvé par le paraphe, étant au-dessous, tant des parties que des notaires; avec laquelle minute ledit Me. Bronod, notaire, m'a aussi mis ès-mains une expédition qu'il avoit fait écrite en grosse, sur.... feuilles de moyen papier timbré dudit contrat de mariage, laquelle expédition j'ai en présence dudit A.... &.... son procureur (*faire mention de la présence de la partie assignée, si elle a comparu.*) & encore en présence dudit Me. Bronod, notaire, lu distinctement & de mots après autres, & icelle vidimé, compulsé & collationné sur ladite minute, à laquelle expédition la minute s'est trouvée entièrement conforme, après quoi j'ai audit Me. Bronod, notaire, rendu ladite minute, & lui ai donné & payé.... livres pour sa vacation & expédition, & a signé avec ledit A....& D....procureur.

(*) *Formule de l'acte de collation mis par l'huissier au bas des copies des pièces compulsées.*

L'acte ci-dessus & des autres parts contenant.... pages, a été par moi huissier soussigné, compulsé, vidimé & collationné en présence & à la requisition de A.... demeurant à....qui a élu son domicile en la maison de Me. R.... son procureur, en la présence dudit Me. R....& Me. Bronod, notaire au châtelet de Paris, sur la minute dudit contrat de mariage, (de vente, d'échange, &c.) & en présence (*ou si la partie assignée n'a pas comparu*) en l'absence de B.... & faute d'être comparu, ni procureur pour lui, duement appelé, & en vertu du défaut contre lui donné, laquelle expédition s'est trouvée conforme à la minute, le tout ainsi qu'il est plus au long porté en mon procès-verbal de ce jourd'hui, pour le tout servir audit A.... ce que de raison; fait à.... ce.... jour de.... mil sept cent....

Lorſque le procès-verbal de Compulſoire n'eſt pas fait par défaut, & que les parties aſſignées ou leurs procureurs s'y ſont rendus, on en fait mention dans le procès-verbal, ainſi que des dires, réquiſitions & proteſtations reſpectives des parties préſentes.

S'il arrivoit que celui qui à fait procéder au Compulſoire ne ſe rendît pas à l'endroit marqué par l'exploit d'aſſignation, il doit être condamné à payer à la partie qui s'eſt préſentée ſur l'aſſignation, vingt livres pour dépens, dommages & intérêts, ſans préjudice de ſes frais de voyage ſi elle a été obligée d'en faire, & ces frais doivent être alloués comme frais préjudiciaux, ſuivant l'article 3 du titre 12 de l'ordonnance du mois d'avril 1667. Pour les obtenir, la partie aſſignée qui s'eſt préſentée, demande à l'huiſſier acte de ſa comparution qu'il fait mettre au bas de l'exploit d'aſſignation qui lui a été donné (*).

Il faut faire attention que les lettres en forme

_____

(*) *Forme de l'acte de comparution delivré à la partie aſſignée pour le Compulſoire, lorſque celui qui l'a fait aſſigner ne comparoît pas.*

Aujourd'hui.... heure de.... eſt comparu en l'étude de Me. Bronod, notaire au châtelet de Paris, demeurant rue.... (*ou au greffe de....*) le ſieur B.... demeurant à.... qui a dit qu'il a été aſſigné à la requête de A.... par exploit du.... pour voir procéder au Compulſoire & collation de pièces que ledit A.... veut faire compulſer, & attendu que depuis ladite heure de.... indiquée par ledit exploit pour procéder audit Compulſoire, juſqu'à celle de.... ſonnée, A.... n'eſt pas comparu ni procureur pour lui, pour faire le Compulſoire, ledit ſieur B.... en a requis acte à.... lequel lui a octroyé le préſent pour lui ſervir ainſi que de raiſon.

de Compulsoire ainsi que toutes les autres lettres de chancellerie, sont sujettes à surannation : ainsi l'on ne peut plus en faire usage une année après qu'elles ont été obtenues.

Il ne faut pas croire au reste que toutes les fois qu'on a besoin de quelque acte dont la minutte est déposée chez un notaire & que celui-ci refuse de représenter, il soit nécessaire de recourir à la voie du Compulsoire. Elle n'a proprement lieu que dans le cas où le notaire refuse de représenter un acte sur le fondement que celui qui en demande l'expédition lui paroit sans qualité pour l'exiger, n'étant ni partie contractante dans l'acte, ni héritier ou représentant de l'un des contractans. L'officier public ne peut alors délivrer la copie du titre qu'en vertu de lettres ou commission en forme de Compulsoire.

Quant aux extraits de baptêmes, mariages & sépultures, afin que les particuliers que ces actes intéressent puissent au besoin les trouver sans peine & s'en faire délivrer des copies, l'ordonnance du mois d'avril 1667 après avoir enjoint par l'article 11 du titre 20, aux curés & vicaires de remettre chaque année aux greffes des juridictions royales, une grosse de leur registre signée d'eux & certifiée véritable ; veut par l'article 12 du même titre, qu'après cette remise du registre au greffe, il soit libre aux parties d'y lever les extraits qui pourront leur être nécessaires, & que le greffier leur expédiera, ou de compulser le registre entre les mains des curés ou vicaires, & il doit être fait mention du jour de l'expédition à peine de nullité.

Suivant la difpofition du même article, les curés ou vicaires ainfi que les greffiers ne peuvent prendre plus de dix fous pour chaque trait ou certificat qu'ils delivrent dans les villes où il y a parlement, évêché ou fiége préfidial, & plus de cinq fous dans les autres endroits, à peine d'exaction.

Comme il eft auffi de l'intérêt des familles dans bien des cas, d'avoir des extraits d'admiffion à la tonfure, aux ordres, vétures, noviciats, émiffions de vœux, les articles 15, 16 & 17 du même titre de l'ordonnance portent expreffément qu'il en fera tenu des regiftres exacts, favoir pour les tonfures & ordres, aux archevêchés & évêchés, & pour les vétures, noviciats & profeffions aux communautés religieufes, le tout fuivant la forme & en la maniere prefcrites par ces articles ; & il eft permis enfin par l'article 18 à toute perfonne de faire compulfer les regiftres entre les mains des dépofitaires, pour fe faire délivrer des extraits de baptêmes, mariages, fépultures, tonfures, ordres, vétures, noviciats, profeffions ; à quoi faire les dépofitaires peuvent être contraints, nonobftant tout privilége ou ufage contraire, même fous peine de faifie de leur temporel & de privation de leurs droits, exemptions & priviléges (*).

_____

(*) *Si les curés, vicaires ou autres dépofitaires de regiftres refufent de les repréfenter, il faut donner requête pour obtenir permiffion de faifir le temporel des dépofitaires des regiftres. Cette requête en pareil cas fe dreffe ainfi :*
Supplie humblement L.... difant qu'ayant befoin de l'acte de baptême de B.... fait en la paroiffe de.... il a obtenu commiffion en forme de Compulfoire, le.... en

Voyez

Voyez l'ordonnance du mois d'avril 1667 ; le
praticien du Châtelet ; l'instruction sur les procé-
dures ; le style universel ; le nouveau style du
Châtelet ; le praticien françois ; la science parfaite
des notaires ; la collection de jurisprudence ; le
nouveau Commentaire sur l'ordonnance du mois
d'avril 1667, par Serpillon, &c. Voyez aussi

---

vertu de laquelle il a fait faire commandement au sieur
D.... curé de ladite paroisse de.... de représenter le
registre des baptêmes faits en ladite église de.... en l'année
17.... pour être pris extrait de celui de B.... ce que
ledit sieur curé de.... a refusé suivant qu'il est justifié par
le procès-verbal de R.... sergent royal de.... en date du...

Ce considéré, M , il vous plaise permettre au suppliant
de saisir les fruits & revenus temporels de ladite cure de....
& d'y établir commissaire, jusqu'à ce qu'il ait représenté
ledit registre suivant l'ordonnance, & vous ferez bien.

Sur cette requête il intervient une ordonnance du juge
dans la forme qui suit :

Vu le procès-verbal de R.... sergent royal à....
du.... nous ordonnons qu'itératif commandement sera fait
audit sieur D.... curé de.... de représenter le registre des
baptêmes faits en ladite paroisse de.... en l'année 17....
pour être pris extrait de celui dudit B.... sinon & à faute
de ce faire, sans qu'il soit besoin d'autre que la présente
ordonnance, permettons au suppliant de faire saisir les fruits
& revenus temporels de ladite cure de...., & d'y établir
commissaire aux fins de la présente requête. Fait à....
le.... 17....

S'il n'y avoit pas de preuve par les procès-verbaux du
sergent que les dépositaires des registres eussent refusé de les
représenter, le juge qui ne doit rien ordonner qu'en con-
noissance de cause mettra sur la requête SOIT DONNÉ
ASSIGNATION, sur laquelle dans ce cas il faut obtenir
sentence comme sur les matières sommaires.

En vertu de cette sentence ou de l'ordonnance du juge,
on peut saisir en la manière exprimée au titre 33 de l'or-
donnane de 1667.

les articles ACTES, CHANCELLERIE, COLLA-
TION, COMMISSIONS, COMPARUTION, CON-
TRAINTE PAR CORPS; CONTRATS, DÉFAUT,
EXPÉDITION, EXTRAITS, GREFFIER, GROSSE,
HYPOTHÈQUE, HUISSIER, SOMMATION, SU-
RANNATION, VACATION, VIDIMUS, &c.
(*Articles de M. ROUBAUD, avocat au par-
lement*).

COMPUT, signifie calcul; on l'applique
particulièrement aux calculs chronologiques
qui sont nécessaires pour former le calendrier;
c'est-à-dire pour déterminer le cycle solaire,
le nombre d'or, les épactes, les fêtes mobi-
les, &c.

On appelle *Comput ecclésiastique*, la maniere
dont on se sert pour marquer le temps & les
époques de l'année où l'on doit faire l'office
divin, comme les quatre-temps, pâques & les
fêtes solemnelles de l'année catholique. (*Cet
article est de M. DESESSARTS, avocat au parlement*).

COMPUTISTE. C'est le nom qu'on donne à
un officier de la cour de Rome qui est chargé
de recevoir les revenus du sacré college. On le
donne aussi à l'officier qui travaille au comput
& à l'arrangement du calendrier. (*Articles de M.
DESESSARTS, avocat au parlement*).

COMTE. C'est celui qui est revêtu d'une
certaine dignité au-dessus de celle de baron ou
de vicomte, & qui a droit de porter dans ses
armes une couronne perlée ou un bandeau cir-
culaire orné de trois pierres précieuses & sur-
monté de trois grosses perles, ou d'un rang de
perles qui se doublent ou se triplent vers le milieu & le bord supérieur du bandeau, & sont
plus élevées que les autres.

On s'est anciennement servi de ce titre chez les romains, pour désigner ceux qui approchoient le plus souvent de la personne de l'empereur & qui l'accompagnoient dans ses voyages.

Quelques-uns prétendent avec vraisemblance que ce titre étoit déja connu au temps de la république, & que l'on en qualifioit les tribuns, les préfets, &c. qui accompagnoient les proconsuls & autres officiers supérieurs dans les provinces de leurs département ; mais ce ne fut que sous l'empire de Constantin, que la qualité de Comte commença à désigner une personne constituée en dignité. Alors chacun ambitionna ce titre ; & l'on créa des Comtes pour le service de terre, pour celui de mer, pour les affaires civiles, pour celles de la religion, &c.

Cette dignité fut très-considérable en France autrefois. Louis le débonnaire distingue dans un capitulaire trois sortes de vassaux, ceux du roi, ceux des évêques & ceux des Comtes.

Les Comtes assembloient les hommes libres & les menoient à la guerre ; & comme c'étoit un principe fondamental de la monarchie que ceux qui étoient sous la puissance militaire de quelqu'un étoient aussi sous sa juridiction civile, les Comtes exerçoient cette juridiction sur les hommes libres ; c'est pourquoi les plaids ou assises du Comte étoient appellés *les plaids des hommes libres* ; & il en résulta la maxime que ce n'étoit que dans les plaids du Comte & non dans ceux des officiers qu'on pouvoit juger les questions sur la liberté.

Il ne faut pas croire cependant que les Comtes jugeoient seuls comme les bachas le font en Turquie ; ils devoient prendre au moins douze hommes avec eux, tant adjoints que notables.

Sous les derniers rois de la seconde race, les Comtes rendirent leurs dignités héréditaires; ils usurpèrent même la souveraineté de leurs terres; mais peu à peu les comtés étant revenus à la couronne, le titre de Comte n'a plus été qu'un titre d'honneur accordé par le roi, qui se réserve toujours juridiction & souveraineté sur les terres qu'il érige en comtés.

Remarquez que tous les seigneurs de terres érigées en comtés ne peuvent prendre la qualité de Comtes que quand ils sont gentilshommes, quand l'érection a été faite en leur faveur où en faveur de leurs ancêtres, &c. autrement ils ne peuvent prendre que la qualité de seigneur du comté.

Toute la cérémonie pour la création d'un Comte, consiste parmi nous dans l'enregistrement de ses lettres-patentes; mais en Angleterre le roi ceint l'épée, met le manteau sur l'épaule, le bonnet & la couronne sur la tête, & la lettre-patente à la main à celui qu'il décore de cette dignité; il le qualifie d'ailleurs de cousin & de très-haut & très-noble Seigneur.

Les fils des ducs ont dans ce royaume le titre de Comte.

On appelle *Comtes de Lyon*, *Comtes de Strasbourg*, &c. les chanoines de certains chapitres; on les a ainsi qualifiés parce qu'ils étoient autrefois les seigneurs temporels des villes où leurs églises sont situées.

Voyez *l'histoire de la jurisprudence romaine, par Terrasson; le traité de la noblesse, par de la Roque; l'esprit des lois; le dictionnaire des sciences; le recueil des ordonnances du Louvre*, &c. Voyez auffi les articles Noblesse, Pairie, Comté, Justice, &c.

COMTÉ. Titre d'une terre, en vertu duquel celui qui eft feigneur de la terre porte ordinairement la qualité de comte.

En 1564, Charles IX ordonna la reverfion des Comtés à la couronne à défaut d'enfans mâles. Ce fut pour empêcher qu'il n'y eût un trop grand nombre de titres de cette efpèce.

Mais quoique le titre foit entièrement éteint lorfqu'il ne refte plus de mâles defcendans en ligne directe de celui qui avoit obtenu l'érection de fa terre en Comté, les biens paffent à ceux auxquels ils doivent appartenir felon les lois. Et fi lors de l'érection de la terre en Comté, ces biens ont été diftraits de la mouvance de quelque feigneur particulier pour relever immédiatement de la couronne, ils demeurent toujours dans la mouvance du roi, nonobftant l'extinction du titre & de la dignité dont la terre avoit été décorée.

On donne le titre de *Comté pairie*, à certains grands fiefs qui relèvent immédiatement de la couronne & qui ne différent que par le nom des duchés-pairies.

Il y a eu autrefois dans le royaume un grand nombre de Comtés-pairies ; mais on a érigé la plupart en duchés-pairies, & il ne fubfifte plus aujourd'hui que trois titres de dignité de cette efpèce, lefquels font attachées aux évêchés de Beauvais, de Châlon & de Noyon.

Les lettres d'érection d'une terre en Comté doivent être infinuées au bureau du lieu où les biens font fitués ; c'eft ce qui réfulte de l'article 18 de l'édit du mois de décembre 1703.

Le droit d'insinuation de ces lettres a été fixé par l'article 10 du tarif du 29 septembre 1722, à cent livres pour chaque impétrant.

Un arrêt du conseil du 29 septembre 1772 a déclaré nul l'enregistrement fait en la chambre des comptes de Dijon des lettres de confirmation de l'érection de la terre de Péroux en Comté, parce que ces lettres n'avoient pas été préalablement insinuées ; le même arrêt a condamné le sieur Gauthier impétrant, & son procureur aux amendes prononcées par les réglemens, & au payement du droit d'insinuation.

Voyez *l'édit du mois de juillet 1566 ; l'encyclodie ; le dictionnaire des domaines ; l'édit du mois de decembre 1703 ; l'arrêt du conseil du 29 septembre 1722*, &c. Voyez aussi les articles COMTE, PAIRIE, JUSTICE, INSINUATION, &c.

CONCESSION. Terme de chancellerie romaine. C'est la réponse que le préfet de la signature met entre la supplique & les clauses des provisions. . .

Lorsque la grace est accordée par un prélat il se sert de ces termes : *concessum ut petitur in presentiâ domini nostri papæ* ; & il signe. Quand le pape accorde lui même la grace, il se sert de ces termes : *fiat ut petitur.*

Après la signature du pape ou du préfet, on trouve les clauses des provisions, & ces clauses qui varient sont importantes. Nous allons les rappeller d'après les auteurs qui ont traité cette matière.

La première des clauses qu'on insère dans les provisions, commence par ces mots : *cum abfolutione à cenfuris ad effectum* , *&c.* Par cette claufe le pape releve le fuppliant des cenfures qu'il auroit pu encourir.

La feconde eft conçue ainfi : *quod oratoris difpenfationes in litteris exprimi poffint.* L'effet de cette claufe confifte en ce que fi l'impétrant avoit obtenu quelque difpenfe dont il fût obligé de faire mention , & qu'il ne l'eût pas faite, il en eft difpenfé par ces termes : *habeantur pro expreffis.*

La même claufe contient encore ces mots : *verufque & ultimus dictorum beneficiorum vacationis modus* , ou , *verufque & ultimus canonicatus & præbendæ primò dictorum vacationis modus.*

» On entend par ces termes, (felon M. Piales
» & d'autres canoniftes,) que le pape veut
» fuppléer à la fauffe expreffion qui pourroit
» avoir été faite du genre de vacance, afin que
» la grâce ait toujours fon effet ; malgré ce
» vice , cette claufe eft regardée en France
» comme de ftile & n'opère rien. L'expreffion
» du genre de vacance eft toujours effentielle-
» ment requife. L'expreffion même du genre de
» vacance certain & déterminé , eft la feule
» qu'on reçoive aujourd'hui à la datterie. Sui-
» vant la première partie de la règle *de annali*
» *poffeffore* , on n'y admet plus de vacance *certo*
» *modo* ; on a feulement retenu l'ufage d'em-
» ployer ces termes dans les fignatures par
» dévolut. Ainfi on regarde actuellement que la
» grâce eft nulle par le défaut d'expreffion ;
» mais cette rigueur n'eft admife que pour les
» provifions du pape & non pour celles des
» collateurs ordinaires.

On trouve encore dans la même clause une seconde disposition conçue en ces termes : *etiam si ex illo quævis generalis reservatio etiam in corpore juris clausa resultet* ; par cette clause le pape veut que quand même on n'auroit pas exprimé le genre de vacance, & que le bénéfice auroit vaqué *per obitum in curia*, la provision soit néanmoins valable ; mais comme la cour de Rome a dans tous les temps été jalouse de conserver des droits sur les bénéfices qui viennent a vaquer *in curia*, les reviseurs ont le plus grand soin d'insérer une dérogation conçue en ces termes ; *cessantibus reservationibus & affectionibus apostolicis.*

Nous n'admettons point en France ces subtilités de la chancellerie romaine. Toutes les suppliques contiennent l'expression de la vacance *in curia* par ces mots *per obitum N. extra romanam curiam defuncti.*

La troisième clause porte, *& cum clausula generalem*, &c. signifie que le pape veut qu'en cas de vacance du bénéfice par quelque reservation générale, on puisse exprimer dans les bulles ce qui auroit été omis dans la signature relativement à la réserve ; mais cette clause est inutile en France, parce que nous n'admettons point de vacance par reserve.

La quatrième clause est conçue ainsi : *de provisione canonicatus & præbendæ primo dictorum pro eodem oratore ut supra.* Le pape entend par ces termes que la grace qu'il accorde est conforme à la supplique.

La cinquième clause, *& quatenus litigiosi*, &c. est fondée sur le chapitre *si hi contra quos*, &c.

mais ce chapitre n'étant pas reçu en France, cette clause est inutile parmi nous.

La sixième clause, *& litteræ in forma simplicis provisionis*, &c. qui autorise la subrogation aux droits du résignant, quand même le bénéfice seroit litigieux, n'a point non plus lieu en France. L'usage de la subrogation par lettres a été abrogé, & l'on y suit la disposition de l'article 16 du titre 15 de l'ordonnance de 1667.

La septième clause, *gratiæ si neutri, si nulli, si alteri, perinde valere, etiam valere, cum gratificatione opportuna*, &c. regarde encore le litige. Elle comprend les différens cas où peuvent se trouver les contendans à un bénéfice litigieux ; mais comme elle n'est point suivie en France, nous n'entrerons dans aucun détail sur les différentes interprétations que les ultramontains lui donnent.

La huitième clause, *cum derogatione regularum de subrogandis collitigantibus*, &c. qui s'emploie dans les signatures qu'on obtient sur les résignations, n'est point reçue dans le royaume, parce qu'on n'y admet point la règle *de subrogandis* ; par conséquent la dérogation insérée dans les signatures de cour de Rome est inutile.

La neuvième clause, *ac de viginti diebus quatenus absens*, &c. contient une dérogation à la règle des vingt jours.

La dixième clause, *ita quod si dictus N. extra dictam curiam jam forsan decesserit*, &c. est une dérogation à la règle de *veri simili notitia*.

L'onzième clause renferme une dérogation au droit de patronage laïque ; mais elle est rejetée en France.

La douzième clause, *ac statutorum primo dic-*

torum , &c. qui déroge aux ſtatuts des égliſes cathédrales & collégiales, n'eſt de même point admiſe parmi nous.

La treizième clauſe, *quod præmiſſorun omnium, & ſingulorum etiam denominationum* , &c. qui accorde aux officiers de la daterie le droit d'inſérer ce qui auroit été omis dans la ſupplique, eſt ſans effet en France.

La quatorzième clauſe , & *cum decreto cum dictus orator habita poſſeſſione canonicatus & præbendæ primo dictorum* , &c. s'emploie dans les ſignatures des bénéfices incompatibles. Par cette clauſe le pape donne deux mois pour ſe demettre de l'un des deux bénéfices incompatibles, conformément à l'extravagante *ut quos*. Cette clauſe eſt ſuivie en France quant à l'incompatibilité ; mais elle ne l'eſt point quant au temps de la démiſſion ; au lieu de deux mois le pourvu a une année entière.

La quinzième & dernière clauſe & *dummodo antea ſuper reſignationem hujuſmodi data capta & conſenſus extenſus non fuerint* , a été introduite pour empêcher l'abus des ſuppliques conſécutives pour prolonger les réſignations. Elle a été adoptée en France par la déclaration du roi de 1646.

Telles ſont les différentes clauſes qu'on inſère dans les conceſſions de la chancellerie romaine. Nous avons marqué avec attention celles qui ſont fondées ſur des uſages ultramontains & qui n'ont point d'empire dans le royaume, de celles qui y ſont reçues. Ainſi on ne peut ſe tromper ſur le ſens que l'on doit donner à chacune de ces clauſes.

Voyez *M. Piales* ; *le dictionnaire canonique,*

&c. Voyez auffi les article DATE , LITIGE , IN-FIRME , PROVISIONS , RÉSERVE , SUPPLIQUE , SUBROGATION , &c. (*Cet article eft de M. DÉ-SESSARTS , avocat au parlement.*)

CONCESSION , fignifie auffi le don, l'octroi de quelque grace , droit, privilège , &c. que fait le roi ou le feigneur de quelque terre.

Lorfque le roi accorde des lettres de Con-ceffion de juftice , foires ou marchés , elles doi-vent être infinuées au bureau du lieu où la Con-ceffion doit avoir fon effet. C'eft ce qui réfulte de l'article 18 de l'édit de décembre 1703.

L'article 10 du tarif du 29 feptembre 1722 a fixé le droit d'infinuation de ces lettres à cent livres pour chaque impétrant.

Obfervez néanmoins que quand plufieurs co-héritiers ou co-propriétaires obtiennent des lettres de Conceffion de juftice ou de foires & marchés , dans une terre qui leur appartient en commun , il n'eft du qu'un droit d'infi-nuation.

Voyez *l'édit de décembre 1703 ; le tarif du 29 feptembre 1722* , & les articles PRIVILÈGE , FOIRE , DÉFRICHEMENT , JUSTICE , &c.

CONCIERGE , CONCIERGERIE. Voyez GEOLIER , PRISON.

CONCILE. Ce mot fignifie une affemblée. Il étoit employé chez les romains , comme le remarque Aulugelle , pour exprimer l'af-femblée d'une partie feulement du peuple , mais la plus notable , par oppofition aux affemblées générales du peuple entier, qui fe nommoient Comices : enfuite , ce terme s'eft employé parmi nous pour défigner les affemblées ecclé-fiaftiques de prélats & de docteurs tenues a

l'effet de terminer les affaires les plus importantes de l'églife, c'eft-à-dire, pour juger &
décider les conteftations fur le dogme, pour
reformer les mœurs & les règler, pour fixer
& déterminer la difcipline.

Ce que nous nommons *Concile*, les grecs
l'ont appelé *fynode* : ce mot à paffé dans la
langue latine & dans la nôtre ; mais il a confervé toute fon étendue dans la première, au
lieu qu'il n'eft d'ufage en françois que pour
marquer l'affemblée feulement du clergé d'un
diocéfe particulier.

On diftingue d'abord les Conciles, en Conciles généraux, & en Conciles particuliers ; les
Conciles particuliers font ou nationaux, ou pro-
viciaux, ou diocéfains.

Les Conciles généraux, qu'on appelle auffi
Conciles écumeniques, font ceux qui font
conmpofés des prélats de toutes les parties du
monde chrétien ; il n'eft cependant pas néceffaire pour rendre un Concile écumenique &
général, que tous les évêques du monde s'y
raffemblent, ou qu'il y vienne des évêques de
toutes les parties de la terre où la religion
catholique eft profeffée ; il fuffit que tous y
foient appelés & invités, & qu'ils s'y rendent
en affez grand nombre & d'affez de contrées
pour pouvoir être cenfés repréfenter l'églife
univerfelle.

On appelle Conciles nationaux ceux que compofent les évêques de toute une nation, de tout
un royaume. Tels furent autrefois les celèbres
Conciles de Carthage, de Tolede, & la plupart de ceux qui ont été tenus à Orléans fous
la première & la feconde race de nos rois.

Les Conciles provinciaux fe forment par le concours des évêques d'une province eccléfiaftique affemblés avec leur métropolitain.

Enfin les Conciles diocéfains font ceux où chaque évêque affemble le clergé de fon diocèfe. Ces affemblées fe nomment plus ordinairement fynodes que Conciles, comme on l'a déjà obfervé.

L'hiftoire eccléfiaftique nous préfente une foule d'exemples de toutes ces différentes fortes de Conciles, & d'affemblées. On en trouve même dans les premiers fiècles, qui pourroient former d'autres efpèces. Il y a en effet eu plufieurs Conciles, qui fans être Conciles généraux, étoient au-deffus des Conciles nationaux, & par le nombre & par la qualité des prélats dont ils étoient compofés. Il y a de même eu des Conciles moindres que les Conciles nationaux, & plus confidérables que les Conciles provinciaux ; c'étoient ceux qui fe formoient par la réunion des évêques de plufieurs provinces. Mais ces fortes de Conciles ayant été plus rares & ne pouvant guères plus avoir lieu, on n'a pas cru devoir en faire une claffe particulière ; & l'on s'eft borné aux quatre divifions que l'on vient d'expofer. Il eft d'ailleurs bien facile d'y ramener les autres efpèces & d'appliquer à celle-ci, ce que l'on aura pu dire de celles-là.

Il y a cinq chofes fpéciales à confidérer tant par rapport aux Conciles généraux que relativement aux Conciles particuliers : leur nécesfité, leur convocation, leur compofition, leur autorité, leur réception.

Les raifons fur lefquelles eft appuyée la néceffité des Conciles pouvant s'appliquer aux différentes efpèces de Conciles, on les expofera en général. On traitera enfuite en particulier de la convocation, de la formation, de l'autorité & de la réception des Conciles.

A l'égard de la néceffité des Conciles, même des Conciles généraux, on en trouve les preuves les plus claires, dans l'efprit & le gouvernement de l'églife, dans fa pratique & fa conduite conftante : elle a toujours fait les vœux les plus ardens pour la fréquente célébration des Conciles, elle l'a fouvent ordonnée.

On ne connoît dans l'inftitution du gouvernement de l'églife ni defpotifme ni monarchie ; l'ombre même de la domination en doit être bannie, il faut que tout y refpire la charité, l'humilité, la douceur, la concorde. Tous les évêques ont été établis par le faint efprit nonfeulement pour conduire chacun le diocèfe particulier qui lui étoit confié, mais pour gouverner tous en général & en commun l'églife univerfelle. Si la divine fageffe a voulu que parmi les évêques un fût le premier & le chef des autres afin de former la hierarchie & de conferver dans l'églife l'unité qui lui eft effentielle, ce n'eft pourtant qu'à l'unité & au corps des premiers pafteurs que le dépôt de la foi a été confié & qu'ont été donnés avec les clefs fpirituelles le pouvoir de lier & de délier & le droit d'inftruire & d'enfeigner avec autorité. En un mot l'épifcopat eft un & le même en tous, il eft poffedé folidairement & fans partage par tous ceux qui font revêtus de ce caractère facré, fans préjudice néanmoins des différens degrès de juridiction établis entr'eux.

C'eſt ainſi que les prérogatives, les prééminen-
ces & la primauté inconteſtable du ſouverain
pontife ainſi que l'autorité & la juridiction des
patriarches, des primats, des métropolitains ſe
concilient avec les droits & les privilèges de
l'épiſcopat en général. Les rangs ſont divers entre
les évêques ; le pouvoir des uns s'étend plus loin
que celui des autres, mais le caractère, la puiſſance de l'ordre ſont les mêmes en tous, &
tous enſemble forment le conſeil, le ſénat, le
tribunal de l'égliſe, tribunal qui s'aſſemble avec
plus ou moins de ſolemnité & d'appareil, ſelon
l'importance des objets qui en demandent la
convocation, & dont auſſi les déciſions toujours
reſpectables ſans doute ont cependant plus ou
moins d'autorité à proportion de celle que doit
avoir l'aſſemblée dont elles émanent.

Ainſi dans les circonſtance ordinaires, chaque évêques a tous les pouvoirs néceſſaires &
requis pour l'adminiſtration & le gouvernement de ſon dioceſe ; mais s'éleve-t-il quelque trouble inopiné ? ſurvient-il quelque beſoin imprévu ? s'agit-il de quelque arrangement
à prendre, de remédier à quelque abus un peu
étendu, de corriger quelque déſordre devenu
trop commun, en un mot du bien & de l'a-
vantage général du dioceſe ? l'évêque alors
s'il veut agir avec prudence & s'aſſurer quelque
ſuccès, doit aſſembler le clergé, ou du moins
les plus conſidérables du clergé de ſon dioceſe,
pour conférer & délibérer avec eux & ne rien
faire ſans leur avis. Telle eſt la conduite dont
les évêques les plus reſpectables ſe ſont toujours fait un devoir, & qu'ils ont regardée
avec raiſon comme la plus propre à rendre

leur adminiſtration plus utile & plus heureuſe ;
ce ſont ces ſortes d'aſſemblées qui forment les
Conciles diocéſains ou les ſynodes. Par - tout
il eſt recommandé aux évêques de les tenir
exactement.

Si les biens à faire, les maux à prévenir, à
réparer, regardent toute une province, c'eſt à
l'aſſemblée des évêques de la province d'y
pourvoir. C'eſt à la même aſſemblée de veiller
au maintien du bon ordre & de la diſcipline dans
la province, de recevoir les plaintes que l'on
pourroit avoir à faire contre quelques évêques,
& de rendre juſtice aux plaignans.

Lorſque les objets ſont plus intéreſſans encore, c'eſt le cas où les évêques doivent s'aſſembler en plus grand nombre, comme de
pluſieurs provinces, de toute une nation.

Quand enfin le mal a fait trop de progrès
& que le trouble agite preſque toutes les parties de l'égliſe, l'aſſemblée générale des premiers paſteurs de l'égliſe paroît alors offrir ſeule
un reméde proportionné au mal.

Voilà ce que demande l'eſprit du gouvernement de l'égliſe ; c'eſt auſſi comme on l'a
déja obſervé, ce que l'hiſtoire nous en préſente. La pratique & la conduite de l'égliſe à
cet égard n'ont jamais varié, elles ſont appuyées ſur l'exemple même des apôtres.

Leurs actes nous en fourniſſent plus d'une
preuve ; ſans parler de l'aſſemblée convoquée
par ſaint Pierre pour completer le nombre du
collége apoſtolique, on y voit qu'à l'occaſion
d'un murmure excité par les plaintes des grecs
convertis, le chef des apôtres au lieu de faire
uſage de l'autorité dont il étoit revêtu, aſſemble

la

la multitude des disciples pour leur proposer & délibérer avec eux sur le parti qu'il y avoit à prendre. Ce qui se passa quelque tems après au sujet de la dispute sur les observances légales, nous offre quelque chose de plus frappant encore & de plus décisif en ce genre. Des juifs convertis à la foi prétendirent que les gentils qui l'avoient embrassée devoient être assujettis aux observances judaïques. Les sentimens se partagèrent, & la division paroissoit devoir éclater. L'église d'Antioche résolut de consulter celle de Jérusalem, & elle y envoya ses députés; saint Pierre & ceux des autres apôtres qui se trouvoient en cette dernière ville avoient certainement le droit de prononcer sur cette question; ils ne dédaignèrent pourtant pas pour l'examiner & la décidér de s'assembler en Concile avec les évêques & les prêtres qui étoient aussi à Jérusalem. La matière fut proposée, mise en délibération & discutée d'après les témoignages de l'écriture sainte, & la décision fut arrêtée, conclue, & envoyée à toutes les églises particulières au nom des apôtres, des évêques & des prêtres assembiés avec eux.

Dans cette assemblée, dont on nous a conservé toutes les circonstances, l'église a toujours reconnu la règle & le modèle de la conduite qu'elle devoit tenir en de pareilles rencontres. Aussi malgré la fureur des persécutions qu'elle eut à soutenir pendant les trois premiers siècles, les évêques n'en furent pas moins empressés à tenir autant qu'ils le purent des Conciles. On en connoît au moins cinquante-trois, & parmi ceux-là quelques-

uns de fort nombreux affemblés avant la con-
verfion de l'empereur Conftantin.

La paix au dehors fut alors donnée à l'é-
glife, mais elle étoit déchirée en dedans par
les progrès de l'héréfie Arienne. L'empereur
crut ne pouvoir rien faire de plus avanta-
geux pour la religion que d'affembler un Concile, non de quelques provinces, mais de tout
l'empire qui comprenoit alors l'Occident & l'O-
rient. Par fes ordres, tous les évêques du monde
chrétien furent convoqués & conduits en grand
nombre & à fes frais dans la ville de Nicée, que
ce jeune prince avoit choifie & indiquée pour
la tenue du Concile.

Il fuffit de lire les actions de grâce que les
peres affemblés à Nicée adreffèrent à l'empereur, pour fentir combien cette affemblée leur
paroiffoit & précieufe & néceffaire à l'églife.
On a vu les mêmes fentimens éclater dans
tous les Conciles généraux affemblés depuis ;
preuve certaine que l'églife a toujours regardé
ces Conciles comme fa plus grande force &
fa dernière reffource.

Quant à la convocation des Conciles, une
poffeffion de plufieurs fiécles en a depuis longtems affuré & réfervé le droit aux fouverains
pontifes. Qu'on le remarque néanmoins ; ce
droit n'eft appuyé que fur la poffeffion, quelque convenable qu'il foit d'ailleurs, de l'admettre dans le chef vifible de l'églife. Tout ce
que lui attribue le plus ancien canon connu
à ce fujet eft cité par Socrate & Sozomene qui
le rapportent dans leurs hiftoires eccléfiaftiques ;
c'eft que rien d'important ne devoit être réglé
& décerné dans l'églife fans le concours & le

confentement du pontife romain. L'un des motifs
fur lefquels fe fonda le pape Jules, au rapport des
mêmes hiftoriens, pour condamner un Concile
que les Ariens avoient tenu à Antioche &
qu'ils vouloient faire paffer pour un Concile
général, ce fut, non pas parce qu'ils s'étoient
affemblés fans convocation de fa part, mais
parce qu'ils ne l'avoient pas invité à leur affemblée, au mépris de la difpofition des régles eccléfiaftiques fuivant lefquelles on ne devoit rien
faire dans l'églife fans fon aveu.

Ce furent les empereurs qui dans ces tems
& jufqu'au feptiéme fiécle & à la chute de
l'empire convoquèrent feuls les Conciles généraux.

Loin de regarder l'ufage que ces princes faifoient en cela de leur puiffance, comme une entreprife fur les droits de l'églife ou fur ceux de
fon chef vifible ; les peres affemblés dans ces
Conciles en ouvrirent prefque toujours les
féances par les témoignages refpectueux de la
plus vive reconnoiffance pour le zèle & la
piété des empereurs qui en avoient ordonné
la tenue. Les fouverains pontifes eux-mêmes
s'empreffèrent de montrer leur déférence aux
ordres des empereurs, en envoyant des députés
pour fe faire repréfenter dans ces affemblées
où rarement ils pouvoient affifter en perfonne ;
fouvent ils furent les premiers à folliciter les
ordres des empereurs pour l'affemblée & la
tenue des Conciles, comme le fit le pape
faint Léon.

Le droit que les empereurs avoient ainfi exercé
dans tous les cas & fans aucune oppofition, de
convoquer les Conciles généraux lorfque les

befoins de l'églife paroifloient le demander ; s'eft foutenu & à confervé toute fa force tant que l'empire romain a confervé lui-même quelques reftes de fon ancienne fplendeur ; mais enfin il a été enfeveli fous les mêmes ruines , & un nouvel ordre de chofes s'eft établi relativement à la convocation des Conciles généraux.

Divers états s'étoient formés des débris de l'empire ; un feul prince ne donnoit plus des lois à toute la terre ; il n'y en avoit plus qui pût appeler tous les évêques du monde chrétien à une même affemblée. Le droit de les y convoquer devoit naturellement, au défaut de fouverains qui puffent l'exercer , paffer au premier des évêques & au chef vifible de l'églife. Les papes s'en mirent en effet en poffeffion du confentement des princes temporels ; ou du moins fans aucune oppofition de leur part. Ils fe font toujours depuis maintenus dans l'exercice de ce droit , que perfonne au refte n'auroit pû leur contefter avec quelque apparence de juftice , & ce droit aujourd'hui forme une des prérogatives les plus incontestables du faint fiége.

. Les canoniftes n'en reconnoiffent pas moins cependant , que malgré le droit acquis au pape par cette longue poffeffion de pouvoir feul, dans les circonftances ordinaires, convoquer les Conciles généraux , il eft des conjectures où le Concile général pourroit être légitimement affemblé fans le confentement du pape , & même contre fon gré & fa défenfe. Le cardinal Jacobatius *lib. 3 de Conc.* compte quatre cas où les évêques peuvent ainfi s'affembler en Concile, foit à la convocation des cardinaux, foit à l'invitation & réquifition des princes chrétiens.

Un premier cas eft celui du fchifme entre deux contendans à la papauté dont aucun n'en feroit en poffeffion : le fecond, celui d'un fchifme où les deux contendans feroient en poffeffion & refuferoient réciproquement de convoquer eux-mêmes le Concile pour rendre la paix à l'églife : le troifiéme eft encore le cas d'un fchifme où l'un des contendans feroit notoirement intrus : ce feroit, dit Jacobatius, à celui qui auroit le droit évidemment le plus apparent à convoquer le Concile fans le concours de fon compétiteur : on le croit ; mais pourquoi ranger ce cas dans la claffe de ceux où le Concile peut être convoqué fans le confentement du pape, puifque dans cette hypothèfe ce feroit le pape légitime qui convoqueroit le Concile ? le quatriéme cas felon Jacobatius, feroit celui dans lequel un pape deviendroit manifeftement hérétique ou fauteur de l'héréfie.

Gerfon tient à peu près la même doctrine, & il ajoute deux cas à ceux du cardinal Jacobatius : le premier feroit celui où il s'agiroit d'une affaire très-importante pour l'églife, qui ne pourroit être terminée que par un Concile-général, & que cependant le pape refuferoit de l'affembler : le fecond, s'il s'agiffoit de la perfonne même du pape, comme s'il étoit queftion de le faire renoncer à la papauté, où en cas de refus, de le dépofer pour crimes & pour fcandales.

La différence entre Jacobatius & Gerfon, c'eft que fuivant le premier ce feroit aux car-

dinaux de suppléer à la négligence ou à l'injuste
refus du pape. Gerson soutient au contraire &
avec bien plus de raison ce semble, que ce seroit aux princes catholiques ; ce qui s'accorde
mieux avec l'ancien usage & avec les principes
de la Hiérarchie dans laquelle les cardinaux
n'ont en leur qualité aucun rang.

Hors ces circonstances c'est toujours au pape
& à lui seul qu'est réservé le droit, ou du moins
la possession de convoquer & d'indiquer les
Conciles généraux. On ne regarderoit pas comme légitime celui qui se tiendroit sans cette
convocation.

Quelle que soit pourtant à cet égard l'autorité
du pape, pour l'exercer d'une maniere utile &
conforme à l'usage autant qu'aux régles, il faut
avant de convoquer un Concile général qu'il en
ait communiqué le projet, les causes, les motifs & le lieu aux princes catholiques, & qu'il
en ait obtenu le consentement, nommément
celui de l'empereur & du roi de France ; car
de même qu'il appartient à la puissance spiri-
tuelle de décider de la nécessité & de l'utilité
des Conciles généraux, de fixer les objets qui
doivent y être discutés, il n'appartient pas moins
à la puissance temporelle d'y concourir en permettant aux évêques de s'y rendre ; les prélats ne pouvant pas plus que les autres sujets sortir sans permission, des terres de la
domination des princes sous l'empire desquels
ils vivent. D'ailleurs les fruits que l'on attend
des Conciles généraux dépendant en grande
partie du concours & de la faveur des princes,
& plusieurs choses pouvant être agitées dans
les Conciles qui regardent les droits des prin-

ces & de leurs sujets & qui, doivent influer sur
la tranquillité des nations, il est également dû
bien de l'église & de l'intérêt des princes que
ceux-ci soient instruits de la tenue des Conciles,
qu'ils soient invités à ces assemblées, & qu'ils
y assistent en personne s'ils le jugent à propos,
ou par leurs ambassadeurs & députés afin d'être
informés de tout ce qui s'y passe, & de veiller
à ce que rien n'y soit fait contre les régles &
contre le bien de leurs états.

Non-seulement les papes doivent obtenir le
consentement des princes, spécialement celui
de l'empereur d'Allemagne & du roi de France
pour la convocation des Conciles, ils doivent encore nommer expressément l'empereur
& le roi de France dans les bulles d'indiction.
Ce privilége accordé à nos rois, tant à raison de la dignité de leur couronne qu'à
cause de leur titre de fils aîné de l'église, est
formellement reconnu par les papes. Aussi le
roi de France fut-il nommé spécialement dans
la bulle de Paul III pour l'indiction du Concile
de Trente.

Pie IV n'eut pas la même exactitude dans
la bulle qu'il donna pour la troisiéme ouverture
du même Concile : ce pape hautement déclaré
contre la France en faveur de l'Espagne cherchoit à contenter par-là son animosité. Le roi en
fit faire des plaintes au même pape par l'évêque
d'Angoulême son ambassadeur ; afin, disoit ce
prince dans les instructions dont il le chargeoit
à ce sujet, « qu'à l'avenir on ne puisse en user
» de cette façon, & que ce qui m'est acquis
» de tout temps me soit gardé & conservé dans
» son entier ».

Le pape ne crut pas pouvoir se dispenser de donner au moins quelque satisfaction au roi sur cet objet : il répondit à l'ambassadeur, « quant à l'omission du nom du roi très-chré- » tien, qu'il n'y avoit pas fait réflexion, & que » les cardinaux à qui il avoit donné commission » de dresser la bulle, avoient cru qu'il suffisoit » de nommer l'empereur & tous les rois en » gros ; que pour lui il ne s'étoit mis en peine » que de l'essentiel & s'étoit déchargé de tout » le reste sur les cardinaux ; qu'au reste on ne » pouvoit pas toujours avoir l'œil à tout, mais » qu'à l'avenir il prendroit garde que l'on ne » fît plus de faute ».

Pie IV exécuta mal cette promesse lors de sa bulle pour la confirmation du Concile de Trente : il n'y nomma pas le roi de France en particulier, & cette omission à formé depuis un des griefs de la France contre ce Concile & l'un des obstacles à ce qu'il fût reçu dans le royaume.

Après avoir vu ce qui regarde la convocation des Conciles généraux, il faut examiner à qui la présidence en est déférée.

Il est certain qu'elle appartient de droit aux souverains pontifes, lorsqu'ils assistent en personne aux Conciles. La primauté de leur siége leur assure incontestablement la première place & la séance d'honneur & de juridiction dans toutes les assemblées ecclésiastiques où ils peuvent se trouver.

Il est également certain que depuis long-temps les papes sont en possession de présider aux Conciles généraux par leurs légats lorsqu'ils ne peuvent pas s'y rendre eux-mêmes, & cette possession est trop bien établie pour laisser lieu à la moindre contestation: aucun évêque ne seroit admis à prétendre aujourd'hui le contraire.

Mais cette possession des papes est-elle conforme à l'ancien droit, à l'usage de la primitive église ? c'est la seule question à discuter ici.

S'il faut en croire les partisans de la cour de Rome, les papes ont toujours présidé ou par eux ou par leurs légats aux Conciles. La chose est pour le moins douteuse si l'on consulte les monumens historiques. Il paroît que la présidence des Conciles étoit alors dévolue à la dignité des siéges. D'abord il y eut trois grands patriarchats reconnus dans l'église, celui de Rome, celui d'Alexandrie & celui d'Antioche. On y ajouta depuis celui de Constantinople, auquel la protection des empereurs fit adjuger le second rang, & celui de Jérusalem. Les évêques de ces cinq sièges avoient le pas sur tous les autres evêques, & ils le prenoient entr'eux selon la dignité de leurs églises. Cet ordre se suivoit pour la présidence aux Conciles généraux ; le pape, s'il s'y trouvoit, devoit présider ; à son défaut, ce devoit être le patriarche d'Alexandrie, tant que ce siége conserva le second rang de dignité : lorsque les choses eurent été changées à cet égard, au défaut du pape ce devoit être l'archevêque de Constantinople, puis celui d'Alexandrie, ensuite celui d'Antioche ; & enfin au défaut & en l'absence des quatre premiers, la présidence devoit être dévolue au patriarche de Jérusalem. C'est du moins ce qui semble résulter de ce que l'histoire nous a conservé sur la tenue des anciens Conciles généraux.

Le patriarche d'Antioche eut la première

place à droite au premier Concile de Nicée ; ce fut lui, au rapport de Théodore, qui harangua l'empereur au nom du Concile ; & le pape Félix III dans une lettre à l'empereur Zenon, le nomme le préfident des trois cens dix - huit pères.

Ce fut faint Melece, auffi patriarche d'An-tioche, qui préfida d'abord au premier Concile de Conftantinople, dont le fiége élevé dès-lors au fecond rang étoit vacant. Saint Melece mou-rut, & faint Grégoire de Naziance ayant été élu patriarche de Conftantinople, la préfidence au Concile lui fut dévolue ; & après fon abdi-cation, elle paffa à fon fucceffeur dans le fiége patriarchal. On ne vit point de légats du faint fiége à ce Concile, qui n'en fut pas moins re-connu pour Concile général.

Saint Cyrille, patriarche d'Alexandrie, a préfidé certainement au Concile d'Ephèfe. Mais étoit-ce en fa qualité de patriarche ou comme légat du pape. Quelques-uns prétendent que ç'a été comme légat du pape. Ce qui les a pu porter à ce fentiment, c'eft que le pape faint Céleftin, ayant d'abord examiné l'affaire de Neftorius à Rome, & condamné fon erreur & fa perfonne, avoit enfuite envoyé ce jugement à faint Cyrille pour le faire exécuter, & que faint Cyrille en conféquence, avoit affemblé un Concile en Egypte pour travailler à cette exécution. Mais c'eft à quoi fe bornoit la commiffion qu'il avoit reçue du faint fiége. Toutefois l'affaire de Nef-torius ne fe termina pas là ; il fallut affembler un Concile général. L'empereur le convoqua ; les peres fe réunirent ; le pape ne s'y rendit pas ; le patriarche de Conftantinople étoit recufé.

L'honneur de la préfidence ne pouvoit être difputé à faint Cyrille ; auffi le voit-on par-tout à la tête du Concile, fans que jamais on lui donne ou qu'il prenne la qualité de légat du pape. Le pape lui-même écrivit au Concile affemblé pour lui annoncer qu'il y envoyoit des légats au nombre defquels il ne nomme point faint Cyrille. Ces légats arrivèrent à Ephèfe, pendant que le Concile fe tenoit encore ; faint Cyrille ne continua pas moins d'y préfider ; il y foufcrivit le premier en préfence des légats du pape, & fans oppofition ni réclamation de leur part.

Si les légats de faint Léon, pape, préfidèrent au Concile de Calcédoine, ce ne fut pas en vertu des prérogatives du faint fiége, mais uniquement parce que tous les patriarches étoient abfens & accufés ou accufateurs. C'eft ce que faint Léon paroît reconnoître & avouer lui-même. On devoit en effet procéder dans ce Concile contre les patriarches d'Alexandrie, d'Antioche & de Jérufalem, & le patriarche de Conftantinople y devoit porter fes plaintes contre les auteurs de la mort de faint Flavien fon prédéceffeur.

Il n'y eut point de légats du faint fiége au fecond Concile de Conftantinople ; le pape Vigile qui fe trouvoit alors dans cette ville, ne voulut même prendre aucune part au Concile, qui n'en a pas moins été reconnu pour Concile général.

Le patriarche de Conftantinople préfida au troifième Concile général tenu en cette ville ; il étoit affis à la droite de l'empereur, & les envoyés du pape étoient affis à fa gauche.

Sans entrer dans un plus long détail à ce sujet, c'en est assez pour faire sentir que dans les premiers siècles la présidence des Conciles généraux étoit toujours déférée à celui des patriarches présens qui étoit le plus éminent par la dignité de son siége, à moins que des raisons particulières ne le fissent exclure de la présidence, comme s'il étoit accusé ou accusateur, ou qu'il ne s'agît des intérêts de son siége. Cet ordre étoit le plus conforme à l'esprit & à l'institution du gouvernement de l'église, gouvernement formé sur les principes d'une sage aristocratie, & confié au corps des évêques & premiers pasteurs en général.

Le malheur qu'eurent ensuite la plupart des évêques des quatre grands & principaux siéges de l'Orient, de se laisser séduire par les hérésies, d'en devenir les fauteurs, quelquefois même les auteurs, fut la première occasion de s'écarter de l'ordre ancien par rapport à la présidence des Conciles généraux : on sent combien il eût été peu convenable de laisser des évêques suspects & souvent convaincus d'erreur à la tête de ces grandes assemblées ; & combien il paroissoit, au contraire, important de leur opposer des personnes en état de contre-balancer leur autorité par leur crédit : ce que les légats du saint siége pouvoient sans doute mieux faire que qui que ce fût : cette considération acquit une nouvelle force après le schisme qui divisa presque toutes les églises d'Orient de la communion de l'église romaine. Enfin la présidence aux Conciles généraux fut assurée pour toujours aux légats du saint siége lorsque les souverains pontifes se furent mis en possession de convoquer les Conciles comme on l'a ci-deſſus expliqué. La préſidence ne ſembla plus qu'une ſuite de la convocation : ces deux droits ne firent que s'établir de plus en plus à l'aide l'un de l'autre ; & l'uſage les a tellement affermis, que l'on ne pourroit plus ſe permettre d'y porter la moindre atteinte.

Après avoir examiné à qui devoit être déféré le droit de convoquer les Conciles généraux & d'y préſider, il s'agit à préſent de ſavoir quelles ſont les perſonnes qui doivent y aſſiſter. Ce point eſt un de ceux ſur leſquels il y a le plus de conteſtations. Il faut commencer par ce qu'il y a de certain & d'indubitable.

D'abord il eſt conſtant & avoué de tout le monde, que tous les évêques ont par leur caractère le droit d'aſſiſter aux Conciles, & qu'ils doivent y être invités, non pas nommément, mais par une convocation générale.

L'hiſtoire eccléſiaſtique nous apprend que les Conciles ont toujours été compoſés d'évêques. Les évêques ſont juges de la foi, comme premiers paſteurs ; ils ont reçu de Dieu les clefs de la doctrine & de la juridiction ; le ſaint eſprit les a établis pour gouverner & conduire l'égliſe. A cet égard il ne peut y avoir de doute.

C'eſt au ſujet des prêtres que s'élèvent les plus grandes difficultés en cette matière.

On convient bien unanimement que les prêtres peuvent aſſiſter aux Conciles & être préſens aux déciſions qu'on y fait ; ils ont eu ce droit dans tous les temps & dans toutes les occaſions. On voit même qu'ils y avoient une place honorable, & qu'ils y étoient aſſis avec les évêques, quoiqu'après eux, pendant que le reſte du

clergé comme le peuple, demeuroit debout, &
cette distinction paroissoit due à la dignité du
sacerdoce.

Mais comme on peut être présent à une assemblée sans décider & sans porter son suffrage
sur les matières proposées, la question reste entière de savoir si les prêtres assistent comme
juges ou simplement comme témoins, ou enfin
comme conseils : c'est-à-dire si dans les Conciles ils ont voix délibérative comme les évêques, ou s'ils n'ont uniquement que la voix consultative. La discipline de l'église paroît avoir
varié sur ce point.

Au premier Concile de Jérusalem, qui selon
le Concile de Calcédoine a servi & doit servir
de règle & de modèle à tous les autres, on voit
que les prêtres s'assemblèrent avec les apôtres
pour examiner la question ; *convenerunt apostoli
& seniores videre de verbo hoc.* La lettre synodale
de ce Concile est adressée aux fidelles d'Antioche, au nom des apôtres & des prêtres, *apostoli
& seniores;* les règlemens qui furent faits dans ce
Concile sont toujours appelés dans les actes des
apôtres; les règlemens des apôtres & des prêtres, *præcepta apostolorum & seniorum.*

On voit par les actes de plusieurs Conciles,
& particulièrement de ceux d'Elvire en 304,
d'Arles en 314, d'Illyrie en 375, de Milan en
389, de Constantinople en 448, de Brague en
563, de Tolède en 745, de Rome en 853 &
964, de Latran en 1215, de Lyon en 1274,
que le clergé du second ordre y eux voix délibérative.

Ce droit lui ayant été contesté au Concile de
Constance par quelques particuliers, les cardi-

naux d'Ailly & de faint Marc en prirent vive-
ment la défenfe. Le premier y foutint qu'on ne
devoit pas refufer la voix délibérative aux docteurs en théologie ; que leur autorité a été allé-
guée dans les Conciles de Rome ; qu'ils y ont
foufcrit en qualité de juges & avec voix définitive ; & il traite d'ignorans ou d'opiniâtres
ceux qui prétendent que la voix définitive n'appartient dans les Conciles qu'aux évêques &
aux abbés.

Le clergé du fecond ordre ne rencontra pas
un défenfeur moins zélé de fes droits au Concile de Bafle dans la perfonne du cardinal d'Arles qui y préfidoit. Ce cardinal explique d'a-
bord un paffage tiré des actes du Concile de
Calcédoine tenu en 451, où on lit ces termes :
Concilium epifcoporum eft non clericorum, *fuper-*
fluos foras mittite, un Concile eft une affemblée
d'évêques & non de clercs ; qu'on faffe fortir
ceux qui font fans droit ; il fait voir que ces
paroles ne font point une décifion du Concile ;
mais une exclamation de l'impie Diofcore qui
ne cherchoit qu'à jeter le Concile dans le trouble afin de fe fouftraire lui-même par ce moyen
à la condamnation qu'il avoit méritée ; & qu'on
ne pouvoit ainfi tirer aucune induction de ce
paffage contre le droit qu'avoit toujours eu le
fecond ordre du clergé d'affifter avec voix délibérative aux Conciles & aux affemblées eccléfiaftiques. Le cardinal d'Arles déclare enfuite
que la même chofe s'étoit pratiquée au Concile de Conftance ; qu'il y avoit vu les inférieurs
admis fans contredit à la décifion des chofes les
plus difficiles ; & qu'on ne devoit pas avoir
honte d'imiter ce très-grand, très-faint & très-

nombreux Concile de Latran, dans lequel il est certain que les prêtres avoient jugé avec les évêques.

Cependant malgré ces autorités & ces exemples, le clergé du second ordre a perdu insensiblement ce droit de voix délibérative, ou du moins l'exercice de ce droit, même en France, quoiqu'il y eût fait plus d'efforts pour s'y maintenir. Sur les contestations élevées à ce sujet dans une assemblée du clergé tenue à Melun, & renouvelée un an après dans un Concile provincial de Rouen, où les abbés & les députés des chapitres demandoient la voix délibérative, le Concile consulta le pape Grégoire XIII. La réponse de ce pape fut que les abbés commendataires devoient être réunis avec les abbés réguliers, & que les chapitres des églises cathédrales devoient avoir le pas quand ils procédoient capitulairement; que les abbés devoient avoir voix consultative dans les Conciles aussi-bien que les dignités des chapitres, & les procureurs des évêques absens voix délibérative si le Concile le jugeoit à propos.

Depuis ce temps le second ordre a cessé d'avoir voix délibérative dans les Conciles & dans les assemblées, où ses députés ont souvent fait des protestations pour la conservation de leurs droits, mais sans aucun succès jusqu'à présent. Les efforts qu'ont faits en particulier les chapitres des églises cathédrales, n'ont guère été plus heureux à cet égard. Ils n'ont pu réussir dans plusieurs Conciles provinciaux tenus en France depuis le Concile de Trente, à faire regarder la voix de leurs députés comme délibérative & décisive; souvent même on y a déclaré

claré conformément à la réponse du pape Grégoire XIII, que leur suffrage n'étoit que consultatif.

Quant aux prêtres qui sont envoyés aux Conciles comme procureurs des évêques absens, ils ont eu sans difficulté voix délibérative jusqu'au Concile de Trente, où pour la première fois on contesta ce droit à des députés des évêques du royaume de Naples. La question n'y fut pas décidée ; mais la dispute élevée à ce sujet semble avoir déja porté quelqu'atteinte au droit dont ces procureurs avoient joui paisiblement jusqu'alors. On a vu en effet dans la réponse dont on a parlé ci-dessus, que Grégoire XIII fit en 1583 au Concile qui l'avoit consulté, que ce souverain pontife en réduisant les abbés & les dignités des chapitres à la voix consultative, se contente de dire au sujet des prêtres procureurs d'évêques absens, qu'ils auront voix délibérative si le Concile le juge à propos : ce qui jette une sorte d'incertitude & d'obscurité sur leur droit.

Quói qu'il en soit, au reste, du genre de voix que le second ordre doit avoir dans les Conciles, il est incontestable qu'il a toujours eu le droit d'y assister.

Les princes chrétiens peuvent aussi se trouver aux Conciles généraux ou s'y faire représenter par leurs ambassadeurs ou envoyés : on a ci-devant observé que l'empereur d'Allemagne & le roi de France y devoient être invités nommément : l'invitation pour les autres est générale. Les princes ont toujours joui de ce droit. Souvent les empereurs ont assisté en personne aux Conciles généraux, & l'on y a vu d'autres souverains en différentes circonstances.

C'étoit aussi l'usage autrefois que les empereurs fissent trouver aux Conciles un ou plusieurs commissaires de leur part afin de maintenir la tranquillité & de faire regner le bon ordre dans ces nombreuses assemblées, & d'en accélérer la conclusion & la fin. Présentement ce soin regarde les présidens eux-mêmes des Conciles.

Le droit qu'ont les souverains & les princes d'assister aux Conciles ou d'y avoir des ambassadeurs pour s'y faire représenter ne dérive d'aucune inspection qu'ils aient ou qu'ils prétendent sur la foi & sur la doctrine de l'église. Ce n'est pas, disoit l'empereur Marcien aux pères assemblés à Calcédoine, ce n'est pas pour faire ostentation de notre puissance que nous avons voulu nous trouver au Concile, c'est pour défendre la foi à l'exemple du religieux Constantin; c'est afin, lorsque la vérité sera trouvée, que nous empêchions les divisions que les mauvaises doctrines font dans la multitude. Les souverains & leurs ambassadeurs sont reçus & doivent l'être dans les Conciles non pour traiter, délibérer & décider des matières controversées, mais par un juste respect pour leur dignité, pour concilier leur protection & leur bienveillance aux Conciles & à leurs décisions, & pour les mettre en état de veiller à ce qu'on ne traite & qu'on ne fasse rien de contraire à à leurs intérêts ni à ceux de leurs peuples.

Les Conciles ainsi formés on procéde à la discussion & à la décision des points qui ont été l'objet de la convocation des Conciles.

Quoiqu'il foit d'un ufage conftant & d'une difcipline généralement obfervée que les préfidens des Conciles y propofent les queftions qui doivent s'y traiter, les évêques qui y affiftent ont toujours eu le droit d'y propofer ce qu'ils jugeoient convenable & d'exciter l'affemblée du Concile à délibérer fur ce qu'ils avoient propofé. On en trouve plufieurs exemples dans les Conciles de Sardique & de Carthage, où non feulement les préfidens, mais des évêques particuliers ont fouvent propofé des fujets de délibération.

On voit même que dans la première feffion du Concile de Trente fous Pie IV les évêques ne trouvèrent pas bon que les légats fe fuffent fervis de cette formule jufqu'alors inconnue, *proponentibus legatis*, & que plufieurs d'entre ces évêques demanderent que cette formule fût fupprimée comme nouvelle & contraire au droit & à la poffeffion où étoient les évêques de propofer aux Conciles les chofes qu'ils jugeoient utiles & néceffaires au bien de l'églife. Les légats furent obligés d'expliquer leur formule, & de déclarer par un acte exprès inféré dans les pièces du Concile qu'ils n'avoient point entendu, & n'entendoient point par cette formule, préjudicier en rien à ce qui s'étoit fait jufques-là non plus qu'au pouvoir légitime des évêques.

On ne devroit toutefois traiter aux Conciles, & y décider d'autres matières que celles pour lefquelles ils font particulièrement affemblés. Les évêques députés par les provinces n'ont en effet pour l'ordinaire de procuration que pour l'affaire dont on a été averti avant la

députation. C'eſt ſur cette affaire qu'ils ont particulièrement à s'inſtruire & à recueillir le ſuffrage de leurs égliſes pour le porter au Concile général. Auſſi le pape ſaint Léon en refu
ſant d'approuver ce qui s'étoit fait en faveur
du ſiège patriarchal de Conſtantinople au Concile de Calcédoïne dont il adoptoit toutes les
autres déciſions, ſe fonde uniquement pour motiver ſon refus dans ſa lettre à l'empereur Marcien, ſur ce que le Concile n'avoit été aſſemblé que pour traiter les queſtions de foi qui
regardoient Dioſcore & Eutychès, & non
pour traiter de l'établiſſement d'un ſiège patriarchal à Conſtantinople, & de la prééminence de ce nouveau ſiège ſur les anciens.

Cependant ſi l'on s'attachoit à cette règle à
la rigueur, on s'expoſeroit à porter atteinte à
tout ce qui auroit été défini & décidé dans les
Conciles hors la principale queſtion pour laquelle ils auroient été aſſemblés : ce qui ébranleroit une grand partie de leurs définitions. Ce
ſeroit encore gêner trop la liberté des évêques
que de vouloir les reſtreindre à ne traiter que
la ſeule matière pour laquelle ils ſont aſſemblés,
& priver d'ailleurs l'égliſe des ſages réglemens
que font les Conciles ſuivant les beſoins & les
circonſtances.

Toute juſte que paroît la règle propoſée,
c'eſt à la prudence même des Conciles qu'il
eſt reſervé de juger des cas où l'on peut s'en
écarter ſans inconvénient & ſans trouble. Le celèbre Concile de Nicée en a donné le premier
exemple. Il avoit été uniquement convoqué
pour condamner l'héreſie d'Arius & pour terminer le différend ſur la célébration de la Pâ

que. Néanmoins après avoir difcuté & terminé ces queftions principales , il fit vingt canons qui furent reçus avec la plus grande vénération , & que faint Léon a regardés comme autant de lois refpectables qui devoient être obfervées fans aucun changement jufqu'à la fin du monde & auxquelles il n'étoit pas permis de rien ajouter ou retrancher.

Lorfque les matières ont été fuffifamment examinées & débattues dans les Conciles , il faut en venir à la définition : pour cela il a toujours été d'ufage de recueillir les voix par tête & de compter les fuffrages de tous les évêques préfens. On ne s'eft écarté de cet ufage qu'au Concile de Conftance & pour des raifons particulières. Les voix y furent données & comptées par nations. Plufieurs des pères affemblés au Concile de Trente auroient fort fouhaité que l'on y eût fuivi cet exemple, à caufe du grand nombre d'évêques Italiens que les papes y avoient envoyés, en érigeant même pour cet effet plufieurs fièges nouveaux afin de fe conferver parlà la prépondérance dans le Concile, & que le nombre des évêques Italiens furpaffât celui de tous les autres évêques : cependant malgré les plaintes & les efforts des prélats François & Efpagnols, on obferva dans ce Concile la même difcipline qu'on avoit pratiquée dans les Conciles précédens. Les voix y furent comptées, non par nation, mais par le nombre des évêques qui y affiftoient. Il peut fans doute y avoir des inconvéniens dans cette manière , car où n'en trouve t-on pas ! mais elle eft la plus conforme à ce

qui s'eſt toujours pratiqué dans les Conciles
tant généraux que particuliers.

Après que les Conciles avoient terminé leurs
délibérations & conclu leurs déciſions, on envoyoit des copies authentiques de leurs actes
aux évêques des grands ſièges, s'ils n'avoient
pas aſſiſté, ſur-tout aux patriarches & ſpéciale-
ment aux ſouverains pontifes. C'étoit d'abord
pour leur en faire connoître exactement les
déciſions & non pour donner l'autorité à ces
déciſions elles - mêmes, puiſqu'on tenoit à cet
égard la même conduite envers les autres patriarches qu'envers le pape, & que perſonne
cependant n'a jamais prétendu que les Conciles
généraux euſſent beſoin d'être confirmés par les
patriarches de Conſtantinople, d'Alexandrie,
d'Antioche & de Jéruſalem pour avoir toute
leur force & toute leur autorité.

Auſſi n'eſt il point parlé de confirmation des
Conciles par les papes avant les Conciles d'A-
frique contre les Pélagiens : les peres de ces
deux Conciles demandèrent au pape Innocent I
l'approbation de ce qu'ils avoient fait contre Pélage & le prièrent de joindre ſon autorité à la leur
pour détruire cette nouvelle héréſie. On ne
peut douter en effet que l'autorité du ſaint ſiège
ne dut ajouter un grand poids à ces Conciles
& rendre leurs déciſions plus vénérables.

Le Concile de Calcédoine ſuivit cet exemple ; il demanda au pape ſaint Léon la confirmation de tout ce qui s'y étoit paſſé quoique
ce ſouverain pontife y eût aſſiſté par ſes légats.
Les ſixième & ſeptième Conciles généraux ont
tenu la même conduite ; le Concile de Conſ-
tance & celui de Trente ont auſſi depuis fait

la .même chofe. Trois évêques s'oppofèrent néanmoins dans ce dernier Concile à ce que cette confirmation fût démandée. Ils la regardoient au moins comme fuperflue & comme contraire en quelque forte à l'autorité des Conciles.

Des docteurs ultramontains en ont effectivement conclu que cette confirmation étoit tellement néceffaire que les Conciles en tiroient toute leur vigueur & leur force, & que toute l'autorité des Conciles procédoit de celle du pape qui en qualité de fupérieur en fixoit & en autorifoit les décifions.

Mais cette induction feroit fauffe même à l'égard des Conciles provinciaux & nationaux & a plus forte raifon à l'égard des Conciles généraux. Lorfque les Conciles nationaux ou provinciaux ont demandé la confirmation des fouverains pontifes, ce n'eft pas que ces affemblées doutaffent de leur autorité, elles vouloient feulement, comme s'en expriment les pères des Conciles d'Affrique, engager les papes à joindre leur autorité à celle des Conciles, non pour valider ce qui de foi-même avoit déjà fa force, mais pour ajouter une nouvelle force à celle qu'ils avoient par eux mêmes. Demander aux papes la confirmation, c'étoit de la part de ces Conciles prier les fouverains pontifes d'examiner les mêmes queftions, d'en porter leur jugement & d'adhérer a celui du Concile s'ils l'approuvoient.

La confirmation des Conciles généraux n'a point & ne peut avoir le même objet. Elle n'a été introduite que pour repréfenter l'uniformité & l'acceptation de toutes les églifes, particulièrement de celle de Rome qui toujours a été regardée comme la mère, le centre & le lien de toutes les autres. Ce n'est point par forme de revision des décisions prononcées par le Concile que le pape procède alors, il ne lui reste qu'à examiner les formes qu'on y a observées, & qu'à se soumettre à ces décisions, s'il y reconnoît les caractères que doit avoir un Concile général. C'est sur ces maximes que le pape saint Grégoire le grand protestoit qu'il respectoit les quatre premiers Conciles généraux comme les quatre évangiles & qu'il n'avoit pas moins de vénération pour le cinquième. C'étoient les seuls qui s'étoient tenus jusqu'à son temps. Les papes ne confirment donc pas les Conciles généraux en jugeant après les Conciles, mais en acceptant les jugemens & décisions prononcés par les Conciles généraux.

Ces augustes assemblées font le tribunal suprême, le seul tribunal reconnu généralement pour infaillible dans l'église. Ils la représentent seuls, c'est en son nom qu'ils enseignent, qu'ils décident, qu'ils jugent. C'est à ce tribunal que Jesus-Christ a renvoyé saint Pierre lui-même quand il dit à cet apôtre : *si votre frère a péché contre vous, reprenez-le entre vous & lui ; s'il ne vous écoute pas, prenez avec vous une ou deux autres personnes ; s'il ne veut pas vous écouter, dites-le à l'église ; & s'il refuse d'écouter l'église, regardez-le comme un païen, & comme un publicain.* C'est à ce tribunal que le chef des apôtres a toujours déféré la décision des choses & des questions importantes. Les papes les plus distingués par leurs lumières & leur piété ont souvent reconnu la nécessité d'assembler des Conciles généraux & l'obligation où ils étoient de s'y soumettre. Les Conciles de Constance & de Basle en ont fait des définitions expresses. Toujours fidellement & fermement attachée à la foi & à la doctrine des pères, l'église gallicane a marqué le plus grand zèle pour les conserver entières sur ce point. Voici comment elle s'en explique dans les articles 2, 3 & 4 de la célèbre déclaration de 1682.

» 2°. Que la plénitude de puissance que le » saint siège apostolique, & les successeurs de » saint Pierre vicaires de Jesus-Christ ont sur » les choses sprirituelles est telle néanmoins que « les décrets du saint Concile écuménique » de Constance contenus dans les sessions IV » & V, approuvés par le saint siège apostolique » & confirmés par la pratique de toute l'église » & des pontifes romains, & observés de tout » temps religieusement par l'église gallicane, » demeurent dans leur force & vertu, & que » l'église de France n'approuve pas l'opinion de » ceux qui donnent atteinte à ces décrets. ou » les affoiblissent en disant que leur autorité » n'est pas bien établie, qu'ils ne sont point ap- » prouvés, ou que leurs dispositions ne re- » gardent que les temps du schisme.

» 3°. Qu'ainsi il faut règler l'usage de la » puissance apostolique par les canons faits par » l'esprit de Dieu, & consacrés par le respect » général de tout le monde; que les règles, les » mœurs & les constitutions reçues dans le » royaume & dans l'église gallicane doivent » avoir leur force & vertu, & que les usages » de nos pères doivent demeurer inébranlables;

» qu'il eſt même de la grandeur du ſaint ſiège
» apoſtolique que les lois & les coutumes éta-
» blies du conſentement de ce ſiége & des égliſes
» aient l'autorité qu'elles doivent avoir.

» 4°. Que quoique le pape ait la principale
» autorité dans les queſtions de foi & que ſes
» décrets regardent toutes les égliſes & chaque
» égliſe en particulier, ſon jugement n'eſt pas
» irréformable ſi le conſentement de l'égliſe
» n'intervient.

Ainſi point d'autorité dans l'égliſe qui puiſſe
contrebalancer l'autorité du Concile général
ou concourir ſeulement avec elle, parceque
l'autorité du Concile n'eſt autre choſe que
celle de l'égliſe elle même à laquelle tout doit
être ſoumis dans l'ordre des choſes ſprirituelles.

Il peut s'élever des doutes ſur *l'écuménicité*
d'un Concile comme il s'en eſt élevé au ſujet
du cinquième Concile général que bien des
égliſes ont refuſé long-temps de reconnoître ;
& pendant ce tems de trouble & d'obſcurité,
on n'eſt pas coupable pour n'être pas ſoumis
aux déciſions de ce Concile, car ce n'eſt pas
ſon autorité qu'on attaque, on ne diſpute que
de ſa qualité ; on eſt prêt à reſpecter celle-là
dès que celle-ci ſera conſtante.

L'autorité des Conciles généraux peut s'exercer ſur des objets relatifs à la foi, ou ſur des
matières de diſcipline. Par rapport à ce qui
concerne, ſoit la doctrine des mœurs, ſoit les
dogmes de la foi, les déciſions des Conciles
généraux, dès le moment où leur écuménicité
eſt reconnue obligent tous les fidèles de quelque rang, qualité & condition qu'ils puiſſent
être. Il n'eſt plus permis à perſonne d'examiner,

de difcuter les points une fois ainfi définis. Il ne
refte qu'à fe foumettre en conformant fon jugement à celui de l'églife.

Il faut obferver néanmoins que tout ce qui
eft dit par un Concile général ne devient pas
une règle de foi, un article de notre croyance.
Ces caractères ne conviennent, & notre foumiffion de cœur & d'efprit n'eft due qu'à ce
qui forme les définitions proprement dites,
c'eft-à-dire à ce que l'églife nous ordonne ou
nous défend précifément de croire fous peine
d'anathême. Mais les preuves, les raifonnemens
dont les Conciles fe fervent pour appuyer leurs
décifions tout refpectables qu'ils font ne forment point des objets de croyance. On peut fans
blâme & fans témérité en contefter la folidité
ou la juftefle. L'églife n'eft infallible qu'en jugeant, & elle ne juge point encore, tant qu'elle
ne fait qu'expofer les moyens & developper les
preuves. Le jugement confifte proprement &
uniquement dans ce qui forme la définition,
& qui pour l'ordinaire eft renfermé dans des
canons. La définition peut être vraie quoiqu'appuyée fur des preuves fauffes & peu juftes : &
elle l'eft toujours lorfque c'eft l'églife qui définit, puifque Jefus-Chrift a promis d'être toujours avec elle quand elle enfeigneroit en fon
nom, & de ne permettre jamais que les portes
de l'enfer prévaluffent contr'elle, ni que l'erreur put y dominer.

Quant aux réglemens que les Conciles même
généraux font fur ce qui concerne la difcipline,
on ne doit pas douter que l'efprit-faint ne dirige
l'églife à cet égard comme dans tout le refte.
Cependant & d'après les régles & les décifions

des Conciles généraux eux-mêmes, ces réglemens n'ont point la même force que les définitions dogmatiques. Celles-ci comme on vient de le dire obligent par elles mêmes tout le monde. Il n'en eſt pas de même des réglemens de diſcipline : les Conciles ſurtout les Conciles généraux ont certainement le droit d'en faire ; mais ſuivant les diſpoſitions du Concile général de Nicée & de pluſieurs autres, les égliſes particulières ont auſſi le droit de conſerver leurs anciens uſages & leurs libertés, & de ne rien admettre, qui n'y ſoit conforme. Suivant les maximes du droit commun, les princes chrétiens comme protecteurs des égliſes de leurs états ont droit de veiller à la conſervation de l'ancienne diſcipline, & de maintenir les uſages anciens : il n'y doit être fait aucun changement que de leur conſentement & avec leur autoriſation. Les réglemens ſur la diſcipline faits par les Conciles généraux n'ont de force, & n'obligent dans ce royaume & dans ces états qu'après qu'ils ont été adoptés par les égliſes nationales & revêtus du ſceau de l'autorité des ſouverains.

Cette vérité a ſolemnellement été reconnue par le Concile de Baſle. Les pères de ce Concile adreſſèrent au roi de France les règlemens qu'ils avoient dreſſés en le priant de les faire publier & ſuivre dans ſes états. En conſéquence le roi convoqua l'aſſemblée des états à Bourges. Les reglemens envoyés par le Concile y furent examinés. On en retrancha les articles qui parurent contraires à nos uſages ; on en modifia d'autres, & d'après le réſultat de cette diſcuſſion fut dreſſée la ſanction pragmatique pour être publiée, obſervée & ſuivie dans le royaume.

Cette même vérité n'eſt pas moins formellement atteſtée par les efforts multipliés & redoublés que les ſouverains pontifes n'ont ceſſé de faire depuis la tenue du Concile de Trente pour obtenir de nos rois qu'ils fiſſent publier en France les décrets ſur la réformation dreſſés en ce Concile. Le clergé de France a ſouvent joint pour cet effet ſes très-humbles prières aux vives inſtances des papes. La trop grande oppoſition entre la plupart des diſpoſitions de ces décrets & les uſages, maximes, franchiſes & libertés de l'égliſe gallicane a toujours empêché nos ſouverains de déférer aux demandes des papes à ce ſujet & aux ſollicitations du clergé. Ils ſe ſont contentés de faire inſérer dans leurs ordonnances ceux des articles de la reformation preſcrite par le Concile, qu'ils ont jugé pouvoir ſe concilier avec la diſcipline & les maximes du royaume : & ces articles ſeuls ont force de loi parmi nous. Dans preſque tous les autres états catholiques dont les ſouverains ont cru devoir y faire publier le Concile de Trente, les édits pour cette publication, & les enregiſtremens de ces édits ont apporté quelques reſtrictions ou quelques modifications aux réglemens de ce Concile. Quelque peine qu'en aient reſſentis les ſouverains pontifes, jamais ils n'ont condamné ni le refus de la France, ni les modifications & reſtrictions des autres pays, & à cet égard, ils n'ont jamais agi que par voie de prières, de ſollicitations & de recommandation.

On voit par là quelle différence il faut mettre entre les décrets ſur la foi & les canons ſur la diſcipline qui ſont faits dans les Conciles généraux. Les premiers ne laiſſent point d'examen à faire , ils obligent indépendamment de toute acceptation. Les égliſes nationales & les états particuliers ne ſont ſoumis aux ſeconds qu'autant qu'il les adoptent & les reçoivent : & la diverſité qui peut en réſulter pour la diſcipline entre les égliſes ne nuit point a l'unité de la foi qui doit les réunir & n'en faire qu'un même tout.

Après ce détail ſur les Conciles généraux il faut voir en peu de mots ce qui concerne les Conciles nationaux & les Conciles provinciaux.

Les Conciles nationaux ſe forment par l'aſſemblée des évêques de toutes ou preſque toutes les provinces d'un royaume ou d'un état. L'antiquité nous en offre beaucoup d'exemples dans les celèbres Conciles d'Afrique , des Gaules , & d'Eſpagne. Ils ont été aſſez fréquents en France ſous la première & la ſeconde race de nos rois. Il y en a eu encore quelques-uns depuis, mais moins fréquemment , & depuis long-temps il ne s'en eſt point tenu auquel on puiſſe donner ce nom.

Quoique bien inférieurs pour l'autorité aux Conciles généraux , ces Conciles ont toujours inſpiré une grande vénération & leur ſuffrage a toujours paru très-conſidérable. On en peut juger par le reſpect qu'on a dans tous les temps temoigné pour les déciſions & réglemens portés dans ces Conciles & que les Conciles généraux ont eux-mêmes ſouvent adoptés.

La convocation de ces Conciles n'a jamais été regardée comme une choſe reſervée aux papes. On ne voit rien dans les actes de ces

Conciles qui annonce qu'on ait cru avoir befoin de l'agrément des fouverains pontifes pour les affembler. C'étoient les patriarches, les primats qui en faifoient la convocation du confentement exprès ou préfumé des princes chrétiens. Car ce confentement a toujours été néceffaire pour autorifer les évêques à fe réunir en corps. En France ce font prefque toujours nos fouverains eux mêmes qui ont convoqué les Conciles nationaux du royaume : il en ont inconteftablement le droit comme protefteurs & gardiens des droits, franchifes & libertés de l'églife & du royaume de France. Prefque tous les Conciles dont les actes ont été confervés offrent la preuve de l'exercice que nos rois ont fait de leur pouvoir à cet égard ; prefque tous ces Conciles portent qu'ils fe font affemblés par les ordres de princes qui gouvernoient alors l'état ; & a quel autre mieux qu'au fouverain pouvoit appartenir le droit de convoquer & d'affembler les évêques qui vivoient fous fa domination ?

Ainfi lorfqu'enfuite ces Conciles envoyoient aux papes leurs actes pour en demander la confirmation ; il faut bien prendre garde, comme déjà ou l'a obfervé, que cette confirmation n'étoit pas demandée pour autorifer la tenue de ces affemblées valables certainement & légitimes par elles-même : on ne vouloit que donner une force nouvelle aux décifions portées par ces Conciles, en ajoutant au poids de leur jugement l'autorité du jugement du faint fiège : ce qui préfente une forte d'approbation, d'adhéfion aux définitions faites, plutôt qu'une confirmation proprement dite.

A l'égard de la préfidence dans les Conciles

nationaux, elle étoit déférée ou felon la dignité
des fiéges, lorfque dans l'étendue des provinces
dont les évêques fe raffembloient, il y avoit
quelque fiége à qui la prééminence étoit attachée; ainfi les patriarches dans leurs patriarchats,
les exarques, titre qu'on donnoit aux évêques
de Céfarée en Cappadoce, d'Ephèfe & d'Héra-
clée dans leurs exarchats, les primats dans leurs
primaties avoient de droit la préfidence, ou
bien elle étoit déférée à l'ancienneté de l'ordination. Quelquefois on l'accordoit à la qualité
de légats du faint fiége. Les archevêques d'Arles
l'eurent long-temps à ce titte qui reprit une
nouvelle faveur & fut fort en ufage dans les
onzième, douzième & treizième fiècles; après
quoi on revint encore à l'ancienne coutume de
tenir les Conciles nationaux fans le concours des
légats du pape.

En France la préfidence étoit anciennement
déférée au plus ancien des métropolitains, &
cet ordre fubfifta jufqu'au temps où les papes
donnèrent la qualité de légats du faint fiége
aux archevêques d'Arles. Ceux ci en cette qualité préfidèrent fouvent aux Conciles nationaux.
Cependant durant le temps même de cette légation, on voit d'autres évêques préfider à des
Conciles. La légation fut accordée par le pape
Symmaque à faint Cefaire archevêque d'Arles
en 514, pour terminer les fréquentes conteffa-
tions qui s'élevoient au fujet de la préfidence
entre les archevêques de Vienne & de Narbonne. Cette même légation fut à la prière de
nos rois, confirmée par les papes à tous les
fucceffeurs de faint Cefaire, comme il paroît
par les lettres des papes à faint Cefaire lui-
même,

même, à Arcadius, à Aurélien, à Sapandus &
à Virgilius, qui tous se succédèrent les uns aux
autres dans le siége d'Arles ; & ce fut en conséquence de la continuation ou confirmation de
ce privilége, que Sapandus présida au second
Concile d'Arles en 554, à celui de Paris en 555,
& à celui de Valence en 584.

Mais pendant le même temps on voit Probus
archevêque de Bourges, présider en 557 au
troisième Concile de Paris ; Philippe, évêque
de Vienne au second de Lyon en 567 ; Euphro-
nius de Tours, au second Concile de cette ville
en la même année, & Anchorius à celui d'Auxerre en 578.

L'archevêque de Lyon jouit en France du
droit de primatie, & prétend comme un privilége de son siége, au droit de présider au Concile de la nation. Les exemples que l'on vient
de citer prouvent que ce privilége n'a pu s'établir que vers la fin du sixième siècle. On trouve,
& c'est peut-être ici l'origine de la prétention
des archevêques de Lyon, qu'en 585, Priscus
évêque de Lyon, présida au second Concile de
Mâcon, où se trouvèrent après lui, outre les
évêques, cinq autres métropolitains : ceux de
Vienne, de Sens, de Rouen, de Bordeaux &
de Bourges. Ce Concile qui étoit comme national, ordonna que tous les cinq ans on en
tiendroit un semblable, & que l'évêque métropolitain de Lyon l'indiqueroit après être
convenu avec le roi du lieu de l'assemblée.
Candericus, évêque de Lyon, présida en 650
au Concile de Châlons ; c'est apparemment ce
qui établit insensiblement le droit des évêques
de Lyon, qui depuis ce temps-là présidèrent

souvent aux Conciles nationaux. Leur poffeffion
a pourtant été souvent interrompue, & n'a jamais été reconnue par les affemblées du clergé
de France, où par cette raifon les archevêques
de Lyon ont souvent fait difficulté d'affifter, ou
n'ont affifté qu'en proteftant pour la confervation de leur droit.

Si l'occafion fe préfentoit de tenir un Concile
national dans le royaume, ce ne feroit pas une
petite difficulté que d'en régler la préfidence ;
l'embarras feroit augmenté par les prétentions
qui paroiffent affez légitimes de la part de tous
les métropolitains, d'avoir la préféance & la
préfidence aux affemblées eccléfiaftiques qui fe
tiennent dans leurs provinces. Peut-être feroit-
on obligé pour pouvoir paffer outre, de s'en
tenir à quelque difpofition provifoire, fans préjudice des droits des parties au fond.

Les Conciles nationaux fe forment comme
les Conciles généraux par les députations que
font les différentes provinces eccléfiaftiques,
& les pouvoirs qu'elles donnent à leurs députés. Ce que l'on a dit des prêtres au fujet
des Conciles généraux doit également s'appliquer ici.

Il eft hors de doute que les Conciles nationaux peuvent faire des décrets fur la foi & des
règlemens fur la difcipline : il ne faut pour s'en
convaincre, que lire les actes qui nous reftent
des anciens Conciles tenus dès les premiers fiècles de l'églife.

Mais les décrets portés dans ces Conciles fur
la foi ne deviennent la règle invariable & infaillible de notre croyance, qu'autant qu'ils font
acceptés par le confentement au moins tacite

de toute l'églife, à laquelle feule il appartient
de déclarer & de propofer les articles de foi :
& c'eft pourtant par cette voie que la plupart
des héréfies ont été étouffées & profcrites. Saint
Auguftin ne balança pas même à prononcer
contre les Pélagiens que la caufe étoit finie depuis que Rome avoit folemnellement approuvé
& confirmé les condamnations prononcées contre eux dans les Conciles d'Afrique, & que mal
à propos ils demandoient encore à être entendus dans un Concile général ; qu'il ne falloit pas
pour l'opiniâtreté d'un petit nombre d'hommes
convaincus manifeftement d'erreur, troubler le
repos de toutes les églifes. C'eft qu'en effet
toute l'églife applaudiffoit à la condamnation de
Pélage & de Celeftius. Au contraire, quoique
Arius eût été condamné dans le Concile national
de l'Egypte préfidé par le patriarche d'Alexandrie, & que le faint fiége eût approuvé cette
condamnation, les progrès qu'avoit fait l'im-
piété arienne, le nombre de partifans qu'elle
s'étoit attirés, & le trouble qui en réfultoit dans
toute l'églife, firent alors regarder comme indifpenfable la tenue d'un Concile général, &
ce fut à cette occafion que fut convoquée la
première & la plus célébre de ces affemblées.

Quant aux reglemens de difcipline faits dans
les Conciles nationaux, ils ont toujours paru
mériter un grand refpect, & fouvent l'églife
univerfelle s'eft empreffée de les adopter & de
les faire paffer dans le corps de fes canons. Ces
règlemens n'ont cependant par eux-mêmes de
force que dans la nation ou l'état dont les prélats fe font affemblés ; & cette force encore, il
ne l'ont pleinement qu'après qu'ils ont été ap-

prouvés par les souverains & revêtus du sceau
de l'autorité publique. Les Conciles nationaux
tenus en France ont bien senti l'importance &
la nécessité de cette autorisation ; on peut en
juger par le soin qu'ils ont toujours eu de la
solliciter. Nos rois ont aussi toujours montré le
plus grand empressement pour soutenir par leur
autorité ce que les Conciles avoient réglé pour
le bien commun.

Après les Conciles nationaux viennent les
Conciles provinciaux , c'est-à-dire ceux qui se
forment par l'assemblée des évêques d'une province ecclésiastique sous le métropolitain leur
chef ; & en cas de vacance du juge de la métropole , ou d'empêchement du côté du métropolitain , sous le plus ancien des évêques de la
province à qui la présidence est alors dévolue ,
à moins que par un usage ou statut particulier
elle ne soit déférée à quelqu'autre.

Il faut appliquer avec proportion aux Conciles provinciaux ce que l'on vient de dire des
nationaux quant aux décrets sur la foi & aux
règlemens sur la discipline. Les Conciles provinciaux peuvent incontestablement en faire aussi-
bien que les Conciles nationaux : car comment
disputeroit-on à ces Conciles un droit qu'on ne
peut refuser à chaque évêque pour son diocèse.
Mais on sent bien que les décrets sur la foi portés dans ces Conciles ont encore moins le caractère de jugement définitif & irréformable que
ceux des Conciles nationaux. Ces décrets forment des préjugés , des autorités bien respec-
tables, mais ils ne peuvent être regardés comme
une décision précise & formelle. La force des
règlemens que les mêmes Conciles font sur la

difcipline, ne s'étend pas au-delà des limites de leur province, & il eft d'ailleurs néceffaire qu'ils foient revêtus du fceau de l'autorité fouveraine. C'eft un foin que n'ont pas négligé les pères des derniers Conciles provinciaux tenus en France.

Refte à voir en quel temps ils devroient s'affembler & à qui il appartient de les convoquer.

La difficulté de réunir tous les évêques du monde chrétien, ou même ceux d'une feule nation, n'a guère permis de fixer un terme certain pour la tenue des Conciles généraux ou feulement nationaux; & fi quelquefois, comme dans les Conciles de Pife, de Conftance & de Bâle, on a cru devoir indiquer le temps de la tenue du prochain Concile, prefque jamais les circonftances ne fe font conciliées avec l'indication faite. La proximité des évêques d'une même province laiffoit bien plus de facilité & de liberté de les affembler. Auffi voit-on que les Conciles provinciaux fe tenoient très-fréquemment; il étoit même paffé en ufage & en règle qu'ils fe tinffent au moins une fois l'année.

C'eft la difpofition du deuxième canon du Concile tenu en 533 à Orléans (*) ; elle eft renouvelée canon 3 du troifième Concile tenu l'année fuivante en la même ville. On la retrouve dans les capitulaires de Charlemagne qui ordonna l'exécution des anciens canons à ce fujet; on voit même que le Concile tenu à Sa-

---

(*) Ut metropolitani fingulis annis comprovinciales fuas ad Concilium evocent.

E iij

vonières en 849, arrête que les souverains seront conjurés d'employer leur autorité pour faire maintenir cette ancienne & précieuse discipline.

Dans la suite il fut résolu qu'on ne tiendroit plus les Conciles provinciaux que tous les trois ans. C'est la disposition du Concile de Trente.

L'édit de Melun, article premier, en ordonnant la tenue des Conciles provinciaux tous les trois ans, conformément à la discipline qui s'étoit depuis établie, confirme aussi les métropolitains dans le droit de les convoquer. Voici ce qu'il porte : *Admonestons les archevêques & métropolitains de notre royaume, & néanmoins leur enjoignons de tenir les Conciles provinciaux dans les six mois prochainement venans, & dorénavant de trois ans en trois en ans en tel lieu de leurs provinces qu'ils jugeront être plus propre & plus convenable pour cet effet, pour pourvoir à la discipline & correction des mœurs & direction de la police ecclésiastique & institution des écoles, selon la forme des statuts & décrets. Défendons à tous nos juges d'empêcher directement ou indirectement la célébration desdits Conciles, & leur enjoignons de tenir la main à l'exécution des ordonnances & décrets d'iceux, sans que les appellations comme d'abus de ce qui sera ordonné auxdits Conciles pour la correction & discipline ecclésiastique ait aucun effet suspensif.*

Les assemblées du clergé de France tenues depuis celle de Melun, ont toutes renouvelé leurs vœux pour l'exécution pleine & entière de cet article. Celle de 1625, à laquelle présidoit le cardinal de Sourdis, dans la séance du mardi 3 juin, après avoir obfervé qu'il n'y avoit point de plus puiffans moyens pour la confervation de la difcipline eccléfiaftique & pour la maintenir dans fa perfection, que l'indiction des Conciles provinciaux, réfolut pour plus utilement travailler à ces Conciles, de recourir au roi, & de le fupplier très-humblement d'accorder des lettres-patentes par lefquelles il ordonneroit que fes officiers tinffent la main à l'exécution des décrets.

On retrouve les mêmes fentimens dans l'affemblée tenue à Pontoife en 1670. Dans les remontrances qu'elle fit au roi le jeudi 2 octobre, M. le Tellier, coadjuteur de Reims, qui portoit la parole au nom du clergé, repréfenta la célébration des Conciles provinciaux comme l'abrégé des moyens dont on pouvoit fe fervir pour faire revivre la pureté & la difcipline. Après avoir dit que par ces faintes affemblées la foi a fleuri dans l'églife, que la régularité & la difcipline avoient triomphé de la licence & de la corruption, & que la cenfure avoit corrigé les mauvaifes mœurs dans le clergé & dans le peuple, il demanda au nom du clergé d'exécuter ce que les ordonnances lui commandent à ce fujet. Le procès-verbal de l'affemblée de 1700 préfente un difcours à-peu-près femblable & dans le même fens, prononcé par M. Henry de Nefmond évêque de Montauban.

Nos rois fe font toujours empreffés de favorifer en ce point l'obfervation & l'exécution de la difcipline ancienne & les vœux de leur clergé. On a déja vu la difpofition de l'article premier de l'ordonnance de Melun ; voici ce que porte l'article 6 de celle de 1610. « Pour la réforma-

E iv

» tion des mœurs & direction de la justice &
» discipline ecclésiastique, le clergé a reconnu &
» jugé très-nécessaire de faire très-étroitement &
» religieusement observer les saintes & salutaires
» réformations & constitutions des Conciles
» provinciaux des derniers temps en diverses
» provinces du royaume, & même de renou-
» veler & continuer lesdits Conciles en chaque
» province d'an en an pour l'avenir, au moins
» pour quelques années, & jusqu'à un meilleur
» ordre établi. . . . . & suivant & conformément
» aux ordonnances de Blois & de Melun, ad-
» moneste les archevêques & évêques de tenir
» les Conciles provinciaux de trois en trois ans,
» ayant néanmoins bien agréable qu'ils les as-
» semblent & tiennent aussi souvent & autant
» de fois qu'ils jugeront en être besoin pour re-
» mettre l'ancienne discipline de l'église & cor-
» riger les mœurs ecclésiastiques soumises à leur
» juridiction, en y procédant avec les formes
» ordinaires & accoutumées ; & pour l'exécu-
» tion d'une si bonne œuvre, enjoint aux officiers
» du roi d'y tenir la main & de les assister quand
» ils en seront requis ».

Cette ordonnance fut enregistrée au parlement de Paris avec cette modification seulement
que les archevêques & évêques ne pourroient
faire leurs assemblées & Conciles provinciaux
que de trois en trois ans.

Par une autre déclaration du 16 avril 1646,
» le roi admoneste & exhorte les archevêques
» & métropolitains de tenir les Conciles pro-
» vinciaux au moins de trois en trois ans, en
» tel lieu de leur province qu'ils connoîtront
» être plus propre pour cet effet, afin de pour-

» voir à la difcipline & correction des mœurs
» & direction de la police eccléfiaftique, infti-
» tution des féminaires & écoles felon la forme
» des faints décrets, avec défenfes à tous juges
» d'empêcher directement ou indirectement
» cette célébration, & injonction de tenir la
» main à l'exécution des décrets & ordonnances
» d'iceux, fans que les appels comme d'abus de
» ce qui y fera ordonné aient aucun effet fuf-
» penfif ». Cette déclaration fut le 26 du même
mois enregiftrée au parlement de Paris pour
être exécutée conformément aux ordonnances.

Cinq ans après cette déclaration, le roi écrivit à M. de Harlay, archevêque de Rouen, pour
lui témoigner fa fatisfaction de la convocation
que ce prélat avoit faite du Concile de fa province, & lui dire que non-feulement il l'avoit
pour agréable, mais qu'il l'exhortoit à conduire
à fa perfection un ouvrage fi néceffaire au bien
de l'églife, en l'affurant qu'il lui donneroit toute
l'affiftance dont il auroit befoin pour la tenue
de fon Concile.

Il réfulte de ces difpofitions que les Conciles
provinciaux ont toujours paru de la plus grande
utilité pour le bien de l'églife, le maintien de la
difcipline & la réformation des mœurs ; que le
terme pour les tenir eft fixé à l'intervalle de
trois ans ; & enfin que les archevêques font
autorifés & excités par les lois de l'églife comme
par celles de l'état, à convoquer au temps fixé
par les unes & par les autres ces affemblées. Il
peut feulement d'après cela paroître étonnant
qu'elles foient auffi rares.

Ce feroit ici le lieu de parler des Conciles
diocéfains, mais on le fera plus convenable-

ment encore fous le mot fynode qui eft plus généralement employé pour défigner ces affemblées.

•Voyez , *outre les édits , ordonnances & déclarations citées , les œuvres des cardinaux de Cuzu , de Turrecrematâ , Jacobatius , d'Ailly , Bellarmin & celles de Gerfon ; les libertés de l'églife gallicane & les preuves ; Fevret , traité de l'abus ; Marca , de concordia facerdotii & imperii ; Richer , de fynodis ; Thomaffin , de la difcipline eccléfiaftique ; Wan-Efpen , lois eccléfiaftiques ; Rouffeau de Lacombe , recueil de jurifprudence canonique ; mémoires du clergé , & procès-verbaux des affemblées.* Voyez auffi les mots ABBÉ , ARCHEVÊQUE, CHAPITRE, CLERGÉ, CURÉ, ÉVÊQUE, PRÊTRE ET SYNODE. (*Article de M. l'abbé* REMY , *avocat au parlement*).

CONCLAVE. Ce mot fe dit du lieu où s'affemblent les cardinaux pour élire un pape , & de l'affemblée même des cardinaux qui procèdent à l'élection.

Le Conclave à été établi à l'occafion du fucceffeur de Clément IV mort à Viterbe en 1268 ; les cardinaux ne pouvant s'accorder fur cette élection vouloient fe retirer de Viterbe. Les habitans , par le confeil de faint Bonaventure , les enfermèrent dans le palais , en leur difant qu'ils ne fortiroient point qu'ils n'euffent donné un chef à l'églife. C'eft en conféquence de cette conduite que dans le concile de Lyon qui fe tint en 1274, on fit relativement au Conclave, une conftitution qui eft fuivie à quelques changemens près ; les cardinaux doivent douze jours après la mort du pape s'affembler dans le palais du Vatican, où l'on a pratiqué des cellules pour autant de cardinaux qui doivent concourir à l'élection. Ces cellules font de vingt-deux pieds de long fur vingt de large , & meublées modeftement de ferge verte ou violette ; elles ne reçoivent du jour que par une petite fenêtre fort élevée. On tire les cellules au fort , & chaque cardinal arbore fes armes fur la porte de celle qui lui eft échue. Le Conclave eft gardé de façon qu'on y vifite même les provifions de bouche. Il y a plufieurs officiers , comme médecins, chirurgiens , & chaque cardinal a deux conclaviftes qui font ferment de ne point révéler les fecrets du Conclave. Les cardinaux doivent refter ainfi affemblés jufqu'à ce que l'élection foit faite. Ils vont deux fois par jour au fcrutin.

Dans l'interregne, le facré collége prétend qu'il lui eft dû plus de refpect qu'à la perfonne même du pape , parce qu'étant compofé de toutes les nations chrétiennes , il reprefente toute la hiérarchie de l'églife. C'eft pour cette raifon que les ambaffadeurs qui vont à l'audience du collége mettent un genou en terre , & ne fe lèvent qu'après que le cardinal doyen leur a fait figne.

Le chef de la maifon Savelli garde les clefs du Conclave, comme maréchal héréditaire de l'églife ; mais les clefs du dedans font gardées par le cardinal Camerlingue & par le maître des cérémonies.

On dit communément *qui entre pape au Conclave en fort cardinal*, pour dire qu'on élit rarement pour pape celui qui paroiffoit devoir l'être.

On dit le *Conclave de Benoît XIV , de Clé-*

ment XIII, &c. pour dire le Conclave où Benoît XIV, Clément XIII, &c. ont été élus.

Voyez *le traité des usages de la cour de Rome, par Pérard Castel ; les mémoires d'Amelot de la Houssaye*, &c. Voyez aussi les articles CARDINAL, PAPE, &c.

CONCLAVISTE. On appelle ainsi celui qui s'enferme dans le conclave avec un cardinal. Il sert le cardinal & couche dans un coin de sa cellule ; chaque cardinal peut avoir deux Conclavistes, l'un eccléfiastique & l'autre d'épée. Les cardinaux princes en ont trois, & l'on en accorde autant aux cardinaux vieux ou infirmes. Il n'est pas rare de voir entrer dans le conclave à la suite des cardinaux, des eccléfiastiques d'une grande naissance sous le titre de *Conclavistes*, parce que la connoissance du conclave est nécessaire à un homme qui peut prétendre aux dignités éminentes de l'église. Les priviléges des Conclavistes sont de pouvoir résigner jusqu'à une certaine somme les pensions qu'ils ont sur les bénéfices : ils ont droit de bourgeoisie en telle ville de l'état eccléfiastique qu'ils veulent choisir ; ils reçoivent une somme du pape élu, & on leur accorde ordinairement le *gratis* pour les bulles d'un des bénéfices consistoriaux dont ils peuvent être pourvus par la suite.

Voyez *le traité des usages de la cour de Rome*, & l'article CONCLAVE.

CONCLURE, CONCLUSIONS. On dit en procédure *Conclure en procès par écrit.* Dans cette acception c'est passer un appointement de Conclusion sur l'appel interjeté d'une sentence rendue dans un procès par écrit. Ce qui est relatif à cet appointement a été expliqué au mot AP-POINTEMENT qu'on peut consulter.

Mais on entend fur-tout par le mot *Conclure*, propofer les demandes & prétentions qu'on forme contre fa partie adverfe & qu'on a intérêt de fe faire adjuger en juftice ; ainfi les *Conclufions* font les fins que prend un plaideur & les demandes qu'il forme contre fa partie adverfe, foit en demandant foit en défendant.

Elles font inférées dans l'exploit d'affignation à l'effet de faire connoître à celui auquel cet exploit eft donné, pour quel objet on l'affigne. On les met pareillement à la fin de la fin de la requête préfentée au juge pour qu'il voie fur quoi il a à prononcer.

C'eft communément des Conclufions bien ou mal prifes, plus ou moins étendues que dépend le fuccès d'une affaire; auffi font elles avec raifon regardées comme une partie effentielle de la procédure, à laquelle on ne fauroit porter une attention trop férieufe. C'eft même une connoiffance importante que de favoir bien libeller des Conclufions fur-tout dans des matières abftraites & compliquées qui embraffent différens chefs de conteftations. Ce ne peut être que le fruit d'une grande pénétration dans la manière de faifir les objets du procès & d'une expérience confommée dans les affaires.

Il eft important fur-tout de n'omettre dans les Conclufions aucun des objets litigieux fur lefquels on a intérêt de faire ftatuer par le juge, car il ne pourroit avoir aucun égard en prononçant à ce qui n'y feroit pas expreffément compris, quand même la demande fe trouveroit énoncée dans le corps de la requête. Il eft de régle en cette matière que le juge faifi d'une conteftation ne décide que fur ce qui eft porté aux Conclufions, c'eft-à-dire dans cette partie de la requête qui fuit l'expofé des faits & de la procédure & la difcuffion des moyens. Le juge ne pourroit même dans le prononcé ou le difpofitif de fon jugement, fuppléer aux demandes fur lefquelles une des parties auroit omis de Conclure, ni lui adjuger ce qu'elle n'auroit pas expreffément demandé , quelque jufte que la chofe fût d'ailleurs, parce qu'il en réfulteroit un *ultra petita*, qui fuivant les ordonnances opère la nullité des jugemens & néceffite même la caffation des arrêts des cours lorfqu'on y découvre un pareil vice. Le juge peut rejetter , accorder ou modifier les Conclufions prifes par les parties.

Au refte, les Conclufions différent quant à la forme , felon les tribunaux où les requêtes font préfentées. Dans les juridictions inférieures, la formule des Conclufions commence par ces mots *à ce qu'il vous plaife*, M. & finit par ceux-ci , *& vous ferez bien*, ou *vous ferez juftice*.

Dans les parlemens & les autres cours fupérieures on commence ainfi les Conclufions, *ce confidéré , noffeigneurs , il vous plaife*, & on les termine de même que les précédentes.

Lorfqu'on préfente requête au confeil , fi c'eft une requête en projet d'arrêt, les Conclufions fe commencent par ces mots, *requéroit à ces caufes le fuppliant qu'il plût à fa majefté* ; mais on ne fe fert pas à la fin de cette formule & *vous ferez juftice*.

S'il s'agit d'une requête d'inftruction dans une inftance introduite, on dit pour Conclure, *à ces caufes, fire, plaife à votre majefté & à noffeigneurs de fon confeil*, ou *& à noffei_neurs les com-*

miffaires-généraux du confeil, fi c'eft une affaire portée dans quelque commifion du confeil), donner acte au fuppliant de ce que, &c. Ces Conclufions fe terminent dans ce cas par cette formule ufitée *& le fuppliant continuera fes vœux au ciel pour la fanté & profpérité de votre majefté.*

Les Conclufions doivent être écrites en toutes lettres fans abréviations, ratures ni interlignes.

Dans les requêtes au confeil, tout renvoi dans les Conclufions doit être écrit au-deffus de la fignature de l'avocat & après les derniers mots des Conclufions, finon le renvoi eft réputé nul, fuivant l'article 25 du réglement du confeil.

Voilà par rapport aux diverfes formules de Conclufions.

Par rapport au fonds des Conclufions, elles font encore différentes felon la nature & la qualité de l'action ou de la requête.

Ainfi, par exemple, dans une action réelle le propriétaire d'un immeuble qui s'en trouve dépouillé par la détention injufte d'un tiers, conclut contre le détenteur à ce qu'il foit condamné à déguerpir l'héritage dont il s'agit, & à en laiffer au demandeur la poffeffion libre avec reftitution des fruits depuis fon injufte détention, avec dépens, dommages & intérêts. Le défendeur au contraire, conclut dans cette même action réelle à être maintenu en poffeffion de l'héritage contentieux, & à ce qu'il foit fait défenfe à fa partie adverfe de l'y troubler.

S'il s'agiffoit d'une action perfonnelle, comme elle dérive toujours de quelque obligation dont l'une des parties demande l'exécution & l'autre la nullité, & que cette obligation confifte à donner ou à faire quelque chofe, le demandeur conclut à ce que fa partie adverfe foit condamnée à lui payer la fomme de . . . . portée en fon obligation du . . . . avec les intérêts ; ou à faire ce à quoi elle s'eft engagée envers lui fuivant fon obligation.

Le défendeur à l'action perfonnelle au contraire conclut à ce que le demandeur foit débouté de fa demande, & à être déchargé de l'affignation, ou à la nullité de l'obligation dont il s'agit.

Indépendamment des Conclufions au fonds on en prend encore dans le cours d'une inftance, foit pour rectifier ou corriger celles qu'on a précédemment prifes, foit pour s'en défifter, foit enfin pour y ajouter. On en prend enfin dans des défenfes, dans une requête verbale, ou dans d'autres écritures, telles que des remontrances, avertiffemens, inventaires, caufes d'appel, griefs, réponfes, contredits & falvations, &c.

· Il eft de principe en cette matière que quand il s'agit de former quelque demande de juftice, les procureurs & les huiffiers ne peuvent prendre des Conclufions que conformément au pouvoir qu'ils en ont reçu de leurs parties ; car, dans le cas contraire les parties pourroient défavouer le procureur & l'huiffier. ·

Mais l'orfqu'il ne s'agit que de défendre leur client, les procureurs, les huiffiers peuvent fans inconvénient & fans s'expofer au défaveu, prendre telles Conclufions qu'ils croient convenables à la défenfe de la partie.

C'eft encore un principe fur ce point, que les avocats chargés de plaider une caufe ne peuvent point changer les Conclufions qui ont été

prifes

par écrit, à moins qu'ils ne foient affiftés d'un procureur à l'audience, parce que comme l'obferve l'auteur de la collection de jurifprudence au mot CONCLUSIONS, elles font tellement du miniftère du procureur que ce n'eft que dans le fiécle dernier que les avocats ont commencé à expofer les conclufions de leurs parties avant de commencer leur plaidoirie, & qu'avant que cette innovation eût lieu , c'étoit toujours le procureur qui concluoit ; & c'eft, ajoute-t-il, parce que les Conclufions font du miniftère du procureur & que l'avocat lui eft fubftitué en concluant, qu'il prend les Conclufions étant découvert.

On appelle auffi *Conclufions*, les avis & réquifitions que donnent les procureurs & avocats du roi dans les affaires qui ne pourroient être jugées fans l'intervention de leur miniftère.

Ce font en premier lieu celles dans lefquelles le roi eft intéreffé, ou bien lorfqu'il s'agit des intérêts de l'églife, des communautés & de la caufe publique, ainfi que dans tous les procès relatifs aux droits des mineurs, à caufe de la protection particulière qui leur eft dûe.

Le miniftère public donne en fecond lieu fes Conclufions dans toutes les matières criminelles ; c'eft encore par la confidération du bien public, car la vengeance des crimes l'intéreffe effentiellement ; de forte qu'une procédure criminelle dans laquelle les gens du roi n'auroient pas pris leurs Conclufions feroit radicalement nulle.

Les procureurs des feigneurs dans les juftices feigneuriales prennent auffi des Conclufions dans les affaires qui font jugées dans ces juridictions & qui intéreffent l'ordre public.

Les Conclusions des procureurs & avocats du roi sont en général de deux sortes ; les unes sont simplement préparatoires & les autres définitives.

Les premières sont celles par lesquelles le ministère public requiert quelque chose concernant l'instruction & la procédure ; ces sortes de Conclusions ne touchent point au fonds de la question.

Les Conclusions définitives au contraire ont pour objet la décision & le jugement du procès.

Suivant le titre 24 de l'ordonnance criminelle de 1670, après qu'il a été procédé par le juge aux recollemens & confrontations, les procureurs du roi ou ceux des seigneurs doivent prendre communication du procès pour donner leurs Conclusions définitives.

Il leur est défendu d'insérer dans ces Conclusions les raisons ou les motifs sur lesquels elles sont fondées.

C'est conformément à cette disposition de l'ordonnance de 1670, que par arrêt du conseil d'état du roi du 10 août 1679, il fut fait défense au procureur général du parlement de Bordeaux & à ses substituts, d'énoncer dans les Conclusions qu'ils seroient dans le cas de donner les raisons sur lesquelles elles seroient fondées.

Cet arrêt est rapporté par Brillon dans son dictionnaire au mot CONCLUSIONS. Il en cite un autre du grand conseil du 12 août 1693, par lequel ce tribunal fit pareillement défenses au substitut du procureur général au présidial de Lyon d'expliquer dans ses Conclusions les motifs sur lesquels elles seroient appuyées.

Lorsqu'en matière criminelle les Conclusions tendent à des peines afflictives, l'accusé est interrogé sur la sellette.

Suivant un usage qui est particulier au châtelet de Paris, le procureur du roi en cette juridiction peut assister au jugement du procès & y donner ses Conclusions de vive voix ; c'est ce qui résulte de l'article 2 du titre 24 de l'ordonnance de 1670.

C'est une maxime consacrée par l'usage, qu'en toute juridiction, si un particulier se rend coupable d'un délit dans l'auditoire même de la justice, & pendant la tenue de l'audience, & qu'il soit pris en flagrant délit, on lui fait son procès sur le champ ; on l'interroge, on entend les témoins, on fait les recollemens & confrontations, & par conséquent les gens du roi y prennent leurs Conclusions préparatoires & définitives de vive voix ; tout cela se faisant publiquement à l'audience. Ce n'est au reste qu'un usage qui n'est d'ailleurs autorisé par aucun réglement particulier, n'en étant point fait mention au titre 24 de l'ordonnance de 1670 ni dans aucune autre loi.

Voyez *le dictionnaire de droit & de pratique de Ferriere ; le nouveau praticien françois ; la nouvelle instruction sur la procédure ; le dictionnaire des arrêts de Brillon ; le recueil des édits & ordonnances imprimés par ordre de M. le chancellier ; le tome 2 du journal du palais ; l'ordonnance criminelle de 1670 ; la collection de jurisprudence.* Voyez aussi les mots COMMUNAUTÉ, PUBLIC, MINEUR, PROCUREUR DU ROI, PROCUREUR FISCAL, PROCÉDURE. (*Cet article est de M. ROUBAUD, avocat au parlement*).

CONCORDAT. C'eſt en matière eccléſiaſtique une ſorte de tranſaction qui intervient pour prévenir ou terminer des procès concernant des bénéfices.

Si l'on ſuivoit à la rigueur les vrais principes tout Concordat ſur un bénéfice en litige devroit être ſéverement prohibé. Il ſe gliſſe toujours dans ces ſortes d'accords quelque pacte infecté de ſimonie ; un objet ſpirituel ou mixte y entre toujours en compenſation avec du temporel, une ſomme d'argent ou une penſion étant ordinairement la condition ſous laquelle le pourvu ſe déſiſte des droits qu'il a ſur un bénéfice. Mais des conſidérations puiſſantes ont engagé à apporter quelque modification aux principes. On a cru devoir ſacrifier quelque choſe au bien de la paix. On a penſé que l'avantage de terminer des procès qui éloignoient les eccléſiaſtiques de leurs fonctions & alteroient la charité & l'union devoit l'emporter ſur celui de conſerver les anciennes maximes dans toute leur intégrité.

Le légiſlateur a donc permis de faire des ceſſions de droits ſous certaines conditions qui ſont limitées , & qui ſe trouvent dans la définition que Paſtor a donnée des Concordats dans ſon traité des bénéfices liv. 3 , tit. 23 , n°. 11. Un Concordat, dit cet auteur, eſt une tranſaction ſur un choſe ſpirituelle ou mixte , conteſtée par deux pourvus , dont l'un cede ou renonce à ſon droit en faveur de l'autre , ſous la réſerve d'une penſion , ou ſous la condition de payer les dépens du procès, les frais de bulle , ou une dette contractée pour raiſon du bénéfice cédé.

Il y a donc quatre conditions fous lefquelles il eft permis de renoncer à un bénéfice en faveur de celui qui le contefte.

1°. Sous la réferve d'une penfion, bien entendu qu'elle n'excédera point ce qui eft fixé par les ordonnances du royaume.

2°. Le cédant peut exiger de fon ceffionnaire qu'il fe chargera de tous les frais du procès, fans fraude, c'eft-à-dire, *pro fumptibus litis moderatis*. Car fi fous prétexte des frais on ftipuloit une fomme plus forte que celle qu'ils doivent couter, le Concordat feroit abfolument nul, comme fimoniaque.

3°. On peut ftipuler le rembourfement du coût des bulles ou provifions.

4°. Enfin on peut charger le ceffionnaire du rembourfement d'une dette contractée, à raifon du bénéfice: Cette dernière condition paroît de toute juftice, puifqu'une pareille dette eft plutôt celle du bénéfice que du pourvu qui cede tous fes droits.

Pour qu'un Concordat foit licite, il faut qu'il foit paffé entre deux contendans qui aient un droit acquis. Il n'eft pas néceffaire que le procès foit intenté ou l'inftance liée, il fuffit que les parties fe difpofent à plaider ; on tranfige également *& fuper litem cito movendam, & fuper lite mota*.

Un pareil acte pour être de quelque valeur, doit être autorifé par le pape. Cette maxime eft inviolablement obfervée parmi nous. Avant l'approbation du fouverain pontife, ce contrat eft infecté d'un vice qui en emporte la nullité. Ce vice eft celui de la fimonie, *redolet fimo-*

niam ; & comme cette nullité est établie par le
droit canon , il n'y a que le pape qui puisse
l'effacer ; étant législateur en cette partie il n'y
a que lui (*) qui puisse faire des exceptions à
la loi, & rendre permis & licite ce qu'elle a
défendu & prohibé.

De ces principes il suit qu'avant l'approbation du pape , les deux parties contractantes ,
ou une des deux seulement, peut revoquer le
Concordat. Il se resout encore par la mort civile ou naturelle d'une des deux , si cette mort
précède l'homologation en cour de Rome. Il
en est de même si le procureur constitué pour
consentir meurt avant l'approbation , ou laisse
suranner sa procuration.

Mais quoique le Concordat soit approuvé
par le pape , il n'est pas pour cela indissoluble.
Si l'une des deux parties a une juste cause
pour se faire restituer , elle peut en former la
demande ; dans ce cas on ne prend point de
lettres de rescision. Il suffit pour faire annuller
un Concordat , d'avoir recours a l'appel comme d'abus ; alors les moyens de nullité se changent en moyens d'abus ; on accueille sur-tout
ceux qui sont tirés du défaut d'exécution de
nos ordonnances sur la forme des procurations pour consentir à l'approbation du pape.

Une éviction de bonne foi du bénéfice contesté opéreroit encore la résolution d'un Concordat.

_____

(*) *Solus pontifex potest prohibitionem juris tollere aut
limitare, & facere licitum, quod ob prohibitionem juris est
illicitum.*

L'approbation du pape ne fuffit pas pour le rendre exécutoire contre les fucceffeurs au bénéfice cédé, par exemple pour les obliger à payer la penfion convenue. Il faut de plus qu'il foit homologué au parlement fur les conclufions du procureur général. Une charge impofée à un bénéfice devient réelle lorfqu'elle paffe aux fucceffeurs; alors le concours de la puiffance civile eft néceffaire. L'approbation du pape détruit l'efpèce de fimonie qui fe trouve dans le Concordat; mais comme il n'a aucun pouvoir fur le temporel des bénéfices, il ne peut de fa feule autorité leur impofer des charges réelles. On a recours à Rome pour purger la fimonie; mais fes droits ne s'étendent pas au-delà (*).

Il y a une efpèce de Concordat abfolument

(*) Le droit de contrôle des Concordats concernant des procès mus ou à mouvoir relativement au poffeffoire des archevêchés, évêchés, abbayes ou autres dignités eft fixé à cinq livres par l'article premier du tarif du 29 feptembre 1722, & par l'article 4 de l'arrêt du confeil du 30 août 1740.

Par deux décifions du confeil des 13 feptembre 1732 & 28 mars 1733, le confeil a jugé qu'il étoit dû un demi-droit de centième denier pour un acte par lequel un abbé s'étoit obligé de payer une rente à fes religieux au moyen de ce qu'il confervoit des fonds qu'ils avoient droit de prétendre.

Par une autre décifion du 25 novembre 1735, le confeil a jugé qu'un acte fait entre l'abbé de Sainte-Marie au bailliage de Pontarlier & fes religieux, devoit être contrôlé comme Concordat, & qu'il n'étoit point fujet au centième denier. Il avoit été fait entre eux en 1719 un partage par lequel l'abbé leur avoit abandonné la jouiffance de fon lot pendant fa vie; & par un acte capitulaire de 1735, il avoit

F iv

reprouvé par toutes les lois. On l'appelle *trian-gulaire ou quadrangulaire* ; il se fait entre trois ou quatre bénéficiers qui sans procès se résignent

---

été fait des changemens au partage, & il avoit été convenu que l'abbé rentreroit dans la jouissance de son lot.

Par une autre décision du 30 octobre 1747, le conseil a jugé que le droit de contrôle étoit dû comme Concordat pour deux actes passés entre le prieur & les religieux de Cunault d'une part, & le député de la chambre ecclésiastique du diocèse d'Angers d'autre part : dans ces actes les religieux avoient, sous la réserve d'une pension, cédé leur mense pour l'unir à un séminaire, & le prieur avoit consenti aussi moyennant pension, à l'extinction de son prieuré.

Au reste cette décision & la précédente ne doivent être considérées que comme intervenues dans des cas particuliers, & ne peuvent par conséquent être tirées à conséquence pour faire regarder comme Concordats les actes qui ont d'autres objets que de régler des prétentions réciproques sur la collation ou la possession des bénéfices. Aussi ces décisions n'ont elles eu aucune influence dans l'espèce suivante que le conseil a jugée conformément aux vrais principes.

L'abbesse d'Estival & les prieur & curé de Neuvillalais avoient au sujet des dîmes de cette paroisse des prétentions réciproquement contestées pour la quotité. Les parties terminèrent la difficulté par une transaction dans laquelle l'abbesse abandonna au curé toutes les dîmes d'un canton à la charge qu'il seroit tenu ainsi que ses successeurs de lui payer à perpétuité une certaine quantité de grains. L'abbesse & les agens généraux du clergé qui se joignirent à elle, soutenoient que cette transaction n'étoit qu'un Concordat pour le contrôle duquel on ne pouvoit exiger que cinq livres; mais le conseil a jugé par décision du 18 avril 1750, que le contrôle étoit dû sur le pied de l'acte qui ne pouvoit être contrôlé comme simple Concordat.

Voyez *les arrêts du conseil des 29 septembre 1772, & 30 août 1740;* & les articles TRANSACTION, POSSESSION, BÉNÉFICE, CONTRÔLE, &c. (*Note de l'Editeur.*)

leurs bénéfices les uns aux autres. On n'en admet point de femblables en cour de Rome.

Voyez *Lacombe ; d'Héricourt ; Goard ; l'abbé Richard , traité des penfions ; les libertés de l'églife Gallicane , &c.* (Article de M. *L'ABBÉ REMY*, avocat au parlement.)

CONCORDAT FRANÇOIS. C'eft un traité paffé à Bologne en Italie en 1516, entre le pape Léon X & le roi François premier.

L'oubli des véritables maximes , le pouvoir abfolu que les papes s'étoient arrogé fur tous les bénéfices de la chrétienneté , le funefte fchifme qui pendant plus de trente ans défola l'églife, avoient introduit des abus fans nombre , & jeté la plus grande confufion dans la difcipline eccléfiaftique. Ce défordre intéreffoit non-feulement la religion mais encore l'état. Leur union eft fi intime que ce qui compromet l'une nuit effentiellement à l'autre. Travailler à rétablir la difcipline de l'églife , c'étoit donc en même temps contribuer à la tranquillité & au bonheur des peuples.

Ces motifs puiffans déterminèrent la France à chercher des remèdes aux maux qui affligeoient la religion. Le concile de Conftance qui avoit terminé le grand fchifme d'Occident n'avoit pu confommer l'ouvrage important de la reformation. Il étoit refervé au concile de Bafle d'opérer cette révolution fi defirée.

Ce concile forma une fuite de décrets & de canons, qui en mettant des bornes au pouvoir ufurpé par la cour de Rome , rétabliffoit autant que les circonftances pouvoient le permettre , les lois primitives de l'églife.

Charles VII dans une affemblée des évêques

& des grands du royaume tenue à Bourges ; adopta ces décrets avec les modifications qu'exigeoient nos libertés, & en composa la pragmatique sanction.

La cour de Rome ne vit qu'avec le dernier chagrin le royaume de France secouer un joug que depuis plusieurs siècles elle étoit parvenue à lui imposer. Les circonstances la favoriserent. Louis XI crut qu'il étoit utile à ses projets de sacrifier la pragmatique aux desirs du souverain pontife. Elle fut abolie malgré les oppositions & les appels comme d'abus formés par le procureur général du parlement & par l'université de Paris. Mais la politique fit changer Louis XI & il rétablit la pragmatique trois ans après l'avoir abolie.

Ce nouveau événement donna lieu à de nouvelles négociations. Sixte IV proposa un Concordat qui ne fut que de peu de durée ; car Louis XII par sa déclaration de 1499 confirma expressément la pragmatique, & en ordonna la perpétuelle & inviolable observation.

Quatre ans après, en 1503, Jules II occupa le siège de Rome. Ce pontife guerrier ne crut pas les armes temporelles assez puissantes pour imposer des lois à la France, il eut recours aux spirituelles. Il assembla en consequence le concile de Latran. Il y fit citer les évêques, les princes & les parlemens du royaume, avec injonction de venir à Rome rendre compte de leur conduite & de leurs sentimens.

Léon X succéda à Jules II & François I à Louis XII. Le concile de Latran se continua sous le nouveau pontife, & les délais fixés aux prélats françois, aux parlemens & aux grands du royaume pour y comparoître, alloient expirer; il étoit à craindre qu'on ne vit bientôt naître un fchifme.

D'un autre côté François I fe trouvoit dans des circonftances embaraffantes. Une guerre difficile, des ennemis puiffans, des projets de conquête en Italie lui rendoient néceffaires l'alliance & l'amitié de la cour de Rome ; il confentit donc pour fe la concilier à abolir la pragmatique, & à y fubftituer un nouveau réglement. Tel fut le principal motif de fon voyage à Bologne, où Léon X & le monarque François traitèrent en perfonne & convinrent du fameux Concordat qui depuis a porté leur nom.

Nous allons donner fommairement une analife des principaux articles de ce traité célèbre, c'eft-à-dire de ceux qui ont changé certaines difpofitions de la pragmatique ; car il faut convenir qu'on en conferva plufieurs fort importantes telles que celles *de refervationibus*, *de collationibus*, *de frivolis appellationibus*, *de pacificis poffefforibus*, &c. Celle qui concerne les gradués a été rédigée dans une forme beaucoup plus avantageufe, en ce qu'elle facilite par la diftribution des mois, les moyens de connoître quels font les bénéfices qui leur font affectés.

La première difpofition du Concordat & celle que l'on peut regarder comme la principale, eft l'abrogation des élections pour les églifes cathédrales, & les bénéfices électifs confirmatifs, tels que les abbayes (*) & les

_____

(*) Les officiers de la cour de Rome prétendent que les abbayes de filles ne font pas comprifes dans le concordat ; mais nos rois y nomment comme aux abbayes d'hommes.

prieurés conventuels. A ces élections le nouveau réglement fubftitue la nomination du roi
& la collation du pape, de manière que le roi
nomme & préfente à tous ces bénéfices, &
que fur cette préfentation le pape les confère.
On y fixe les délais dans lefquels le roi eft
obligé de nommer, & quelles doivent être
l'âge & les capacités des fujets qu'il plaît au
monarque de choifir. Le pape fe réferve de
conférer feul, ceux de ces bénéfices qui viendront à vaquer *in curia*, c'eft-à-dire dont les
titulaires mourront à Rome. On ne dépouille
cependant point du droit d'élection les monaftères qui en ont obtenu le privilège du
faint fiège ; mais pour y être maintenus ils font
obligés de produire le titre original & primitif
de leur conceffion. Toute autre efpèce de preuve
ne doit point être admife (*).

Par le fecond article du Concordat, les réferves & les expectatives font entièrement abolies. Le pape conferve feulement le droit de
créer des chanoines *ad effectum* dans les églifes

On regarde en France comme de pur ftyle cette claufe appofée dans les bulles des abbeffes, *dum modo monialium
major pars confentiat.* C'eft une efpèce de réferve que fe
ménage la chancellerie romaine dans l'efpérance de trouver
l'occafion de la faire valoir.

(*) Tous ces priviléges font devenus inutiles, foit par
ce que les indults accordés à nos rois y ont dérogé, foit
parce que, comme le difent quelques auteurs fans beaucoup
de fondement, le chancelier du Prat fe les étant fait rapporter, les jeta tous au feu. Il n'y a guèles en France que
les chefs d'ordre & les quatre filles de Cîteaux qui aient
confervé le droit d'élire leurs abbés. L'élection fe fait en
préfence d'un commiffaire du roi qui eft quelquefois chargé
de donner l'exclufion à certains fujets.

métropolitaines ou collégiales , dont les ſtatuts exigent que l'on ſoit chanoine *actu* pour obtenir une dignité, un perſonat, une adminiſtration ou un office.

Le titre 5 affecte une prébende théologale dans toutes les égliſes cathédrales & métropolitaines , à un docteur, licentié, ou bachelier formé en théologie , qui eſt obligé de réſider , de prêcher , & de faire des leçons de théologie.

Ce même titre règle tout ce qui concerne les gradués, quels ſont les mois dans leſquels ils peuvent requérir les bénéfices qui viennent a vaquer , & les formalités auxquelles les gradués ſimples, ou nommés, ſont aſſujettis ; quel doit être leur temps d'étude , & les preuves qu'ils en doivent fournir.

Le titre ſuivant établit que chaque pape pourra une fois pendant ſa vie , nommer à un bénéfice dont le collateur en aura dix a conférer , & à deux quand il en aura cinquante & au-deſſus, pourvu que ce ne ſoit pas dans la même égliſe. Outre ces mandats particuliers (*), le pape s'aſſure encore le droit de prévention ſur toutes les dignités , perſonnats , adminiſtrations & offices , & ſur tous les autres bénéfices réguliers ou ſéculiers , ſoit qu'ils viennent a vaquer dans les mois des gradués , ſoit que la diſpoſition en appartienne aux collateurs ordinaires. Mais il exige des impétrans, qu'ils déclarent la valeur des bénéfices qu'ils demandent, & cela ſous peine de nullité des provi-

_____

(*) Ils ont été abolis par le concile de Trente.

sions. Tous les autres articles du Concordat font absolument conformes à la pragmatique.

A peine le Concordat fut rendu public, qu'il excita les réclamations de tous les ordres du royaume. On le traita comme contraire à l'écriture sainte, à la discipline de l'église, & aux libertés gallicanes (*). Le parlement refusa pendant deux ans de l'enregistrer. Il se joignit à l'appel comme d'abus interjeté par l'université & par la cathédrale de Paris au premier concile légitime de tout ce qui s'étoit fait dans celui de Latran contre la pragmatique & en faveur du Concordat.

Le parlement ne l'enregistra qu'avec cette clause, *ex ordinatione & precepto domini nostri regis reiteratis vicibus facto* ; & en protestant que par la suite il continueroit à juger les procès suivant la pragmatique. En effet l'archevêché d'Albi étant venu à vaquer, le chapitre élut un sujet, le roi en nomma un autre ; l'affaire ayant été évoquée au parlement de Paris il maintint l'élu par le chapitre. Il continua à en user de même pendant la prison de François I en Espagne. Cette obstination détermina le roi à son retour à lui ôter la connoissance des contestations qui s'élèveroient au sujet des bénéfices consistoriaux, & à l'attribuer au grand conseil qui en jouit encore privativement à tout autre tribunal.

La pragmatique devoit sans doute être bien

_____

(*) Les épithètes qu'on lui donna alors font assez curieuses. Les voici : *Seminarium omnis generis hereseon, simoniarum & fiduciarum ; exterminatricem scientiæ, virtutis, pietatis ; regni denique pestem.*

chère à la France. Etablie dans une assemblée générale de l'église gallicane & des grands du royaume, le consentement de la nation y avoit imprimé un caractère difficile à effacer. Mais enfin cette loi n'avoit de force & d'autorité que par la volonté du roi, & lorsque des circonstances nécessaires l'obligeoient à la revoquer & à la remplacer par une autre, il paroissoit naturel de faire attention à la position fâcheuse où le monarque s'étoit trouvé; cette première considération devoit conduire à une autre, c'est que le Concordat substitué à la pragmatique ne méritoit presqu'aucun des reproches & des qualifications odieuses dont on s'efforçoit de le noircir.

L'abolition des élections étoit un des principaux griefs qu'on lui opposoit. Les chapitres des cathédrales ne pouvoient se consoler d'être privés de ce droit. Ils cherchoient à voiler sous de spécieux prétextes une perte que l'intérêt particulier leur rendoit si sensible; & ils ne craignoient pas d'avancer que la destruction des élections entraîneroit celle de la religion.

Mais les chapitres des cathédrales étoient-ils donc dans une possession bien légitime de ce droit dont ils déploroient la perte avec tant d'amertume? Dans quel texte de l'écriture, dans quel décret des premiers conciles trouvet-on que les chanoines d'une église doivent avoir seuls le privilége de donner un pasteur & un chef à tout le diocèse? & s'ils se l'étoient attribué exclusivement, n'étoit-ce pas plutôt une usurpation qu'un véritable droit?

Les élections des évêques n'avoient pas toujours appartenu aux seuls chapitres. La manière de pourvoir à ces places importantes a infiniment varié; mais pour ne nous attacher qu'à ce qui regarde la France, notre histoire prouve invinciblement que nos rois ont toujours eu la plus grande prépondérance, & même la principale part dans le choix des évêques. Ils suivoient en cela la conduite des empereurs chrétiens, & la saine politique sembloit le leur ordonner. L'église même ne leur contestoit pas ce droit, qui est inhérent à leur couronne. Le concile d'Orléans tenu en 549, can. 11, après avoir ordonné que les élections se feroient en la maniere accoutumée, par le clergé & le peuple, ajoute qu'on ne manquera pas de prendre le consentement du roi, *cum voluntate regis*, soit pour procéder à l'élection, soit pour lui faire agréer la personne élue. Mais les rois de la premiere race portèrent les choses plus loin; ils se mirent en possession de disposer seuls des évêchés, & la plupart de nos églises ont été gouvernées par des saints qui n'y avoient été placés que de leurs mains. Les papes ne se plaignirent jamais de cet usage; ils se bornèrent uniquement à condamner les voies criminelles employées quelquefois pour obtenir la nomination du Monarque.

Les conciles de Leptine & de Soissons consentirent expressément que Carloman & Pepin nommassent aux évêchés; ils exigèrent seulement qu'ils prissent l'avis des évêques, du clergé & des grands assemblés. Charlemagne rendit aux chapitres la liberté des élections; Louis-le-Débonnaire, son fils, marcha sur ses traces; mais Charles-le-Chauve, à l'exemple des rois de la premiere race, nomma seul les évêques,

surtout

furtout des grands fiéges, & fes fuccefleurs en firent de même.

Sous la troifieme race, tantôt nos rois nommoient eux-mêmes, tantôt ils permettoient aux chapitres d'élire, fe contentant de leur recommander un fujet ; & l'on fent bien qu'une pareille recommandation reffembloit, affez à un ordre : mais leur confentement pour l'élection & leur approbation du fujet élu ont toujours été jugés néceflaires, & c'eft ce qui les rendoit abfolument maîtres des élections, puifque les electeurs ne pouvoient s'affembler fans leur permiffion, & qu'ils rejetoient le fujet élu lorfqu'il ne leur convenoit pas.

Mais le droit d'élection uniquement concentré dans le chapitre de la cathédrale, étoit une véritable ufurpation fur le refte du clergé du diocèfe & fur le peuple, qui tous devoient au moins être confultés pour le choix du premier pafteur. Les diffenfions opiniâtres des chapitres & les irrégularités qu'ils commettoient dans les élections, donnèrent lieu à une foule de conteftations qui fe portoient à Rome. Les papes s'étoient arrogé le droit de les juger feuls. Ils prétendirent enfuite que les élections irrégulières privoient les électeurs du droit d'élire, & qu'à eux feuls il appartenoit par la dévolution. C'eft ce qui introduifit infenfiblement l'abus des réferves générales.

De ces faits il réfulte que Léon X, en accordant à François I la nomination aux évêchés & aux grands bénéfices de fon royaume, ne lui accordoit à proprement parler rien qui ne lui appartînt légitimement. Il étoit fondé à y nommer, foit par l'exemple d'un grand nombre de ſes prédéceſſeurs, ſoit par le droit inhérent à ſa couronne. La ſûreté publique & l'intérêt des monarques veulent également que les premières places de l'égliſe ne ſoient remplies que par des ſujets de la fidélité & de l'attachement deſquels ils ſoient aſſurés ; auſſi tous les ſouverains catholiques diſpoſent-ils librement des évêchés qui ſont dans leurs états. La nomination des bénéfices conſiſtoriaux accordée au roi par le Concordat n'avoit donc rien qui dût révolter l'eſprit des François ; rien qui attaquât leur liberté, rien enfin qui violât les canons & l'ancienne diſcipline de leur égliſe.

Mais en eſt-il de même de la collation de ces bénéfices, que le Concordat donnoit au pape ? Sous ce point de vue n'augmentoit-il pas trop la puiſſance de Rome ? Cette réflexion paroît frappante au premier coup d'œil : en conſidérant cependant les ſuites & les effets du Concordat, il eſt facile d'appercevoir que l'avantage qui revenoit au pape de donner ſon conſentement & ſon attache aux nominations du roi, ne compenſoit pas tous les ſacrifices auxquels il conſentoit. Sans doute la néceſſité de recourir à Rome à l'effet d'obtenir des bulles pour les bénéfices conſiſtoriaux, donne au ſouverain pontife une influence ſur ces bénéfices ; mais elle ſe réduit à bien peu de choſe, puiſqu'il ne peut refuſer ces bulles que ſur des motifs légitimes, & qu'en cela il eſt lui-même ſoumis aux tribunaux du royaume, qui ne manquent pas de déclarer ſon refus abuſif lorſqu'ils ne jugent pas qu'il ſoit fondé.

Le droit d'accorder des bulles aux nommés par le roi, équivaut-il au droit de juger les con-

teſtations multipliées & couteuſes qu'attiroient
à Rome les élections? L'autorité qu'avoit le
pape de juger ces procès en juge ſuprême &
ſans appel, ne lui donnoit-elle pas plus de crédit
& de pouvoir que ne lui en donne la néceſſité où ſont les pourvus des bénéfices conſiſtoriaux de lui demander des proviſions qu'il eſt
preſque toujours forcé d'accorder? Certainement les ſommes que les plaideurs faiſoient
paſſer à Rome étoient plus conſidérables que
celles que produit l'expédition des bulles. Con-
cluons donc que l'avantage que les papes ont
retiré du Concordat n'eſt pas égal à celui dont
ils jouiſſoient en qualité de juges ſuprêmes des
procès infinis que faiſoient naître les élections.
L'abolition en a d'ailleurs fait ceſſer une multitude d'abus auſſi nuiſibles à la tranquillité publique qu'à la pureté de la diſcipline eccléſiaſtique. Rien de plus commun dans les ſiécles où
les élections étoient en vigueur, que la ſimonie,
les violences & les cabales; & depuis le Concordat on n'en entend preſque plus parler.

Eſt-il auſſi facile de le juſtifier au ſujet des
annates? Nous n'examinerons point ſi ce tribut
que les bénéfices conſiſtoriaux payent au ſaint
ſiége chaque fois qu'ils viennent à vaquer,
pourvu que ce ne ſoit pas dans la même année,
eſt injuſte & ſimoniaque. Nous n'examinerons
point s'il n'eſt pas naturel que chaque égliſe
particulière concoure à fournir aux dépenſes
qu'exigent du pape ſes qualités de chef, de
ſurveillant & d'inſpecteur de tout le monde catholique. Nous nous contenterons d'obſerver
que le Concordat garde ſur les annates le plus
profond ſilence, & que ce n'eſt que par une

conféquence fort éloignée qu'on prétend prouver qu'il les a rétablies. Le chancelier du Prat, miniſtre plus habile & politique plus profond qu'on ne le croit communément, la nioit formellement : il diſoit au parlement qu'un droit auſſi extraordinaire avoit beſoin d'une réſervation ſpéciale & ne pouvoit être établi ſur une ſimple induction. La bulle de Léon X qui paroît la ſuppoſer ne fait point partie du Concordat, elle eſt du 16 des kalendes d'octobre 1516, & poſtérieure au concile de Latran où il fut lu & approuvé, puiſque ce concile fut terminé le 14 janvier de la même année. C'eſt ce qui a fait dire à M. de Marca que les annates qui produiſent à la cour de Rome un de ſes plus beaux revenus ne ſont fondées que ſur l'uſage appuyé du conſentement de nos rois, d'où il conclut que la France pourra s'en décharger quand il lui plaira.

Le roi ou le pape peuvent-ils ſeuls & de leur propre mouvement, déroger au Concordat ? Si on le regarde comme un véritable contrat finallagmatique, il paroît qu'une des deux parties contractantes ne peut y déroger ſans le conſentement de l'autre. Une pareille dérogation de la part du pape ſeroit certainement abuſive ; mais nos rois ſont dans la poſſeſſion d'y faire des changemens qui n'en altèrent point l'eſſence ; & lorſque le bien de l'égliſe & de l'état le demandent. C'eſt ainſi que Henri IV a affranchi par l'édit de 1606, les premières dignités des cathédrales de l'expectative des gradués ; que Louis XV a fait des réglemens au ſujet des régens ſeptenaires de quelques univerſités du royaume auxquels il a attribué en certains cas la préférence dans les mois de grades & qu'il a ordonné que les mois de rigueur n'auroient plus lieu par rapport aux bénéfices-cures. Ces lois font certainement des dérogations au Concordat, contre lesquelles la cour de Rome n'a point réclamé : peut-être que le peu d'intérêt qu'elle a dans ces fortes de changemens a déterminé fon filence.

Ce qui a fouffert plus de difficulté, eft de fçavoir fi toutes les provinces de France doivent être régies par le Concordat. Les officiers de la cour de Rome prétendent que toutes celles qui ne faifoient point partie du royaume, lors de l'établiffement de la pragmatique fanction, & qui y ont été réunies depuis le Concordat, doivent refter pays d'obédience. On oppofe à cette prétention les grands principes, que toute province réunie à la couronne en devient membre & en fait partie, & que dès-lors elle doit être gouvernée & régie par les mêmes lois (*); qu'étant membre de l'état, elle doit être abreuvée des mêmes infufions, décorée des mêmes lois, édits, ordonnances & priviléges. Ce font les propres termes dont fe fervit M. Brulart, procureur général au parlement de

----

(*) *Quando villa vel provincia adjicitur regno, debet regi fecundum regulam regni cui accedit, & cifdem legibus & privilegiis eft gubernanda, quibus regnum.* Rebuff. tract. nomin. quæft. 5. n°. 5. C'eft auffi une maxime de Dumoulin que, *augmentum accedens per modum unionis, omnes qualitates & conditiones rei cui unitur fufcipit & omnino judicatur ficut eadem res.* Si l'on a fait dans le Concordat une mention expreffe du Dauphiné, c'eft que cette province n'a été donnée à la France que fous la condition qu'elle ne feroit jamais réunie à la couronne.

Paris, fous Charles IX, dans la fameufe affaire de la Bretagne & de la Provence. (*)

Pour le bien de la paix, on a cherché à ménager la cour de Rome, fans cependant que ces ménagemens préjudiciaffent dans le fait aux droits de la couronne. On a trouvé un moyen qui fans décider la queftion, laiffe néanmoins nos rois maîtres de difpofer des bénéfices confiftoriaux des provinces réunies à la France depuis le Concordat. Ils ont accepté des indults par lefquels les papes leur permettoient d'y nommer. C'eft en vertu de ces indults qu'ils font cenfés nommer en Bretagne, en Flandres, en Artois, dans les trois Evêchés, dans le Rouffillon, &c. Mais nous les regardons comme des actes de condefcendance qui ne peuvent dépouiller nos fouverains du droit de difpofer des grands bénéfices de leur royaume, droit inaliénable & imprefcriptible de fa nature. Quelques auteurs, & entr'autres M. du Bois dans fes Maximes canoniques, prétendent que les indults accordés aux rois pour nommer aux évêchés des provinces conquifes ou réunies, n'ont pas befoin d'être renouvelés, foit parce qu'y ayant eu deux ou trois renouvellemens, felon le ftyle de la cour de Rome, il s'eft fait une coutume qui eft un titre particulier qui fubfifte de lui-même, ou bien parce que toutes les grâces faites à nos rois, font faites à la couronne, & par

_____

(*) La Provence gagna feule fon procès, il fut décidé qu'elle n'étoit point pays d'obédience, fans doute parce qu'elle étoit réunie à la France long-temps avant le Concordat. Il n'en fut pas de même de la Bretagne, elle demeura affujetie à la partition des mois.

conséquent font perpétuelles, nonobftant toutes les claufes contraires, que nous eftimons inutiles, parce qu'elles répugnent à la fubftance de l'acte.

Si les prétentions de la cour de Rome n'ont pas nui aux intérêts du roi, il n'en eft pas de même de ceux des gradués. La queftion s'eft élevée plufieurs fois, & il y a plufieurs provinces, comme la Bretagne & la Provence, qui ne font pas foumifes à leur expectative. La Flandre fait encore l'objet d'une femblable conteftation, & il y a actuellement un procès pendant au confeil du roi, au fujet de la cure de Dunkerque requife par un gradué de l'univerfité de Paris. La fageffe du gouvernement lui infpirera fans doute des moyens pour étouffer ce germe de divifion, & il éclaircira les droits refpectifs des gradués & de la cour de Rome, par une loi qui les fixera pour toujours.

. Nous ne croyons pas devoir entrer dans de plus grands détails fur le Concordat; nous en avons affez dit pour faire voir qu'il eft devenu une loi de l'état, & une des plus importantes pour notre droit public-eccléfiaftique. Quoique la pragmatique dût être bien précieufe aux François, les réclamations du parlement de Paris & d'une partie du clergé n'étoient pas auffi fondées qu'ils l'ont prétendu. L'abolition des élections n'eft pas un fi grand mal qu'on a cherché à le faire croire. La nomination du roi qui y a été fubftituée, a opéré un bien préférable à tout. Elle a détruit jufques dans leurs racines, les conteftations éternelles que faifoient naître les élections, les fimonies, les intrigues, les violences auxquelles ces élections donnoient lieu. La paix

G iv

& la tranquillité règnent dans l'églife Gallicane.
Les évêques refpectables & éclairés qu'elle a
reçus de la main de nos rois, guidés dans leur
choix par leur fageffe & leur piété, ne doit
point lui faire regretter la forme precédente,
de pourvoir aux évêchés. Le Concordat n'a
pas expreffément rétabli les annates. Le concile
de Bafle qui les avoit fupprimées, n'en avoit
pas détruit le germe, puifqu'il avoit permis au
pape d'exiger, à chaque vacance, le cinquième
du revenu d'une année de tous les bénéfices
en général, ce qui auroit formé un tribut peut-
être auffi confidérable que les annates impofées
fur les feuls bénéfices confiftoriaux, dont la
taxe fixée, à ce qu'on croit communément,
en 1310, n'a point varié malgré l'augmentation
de leurs revenus. La prévention avoit été ref-
pectée par la pragmatique ; on ne peut donc faire
un crime au Concordat de l'avoir confervée :
il a profcrit les réferves & les expectatives.
Le concile de Trente nous a délivré du peu
de mandats qu'il avoit confervés. Les droits des
gradués y ont été fixés d'une manière plus
précife & plus claire ; nos libertés font reftées
intactes ; enfin tout ce qu'il y avoit d'intéreffant
dans la pragmatique fanction, fur les procès
eccléfiaftiques, fur la poffeffion triennale, les
excommunications & les interdits, a été inféré
dans le Concordat ; il nous la repréfente donc
à beaucoup d'égards, & les changemens qu'il
y a faits, n'ont point été auffi funeftes à l'églife
Gallicane que fes ennemis le publioient dans
fon origine.

Voyez l'*Hift. du Droit pub. eccl. Franç. Goard,
Boutaric, Lacombe, du Bois, du Perrai, le qua-*

trième pladoyer de Patru. Voyez auſſi les articles
ÉVÊCHÉ, BÉNÉFICE, PRAGMATIQUE, &c.
(*Article de M. l'ABBÉ REMY, avocat au par-
lement.*)

CONCORDAT GERMANIQUE. C'eſt un traité
paſſé l'an 1448 entre le pape Nicolas V, l'empereur Frédéric III, dit le pacifique, & les princes
d'Allemagne.

Ce Concordat a pour objet la nomination
aux bénéfices de l'Empire. Il eſt diviſé en quatre
parties dont nous allons donner le précis.

PREMIÈRE PARTIE.

Le pape a droit de nommer 1°. à toutes les
égliſes patriarchales, archiépiſcopales, épiſco-
pales, abbayes, prieurés, dignités, peſonnats
& autres bénéfices ſéculiers ou réguliers, avec
ou ſans charge d'ames, lorſqu'ils viennent à
vaquer en cour de Rome; 2°. à tous ceux qui
vaquent, en quelque lieu que ce ſoit, par une
dépoſition ou une tranſlation faite par l'autorité
du pape, par la caſſation qu'il fait des élections,
par la mort des cardinaux ou des officiers de
la cour de Rome actuellement en ſervice, par
celle des envoyés de la même cour qui meurent
avant leur retour; de tous ceux qui venant à
Rome, pour quelque affaire que ce ſoit, ou
s'en retournant, meurent en cette ville ou à
deux journées de diſtance, & de tous les officiers
de la même cour qui meurent à la même diſtance, pourvu que ce ne ſoit point dans un
endroit où ils aient leur domicile.

3°. Cette réſerve comprend encore tous les
bénéfices quelconques dont ceux qui ſont nommés par le pape aux patriarchats, archevêchés;

évêchés & abbayes, se trouvent pourvus au temps de leur promotion, de même que ceux qui vaquent par l'obtention pacifique d'un prieuré, personnat, office, canonicat, prébende, église ou autres bénéfices conférés par sa sainteté, à moins qu'on ne les eût obtenus en vertu de grâces expectatives.

SECONDE PARTIE.

L'usage des élections est rétabli dans toutes les églises métropolitaines & cathédrales, exemptes ou non, & dans tous les monastères exempts, à la charge d'en obtenir la confirmation du saint siége, qui a le droit d'y pourvoir quand l'élection n'est point canonique, ou que l'élu n'est point présenté dans le temps marqué par la bulle *Cupientes* de Nicolas III. Quant aux monastères non immédiats, s'ils sont dans l'usage de recourir au saint siége, on en use comme pour les cathédrales ; ceux où cet usage n'est pas établi, ne peuvent tomber sous aucune grâce expectative. Il en est de même des autres bénéfices réguliers. Le pape ne peut disposer des monastères de filles, à moins qu'ils ne soient exempts, & dans ce cas il ne peut le faire que par commission *ad partes.*

TROISIÈME PARTIE.

Toutes les autres dignités & bénéfices séculiers & réguliers, à l'exception des dignités majeures des cathédrales, & des dignités principales des collégiales, sont à la disposition du droit commun & des ordinaires. Le pape ne peut, en quelque manière que ce soit, empêcher les collateurs ordinaires d'en disposer librement, lorfqu'ils vaquent dans les mois de février, avril, juin, août, octobre & décembre. Ceux qui vaquent dans les mois de janvier, mars, mai, juillet, feptembre & novembre, font réfervés au faint fiége ; mais les collateurs ordinaires peuvent y pourvoir, lorfque dans les trois mois du jour que la vacance a été connue. dans le lieu du bénéfice, il ne paroît point de provifion du faint fiége.

Quatrième Partie.

Les annates doivent être payées pour toutes les églifes cathédrales & tous les monaftères d'hommes, des fruits de la première année, à compter du jour de la vacance, fuivant les taxes arrêtées dans les livres de la chambre apoftolique. La moitié doit en être payée dans l'an de la poffeffion paifible, & l'autre moitié l'année fuivante. Il ne peut y avoir ouverture à ces annates qu'une fois dans un an, quand même les bénéfices viendroient à vaquer plufieurs fois dans cet efpace de temps, & le fucceffeur ne paye pas pour fon prédéceffeur.

Quant aux autres bénéfices conférés par le pape, non cependant pour caufe de permutation, ou en vertu de grâces expectatives, on doit payer la moitié des fruits, fuivant la taxe ordinaire, dans l'an de la poffeffion paifible. Les bénéfices dont le revenu annuel n'excède point vingt-quatre florins d'or de la chambre, ne doivent rien.

Telles font les difpofitions du Concordat Germanique. Il eft obfervé, à quelque chofe près, dans les églifes de Toul, de Verdun, & de Metz, comme suffragantes de l'archevêché de Trèves, & dans celle de Besançon.

Il fait aussi loi dans tout le Cambresis, province qui étoit autrefois un fief relevant immédiatement de l'empereur d'Allemagne. Ce ne fut cependant pas sans difficulté qu'il y fut reçu. La métropole de Cambrai s'étoit toujours efforcée de se maintenir dans la libre disposition des bénéfices qui en dépendoient ; elle s'étoit toujours gouvernée par des usages particuliers, dont quelques-uns étoient même confirmés par des bulles du pape. Aussi refusa-t-elle nettement d'adhérer à cette alternative de collation avec le saint siége qu'elle regardoit comme absolument contraire à ses priviléges.

L'empereur Charles V lui ordonna en 1554, de s'y soumettre ; Ferdinand élevé à l'empire, lui réitéra les ordres de son père, par un décret du 27 mars 1559, mais inutilement. Philippe II, roi d'Espagne, lui enjoignit la même chose, le 13 septembre 1597. L'évêque Robert de Croy se soumit enfin, & son adhésion donna au Concordat Germanique force de loi dans tout le Cambresis dont les évêques de Cambrai avoient la supériorité territoriale. Son chapitre suivit son exemple, & par sa délibération du 9 mars 1598, adopta le Concordat qui depuis fait la règle de la nomination alternative aux prébendes dont il est collateur, dans lesquelles néanmoins ne sont point comprises les prébendes décanale, syndicales, théologale, médicinale & servitoriales, ni les dix réservées aux gradués & nobles, ni les autres bénéfices affectés aux vicaires-perpétuels de cette église, en vertu d'anciens concordats confirmés par des bulles d'Innocent VIII, d'Alexandre VI, de Léon X, de Clément VII, de Pie IV, de Nicolas V, de Clément XI.

. Comme ces prébendes avoient toujours été conférées par le chapitre, & que les papes avoient renoncé formellement à y nommer par réferves, mandats apostoliques, grâces expectatives, &c. elles n'ont point été comprises dans les dispositions du Concordat Germanique, & elles sont restées à la collation du chapitre, dans tous les mois & dans tous les genres de vacance.

Les églises du Cambrefis, de Nivelles & de Liège font les feules des Pays-bas foumifes au Concordat Germanique; il n'a point été reçu dans les autres, parce qu'il n'a été fait que pour les provinces mouvantes de l'empire d'Allemagne.

Il a fouffert quelques changemens dans le Cambrefis, depuis que cette province est réunie à la France. Le 25 août 1682, le chapitre de la métropole de Cambrai, pour fe maintenir dans l'exemption de la régale, céda au roi fon droit de nomination à l'archevêché. Ce traité fut paffé avec le comte de Montbront, lieutenant général en Flandres & gouverneur de Cambrai, & M. le Pelletier, intendant du Cambrefis, tous deux munis des pouvoirs de fa majefté. Il fut regiftré au parlement de Paris le 7 feptembre 1682, en vertu de lettrespatentes du 30 août précédent, & au parlement de Flandres le 7 février 1715, en vertu de lettres-patentes du 28 janvier précédent.

Le pape Benoît XIV, par fon bref du 11 décembre 1749, accorda à Louis XV & à fes succeffeurs, tant qu'ils poflederoient la ville de Cambrai, le droit de nommer à la dignité majeure de la métropole, & aux dignités principales qui excèderoient, fuivant l'eftimation commune, le revenu annuel de dix florins d'or de la chambre, dans chaque églife collégiale de la même ville, de même qu'aux canonicats de ces églifes de quelque manière & d'après quelques perfonnes qu'ils viendroient à vaquer, dans les mois de janvier, mars, mai, juillet, feptembre & novembre, réfervés au faint fiége, en vertu du Concordat Germanique, fans y comprendre cependant les canonicats qui viendroient à vaquer en cour de Rome. Le pape a fubrogé fa majefté & fes fucceffeurs dans tous fes droits à cet égard, à condition que les pourvus feroient tenus dans les trois mois de l'obtention de leurs brevets, de les préfenter au dataire & à la daterie apoftolique, d'y lever des bulles fous plomb, & de payer les droits de la chambre apoftolique, faute de quoi ces dignités & canonicats reviendroient à la difpofition de la cour de Rome. Enfin le pape a exigé que le roi & fes fucceffeurs fiffent mention de l'indult dans leurs brevets de nomination.

Louis XV a ordonné l'exécution de cet indult par lettres-patentes du 3 mai 1752, déclarant néanmoins que fon intention n'étoit de le faire exécuter *que pour la nomination des canonicats & dignités de l'églife métropolitaine & des collégiales de Cambrai, énoncés audit indult, que notre faint père le pape étoit ci-devant en droit & poffeffion légitime de conférer librement.* Le roi a ajouté qu'il n'approuvoit pas la réferve des bénéfices qui viendroient à vaquer en cour de Rome, ni la clause qui laissoit au pape la libre disposition de ces canonicats & dignités, lorsque celui qui auroit obtenu la nomination de sa majesté, auroit négligé pendant trois mois, d'en obtenir des provisions, sans autoriser les autres clauses, ni même les expressions de l'indult, qui pourroient être contraires aux usages de son royaume, aux droits de sa couronne, & aux priviléges & libertés de l'église Gallicane.

Ces lettres-patentes ayant été adressées au parlement de Flandres, M. le procureur général exposa dans un requisitoire, que la déclaration de sa majesté, de ne point entendre autoriser les énonciations & expressions contenues dans la bulle, *leur ôtoit toute croyance, & empêchoit qu'elles ne pussent servir même de prétexte pour étendre le pouvoir de la cour de Rome au-delà des justes bornes, & lui attribuer sur les bénéfices un droit de collation universelle, contredit dans toute l'église, par les règles canoniques, & plus spécialement encore en Flandres & à Cambrai, par les titres & les usages les plus incontestables.*

En conséquence de ce requisitoire, le parlement de Flandres rendit le 3 août de la même année, un arrêt qui ordonna l'enregistrement de l'indult, avec les mêmes modifications que les lettres-patentes, & ajouta, *sans qu'on puisse en induire que le pape soit collateur ordinaire & universel des bénéfices en Flandres & en Cambresis, ou qu'il ait sur lesdits bénéfices, autres & plus grands droits que ceux qu'il peut avoir acquis par titres légitimes & usages valablement prescrits.*

Depuis ce temps, le roi nomme aux prébendes de la métropole & des collégiales de

Cambrai, comme le pape y nommoit précédemment; c'eſt-à-dire que comme le pape ne pouvoit nommer à celles dont nous avons fait mention ci-deſſus, le roi qui tient tous ſes droits de lui, n'y nomme pas non plus. C'eſt ce qu'exprime formellement une clauſe des lettres-patentes de 1752 que nous avons rapportée.

Le deſir d'aſſurer ſes droits ſur cet objet, avoit engagé le chapitre de la métropole à demander des lettres-patentes confirmatives des bulles qui autoriſoient l'ordre, la diſtribution & la collation des prébendes de ſon égliſe, & le droit excluſif qu'il avoit de nommer à pluſieurs d'entr'elles.

Cette demande fut jugée inutile. M. de Monteynard répondit au chapitre, le 4 juillet 1773, que ſa majeſté n'avoit pas trouvé à propos de leur accorder ces lettres-patentes, parce que les bulles dont ils demandoient la confirmation, étoient antérieures à la réunion de Cambray à la couronne, & que par la capitulation de cette ville, le chapitre avoit été reçu pour continuer à ſubſiſter ſous la domination Françoiſe, dans l'état auquel il ſe trouvoit alors relativement aux titres qui formoient ſa compoſition & ſa conſtitution.

La même déciſion eſt conſignée dans une lettre écrite par le même miniſtre au procureur général du conſeil ſupérieur de Douai.

Depuis l'indult de 1749, on ne peut plus permuter ni réſigner dans les mois du roi, ſans ſa permiſſion; c'eſt ce qui a été jugé dans l'eſpèce ſuivante. Le ſieur Morel permuta au mois de janvier 1772, un bénéfice contre un canonicat de la métropole. L'ancien titulaire étant mort

dans

dans le mois de mars fuivant, fa majefté en difpofa en faveur du fieur Griffin. Le fieur Morel s'oppofa à l'enregiftrement du brevet & des bulles de ce dernier, & demanda d'être maintenu dans la poffeffion du canonicat. Le fieur Griffin foutint que la permutation dont fe prévaloit fon adverfaire, étoit nulle, faute du confentement du roi, que par conféquent le canonicat avoit vaqué par mort, & que la dipofition qu'en avoit fait fa majefté en fa faveur, devoit feule être exécutée. Par arrêt rendu le 1 mars 1773, la permutation fut déclarée bonne & valable, & le fieur Morel maintenu dans la poffeffion du canonicat. Le brévetaire fe pourvut au confeil d'état, qui par arrêt fur requête du 21 juin fuivant, caffa le précédent. Le fieur Morel y ayant formé oppofition, en fut débouté par arrêt contradictoire du mois d'août 1774.

Le chapitre métropolitain de Cambrai jouit à cet égard du même privilége que le roi, c'eftà-dire que les prébendes fur lefquelles les bulles citées ci-deffus lui donnent un droit exclufif de collation, ne peuvent être permutées ni réfignées fans fon confentement. C'eft ce que portent ces mêmes bulles, & c'eft ce qui a été jugé par arrêt du confeil fupérieur de Douai, rendu au mois de mai 1774. Le fieur Dufoffet poffédoit une prébende fyndicale dans ce chapitre; il la réfigna au fieur Barbier de Blignières qui lui céda un prieuré modique dont il jouiffoit, & une penfion de quinze cents livres. L'acte de permutation fut paffé à Paris le 12 décembre 1772. Le fieur de Blignières ayant obtenu des bulles en cour de Rome, & des lettres d'attache, en demanda l'enregiſtrement au conſeil ſupérieur de Douai, par requête du 3 juin 1773. La cour ayant demandé l'avis du chapitre, il s'oppoſa à cet enregiſtrement, & appela incidemment, comme d'abus, de l'exécution de ces bulles, ſur le fondement que la prébende réſignée au ſieur de Blignières étoit du nombre de celles dont les priviléges accordés en différens temps par les papes à ce chapitre, lui réſervoit la collation excluſivement à tout autre, & défendoit la réſignation & permutation. Le ſieur de Blignières eut beau ſoutenir que les bulles dont ſe prévaloit le chapitre, n'avoient jamais été revêtues de lettres d'attache, on lui répondit que les loix qui exigeoient cette formalité, étoient poſtérieures à ces bulles, & que d'ailleurs la capitulation de Cambrai avoit confirmé tous les priviléges du chapitre en général. L'arrêt cité déclara qu'il y avoit abus dans les bulles du ſieur de Blignières, & le débouta de ſa demande en enregiſtrement, avec dépens.

Dans les pays où le Concordat Germanique eſt reçu, les bénéfices qui vaquent pendant les mois du pape, ſont à la collation des ordinaires pendant la vacance du ſaint ſiége ; c'eſt ce qu'a jugé le parlement de Flandres, par arrêt du 9 mai 1732, dont voici la teneur.

» Vu par la cour le procès entre meſſire Ma-
» thurin-Guillaume Meur, prêtre pourvu par le
» ſieur Archevêque de Cambrai, vacant par la
» mort de N. Butler, au mois de mai 1730, pen-
» dant la vacance du ſaint ſiége appelant comme
» d'abus de l'exécution des bulles obtenues en

» cour de Rome pour le même canonicat, le
» 26 juillet de la même année, défendeur sur la
» commission de maintenue ci-après, joint à lui
» le procureur général du roi, intervenant &
» adhérant audit appel, *d'une part ;* messire Jean
» Hugues de Morgues S. Germain, prêtre ar-
» chidiacre de ladite église métropolitaine ,
» pourvu du même canonicat par lesdites bulles
» impétrant de commission de maintenue ecclé-
» fiaftque, & intimé sur ledit appel, *d'autre*
» *part ;* conclusions dudit procureur général, ouï
» le rapport de messire Ignace Cardon d'Ouvrin
» conseiller, & tout considéré.

» La cour a reçu & reçoit ledit Meur appe-
» lant comme d'abus, & faisant droit sur ledit
» appel, a déclaré & déclare qu'il y a abus dans
» l'exécution desdites bulles ; en conséquence a
» débouté ledit de S. Germain de la maintenue
» par lui requise, le condamne aux dommages
» & intérêts & aux dépens ; ordonne que l'a-
» mende de 75 livres consignée par ledit Meur
» lui sera remise sans coût ni frais, ce faisant le
» receveur des amendes bien & valablement
» déchargé.

» Fait à Douai, en parlement, le 9 mai 1732.

Le même jour fut rendu un autre arrêt exactement semblable à celui que l'on vient de transf-
crire. Il s'agissoit d'une prébende de la Collégiale de S. Géry de Cambrai, qui avoit aussi
vaqué dans le mois de mai, pendant la vacance
du saint siége, & dont l'archevêque avoit pourvu
le sieur Adrien-François Sart.

Il faut cependant observer que si les ordinaires
avoient négligé pendant la vacance du saint siége,

de conférer les bénéfices qui feroient venus à vaquer dans les mois du pape, ils ne pourroient plus le faire quand le faint fiége feroit rempli. C'eft ce qui réfulte de la jurifprudence des arrêts que nous rapporterons à l'article MOIS APOS-TOLIQUE.

Le pape ne peut déroger au Concordat ger-manique, & la prefcription n'en peut abroger les difpofitions, comme l'a jugé le parlement de Flandres par arrêt rendu le 24 juillet 1704, fur l'enregiftrement des bulles du fieur le Sage, & par un autre rendu fur la pleine maintenue entre le même & le chapitre métropolitain de Cambrai.

Il eft fi vrai que le pape ne peut déroger au Concordat, que fes bulles feroient nulles, s'il y énonçoit qu'il confère en vertu des réferves, ou de la règle des huit mois, un bénéfice qu'il n'auroit droit de conférer qu'en vertu du Con-cordat. C'eft ce qu'a jugé le parlement de Flan-dres par arrêt du 25 octobre 1695, dans cette efpèce:

Le fieur Ninon de la forêt avoit obtenu en cour de Rome des provifions d'un canonicat de la métropole de Cambrai qui avoit vaqué par mort dans le mois de novembre, qui eft un de ceux réfervés au faint fiége par le Concordat germanique. Le pape n'en avoit néanmoins pourvu le fieur de la Forêt qu'en vertu de la règle de la chancellerie romaine qui lui réferve tous les bénéfices vacans par mort dans le mois de novembre & dans cinq autres alternative-ment. Trois mois après l'ouverture de la va-cance, le chapitre ufant du pouvoir que donne le Concordat aux collateurs ordinaires conféra le bénéfice au fieur Thuillier, qui forma oppofition à l'enregistrement des bulles du fieur de la Forêt : celui-ci allégua inutilement que l'expreffion de la réferve au lieu de celle du Concordat, pouvoit d'autant moins annuller une collation légitimement faite par le pape, que tout revenoit au même, puifque le droit du faint fiége n'en étoit pas moins incontestable. On lui oppofa que les fautes les plus légères de la daterie romaine font fouvent irréparables, & tirent toujours à conféquence ; que le pape au lieu de s'attacher au titre légitime en vertu duquel il pouvoit conférer, en avoit adopté un autre qui détruifoit le Concordat ; & qu'enregistrer fes bulles, ce feroit inviter la cour de Rome à rétablir les réferves au préjudice des ordinaires, & rouvrir la porte aux défordres auxquels on avoit cherché à remédier par le Concordat.

Ce fut par ces motifs que le parlement de Flandres débouta le fieur de la forêt de fa demande en enregistrement de fes bulles, avec dépens.

Le même tribunal rendit encore depuis un arrêt femblable dans des circonftances qui méritent d'être rapportées. Il s'étoit élevé un procès entre le fieur Monchicourt & le fieur Devaux, au fujet d'un bénéfice fimple dont ce dernier avoit obtenu des provifions en cour de Rome. Par arrêt du 14 décembre 1757, ces provifions avoient été enregistrées, & le fieur Monchicourt débouté de fon oppofition. Perfonne n'avoit fait attention à la teneur de ces bulles, dans lefquelles le pape énonçoit qu'il conféroit en vertu de la règle des huit mois, tandis qu'il ne pouvoit le faire qu'en vertu du Concordat. L'arrêt

d'enregiftrement avoit été rendu fur des conteftations étrangères à cet objet. M. le procureur
général à qui l'on fit fentir cette méprife, demanda par fon requifitoire « qu'il plût à la cour,
» en interprêtant en tant que de befoin fon arrêt,
» déclarer qu'elle n'avoit point entendu faire
» droit autrement que fur les conteftations des
» parties ; en conféquence, en prononçant fur
» fon appel, déclarer qu'il y avoit abus dans
» l'exécution des bulles du fieur Devaux & des
» lettres d'attache qu'il avoit obtenues, & or-
» donner qu'elles feroient & demeureroient fup-
» primées au greffe de la cour ».. .

Le fieur Devaux réclama, mais en vain, la
force de la chofe jugée par l'arrêt du 14 décembre 1757. Il s'adreffa de nouveau à la cour de
Rome où il demanda un *perinde valere*. On lui
expédia de nouvelles bulles fous la même date
que les précédentes, on y corrigea l'erreur glif-
fée dans les premières, & l'on y fit mention du
Concordat germanique ; mais la nullité des premières, & la fauffeté de la date des fecondes,
détermina la cour à déclarer par arrêt du 20
Novembre 1758, qu'il y avoit abus dans les
unes & dans les autres, & à en ordonner la fuppreffion.

Voyez *le Concordat germanique ; le placard de
l'empereur Maximilien de 1518 ; celui de Charles,
qui eft de 1554, le décret de Ferdinand du 27 mars
1559; celui de Philippe II, roi d'Efpagne du 13
feptembre 1597 ; le Concordat paffé entre le chapitre métropolitain de Cambrai, le 25 août 1682 ;
l'indult du 11 décembre 1749 ; les lettres-patentes
du 3 mai 1752; le requifitoire du 17 décembre 1757;
Zypæus & Wames en leurs confultations canoni-*

ques ; Nicolarts sur le Concordat germanique , &c.
Voyez aussi les articles ANNATES , ELECTION ,
MOIS APOSTOLIQUE, RÉSERVE , &c. (*Article de*
M. MERLIN , avocat au parlement de Flandres.)

CONCOURS POUR LES CURES. C'est dans
quelques provinces l'examen que l'évêque ou
les commissaires par lui nommés font de tous
ceux qui se présentent pour remplir une cure
vacante , à l'effet de cannoître celui qui en est
le plus digne.

La voie du Concours pour parvenir aux cures,
a été inconnue dans l'église jusqu'au concile de
Trente. Il fit à ce sujet un règlement qui se
trouve , sess. 24. ch. 18. *de reform.*

Ce règlement très-sage en lui-même n'a point
été reçu en France. On l'a regardé comme contraire aux droits des collateurs & des patrons,
qu'on n'a pas cru devoir sacrifier aux avantages
que produiroit le Concours. Cette loi pourroit
donc être regardée comme nous étant absolument étrangère. Mais plusieurs provinces où le
concile de Trente a été reçu , & quant au dogme & quant à la discipline, ont été réunies à la
France. Nos rois ont bien voulu laisser subsister
certaines loix qui y étoient suivies & entr'autres
celle du Concours. Il a même fait l'objet de plusieurs de leurs déclarations , & c'est ce qui nous
impose la nécessité d'en parler.

La plus ancienne déclaration de nos rois, que
l'on connoisse au sujet du Concours pour les
cures, est celle qui a été donnée pour les pays
de Gex, Bugey & Valromey, relativement aux
portions de ces provinces qui dépendent de
l'évêché de Genève transporté à Annecy. Elle
est du 11 août 1664, & a été enregistrée au

H iv

parlement de Dijon le 19 décembre fuivant. Le même parlement avoit rendu un arrèt en 1668, qui autorifoit l'évêque d'Annecy à fe retirer par-devers le roi, pour en obtenir les lettres-patentes néceffaires, & qui le maintenoit provifoirement dans le droit de pourvoir aux bénéfices-cures de fon diocèfe, fitués dans le reffort du parlement de Bourgogne, par la voie du concours. La déclaration en exempte cependant les cures à patronage, & veut que pour cette efpèce de bénéfices, les nommés ou préfentés par les patrons, foient préférés aux concurrens, fi d'ailleurs ils font trouvés capables & dignes. Elle ne fait aucun réglement fur la manière dont le concours fera exécuté; & par-là elle laiffe fubfifter les anciens ufages, qui fans doute font conformes au concile de Trente, reçu dans ces provinces avant leur réunion à la couronne, opérée en 1601, par l'échange qu'en fit Henri IV contre le marquifat de Saluces, avec Charles-Amédée, duc de Savoie.

Le Rouffillon eft également foumis à la loi du Concours.

Le Concours a auffi lieu dans la Lorraine & les Trois-évêchés, pour les cures vacantes dans les mois réfervés au pape par l'indult de Clément IX; mais il faut qu'il foit indiqué dans les quatre mois, à compter du jour de la vacance; autrement fi l'évêque laiffe écouler ce temps, fans l'ordonner, la cure eft impétrable en cour de Rome. Le fujet qui a été jugé le plus capable au Concours, obtient des provifions du pape, fur l'acte que lui en donne l'évêque.

En Bretagne, les chofes font à peu près fur

le même pied depuis 1740. Avant cette époque, les ecclésiastiques qui vouloient être pourvus des cures qui vaquoient dans les mois réservés au pape, alloient à Rome pour concourir. Cet usage étoit sujet à beaucoup d'inconvéniens. En 1740, les évêques de la province s'adressèrent à Benoît XIV, pour obtenir qu'à l'avenir le Concours pour les cures vacantes dans les mois du saint siége, se fît devant l'ordinaire des lieux où elles seroient situées. Le souverain pontife accueillit favorablement la demande des évêques de Bretagne. Sa bulle est datée du premier octobre 1740. Elle porte que le Concours pour les cures vacantes dans les mois réservés au saint siége, se fera devant les ordinaires, suivant la forme prescrite par le concile de Trente, sous la condition néanmoins que les évêques, dans les quatre mois de la vacance, enverront à Rome leur certificat donné à celui qui sera jugé le plus capable, sur lequel il sera expédié à la daterie, dans les deux mois suivans, une simple signature de provisions. Faute par l'évêque d'exécuter ces conditions, les cures sont censées vacantes & à la libre disposition du saint siége. Cette bulle revêtue de lettres-patentes, au mois de décembre 1740, a été enregistrée au parlement de Rennes le 6 février 1741, sous les modifications que cette cour a jugées nécessaires pour la conservation des droits & des libertés de la province.

C'est le sort de toutes les loix nouvelles d'éprouver des difficultés dans leur exécution. Celle du Concours en Bretagne fut traversée par plusieurs ecclésiastiques qui continuèrent à se faire pourvoir à Rome des cures vacantes dans les mois du pape ; c'eſt ce qui obligea les évêques de la province à recourir à l'autorité du roi, qui rendit une déclaration le 11 août 1742, enregiſtrée à Rennes le 23 du même mois. C'eſt cette déclaration qui a fixé d'une manière irrévocable, & le Concours & ſa forme pour la Bretagne. Elle eſt compoſée de 21 articles.

Les quatre premiers règlent le nombre & les qualités des examinateurs. Ils doivent être au nombre de ſix, entre leſquels il faut qu'il y en ait au moins deux de gradués. Ils ſont à la nomination de l'évêque ; ou, pendant la vacance du ſiége épiſcopal, à celle du premier grand-vicaire du chapitre. Ils doivent exercer leurs fonctions gratuitement, après avoir prêté ſerment entre les mains de l'évêque ou du grand-vicaire.

Les articles 5 & 6 fixent le temps & le lieu du Concours. Il doit être ouvert dans quatre mois, au plus tard, après la vacance de la cure qu'il s'agit de remplir, & ſe faire à l'évêché ou dans le ſéminaire, au choix de l'évêque.

Les articles ſuivans déterminent les qualités des concurrens. Ils doivent être originaires de la province, ſavoir la langue Bretonne pour les paroiſſes où elle eſt en uſage, avoir exercé pendant deux ans les fonctions curiales en qualité de vicaires, ou avoir travaillé pendant trois ans à la conduite des ames ou aux autres fonctions du miniſtère. Ce temps d'épreuve eſt porté à quatre ans pour ceux qui ne ſont pas originaires du diocèſe dans lequel la cure vacante eſt ſituée ; mais les évêques ont la faculté d'en diſpenſer les gradués en théologie, ſur - tout ceux de l'univerſité de Paris.

. Selon l'article 13, les concurrens doivent
1°. réfoudre par écrit trois queftions qui doivent leur être propofées; 2°. répondre verba-
lement fur ces mêmes queftions ou fur d'autres
que peuvent leur faire les examinateurs; 3°.
prononcer une courte homélie fur un paffage
de l'Écriture fainte qu'on leur a défigné. Ils
doivent être enfermés feuls pendant trois heures,
pour répondre aux queftions par écrit, & pour
fe préparer à l'homélie.

Les articles fuivans règlent la manière dont
doit être conftaté le jugement prononcé par les
examinateurs fur le fujet qu'ils ont déclaré le
plus capable, & les formes qu'il faut fuivre
pour envoyer à Rome l'atteftation fur laquelle
les provifions doivent être expédiées. Il faut
que l'atteftation foit remife entre les mains d'un
banquier-expéditionnaire en cour de Rome, &
qu'elle y foit envoyée dans un mois, au plus
tard, à compter du jour du Concours. Les provifions s'expédient fur fimple fignature, & le
pourvu doit fe préfenter à l'évêque, pour en
obtenir le *vifa*, fuivant la forme prefcrite par
les ordonnances.

Enfin la déclaration ordonne, article 19, que
les conteftations qui pourront naître à l'occafion
du Concours, feront inftruites & jugées fuivant
les règles & les formes établies dans le royaume,
foit qu'elles foient de nature à être portées
devant les juges d'églife, en cas d'appel fimple,
ou devant le parlement de Rennes, en cas
d'appel comme d'abus, fans que pour aucune
raifon elles puiffent être portées directement à
Rome; fauf à fe pourvoir fuivant les degrés
de juridiction, & à la charge d'obtenir des com-

miſſaires délégués pour prendre ſur les lieux connoiſſance de ces conteſtations.

· Après avoir rendu compte des lois établies en Bretagne pour le Concours des cures vacantes dans les mois du pape , il nous reſte a parler de celles qui s'obſervent dans la Flandre & dans l'Artois. Ces provinces étoient ſous la domination de l'Eſpagne , lorſque le concile de Trente fut terminé. Ses réglemens de diſcipline y furent reçus , & par conſéquent le Concours pour les cures y fut adopté. Quand elles rentrerent ſous l'empire françois quelques collateurs & patrons cherchèrent à ſecouer le joug qu'on leur avoit impoſé & à recouvrer l'exercice de leurs droits de préſentation ou de collation. L'abbé & les religieux de ſaint Vaaſt diocèſe d'Arras appelèrent au parlement de Paris d'une ſentence du conſeil d'Artois qui avoit maintenu le Concours.

L'arrêt rendu le 12 janvier 1660 conformément aux concluſions de M. Talon infirma la ſentence & ordonna qu'il ſeroit pourvu aux quatre cures dépendantes de l'abbaye de ſaint Vaaſt ſelon les formes & la manière uſitées dans le royaume. Un ſecond arrêt du même tribunal en date du 22 janvier 1743 , au ſujet de la cure de ſaint Georges de la ville d'Arras , ſembloit devoir former une juriſprudence conſtante & certaine. Cependant ſur les repréſentations de M. l'évêque d'Arras , Louis XV donna une déclaration le 29 juillet 1744 , qui ordonna par l'article premier que toutes les cures du diocèſe d'Arras , dont la collation ou la préſentations appartiennent à des collateurs ou à des patrons eccléſiaſtiques , & notamment dans la partie de ce diocèfe comprife dans le comté d'Artois & du reffort du parlement de Paris, continueroient d'être conférées par la voie du Concours, à l'exception de celles qui par des priviléges particuliers, avoient été données précédemment de plein droit par les collateurs.

Il paroît que le but principal du légiflateur a été d'établir dans tout le diocèfe d'Arras une manière uniforme de pourvoir aux cures. Et comme dans la partie de ce diocèfe fituée dans le reffort du parlement de Flandre le Concours eft en vigueur, il a jugé à propos d'y affujettir également celle qui eft du reffort du parlement de Paris.

L'exception portée en faveur des patrons ou collateurs privilégiés, met tout collateur ou patron en général dans le cas d'examiner fes titres ou la poffeffion, & l'abbaye de faint Vaaft en particulier eft maintenue par-là dans tous fes droits fur les quatre cures de fa dépendance. On peut l'inférer non feulement de l'exception, mais encore du préambule de la déclaration où il eft dit que l'arrêt du parlement de Paris de 1660, ne regarde que quatre paroiffes de l'abbaye de faint Vaaft, qui étoient dans le cas des exemptions fondées fur des titres particuliers.

En n'affujettiffant au Concours que les cures du diocéfe d'Arras, de collation ou de patronage eccléfiaftiques, le légiflateur a évidemment excepté celles qui pouvoient être de patronage ou de collation laïque.

L'article 3 de la déclaration ne foumet point au Concours les cures qui vaquent dans les fix mois affeftés aux gradués. Elle veut qu'elles n'y foient mifes que fix mois après la vacance' & dans le cas feulement où aucun gradué ne les auroit requifes.

Comme l'alternative en faveur du pape n'a pas lieu dans l'Arrois, ce font les ordinaires, qui donnent des provifions à ceux qu'on a jugés les plus capables au Concours. Le refte de la déclaration pour le diocèfe d'Arras eft affez fem-, blable à ce que prefcrit celle qui a été rendue pour la Bretagne. Quoique le Concours foit établi dans le diocèfe de faint Omer, on ne pourroit cependant pas s'y autorifer de la dé-claration de 1744 qui n'a été rendue que pour celui d'Arras. Nous finirons cet article par ob-ferver, que nous n'admettons point dans les provinces fujettes au Concours, la diftinftion adoptée par quelques canoniftes ultramontains', entre les cures en titre & les vicairies perpé-tuelles. Ils ont prétendu qu'il n'y avoit que ces dernières qui duffent être conférées par la voie du Concours (*). Cette diftinftion nous a paru fans fondement & nous penfons que les raifons qui ont déterminé à mettre les vicairies perpétuelles au Concours, font abfolument les mêmes pour les cures en titre.

· Voyez *les mémoires du clergé tom.* 10 & 12 ; *Piales, traité des commende tom.* 3 ; *Lacombe recueil de jurifprudence can.* & *Durand de Mail-lane.* Voyez auffi les articles CURE, PATRON, COLLATEUR, &c. (*Article de M. L'ABBÉ REMY avocat au parlement*).

(*) Il y a même une bulle de Pie V qui le décide ainfi ; mais elle n'a pas été reçue en Franſe. ·

CONCOURS de Provisions. Voyez Provisions.

CONCOURS de dates. Voyez Date.

CONCOURS d'Expectans. Voyez Gradués, Indultaires.

CONCUBINAGE. Ce terme a deux significations différentes ; il signifie quelquefois une espece de mariage qui avoit lieu chez les anciens & qui est encore en usage dans quelques pays. Parmi nous, le Concubinage est le nom qu'on donne au commerce charnel d'un homme & d'une femme libres, c'est-à-dire qui ne sont point mariés.

Nous ne remonterons point aux premiers siécles pour suivre les différentes vicissitudes que le Concubinage a éprouvées chez les différens peuples. Il étoit admis chez les juifs & chez les égiptiens ; mais il y eût toujours une distinction entre les femmes qui avoient le titre d'épouses & les concubines, quoiqu'alors le Concubinage fût une espece de mariage & qu'il eût ses lois particulières.

Le Concubinage étoit très-commun dans l'Orient. Salomon a eu jusqu'à sept cens femmes & trois cens concubines : les premières portoient le nom de reines, les autres ne jouissoient point de cet honneur.

Darius avoit trois cens soixante-cinq concubines qui l'accompagnoient à l'armée.

Les empereurs de la Chine ont toujours eu deux ou trois mille concubines. Les serails du Sophi de Perse & du grand Seigneur ont également renfermé dans tous les tems un grand nombre de femmes.

Nous pourrions multiplier les détails historiques fur cette matière ; mais ces recherches font plus du reffort de l'hiftorien que du jurifconfulte. Nous pafferons donc à ce qui fe pratiquoit chez les romains à l'égard du Concubinage, en prévenant nos lecteurs que la jurifprudence de ce peuple légiflateur fur cette partie eft bien éloignée d'avoir la pureté & la fageffe des lois que la religion chrétienne a produites parmi nous & chez les peuples foumis à fon empire.

Les romains diftinguoient deux fortes de mariages & deux fortes de Concubinages.

Le mariage le plus honnête étoit celui qui fe faifoit folemnellement & avec beaucoup de cérémonies. La femme qui étoit ainfi mariée s'appeloit la véritable époufe (*) , & jouiffoit de tous les avantages attachés à cette qualité.

Il y avoit une autre forte de mariage qui fe contractoit par le féjour pendant un an dans la maifon du mari (**).

Le Concubinage étoit fi autorifé chez les romains qu'on le regardoit comme une troifième efpèce de mariage (***).

On diftinguoit le Concubinage en deux claffes. La première portoit le nom de mariage injufte & légitime (****). Ce Concubinage fe formoit lorfqu'un citoyen romain avoit une concubine romaine de naiffance , pourvu qu'elle ne fût ni fa fœur , ni fa mère , ni fa fille , & qu'elle ne fût point d'une condition fervile.

La feconde claffe de Concubinage s'appeloit

(*) Jufta uxor , conjux , mater familias.
(**) Uxórem ufucapere ; uxor tantum , matrona.
(***) Injuftæ nuptiæ.
(****) Injuftæ nuptiæ & legitimæ.

mariage

mariage injufte & illégitime (*). Il fe formoit lorfqu'un citoyen romain avoit commerce avec une femme étrangère, efclave, ou inceftueufe.

Le Concubinage n'étoit point dèshonorant chez les romains. Il avoit fes lois & fes ufages particuliers. Suivant l'ancien droit romain les concubines pouvoient recevoir des donations ; mais elles ne pouvoient être inftituées légataires univerfelles.

Conftantin mit des bornes au Concubinage, & il ordonna aux concubinaires de fe marier.

Sous l'empereur Juftinien le Concubinage n'étoit point encore aboli. Il étoit permis d'avoir une concubine (**).

L'empereur Léon défendit abfolument le Concubinage par fa novelle 91 ; mais cette loi ne fut exécutée que dans l'empire d'Orient. En effet le Concubinage continua d'être autorifé chez les Lombards & chez les Germains. Il fut même en ufage en France long-temps après la novelle 91 de l'empereur Léon.

Le Concubinage eft encore ufité en quelque pays, où il s'appelle *demi-mariage, ou mariage de la main gauche,* mariage *à la morganitique.* Ces fortes de mariages font communs en Allemagne, dans les pays où l'on fuit la confeffion d'Augsbourg.

En France le Concubinage eft regardé comme une débauche contraire à la pureté de la religion & aux bonnes mœurs. C'eft un délit que les lois puniffent non feulement lorfqu'il eft commis par des clercs, mais encore lorfque

_____

(*) Injuftæ nuptiæ & illegitimæ.
(**) Licita confuetúdo.

des laïcs s'en font rendus coupables. On le regardé comme contraire au bien de l'état; & sous ce point de vue il est l'objet de la sévérité de nos lois (*).

Cependant lorsqu'il n'est point accompagné de scandale, les ordonnances du royaume n'ont point prononcé de peines contre les laïcs. Il n'en est pas de même du Concubinage des prêtres & des personnes engagées dans les ordres ou qui se sont consacrées à la profession religieuse. Nous ne rappellerons point ici les peines que les lois de l'église prononcent contre la débauche des ecclésiastiques; nous les avons rapportées sous le mot CÉLIBAT.

Nous devons donc nous borner à rappeler les lois & les principes qui proscrivent toutes les donations faites entre des personnes qui ont vécu dans le Concubinage. En effet c'est un principe certain que toute convention qui offense les mœurs & qui a été formée sans liberté est nulle aux yeux des lois. Cette maxime fondée sur l'équité naturelle est la sauve garde de l'honnêteté publique. C'est la seule exception qui prive un citoyen de faire tous les contrats qu'il juge à propos. En enchaînant ainsi la liberté les lois n'ont pas voulu priver les hommes du droit naturel de disposer de leur patrimoine; elles ont seulement voulu en régler l'usage & éclairer leur volonté. Ainsi toutes les fois qu'un citoyen ne jouit pas de sa liberté, les actes qui sont arrachés à sa foiblesse sont nuls; &

(*) Reipublicæ enim interest legitimâ sobole repleri civitatem.

lorfqu'il ne refpecte pas les mœurs dans fes conventions les lois les anéantiffent.

Les paffions font, fans doute, les ennemis les plus redoutables de la liberté humaine. Elles altèrent les fonctions de l'ame & fubfti-tuent une volonté infenfée à cette raifon calme & tranquille qui doit préfider à tous les contrats.

Parmi les paffions qui agitent & ne boulever-fent que trop fouvent le cœur de l'homme, il n'en eft point de plus impérieufe que l'amour. Cette paffion exerce un empire tyrannique & le premier de fes effets funeftes eft d'altérer les fens & de détruire la raifon. Tout en effet difparoît aux yeux de l'homme qui eft foumis à fon pouvoir, hors l'objet aimé. Il devient infenfible à la voix de la raifon, & dans fon délire, il méconnoît les obligations les plus facrées pour fuivre le penchant irréfiftible qui l'entraîne.

Auffi les lois qui veillent fur le bonheur des citoyens s'empreffent-elles d'anéantir les dona-tions faites entre les perfonnes qui font dans les chaînes de cette paffion. Elles les regardent comme l'ouvrage de la débauche & des monu-mens honteux d'un amour criminel.

La défiance des lois pour les actes qui por-tent l'empreinte de l'amour eft fi grande, que l'amour conjugal lui-même, quoiqu'epuré par la religion & avoué par les mœurs, n'eft pas à l'abri de leurs juftes foupçons. Dans la crainte que la libéralité des époux ne foit l'ouvrage de la féduction, les lois leur interdifent la li-berté de fe faire des donations. La jurifprudence prive fur-tout de cette faculté ceux qui avant de rendre leur union légitime ont vécu dans le Concubinage.

Si les contrats faits fans liberté font nuls, a plus forte raifon doit-on les anéantir quand ils font le fruit d'une paffion aveugle qui offenfe les mœurs. En effet plufieurs de nos coutumes contiennent des difpofitions précifes contre les donations faites entre des perfonnes qui vivent en Concubinage. *Don fait en Concubinage* (porte l'article 246 de la coutume de Touraine) *ne vaut tant entre nobles que roturiers.* La coutume de Loudunois (*), celle d'Anjou (**), celle du Perche (***), celle du Maine (****), & celle de Cambrai (*****) contiennent les mêmes défenfes. La coutume de Normandie(******) profcrit même les donations faites aux bâtards. Or fi fuivant la difpofition de cette loi l'enfant infortuné, qui eft le fruit d'un amour criminel, eft incapable de recevoir des marques de la libéralité de ceux qui lui ont donné le jour, à plus forte raifon le Concubinaire & la concubine font incapables de fe faire des donations.

A ces lois formelles, il faut encore ajouter la difpofition de l'article 132 de l'ordonnance de Louis XIII de 1629. Cette loi veut que toute donation faite entre Concubinaires foit nulle, & de nul effet.

Pour foutenir la jufte févérité de ces lois,

(*) Article II, t. des donations.
(**) Article 342.
(***) Article 100.
(****) Article 354.
(*****) Article 7, t. 3.
(******) Articles 437 & 438.

les tribunaux ne se sont jamais arrêté à la forme
extérieure des actes « en vain (dit le célèbre
» Cochin) au lieu de donner a-t-on paru ven-
» dre, emprunter & emplòyer de pareilles voies
» qui sous le titre de contrats onéreux, dégui-
» soient de véritables profusions ; la loi a percé
» l'obscurité de ces actes pour y reconnoître
» des dispositions prohibées & elle les a toutes
» proscrites.

Prétendre que les contrats seuls qui ont la
forme extérieure d'une donation, doivent être
anéantis, c'est vouloir éluder les loix, & les
rendre vaines & impuissantes ; car quel est
l'homme & quelle est la femme qui sachant qu'il
leur est défendu de se faire des donations dans
le temps qu'ils vivent ensemble, n'auroient pas
l'adresse de couvrir leurs libéralités d'un voile,
& des les travestir en des reconnoissances &
des obligations ? Alors, malgré le cri des loix
& l'indignation des mœurs, les Concubinaires
jouiroient impunément de la récompense du
vice ; ils pourroient se présenter dans les tribunaux, leurs contrats à la main, & en demander
l'exécution. Une pareille idée est révoltante ;
aussi la jurisprudence a-t-elle, dans tous les
temps, détruit les donations dictées par un
amour criminel, soit qu'elles en eussent les caractères visibles, ou qu'elles fussent enveloppées
d'un voile. Louet & Brodeau rapportent plusieurs arrêts qui ont déclaré nuls des actes de
cette nature. Un arrêt rendu en 1663, prouve
jusqu'à quel point la jurisprudence a maintenu
la sévérité des lois contre le Concubinage.
Deux personnes libres, dit l'Arrétiste, avoient
vécu ensemble dans le crime ; elles prennent

enfin le parti de fortir du défordre & de réparer le fcandale de leur conduite par un mariage légitime. Par le contrat, le mari fait à la femme une donation univerfelle de tout fon bien. Après la mort du mari, fes héritiers attaquèrent la donation, & la foutinrent nulle, comme étant une fuite d'une paffion criminelle. En vain la femme fit valoir la circonftance du défordre paffé, & le retour à une union fainte & légitime. Dans ces fortes de queftions, on remonte prefque toujours à l'origine de la liaifon ; & quand elle a commencé par le crime, tout ce que l'on fait dans la fuite pour le réparer, ne peut jamais rendre aux parties la liberté de difpofer en faveur l'une de l'autre ; c'eft ce qui fut jugé par l'arrêt qui prononça la nullité de la donation.

Si la jurifprudence a profcrit une donation faite dans des circonftances auffi favorables, quel fort doivent éprouver celles que fe font des perfonnes qui n'ont aucun prétexte pour excufer les défordres dans lefquels elles ont vécu.

La jurifprudence fournit une foule d'exemples d'amans qui ont eu l'adreffe de déguifer une donation fous la forme apparente du contrat de vente, d'un bail à rente ou d'un contrat de conftitution. La fraude a pris fouvent ces voies obliques pour fe fouftraire à l'empire des lois ; mais nous trouvons plufieurs arrêts dans les recueils de jurifprudence qui ont anéanti des actes de cette forte.

Anciennement les tribunaux ne déclaroient pas les donations faites entre Concubinaires, entièrement nulles ; ils fe bornoient à les réduire : mais les magistrats se sont apperçus que leur indulgence favorisoit la dépravation des mœurs ; & pour arrêter le mal, ils ont fixé la jurisprudence d'une manière invariable, en déclarant nuls tous les contrats qui contenoient des donations déguisées, faites en faveur de personnes qui avoient vécu dans le crime. Cette jurisprudence, que la pureté de nos mœurs a introduite, & que le danger des conséquences a perfectionnée, ne souffre plus aujourd'hui d'exception ni de modification. Tout acte qui porte une empreinte visible ou cachée d'une libéralité entre amans, est nul & ne peut produire d'effet.

Tous les jurisconsultes qui ont écrit sur cette matière, se sont réunis à adopter la sévérité du principe consacré par la jurisprudence.

Lorsqu'il reste quelque incertitude sur la nature de l'acte qui est attaqué, il n'est point nécessaire d'avoir des preuves par écrit du Concubinage, on est autorisé à recourir à la preuve testimoniale ; c'est ce qui a été solemnellement jugé par un arrêt de 1599. M. Louet en rendant compte de cet arrêt, dit qu'il fut jugé que la preuve par témoins du fait d'adultère, articulé par le frère, pour annuller la donation faite par le testament à une servante avec laquelle le testateur avoit eu un commerce criminel, étoit recevable, quoique la servante se fût mariée depuis le décès du testateur. La cour a préjugé, ajoute ce magistrat, que ce qui tendoit à maintenir l'honnêteté publique devoit l'emporter sur l'intérêt des particuliers, & qu'il étoit à propos, pour réprimer un vice qui n'étoit que trop fréquent dans le royaume, de détruire toutes les occasions qui pouvoient le favoriser.

Si les magistrats ont admis des héritiers & même des étrangers, à prouver l'adultère dont la poursuite & la vengeance n'appartiennent qu'au mari outragé, il n'est pas douteux que cette voie ne doive être permise lorsqu'il s'agit de prouver le Concubinage.

« Pour nous (dit Ricard, page 3, sect. 8), » qui avons joint la pureté des mœurs chré- » tiennes avec l'honnêteté civile, nous n'avons » pas fait difficulté de condamner tous les avan- » tages qui se font entre ceux qui sont couverts » des crimes d'inceste & d'adultère, encore que » par notre jurisprudence les héritiers du mari » ne soient pas recevables à accuser la veuve » d'adultère, s'il n'en a le premier témoigné son » ressentiment par une plainte en justice. Néan- » moins (ajoute cèt auteur) les arrêts ont reçu » le fait d'adultère, lorsqu'il a été opposé civi- » lement par les héritiers & par la forme d'ex- » ception, pour faire annuller une donation » faite entre ceux qui étoient coupables de ce » crime ». Pour appuyer son sentiment, Ricard rapporte deux arrêts rendus en 1642 & 1656.

Basnage, sur l'article 414 de la coutume de Normandie, établit le même principe que Ricard, & il cite un arrêt du parlement de Rouen, du 7 juillet 1682, qui l'a consacré. Cet auteur ajoute que « la loi doit tout donner à l'honneur » & à la pureté, & condamner tout ce qui peut » blesser l'honnêteté. »

C'est sur le fondement d'une maxime si né- cessaire au maintien de l'ordre public, que les tribunaux n'ont jamais fait difficulté d'admettre la preuve par exception du Concubinage contre les actes qu'on prétendoit en être le fruit.

Cette maxime a été consacrée par une foule d'arrêts. Louet & Brodeau en rapportent plusieurs sous la lettre D, n. 43. Ces arrêts ont été rendus dans les années 1599, 1625 & 1628.

Par arrêt du 16 mars 1663, qui est rapporté dans le journal des audiences, la donation universelle, faite par le nommé Dufay, dans son contrat de mariage, à Lucrece Duhamel, avec laquelle il avoit vécu en Concubinage, a été déclarée nulle. Le même motif a déterminé le parlement à anéantir une donation universelle, faite par le nommé Daouſt à Louiſe Renaudot.

Tout le monde connoît le fameux arrêt rendu dans la cauſe de la demoiſelle Gardel, le 21 février 1727. Les détails de cette affaire, auſſi importante que ſingulière, ſont rapportés dans les cauſes célebres. Par cet arrêt, le parlement de Paris a fixé la juriſprudence d'une manière irrévocable, & il a décidé que toute donation qui étoit le fruit d'un Concubinage, étoit nulle, & devoit être anéantie.

Par arrêt du 20 juin 1730, les héritiers du ſieur Raffy d'Eſches ont été admis à prouver qu'il avoit vécu en Concubinage, avant ſon mariage, avec la demoiſelle Hamelin de Chaige; & ſur la preuve qu'ils en ont faite, par arrêt du 27 février 1731, la donation univerſelle que le ſieur Raffy d'Eſches avoit faite à la demoiſelle Hamelin de Chaige, a été déclarée nulle.

Cette juriſprudence eſt ſuivie par le grand conſeil; nous en trouvons un exemple dans la cauſe du marquis de Vieuxbourg jugée par ce tribunal en 1743. Les héritiers de ce marquis attaquèrent les donations qu'il avoit faites à la demoiſelle Payen ſur le motif qu'ils avoient vécu dans un commerce criminel avant leur mariage. Par l'arrêt qui intervint le 23 mars 1743, les donations & même la reconnoiſſance de dot furent déclarées nulles, faute par la demoiſelle Payen d'avoir prouvé qu'elle en avoit fourni les deniers.

Un arrêt rendu par le parlement de Paris le 20 mai 1740 a confirmé une donation faite par une mineure à ſon époux de qui elle avoit d'abord été la concubine. Cet arrêt contraire à la juriſprudence, paroît avoir été rendu ſur des motifs particuliers & des conſidérations qui ne portent aucune atteinte à la vérité du principe que toute donation faite entre des perſonnes qui ont vécu en Concubinage eſt nulle.

Nous avons dit ci-devant que les concubinaires ne peuvent ni ſe faire des donations ni cacher leurs libéralités ſous la forme extérieure d'un autre contrat; cependant il eſt permis à un concubinaire de laiſſer à ſa concubine des alimens, & dans ce cas c'eſt aux juges à réduire la donation à proportion de la fortune du donateur.

Conformément à ce principe par arrêt du 13 décembre 1629 qui eſt rapporté dans le journal des audiences, un legs de 600 livres fait par le prevôt de Poiſſy à ſa ſervante avec laquelle il avoit vécu en adultère, a été confirmé; mais par le même arrêt les autres donations de meubles & du quint des propres ont été déclarées nulles.

Ricard dans ſon traité des donations cite un

arrêt rendu en l'année 1582 qui autorisa une concubine à jouir de l'usufruit des fonds dont la propriété lui avoit été léguée, pour lui servir d'alimens.

On trouve dans les questions notables de M. le Bret un arrêt rendu le 18 février 1610 qui accorda des alimens à une concubine. Le Maître rapporte un autre pareil arrêt dont voici l'espèce : le sieur Fouquet conseiller au présidial d'Angers, avoit vécu pendant plusieurs années avec une fille dont il avoit eu deux enfans. En mourant il fit une donation à sa concubine & à ses enfans naturels d'une ferme de peu de valeur pour fournir à leur subsistance. Ses héritiers attaquèrent cette donation sur le fondement qu'elle étoit le fruit d'un commerce criminel ; mais le parlement par son arrêt confirma cette donation sur le motif qu'elle n'excédoit pas la portion que les enfans & la concubine avoient le droit de demander pour leur tenir lieu d'alimens.

Le principe qu'un concubinaire peut donner des alimens à sa concubine a été consacré par l'arrêt fameux rendu dans la cause de la demoiselle de Grandmaison, dont l'espèce est rapportée dans les causes célèbres. Par cet arrêt le parlement de Paris a décidé qu'une donation d'usufruit qui étoit proportionnée à la fortune du donateur devoit être exécutée, parce qu'elle étoit regardée comme tenant lieu d'alimens. Cet arrêt est du 28 mars 1730.

Dans la même année le parlement a également confirmé une donation entrevifs faite d'une rente viagère de trente livres & d'une petite maison, & les héritiers du donateur ont été déclarés non recevables à prouver qu'il avoit vécu en Concubinage avec la donataire.

La jurifprudence n'eſt pas uniforme ſur la queſtion de ſavoir ſi un concubinaire peut attaquer lui-même les engagemens qu'il a ſouſcrits en faveur de ſa concubine. Il y a des arrêts qui ont admis les concubinaires à attaquer ces ſortes d'actes, & d'autres qui les ont déclarés non recevables. Ce ſont les circonſtances qui déterminent les magiſtrats à anéantir ou à confirmer ces engagemens.

En 1706 le ſieur Demonge prit des lettres de reſciſion contre une donation d'une rente viagère de quatre cens livres qu'il avoit faite à une actrice de l'opéra trois ſemaines après qu'il avoit atteint ſa majorité, & il attaqua cette donation ſur le motif qu'il avoit vécu avec cette actrice en Concubinage, & que cette fille vivoit dans un état de proſtitution; mais le parlement par ſon arrêt du 26 mai de la même année, déclara le ſieur Demonge non recevable dans ſa demande.

Pluſieurs ſentences du châtelet de Paris ont admis des mineurs à attaquer des contrats qu'ils avoient faits à des femmes avec leſquelles ils avoient eu un commerce criminel. Ce tribunal ne fait aucune difficulté de venir au ſecours de l'inexpérience ſéduite par le libertinage.

Voyez *d'Hericourt; le dictionnaire des arrêts; les cauſes célèbres par Gayot de Pitaval; le dictionnaire canonique; le journal des audiences; le journal du palais,* &c. Voyez auſſi les articles ADULTÈRE, BÂTARD, CÉLIBAT, DONATION, LÉGITIMATION, MARIAGE, &c. (*Ce article eſt de M. DESESSARTS, avocat au parlement*).

CONCURRENCE. C'eſt une égalité de droit, de privilége ou d'hypothèque entre pluſieurs perſonnes ſur une même choſe mobilière ou immobilière.

Il y a Concurrence d'hypothèque entre deux créanciers quand leurs titres ſont d'une même date également certaine, & alors la valeur de l'objet ſur lequel ils veulent exercer leurs droits ſe diviſe entr'eux. Mais pour que la Concurrence ait lieu, il faut que les actes ſur leſquels elle eſt fondée ſoient exactement de la même date. Si étant du même jour l'un étoit d'avant & l'autre d'après midi, celui qui ſeroit d'avant midi empêcheroit la Concurrence de celui qui ne ſeroit qu'après midi.

Il y a Concurrence de privilége entre deux créanciers qui ont ſaiſi le mobilier de leur débiteur, lorſque leur ſaiſie eſt pareillement de même date. L'authenticité plus ou moins grande du titre n'y fait rien, c'eſt la date ſeule de la ſaiſie, & cette date eſt plus ou moins favorable, comme nous venons de le dire des titres hypothécaires, ſelon que c'eſt avant ou après midi que la ſaiſie a été faite.

Il y a des priviléges ſur les choſes mobilières qui ne ſe déterminent point par la date des ſaiſies, mais par la nature des créances, & au ſujet deſquelles il peut y avoir encore de la Concurrence, comme entre un boucher & un boulanger.

L'effet de la Concurrence eſt que les créanciers qui ont entr'eux chacun un droit égal ſont payés par contribution au marc la livre. Voyez CONTRIBUTION, HYPOTHÈQUE, PRIVILÉGE, SAISIE, &c.

CONCURRENCE, fignifie auffi en matière bénéficiale la prétention de plufieurs perfonnes
qui agiffent pour une même fin. Voyez CON-
COURS.

CONCURRENCE, en terme de liturgie, fe dit
de deux fêtes qui fe fuivent immédiatement. Les
fecondes vêpres de la première font en concurrence avec les premières de la feconde ; & fi
celle-ci eft d'une claffe fupérieure, on en dit les
vêpres & l'on ne fait que commémoraifon de la
première.

CONCURRENCE, en termes de chronologie,
fe dit de certains jours furnuméraires qui concourent avec les cycles folaires ou qui en fuivent le cours. Les années communes font de
cinquante-deux femaines & un jour ; les années
biffextiles font de cinquante-deux femaines &
deux jours. Ce jour ou ces deux jours furnuméraires font nos jours Concurrens.

En fait de prefcription, on ne regarde pas fi
l'année eft d'un jour de plus ou de moins ; elle
fe prend telle que le calendrier la donne, c'eft-
à-dire, fuivant qu'elle doit être d'après notre
comput actuel. (*Article de M. DAREAU*, avo-
cat, &c.)

CONCUSSION. C'eft le crime que commet
un officier public ou un homme revêtu d'une
autorité quelconque, en exigeant de ceux qui
dépendent de fon miniftère de plus grands
droits que ceux que les règlemens lui ont attribués.

La Concuffion prend le nom d'*exaction* lorfque celui qui perçoit plus qu'il ne doit percevoir, donne néanmoins reçu de tout ce qu'il a
pris.

La Concuſſion peut ſe commettre de différentes manières : elle ſe commet de la part d'un
homme revêtu de l'autorité du prince lorſqu'il
met ou fait mettre ſur les ſujets du roi de plus
fortes impoſitions que celles qui ſont ordonnées,
ou qu'il reçoit par lui ou par ſes ſecrétaires,
des ſommes pour accorder ou faire accorder,
refuſer ou faire refuſer les grâces que l'on demande.

Il y a Concuſſion de la part d'un magiſtrat,
lorſqu'il reçoit des préſens de ceux qui ont des
affaires dans ſon tribunal, ou qu'il met les plaideurs dans la néceſſité de lui donner ou à des
perſonnes interpoſées, ce qu'il n'oſe point exiger ouvertement.

C'eſt une autre eſpèce de Concuſſion de ſa
part, de faire travailler pour lui à meilleur
compte que pour un autre, ou de forcer ſes
juſticiables à lui vendre quelque choſe à vil prix :
auſſi les ordonnances d'Orléans, de Moulins &
de Blois défendent-elles aux juges d'accepter
des gages ni des penſions des ſeigneurs, ni d'aucun collateur leur juſticiable, quelque bénéfice
pour eux, pour leurs parens ou pour leurs do-
meſtiques, à peine de privation de leur état.

La Concuſſion eſt un des crimes les plus bas
dont un juge puiſſe ſe rendre coupable. Il imprime le vénalité à la juſtice qui doit être diſ-
tribuée avec le plus grand déſintéreſſement &
ſans acception de perſonnes.

Les financiers, les ſecrétaires, les greffiers,
les procureurs, les notaires, les huiſſiers &
tout autre officier en titre ou par commiſſion,
commettent le crime dont il s'agit lorſqu'ils
exigent des droits plus forts que ceux qui leur

appartiennent. Ils ne doivent même pas recevoir ce qui leur eſt volontairement offert pendant que durent leurs fonctions pour ceux auxquels ils prêtent leur miniſtère.

A l'égard des avocats, comme leur état eſt libre, on ne peut pas dire qu'en recevant en argent ou en préſens plus ou moins, ce ſoit une Concuſſion de leur part. Un avocat ne bleſſeroit la diſcipline du barreau qu'autant qu'il mettroit ouvertement ſes talens à prix, ou qu'il abuſeroit de l'embarras d'un client pour trouver un défenſeur.

Le crime de Concuſſion ſe punit plus ou moins ſévèrement ſuivant le rang & la qualité des perſonnes qui s'en rendent coupables. La peine eſt plus rigoureuſe à meſure qu'on eſt plus élevé en dignité ou en autorité. Lorſqu'elle a été commiſe par des officiers de la première qualité, on examine ſi elle a été accompagnée de violences ou d'injuſtices : ſi ces deux acceſſoires ne ſe rencontrent pas, on ſe contente de prononcer contre les coupables un banniſſement perpétuel & une confiſcation de biens. Si au contraire on a uſé de contrainte & de violence, la peine de mort peut s'enſuivre. Les ſéances des grands jours nous en fourniſſent des exemples contre des perſonnes qui, revêtues d'autorité, maltraitoient les particuliers & uſoient à leur égard des voies les plus odieuſes pour en extorquer des ſommes d'argent injuſtement. L'article 303 de l'ordonnance de Blois a prononcé cette peine & même ſans eſpérance de pardon contre les chefs & membres des compagnies, qui dans ce temps-là extorquoient des ſommes

aux

aux particuliers pour les exempter du logement des gens de guerre.

La Concuſſion commiſe par les juges a toujours été en horreur chez toutes les nations. Hérodote nous apprend que Cambiſe fit écorcher vif un juge convaincu de ce crime, & qu'il fit couvrir de ſa peau le ſiége ſur lequel il plaça le fils de ce juge inique, afin que le ſouvenir du châtiment fût pour ce fils une leçon habituelle des devoirs de ſon état. Le même hiſtorien nous apprend encore que Darius fit attacher à une croix pour le même crime un juge dont le nom étoit *Sandoces*. La loi des douze tables prononçoit la peine de mort contre les juges concuſſionnaires ; mais cette peine fut modérée dans le code par l'authentique *ut judices*, &c., à la reſtitution du quadruple & au banniſſement perpétuel.

Notre juriſprudence à cet égard eſt aſſez arbitraire. Le chancelier Poyet qui fut condamné par arrêt du parlement de Paris le 23 avril 1545, à être privé de ſa charge de chancelier, à un exil & à cent mille livres d'amende, étoit accuſé de Concuſſion.

Le même parlement rendit à-peu-près un arrêt ſemblable le 29 mai 1581, contre un membre de ſa compagnie reconnu pour concuſſionnaire.

Le Bret en ſon traité de la ſouveraineté, fait mention d'un arrêt du parlement de Toulouſe, par lequel un préſident de cette cour fut condamné pour crime de Concuſſion à perdre ſes biens & ſon état, à être pilorié, marqué au front d'un fer chaud, & à être banni.

On trouve auſſi dans le recueil des grands jours de Clermont, un arrêt du 19 janvier 1666, par lequel les officiers de la Tour-d'Auvergne furent condamnés pour le même crime à se démettre dans six mois de leurs offices, à des amendes considérables & à un banniſſement de trois ans.

Lorſque les juges perçoivent pour leurs émolumens plus qu'il ne leur eſt dû, & que néanmoins ce qu'ils reçoivent eſt conſtaté par un reçu, c'eſt alors une ſimple exaction qui les rend ſans doute très-repréhenſibles, mais à l'occaſion de laquelle on ſe contente pour la première fois d'ordonner une reſtitution avec défenſes de récidiver. La peine ſur la récidive pourroit être l'interdiction & même l'admonition ou le blâme ſuivant l'exigence du cas.

Quant aux miniſtres inférieurs de juſtice, la Concuſſion n'eſt pas ſi odieuſe qu'à l'égard des juges. La peine la plus ordinaire eſt la deſtitution en cas de récidive ; car pour la première fois on ſe contente d'une interdiction pour un certain temps. Si au lieu de Concuſſion, il n'y a qu'une exaction, on a coutume d'ordonner la reſtitution de ce qui a été perçu de trop avec les dépens & des défenſes de récidiver.

La plainte en Concuſſion eſt ouverte nonſeulement au miniſtère public, mais encore aux parties intéreſſées. Elle peut ſe pourſuivre contre les héritiers du coupable pour la reſtitution de ce qui a été indûment perçu ou exigé.

On regarde auſſi comme Concuſſion ce que les ſeigneurs exigent de trop de leurs vaſſaux. L'ordonnance de Blois leur défend de prendre ni de ſouffrir qu'on prenne ſur ces gens-là d'autres droits que ceux qu'ils ſont obligés de payer à peine de confifcation de corps & de biens. On trouve des exemples fuivant lefquels des feigneurs ont perdu les uns pour toujours, d'autres pour leur vie, leurs droits de juftice & de feigneurie.

La Concuffion peut fe commettre encore par d'autres perfonnes que par des officiers, des gens en place & des feigneurs. Tel eft le cas où quelqu'un s'ingère à lever fur le public des droits fans qu'il ait ni titre ni qualité pour les percevoir. On trouve dans la collection de jurifprudence un arrêt du 13 octobre 1761, confirmatif d'une fentence du Châtelet de Paris du 17 feptembre précédent, par laquelle un gagne·denier fut condamné au carcan & aux galères pendant trois ans, pour avoir voulu fans commiffion, fe faire payer certains droits dans un marché, comme s'il avoit été chargé de les percevoir. Il eft vrai qu'il avoit ufé de violence pour exercer cette efpèce de Concuffion, fans quoi il eft probable qu'il n'eût pas été fi févèrement puni.

Il y a un autre genre de Concuffion qui regarde particulièrement les financiers & tous ceux qui ont entre leurs mains le manîment des deniers royaux : ce genre de Concuffion fe nomme *péculat* ; nous en parlerons dans l'article qui fera fous ce mot, & nous rapporterons les lois qui y font relatives.

Comme la Concuffion a beaucoup de rapport avec la malverfation des officiers de judicature, voyez auffi l'article MALVERSATION. (*Article de M. DAREAU , avocat au parlement , &c.*)

CONDAMNATION. Ce mot fe dit &
du jugement qui condamne & de la chofe à laquelle on eft condamné.

Ainfi l'on dit en ftyle de palais qu'on a fatif-
fait au *jugement de Condamnation* de tel jour ;
ou qu'on a payé le montant *des Condamnations*,
ou qu'on a acquitté *les Condamnations*, &c.

C'eft une maxime de droit, que perfonne ne
peut être réguliérement condamné avant d'avoir
été entendu ou dûment appelé pour fe défendre ;
foit en matière civile, foit en matière criminelle.

On diftingue au palais différentes fortes de
Condamnations dont voici l'énumération.

La *Condamnation provifoire* eft celle par laquelle il eft ordonné qu'on fera telle ou telle
chofe par provifion en attendant le jugement
du fond de la conteftation. Ceci fe trouve expliqué à l'article CAUSE PROVISOIRE. On peut
voir encore à ce fujet l'article CAUTION.

La *Condamnation définitive*, eft celle qui
porte définitivement fur le fond de la conteftation.

Les Condamnations provifoires ou définitives
font ou *contradictoires* ou par *défaut*. On les
appelle contradictoires, lorfque les parties ont
été entendues par elles-mêmes ou par l'organe
d'un défenfeur. Ces Condamnations ne font plus
fufceptibles d'oppofition de la part de ceux qui
ont été entendus ; il ne leur refte que la voie de
l'appel, fi le jugement ne fe trouve pas en dernier reffort.

La Condamnation eft par *défaut*, lorfque celui
contre lequel elle eft prononcée n'a point été
entendu. Cette Condamnation eft fufceptible

d'opposition, pourvu que celui qui la forme ne se soit point déja laissé condamner par défaut sur une première opposition ; pourvu encore qu'il soit dans le tems porté par la loi, pendant lequel une opposition est recevable. Observez qu'en matière criminelle au lieu de dire Condamnation *par défaut*, on dit Condamnation *par contumace*, lorsque l'affaire a été réglée à l'extraordinaire & que l'accusé a fait refus de comparoître ; car dans les affaires de petit criminel les jugemens sont dits par *défaut* comme dans les matières civiles.

La *Condamnation solidaire*, est celle qui s'exécute solidairement contre plusieurs condamnés, soit en vertu de la loi, soit en vertu du jugement qui la prononcé.

La *Condamnation par corps*, se dit de celle qui emporte la contrainte par corps, soit par la nature de la chose qui y donne lieu, soit par la force de la loi ou par une disposition particulière de la Condamnation.

La *Condamnation consulaire*, est celle qui est prononcée par une sentence émanée de la juridiction des juges-consuls.

La *Condamnation ad omnia citrà mortem*, (à tout, excepté la mort), se dit des plus grandes peines auxquelles un accusé puisse être condamné, excepté la mort, comme au fouet, à la marque & aux galères à perpétuité.

La *Condamnation pécuniaire* se dit en matière criminelle des sommes auxquelles un accusé est condamné, pour distinguer cette Condamnation d'une Condamnation à peine afflictive ou infâmante.

Une Condamnation à des peines qui emportent la mort civile ou la mort naturelle, n'a d'effet pour la mort civile que du jour qu'elle eſt exécutée réellement ou par effigie. Voyez ci-après l'article CONDAMNÉ.

On dit au palais, *paſſer Condamnation*, pour dire, conſentir que la partie adverſe obtienne jugement à ſon avantage. Et *ſubir Condamnation*, pour dire acquieſcer à un jugement dont on pourroit intérjeter appel.

Pour paſſer Condamnation, il faut que la partie ſoit préſente ou que le procureur ſoit muni d'un pouvoir ſpécial à cet effet, ſans quoi il feroit dans le cas d'être déſavoué. Mais obſervez qu'il y a une grande différence entre paſſer Condamnation & *s'en remettre à droit*. Lorſqu'on a paſſé Condamnation, on ne peut plus revenir contre le jugement; au lieu que lorſqu'on s'en eſt remis ſimplement à droit, on a la voie de l'appel, ſi le juge s'eſt écarté des règles du droit & de l'équité; parce que l'on eſt préſumé ne s'en être rapporté à ſon jugement qu'autant qu'il feroit juſte & régulier.

A l'égard des Condamnations à ſubir, il eſt libre en matière civile à toute perſonne condamnée d'y acquieſcer, mais en matière criminelle dès qu'elles portent peine afflictive, il n'eſt pas au pouvoir du condamné de s'y ſoumettre, il faut auparavant qu'elles aient été confirmées par arrêt. C'eſt ce qui réſulte de l'article 6 du titre 26 de l'ordonnance de 1670. Voyez l'article ſuivant. (*Article de M. DAREAU, avocat, &c.*)

CONDAMNÉ. C'eſt celui contre lequel on a prononcé un jugement, ſoit en matière civile, ſoit en matière criminelle. Mais ce mot pris fubſtantivement ne s'emploie qu'en matière criminelle pour défigner ceux contre lefquels il a été prononcé des peines afflictives ou infamantes.

Lorfqu'un homme eſt condamné à la mort naturelle ou à la mort civile, il faut diſtinguer fi c'eſt par fentence fufceptible d'appel ou par jugement en dernier reſſort, & favoir encore fi c'eſt contradictoirement ou par contumace.

Si la Condamnation eſt fufceptible d'appel, la validité des actes que le Condamné a pu paſſer dans le temps intermédiaire dépend de l'arrêt rendu fur l'appel. Si la fentence eſt confirmée, l'arrêt a un effet rétroactif au jour de la fentence, & tous les actes qu'a pu paſſer le Condamné depuis cette fentence ſont abſolument nuls : mais ceux qu'il a faits auparavant fans fraude marquée, fubſiſtent comme étant faits par un homme libre ; car autre choſe eſt d'être fimplement accuſé, & autre choſe d'être Condamné. Il faut pourtant excepter de la règle les diſpoſitions teſtamentaires, qui dans quelque temps qu'elles aient été faites deviennent nulles quand celui qui en eſt l'auteur eſt Condamné irrévocablement à la mort civile ou à la mort naturelle. La raiſon en eſt fimple : c'eſt que les diſpoſitions à cauſe de mort ſe réfèrent toujours au moment du décès du teſtateur ; de forte que fi dans ce moment il a été privé de la faculté de teſter, tout ce qu'il a fait de relatif à ce moment n'eſt pas plus valide que ce qu'il auroit fait alors.

A l'égard des Condamnés par contumace, voyez ce qui eſt dit à l'article CONTUMACE.

Si le Condamné meurt pendant l'appel, il

meurt en possession de son état, & par consé-
séquent les actes qu'il a faits, même depuis l'appel, sont valables.

Si la peine est confirmée par arrêt, il faut
encore faire attention si l'arrêt a été exécuté,
ou s'il ne l'a pas été. Si le Condamné vient à
mourir avant l'exécution, il meurt également
en possession de son état ; les aliénations qu'il a
pu faire de ses biens sont valables & exemptes
de confiscation, & ses héritiers succédent aux
autres biens qu'il a pu laisser. On trouve dans
Carondas un arrêt qui l'a ainsi jugé. On en trouve
un autre du parlement de Rouen du 10 février
1632, rapporté par Basnage sur l'article 143 de
la coutume de Normandie, qui paroît avoir
jugé la même chose. Ceci est fondé sur cette
raison que les effets de la mort civile ne peuvent
point avoir lieu avant la mort même qui les
produit, mort qui à l'imitation de la mort naturelle ne s'opère que par l'exécution dont elle
est la suite. Mais observez qu'il suffit que l'exécution soit commencée pour que le criminel soit
déchu de tous ses droits de citoyen ; & cette
exécution est regardée comme commencée dès
l'instant que le Condamné a entendu la lecture
de son arrêt ; car dès cet instant même il est
livré entre les mains de l'exécuteur.

Les Condamnations qui emportent la mort
civile font celles qui prononcent la peine des
galères à perpétuité ou du bannissement perpétuel hors du royaume. Si la perpétuité n'est
point attachée à ces peines, le Condamné quoique noté d'infamie par les galères ou par le bannissement à temps, ou même par d'autres peines
moindres, comme par le blâme, par l'amende

honorable, &c, ne perd point pour cela ses droits
de citoyen : il peut acquérir, vendre, succéder,
traiter, transiger par lui-même ou par un procureur fondé. L'article 8 du titre 2 de l'ordonnance de 1667 dit que ceux qui seront Condamnés au bannissement ou aux galères à temps
feront assignés à leur dernier domicile, sans
qu'il soit besoin de procès-verbal de perquisi-
tion, ni de leur créer un curateur ; ce qui annonce qu'ils peuvent agir en justice tout comme
on peut agir contre eux.

On trouve dans Boniface un arrêt du parlement d'Aix du 16 mai 1652, qui a jugé qu'une
donation faite par un Condamné aux galères à
temps, étoit révocable lorsqu'il rentroit dans sa
liberté. Mais ce préjugé ne peut pas servir
d'exemple dans notre jurisprudence actuelle. Un
donateur Condamné à une peine qui ne doit
durer qu'un temps, se dépouille irrévocablement dès qu'il fait ce qu'il fait & qu'il veut bien
le faire : il n'y auroit qu'une survenance d'enfans
qui pût rendre sa libéralité caduque: Il faut pourtant convenir que si un forçat renvoyé à l'expiration de son temps étoit infirme & dénué de
tout secours pour vivre, les juges pourroient
punir l'ingratitude du donataire qui refuseroit
de l'assister. Voyez à ce sujet l'article DONA-
TION.

Lorsqu'un officier de judicature est Condamné
à une mort civile, son office est confisqué de
plein droit dans les lieux où la confiscation a
lieu, sinon il appartient à ses héritiers. Si la condamnation n'emporte simplement qu'infamie, il
ne perd point la propriété de son office, mais il
ne peut plus l'exercer, & il est obligé de s'en

défaire dans le délai qui lui eft fixé, finon il devient impétrable après ce temps-là.

Ceux qui exerçoient de fimples commiffions avec ferment en juftice, ne peuvent non plus valablement les continuer après une condamnation infamante, parce qu'on ne peut plus prendre confiance dans les procès-verbaux qui émanent d'un homme noté d'infamie. C'eft par cette raifon auffi que le témoignage des infâmes eft dans le cas d'être rejeté.

Les jugemens fufceptibles d'appel, qui prononcent des peines afflictives ou infamantes, doivent faire mention de la nature des crimes ou des délits qui y donnent lieu. Les cours fupérieures font les feules qui puiffent prononcer *pour les cas réfultans du procès* (*). Ordinairement le *vu* & l'énoncé préliminaire des faits fuffifent pour faire connoître les motifs de la condamnation.

Il a été obfervé à l'article BANNISSEMENT, qu'une déclaration du 5 juillet 1722 fait défenfes à toute perfonne Condamnée aux galères ou au banniffement, de fe retirer en aucun temps ni en aucun cas après l'expiration de la peine, dans la ville, dans les fauxbourgs, ni dans la banlieue de Paris, non plus qu'à la fuite de la cour. On excepte néanmoins ceux qui n'ont été bannis qu'une fois & qui n'ont point fubi avec leur banniffement de peine corporelle, telle que celle du carcan, du fouet, &c. la loi eft rapportée à l'article BANNISSEMENT.

_____

(*) Il a cependant été jugé au parlement de Touloufe le 22 août 1744 qu'il n'y avoit point d'abus dans la fentence d'un official conçue en ces termes: *Vu ce qui réfulte de la procédure & pour les faits y conftatés, &c.*

Voyez *les ordonnances de 1667 & de 1670 ; la déclaration du 5 juillet 1722 ; la bibliothéque de Jovet ; Berault & Bafnage fur la coutume de Normandie ; le traité des offices de Loifeau ; la bibliothéque de Bouchel ; le traité des donations de Ricard*, &c. Voyez auſſi les articles BANNIS-SEMENT, CONTUMACE, INFAMIE, MORT CIVILE, PRESCRIPTION, SUCCESSION, &c. (*Article de M. DAREAU, avocat, &c.*)

CONDESCENTE ou CONDESCENDANCE. C'eſt ainſi qu'on appelle en Normandie une ac-tion par laquelle on demande qu'une tutelle dont on a été chargé ſoit conférée à un parent plus proche du mineur ou du pupille à l'occaſion du-quel elle a été décernée.

Nous avons parlé de cette action ſur la fin de l'article AVIS DE PARENS. Ajoutez que par arrêt du parlement de Rouen du 27 juin 1642, il a été jugé que cette action qui eſt reçue pour les tutelles, n'avoit point lieu en matière de commiſſion & de régie.

Il a été jugé au même parlement le 9 avril 1745, que lorſque celui auquel la tutelle a été conférée en vertu de l'action en *Condeſcente* venoit à mourir, c'étoit à ſon héritier à faire élire un nouveau tuteur, quoique celui qui avoit été nommé en premier lieu & qui avoit uſé de l'action en Condeſcente fût encore vivant.

Voyez *l'article 5 du règlement du 6 avril 1666.* (*Article de M. DAREAU, avocat, &c.*)

CONDITION. Une Condition en général eſt une clauſe quelconque dans un acte ; & dans une acception particulière, ce mot ſe prend pour une diſpoſition qui tend à réſoudre, à ſuf-pendre ou à modifier un acte d'après un événe-ment incertain.

La Condition peut se trouver dans les actes entre-vifs & dans les actes à cause de mort. Elle opère souvent différemment dans ces deux espèces d'actes, & elle y suit aussi des règles diverses. Nous distinguerons donc ici les Conditions dans les conventions, & les Conditions dans les testamens.

Traitons d'abord des Conditions dans les Conventions.

Voyons *premièrement, ce que c'est que les Conditions en général.*

Secondement, *quelles sont les qualités qui leur sont nécessaires.*

Troisièmement, *comment elles s'accomplissent.*

Quatrièmement, *si l'accomplissement en est divisible.*

Cinquièmement, *quels sont leurs effets.*

Des Conditions en général.

Il est assez ordinaire dans les conventions de prévoir des événemens qui pourront y opérer quelque changement. On règle ce qui sera fait si ces cas arrivent ; & tel est l'usage des Conditions dans les actes entre-vifs.

Ainsi les Conditions dans les conventions sont de nouveaux actes qui règlent ce qui résultera des précédens, dans le cas qu'un ou plusieurs événemens incertains pour les contractans arrivent.

S'il est dit, par exemple, qu'en cas qu'une maison vendue se trouve sujette à une telle servitude, la vente se trouvera résolue, ou que le prix en sera diminué, c'est-là une Condition. Car on prévoit un cas, & l'on y pourvoit.

Ainſi encore, ſi une maiſon eſt vendue à Condition que l'acquéreur ne pourra la hauſſer, le vendeur prévoit que l'acquéreur pourroit faire ce changement, & il le prévient.

On ajoute le ſecond exemple pour faire remarquer que les charges que les contractans s'impoſent l'un à l'autre dans les conventions, tiennent de la nature des Conditions. Car c'eſt proprement une charge impoſée à l'acquéreur que cette clauſe de ne pouvoir hauſſer ſon bâtiment. Mais cette charge renferme une Condition; c'eſt comme ſi l'on avoit ſtipulé, *qu'en cas que l'acheteur veüille hauſſer la maiſon qui lui eſt vendue, le vendeur pourra s'y oppoſer.* Voilà pourquoi on ſe ſert ſouvent du mot de Condition & de celui de charge indiſtinctement.

On employe auſſi le mot de Conditions au pluriel, pour ſignifier les différentes conventions d'un traité, parce qu'elles obligent toutes de telle manière, que s'il arrive qu'on y manque ou qu'on y contrevienne, on eſt ſujet aux peines ſtipulées pour le cas de l'inexécution.

Les événemens prévus par les Conditions ſont de trois ſortes. Quelques-uns dépendent du fait des perſonnes qui traitent enſemble, comme s'il eſt dit, *en cas qu'un aſſocié s'engâge dans une autre ſociété.*

D'autres ſont indépendans de la volonté des contractans; tels ſont les cas fortuits, comme s'il eſt dit, *en cas qu'il arrive une gelée, une grêle, un incendie.*

Il y en a enfin qui dépendent en partie des contractans & en partie des cas fortuits, comme s'il eſt dit, *en ſuppoſant qu'une telle marchandiſe arrive un tel jour.*

Les Conditions font de trois fortes, felon les trois différens effets qu'elles peuvent produire.

La première efpèce renferme les Conditions qui accompliffent les engagemens que l'on en fait dépendre. Comme s'il eft dit, *qu'une vente aura lieu en cas que la marchandife foit délivrée un tel jour.*

La feconde efpèce contient les Conditions qui réfolvent les engagemens : comme s'il eft dit, *que fi une telle perfonne arrive en tel temps, le bail d'une maifon fera interrompu ou annullé.*

La troifième efpèce enfin, comprend celles qui n'accompliffent ni ne réfolvent les conventions, mais qui doivent y apporter quelques changemens : comme s'il eft dit, *que fi une maifon louée eft donnée fans certains meubles promis, le loyer diminuera d'autant.*

Il y a des Conditions *expreffes ;* il y en a de *tacites* ou de *fous-entendues.*

Les Conditions *expreffes* font toutes celles qui font expliquées : comme quand il eft dit, *fi telle chofe eft faite ou non ; fi telle chofe arrive ou n'arrive pas.*

Les Conditions *tacites* ou *fous-entendues* font celles qui fe trouvent renfermées dans une convention fans y être exprimées : comme s'il eft dit dans la vente d'un immeuble, *que le vendeur fe réferve les fruits de l'année.* Cette réferve fuppofe la Condition qu'il naiffe des fruits, de même que s'il avoit été dit, *qu'il réfervoit les fruits en cas qu'il y en eût.*

Quelques auteurs diftinguent encore les Conditions en *pofitives* & en *négatives.*

La Condition *pofitive* eft celle qui confifte

dans la réalifation d'une chofe qui pourroit ne pas fe réalifer. Par exemple, *fi je fais un voyage en Italie.*

La Condition *négative* eft celle où on ftipule qu'une chofe qui pouvoit arriver n'arrive pas. Par exemple, *fi je ne me marie pas.*

· Quelques auteurs font encore une troifième divifion des Conditions.

. Ils les féparent en trois claffes. La première comprend les *Conteftations proteftatives,* c'eft-à-dire, celles qui font au pouvoir de celui envers qui l'obligation eft contractée. Par exemple, fi je promets une telle fomme à mon voifin au cas qu'il abatte dans fon champ un arbre qui me bouche la vue.

La feconde renferme les *Conditions cafuelles,* qui dépendent abfolument du hafard & ne font nullement en la puiffance de l'accufé. Par exemple, *s'il y a paix ou guerre, abondance ou ftérilité.*

La troifième contient les *Conditions mixtes,* qui dépendent de la volonté d'un des contractans & de celle d'un tiers. Par exemple, *fi vous êtes héritier d'un de vos parens.*

On peut encore ajouter une quatrième divifion qui eft en Conditions de fait & en Conditions de droit.

Par Conditions de fait, il faut entendre celles qui ont pour objets des faits dont les parties s'impofent l'obligation.

· Par Conditions de droit, il faut entendre celles que la loi fupplée dans les engagemens des hommes, foit qu'elle les juge néceffaires par la nature de la chofe, foit qu'elle les préfume dans l'intention des parties.

Nous avons dit que l'effet effentiel d'une Condition étoit de fufpendre l'obligation. Mais pour produire fon effet, la Condition doit avoir plufieurs qualités.

Des qualités néceffaires à la Condition. Il faut d'abord que la Condition porte fur une chofe future. Une obligation contractée fous la Condition d'une chofe paffée ou préfente, quoique cette chofe foit ignorée des contractans, n'eft pas véritablement conditionnelle. Ceci va s'expliquer par un exemple.

Si je m'oblige à vous payer une telle fomme *ax cas que mon père foit actuellement vivant.* Il eft évident qu'ici mon obligation n'eft point fubordonnée à la Condition. Mon obligation eft parfaite du moment qu'elle a été contractée, s'il fe trouve qu'à ce moment mon père jouiffoit encore de la vie ; & elle n'a jamais exifté, fi au moment dont il s'agit mon père étoit mort. C'eft ce qui eft décidé par la loi centième, *de verb. oblig.*

La Condition qui fe rapporte au paffé détruit d'abord l'obligation ou l'accomplit (*).

Une Condition relative au temps actuel ne peut ni accomplir ni fufpendre une obligation.

- Mais dans ce cas l'obligation eft toujours réelle & doit être exécutée : feulement elle ne doit l'être qu'après la vérification du fait inconnu dont il s'agit.

Si l'on veut y faire réflexion, on verra que toutes les promeffes où l'on infère quelque Condition qui fe rapporte au paffé ou au pré-

---

(*) *Conditio in præteritum ; ftatim aut perimit obligationem, aut non differt.*

fent,

fent, fe convertiffent dans cette ftipulation. *Je m'engage envers vous à telle chofe, fi vous me prouvez telle chofe.* Et tout dépend de la vérification ou de la preuve du fait.

Il faut fecondement, que la Condition porte fur une chofe qui puiffe arriver ou n'arriver pas. La condition d'une chofe qui ne pourroit manquer d'arriver n'en feroit pas une & ne fufpendroit pas la convention.

Cependant fi elle étoit incertaine pour les parties, la convention devroit toujours être exécutée. Mais il faudroit attendre l'accompliffement de la Condition. Cet accompliffement feroit regardé comme le terme auquel on a voulu fixer l'exécution de l'engagement.

Il faut diftingüer à cet égard entre les actes entre-vifs & ceux à caufe de mort. Dans les premiers nous contractons pour nos héritiers ainfi que pour nous même. Par-là un événement incertain, quoique le temps en foit inconnu, ne peut faire une Condition qui fufpende l'obligation, parce que ces Conditions peuvent toujours s'accomplir, foit que les contractans vivent ou qu'ils meurent.

Au contraire, dans certaines difpofitions de mort, par exemple, dans les legs, la difpofition fuppofe que le légataire ne fera pas mort lors de l'ouverture de la fucceffion. Il eft cependant certain qu'il doit mourir ; mais c'eft du temps de fa mort que dépend l'événement de la difpofition, & l'incertitude du temps forme une Condition fufpenfive.

Pour que la Condition foit réellement fufpenfive, il faut troifièmement, qu'elle porte fur une chofe poffible , licite & non contraire aux bonnes mœurs.

Une chofe peut être impoffible ou *phyfiquement* ou *moralement*.

Elle eft impoffible *phyfiquement* , lorfqu'elle eft contraire aux lois de la nature.

Elle eft préfumée impoffible moralement , lorfqu'elle eft contraire aux penchans du cœur de l'homme ou aux motifs que l'expérience a fait connoître pour les règles ordinaires de fa conduite. Par exemple , fi l'on faifoit dépendre une convention de cette Condition , qu'un père deshéritera fon fils fans qu'il ait jamais témoigné de mécontentement ou d'animofité contre ce fils , ou bien qu'un homme riche & irréprochable fe rendra coupable d'un vol ou d'une autre action dont fes mœurs l'éloignoient & à laquelle l'intérêt ne le follicitoit pas , la chofe feroit préfumée moralement impoffible.

Une chofe eft illicite lorfqu'elle eft contraire, foit aux lois naturelles , foit aux lois divines , foit aux lois humaines. Par exemple , refufer de nourrir ou fon père ou fes enfans, commettre un facrilége ou fe révolter contre les miniftres de la loi , font des chofes illicites & même criminelles.

Une chofe eft contraire aux bonnes mœurs, quand elle bleffe le bon ordre qui doit régner dans la fociété. Par exemple, quand un homme a une concubine.

En parlant des Conditions relativement aux actes de dernière volonté , nous aurons occafion de remarquer que les Conditions dont nous venons de parler ne les annullent pas ; qu'elles font feulement regardées comme non-avenues.

Mais il n'en eſt pas de même dans les conventions. Ici, il faut diſtinguer ſi les Conditions impoſſibles conſiſtent à faire ou à ne pas faire.

Si elles conſiſtent à faire, elles annullent abſolument la convention (*).

Mais ſi les Conditions impoſſibles conſiſtent à ne pas faire, elles ne font pas tomber la convention ; elles ne l'annullent ni ne la ſuſpendent ; l'obligation eſt regardée comme déja parfaite, puiſqu'elle tient à l'exécution d'un fait que les parties qui l'ont ſtipulée n'ont ni pu ni dû eſpérer. *L. 7, ff. de verb. oblig.*

La quatrième qualité enfin, qui peut rendre la Condition ſuſpenſive, c'eſt qu'elle ne détruiſe pas la nature de l'obligation. Telle feroit celle qui feroit dépendre l'obligation de la ſeule volonté de la perſonne qui s'engage, comme ſi je promettois de donner quelque choſe à quelqu'un, *ſi cela me plaiſoit, ſi voluero.*

Il eſt évident qu'il n'y auroit pas d'obligation dans ce contrat. Une obligation renferme néceſſairement la néceſſité de ſatisfaire à l'engagement qu'on a pris. Si cette néceſſité eſt ſubordonnée à ma volonté, la nature de l'obligation eſt détruite. Auſſi la loi a-t-elle dit : *qu'il n'y a pas d'engagement lorſque l'exécution eſt laiſſée à la volonté de celui qui en eſt chargé.*

Mais on peut ſoumettre la convention à la volonté d'une tierce perſonne : comme *ſi je*

(*) L'obligation feroit encore nulle, quand même la choſe deviendroit poſſible, parce qu'on apprécie une promeſſe relativement au temps où elle a été faite. C'eſt ce qui a été décidé par la loi même.

m'engage à vous donner une telle somme en cas que le roi vous donne une telle charge. L. 43 & 44, ff. de *verb. obligat.*

Après avoir vu quelles doivent être les Conditions pour opérer leur effet, qui est de suspendre les conventions, examinons de quelle manière les Conditions s'accomplissent.

De l'accomplissement des Conditions. Les Conditions s'accomplissent lorsque la chose qui fait la matière de la Condition arrive.

Lorsqu'une Condition consiste à donner ou à faire quelque chose, il faut pour l'accomplissement de la Condition, que celui à qui elle a été imposée ait donné ou fait la chose de la manière dont il est vraisemblable que les parties ont entendu qu'elle seroit donnée ou faite.

Si j'ai contracté quelque engagement envers vous, *à Condition que vous payeriez une certaine somme à un de mes parens* qui est un mineur, notoirement incapable d'user sagement de cette somme, il est évident qu'en la lui remettant, vous avez mal entendu ou mal exécuté la Condition; car il est présumable que c'étoit entre les mains du tuteur de mon parent que je voulois que vous fissiez le payement dont il s'agit. Cet exemple nous est fourni par la loi même. *L. 68*, *ff. de solut.*

Les scholastiques ont beaucoup disputé sur ce principe : les uns ont prétendu qu'il falloit exécuter les Conditions à la lettre, ce qu'ils appellent *in forma specifica* ; les autres qu'il suffisoit d'en remplir le but; ce qu'ils appellent *per æquipollens.* Il est aisé de les mettre d'accord, en disant que les Conditions doivent s'exécuter à la rigueur, à moins qu'on ne voie qu'il a été indifférent aux parties que ces Conditions fuſſent exécutées d'une maniere ou d'une autre.

Par exemple, ſi je vous fais un billet *de cent louis*, il eſt clair que vous n'avez pas un aſſez grand intérêt pour que vous ayez entendu par l'expreſſion de cent louis que je ne pourrois pas vous faire le payement de cette ſomme en autre monnoie, en gros ou en petits écus. Dans les négociations de monnoie, on conſidère la valeur que le prince lui a donnée, & non les différens corps qui en ſont les ſignes.

Cependant il peut ſe faire que vous ayez deſiré recevoir votre payement excluſivement en or ; mais alors il eût fallu que vous vous en fuſſiez expliqué plus clairement que vous ne l'avez fait par une expreſſion qui n'annonçoit qu'une ſomme fixée, & non pas une eſpece particuliére de monnoie.

On demande ſi lorſque la Condition conſiſte dans quelque fait d'une des parties contractantes ou d'une perſonne tierce, il eſt indifférent que la Condition ſoit accomplie par la perſonne obligée, ou par ſes héritiers, ou par tout autre qui s'en feroit chargé ?

La déciſion de la queſtion dépend de la nature du fait & de l'examen des motifs qui ont conduit les contractans.

Si les parties ont eu en vue le fait propre & excluſif d'une telle perſonne, alors cette perſonne ſeule peut accomplir la Condition.

Par exemple, ſi j'ai promis une penſion viagere à mon domeſtique, à la charge de reſter dix ans à mon ſervice, il eſt évident que le ſervice de ce domeſtique, qui fait l'objet de la Condition, eſt un fait perſonnel, & qu'une telle convention ne peut être accomplie que par lui.

Il en seroit de même de l'obligation que je contracterois avec l'élève d'un célèbre peintre, de lui donner une telle somme, s'il m'apportoit un tel tableau fait par son maître. C'est pour l'ouvrage de ce célèbre peintre, & non pas pour celui de son élève ou de tout autre que j'ai promis de payer une telle somme.

Mais si les parties ont considéré le fait qui a été l'objet de la condition en lui-même, & sans aucun égard à la personne qui l'accompliroit, en ce cas la Condition peut s'accomplir, non-seulement par la personne obligée elle-même, mais par ses héritiers, mais par tous ceux qu'elle aura chargés de l'exécuter, ou à qui elle passera.

Par exemple, je m'oblige à vous payer une telle somme, si dans l'année vous détruisez un mur qui borne ma vue; il est évident que cette Condition peut être accomplie par vos héritiers, par vos successeurs : ici je n'ai considéré que le fait en lui-même; je n'ai voulu autre chose, sinon que le mur fût détruit n'importe par qui.

Mais arrêtons-nous un moment sur cette question de sçavoir si l'accomplissement des Conditions passe aux héritiers, & en quels cas.

Il est évident qu'il faut distinguer ici les faits qui doivent s'accomplir personnellement & ceux qui peuvent être exécutés par tout autre que le contractant.

Si les faits sont personnels, si, par exemple, il s'agit d'épouser Mœvia, d'étudier une langue, de faire un tableau, la faculté d'accomplir la

Condition ne peut pas paſſer aux héritiers du contraſtant. C'eſt ſur ce principe que la loi 3 1; ff. *de ſolutionibus*, décide qu'une caution ne peut pas accomplir la Condition impoſée perſonnellement au principal obligé.

Si la Condition eſt de nature à pouvoir être remplie par les héritiers, l'exécution leur en eſt tranſmiſe : on eſt toujours cenſé avoir traité tant pour ſoi que pour ſes héritiers ; lorſqu'on ne paroît pas avoir borné l'effet du contrat en ſoi-même en s'impoſant excluſivement l'exécution des Conditions ; & c'eſt pour cette raiſon que la loi décide qu'une obligation conditionnelle paſſe aux héritiers. *Inſt. de verbor. oblig.*

Il n'en eſt pas de même des legs & autres diſpoſitions ſemblables, comme nous l'expliquerons dans la ſuite.

Lorſque la Condition exprime un temps déterminé pour ſon exécution, comme ſi je me ſuis obligé à vous fournir des marchandiſes, *ſi un tel navire arrive au port en tel temps ;* il faut que la Condition s'accompliſſe dans le temps fixé, & lorſque le temps eſt paſſé ſans que la Condition ſe ſoit accomplie, la convention eſt nulle.

Mais ſi l'exécution de la Condition n'eſt pas fixée à tel temps, elle peut s'accomplir en quelque temps que ce ſoit.

Cependant ſi la Condition étoit un fait qui dépendît de la volonté d'une partie & qui fût de l'intérêt de l'autre, il y auroit une modification à cette règle. Il ſeroit permis à la partie qui auroit intérêt que la choſe ſe fît, de demander qu'il fût fixé un temps dans lequel l'au-

L iv

tre partie feroit tenue de faire ce qu'elle auroit promis.

Quand les Conditions font négatives, ou elles ont un temps fixé ou elles n'en ont pas.

Si elles ont un temps fixé, elles ont exifté, dès que le temps a été expiré, fans même que la chofe fut arrivée. C'eft ce qui s'explique par l'exemple que nous avons déja employé. *Si je promets quelque chofe au cas qu'un, tel navire ne foit pas de retour cette année dans nos ports*, la Condition aura exifté, lorfque l'année fera revolue fans que le navire foit arrivé.

Si la Condition négative n'a point de temps marqué, elle n'eft cenfée accomplie, que lorfqu'on a acquis la certitude que la chofe n'arrivera pas. Continuons toujours l'exemple de l'arrivée d'un navire. Nous avons pris un engagement, *fi un tel navire n'arrive pas des Indes orientales en bon état*. La condition n'exiftera que du moment que l'on aura des nouvelles affurées que le vaiffeau n'arrrivera pas, ou ne pourra pas arriver, foit parce qu'il aura été pris par les ennemis, ou qu'il aura péri dans un naufrage, ou par tout autre événement qui en aura empêché le retour.

Ce que nous avons dit pour le cas où la Condition intéreffe une partie & dépend de la volonté de l'autre, doit s'appliquer à la Condition négative comme à la Condition pofitive. C'eft pourquoi fi quelqu'un s'eft obligé envers moi de me donner une certaine fomme, dans le cas où il ne démoliroit pas un mur de fon enclos qui borne ma vue; celui qui s'eft obligé fous cette condition peut-être affigné pour voir dire, que faute par lui de faire une chofe qui eſt en ſon pouvoir & qui ſuſpend un engagement qui m'intéreſſe, il lui ſera fixé un délai pour faire la choſe dont il s'agit ; & que s'il ne la fait pas dans le délai fixé, il ſera condamné à me payer la ſomme promiſe.

Quand l'accompliſſement des Conditions a été empêché par l'une des parties obligées, elles ſont tenues pour accomplies dès ce moment même (*).

Et ce principe eſt fondé ſur la juſtice & ſur la raiſon même. Une Condition fait dépendre un engagement d'un événement incertain ; telle eſt la loi ſous laquelle les parties ont traité. Si l'une d'elles s'empare de l'événement pour le forcer à être ce qu'elle deſire, l'engagement ne dépend plus d'un cas incertain, il depend uniquement de la volonté de cette partie, & cela renverſe toute idée de convention conditionnelle, où il faut une égale incertitude ſur l'événement qui doit décider de la convention.

D'un autre côté celui qui cherche à rendre ſon ſort certain dans une choſe incertaine, eſt cenſé avoir craint que la choſe ne tournât contre lui. Ainſi ſon fait ſupplée à l'événement ; & l'on croît que ce qu'il vouloit éviter ſeroit effectivement arrivé. On s'arrête d'ailleurs d'autant plus aiſément à ce parti qu'il eſt la punition de la mauvaiſe foi, & de la fraude.

(*) *Quicumque ſub conditione obligatus curaverit ne conditio exiſteret, nihil ominus obligatur.* L. 84, §. 5, ff. de verbo. oblig.

Pro impletá habetur conditio cum per eum fiat, qui ſi impleta eſſet, debiturus eſſet. L. 81. ff. de cond.

Les lois ont pourtant mis une modification sage à ce principe. Elles n'entendent pas que l'événement d'une Condition soit préfumé contraire à une partie, qui en mettant obftacle à l'accompliffement de cette Condition n'en a pas eu le deffein ; par exemple, fi mon pere m'a promis la propriété d'une maifon dont il m'a déjà abandonné l'ufufruit, *à Condition que je l'habiterai toujours* ; & qu'il foit certain que cette maifon eft mal faine, & que je cours rifque de m'y voir périr ou tomber malade moi & ma famille, il eft bien évident que fi je me refufe à l'accompliffement de la Condition qui m'a été impofée, ce n'eft pas parce que je veux m'y fouftraire, mais parce que j'y fuis forcé par le motif le plus preffant, qui eft celui de ma fanté.

Obfervons auffi à cet égard une différence entre les Conditions dont l'accompliffement eft momentanée, & celles qui ne s'accompliffent que par une fucceffion de temps.

Les premieres font réputées accomplies auffi-tôt que la partie qui devoit remplir la Condition en a été empêchée par l'autre partie ; par exemple, fi j'avois promis une recompenfe à un ouvrier ; dans le cas où il viendroit un tel jour finir un ouvrage, je ferois obligé de remplir mon obligation envers lui s'il fe préfentoit, quand même je changerois de deffein & que je ne voudrois pas que cet ouvrage s'achevât.

Mais fi l'inacompliffement d'une Condition étoit l'effet du hazard, elle ne feroit pas tenue pour accomplie par ce coup du hazard même. Il faut nous expliquer par un exemple.

· Je suppose que vous m'avez promis une récompense si je conserve un tel domestique. Ce domestique meurt ; c'est ici le sort seul qui m'a empêché de remplir la Condition à laquelle je m'étois soumis. Cependant elle n'est pas tenue pour accomplie , & la somme promise n'est pas due. Tel est du moins l'avis de M. Pothier (*) , qu'aucun autre auteur ne combat.

Voici les raisons sur lesquelles M. Potier appuie le principe qu'il pose.

Les contrats , dit-il , ne doivent être entendus que relativement à ce qu'ils contiennent , & l'interprétation dans le doute se fait toujours contre celui envers qui l'obligation est contractée , parce qu'il doit s'imputer , si l'acte n'est pas assez clairement expliqué. Suivant ce principe , si quelqu'un s'est obligé envers moi , au cas que je conserverai le même domestique ; il est incertain si l'obligation a été contractée même pour le cas où il ne tiendroit pas à moi de conserver le même domestique ; & dans le doute l'interprétation doit se faire contre moi.

Cette décision auroit encore lieu , suivant M. Pothier , quand même j'aurois annoncé par des préparatifs & des dépenses mon intention de conserver mon domestique , comme si j'avois fait faire une livrée neuve à la taille de cet domestique , ou si je lui avois avancé son gage. Malgré cela , je ne pourrois réclamer la somme promise sous cette Condition qu'il n'auroit pas dépendu de moi d'exécuter. Je pourrois seule-

(*) Traité des obligations, part. 2e. chap. 3.

ment demander l'indemnité des dépenses que l'exécution interrompue de la Condition auroit pu m'occafionner.

. Il en feroit de même d'une Condition qui dépendroit tout à la fois de la perfonne obligée & d'une autre perfonne étrangère à la convention. Si, par exemple, quelqu'un m'avoit promis 1000 livres, fi j'époufois une telle perfonne ; les 1000 livres, ne feroient pas dues, quand même j'aurois fait & offrirois encore de faire tout ce qui dépendroit de moi pour obtenir la main de cette perfonne. Cette décifion a une raifon de plus dans ce cas. Il eft à croire que la promeffe des 1000 livres a été faite en confidération du mariage , encore plus que de mon empreffement à le rechercher. . . . .

- Cependant ces fortes de conditions font tenues pour accomplies dans ces cas, lorfqu'elles font contenues dans des actes de dernière volonté , comme nous l'expliquerons dans un moment.

: Il arrive fouvent que l'on appofe plufieurs conditions à la fois dans une même convention. Voyons fi elles peuvent être divifées dans leur accompliffement.

n *De l'indivifibilité de l'accompliffement des Conditions.* L'accompliffement d'une Condition eft un fait ; & un fait ne pouvant exifter à demi, il s'enfuit qu'une Condition ne peut pas être cenfée remplie, lorfqu'elle ne l'eft pas dans toutes fes parties.

- C'eft pourquoi fi je vous ai promis une certaine fomme, au cas que vous m'ameneriez trois chevaux, & que vous ne m'en ayez amené que deux, la Condition d'où réſulte mon engagement, n'eſt pas exécutée.

Quand même l'objet de la Condition ſeroit une choſe diviſible, l'accompliſſement ne pourroit pas en être diviſé. Ainſi ſi quelqu'un m'avoit vendu un héritage, à la charge que je remettrois une telle ſomme à un de ſes parens, ou bien ſi quelqu'un s'étoit obligé par une tranſaction, de m'abandonner un héritage conteſté entre lui & moi, ſous la Condition de lui donner dans un temps déterminé, une certaine ſomme ; quoique ces Conditions euſſent pour objet des ſommes d'argent, choſes très-diviſibles, néanmoins l'accompliſſement de ces Conditions ſeroit indiviſible, parce qu'il eſt néceſſaire, pour qu'une obligation ſuſpendue ceſſe de l'être, que la choſe qui la ſuſpend, ſoit pleinement accomplie, & parce que l'accompliſſement d'une partie n'équivaut pas à l'accompliſſement du tout.

Dumoulin ſe décide pour l'indiviſibilité de la Condition, dans l'eſpèce ſuivante, qui eſt peut-être celle où elle pourroit paroître le plus douteuſe.

Quatre héritiers d'un débiteur ont été condamnés à payer une certaine ſomme, avec ſurſéance de deux ans pour le payement, *s'ils donnent Caution dans le mois*. Dumoulin ſoutient que les trois héritiers qui ont donné, dans le mois, Caution, chacun pour leur part, ne jouiront pas de l'avantage du terme, ſi leur cohéritier n'a pas également donné caution pour ſa part.

Il appuie ſa déciſion ſur ce motif, que le créancier eſt dans cette eſpèce, la partie la plus favorable, puiſque c'eſt lui qui ſouffre d'un terme accordé, peut-être malgré lui, à ſes débiteurs ;

d'où il fuit que la condition fous laquelle le terme a été accordé par le juge, doit être interprétée en faveur du créancier, & à la rigueur contre les débiteurs. Mais fi le quatrième héritier, au lieu de donner caution pour fa part, l'avoit payée, il ne feroit pas douteux que les trois autres qui ont donné caution, chacun pour leur part, ne duffent jouir de la furféance accordée par la fentence; la Condition alors feroit, en quelque forte, plus qu'accomplie, par celui même qui ne l'auroit pas exécutée à la lettre.

Il fe préfente ici une autre queftion. Lorfqu'une obligation a été contractée fous plufieurs Conditions, eft-il néceffaire que toutes s'accompliffent?

Il n'eft pas douteux que fi toutes les Conditions ont été appofées pour qu'elles contribuent toutes à fufpendre l'engagement, il faut que toutes s'accompliffent. Mais la difficulté eft de connoître dans quelle vue les Conditions ont été inférées.

Lorfqu'elles font unies par une particule difjonctive, telle que celle-ci : *fi un tel navire arrive à bon port, OU fi je fuis nommé à tel emploi*; dans ce premier cas, il fuffit que l'une des Conditions foit accomplie, pour que l'obligation foit parfaite ; mais lorfque les Conditions font affemblées par une particule conjonctive, comme lorfqu'il eft dit : *fi un tel navire arrive, ET fi je fuis nommé à tel emploi*, alors il faut que toutes les Conditions s'accompliffent; & fi une feule manque, l'obligation s'évanouit.

Voyons actuellement quel eft l'effet des Conditions.

De l'effet des Conditions. Nous avons déjà dit, & cette idée entroit dans la définition même des Conditions ; nous avons dit qu'elles avoient pour but de suspendre l'obligation dans laquelle elles étoient insérées, jusqu'à ce qu'elles fussent entièrement accomplies.

Il suit de-là que tant que la Condition n'est pas accomplie ou réputée accomplie, il n'existe pas d'obligation ; par conséquent qu'aucun droit n'est encore acquis à un contractant contre l'autre, dans toute la partie de la convention qui dépend de la Condition ; seulement la partie à qui il est promis quelque chose dans la convention, a une espérance sur la chose promise.

C'est sur ces principes que les loix décident que le payement fait par erreur, avant l'accomplissement de la Condition, peut être réclamé.

Si la chose qui faisoit l'objet de l'obligation conditionnelle, périt entièrement avant l'accomplissement de la Condition, inutilement la Condition s'accompliroit-elle dans la suite ; car l'accomplissement de la Condition ne peut pas confirmer une obligation sur ce qui n'existe plus, ne pouvant pas y avoir d'obligation sans une chose qui en soit l'objet.

Si la chose existe au temps de l'accomplissement de la Condition, il en résultera l'effet que la chose sera dûe en l'état qu'elle se trouvera ; & dans ce cas, un créancier profitera de l'augmentation, ou souffrira la détérioration survenue dans la chose, pourvu néanmoins que cette augmentation ou cette détérioration ne soit en rien le fait du débiteur.

Et si le créancier meurt avant l'existence de

la Condition, quoique fon droit de créance n'ait pas encore été certain, qu'il n'ait encore eu qu'une fimple efpérance, néanmoins fi la Condition exifte depuis fa mort, il fera cenfé avoir tranfmis à fon héritier le droit de créance réfultant de l'engagement contraƈté envers lui, parce qu'au moyen de l'effet rétroaƈtif de la Condition, le droit fera cenfé lui avoir été acquis dès le temps du contrat, & par conféquent avoir été tranfmis à fon héritier.

Il en eft autrement de la Condition appofée aux legs, comme nous l'expliquerons par la fuite.

C'eft encore une conféquence de l'effet rétroaƈtif des Conditions, que fi l'engagement conditionnel a été contraƈté par un aƈte qui donne hypothèque, l'hypothèque fera cenfée acquife du jour du contrat, quoique la Condition n'ait exifté que long-temps après.

Quoique le créancier conditionnel n'ait encore aucun droit avant l'accompliffement de la Condition, néanmoins il eft reçu à faire tous les aƈtes qui peuvent conferver le droit qu'il efpère poffédér un jour.

Par exemple, il peut former oppofition au décret des héritages qui font hypothéqués à fa créance, fi la Condition fous laquelle elle a été contraƈtée, commence déjà à s'accomplir. Il fera même mis en ordre pour cette créance conditionelle; mais il ne pourra toucher la fomme pour laquelle il aura été colloqué, qu'après l'accompliffement de la Condition. Le créancier pur & fimple qui ne pourroit être colloqué utilement, fi la collocation de ce créancier conditionnel étoit confirmée par l'accompliffement de

la

la Condition, fera payé en attendant, à la place de l'autre ; mais il fera obligé de donner caution de rapporter, en cas de l'accompliffement de la Condition.

Tout ce qui arrive avant ou après l'évènement de la Condition eft réglé felon l'état où fe trouvent les chofes.

Ainfi lorfqu'une vente eft accomplie & qu'elle doit être réfolue, en cas qu'une Condition arrive, l'acheteur refte toujours maître de la chofe, il en jouit, il la prefcrit ; & fi elle vient à périr, c'eft lui qui en fupporte la perte. Jufqu'à l'évènement de la Condition, la vente fubfifte, & l'acquéreur feul peut poffeder la chofe vendue.

Et tout au contraire, lorfque l'accompliffement d'une vente dépend d'une Condition, & qu'avant l'évènement de la Condition, la chofe vient à périr, c'eft le vendeur qui en fouffre la perte. La raifon en eft qu'il demeure le maître jufqu'à ce que par l'évènement de la Condition la vente ait été accomplie.

Mais lorfque la Condition eft arrivée, tous les évènemens de gain ou de perte regardent celui qui fe trouve alors maître de la chofe, foit que la Condition accompliffe ou réfolve la convention ; ainfi c'eft toujours l'état où fe trouvent les chofes lorfque la Condition arrive, & l'effet qu'elle doit avoir, qui règlent les fuites des conventions conditionnelles.

Les Conditions qui ne fe rapportent pas à l'avenir, mais au préfent & au paffé, ont d'abord leur effet, & la convention eft en même temps accomplie ou annullée felon l'effet que doit lui donner la Condition. Ainfi, par exemple, fi une marchandife eft vendue à Condition que la vente n'aura lieu qu'en cas que la marchandife foit arrivée à tel port, la vente eft ou d'abord accomplie fi la marchandife eft au port, ou d'abord nulle fi elle n'y eft pas. La Condition n'eft pas fufpenfive, quoique ceux qui ont traité fous de telles Conditions ignorent s'ils font obligés ou non.

Si la Condition qui doit accomplir ou réfoudre la covention, ou bien y apporter quelques changemens, eft indépendante du fait des contractans, elle opère fon effet du moment qu'elle arrive ou qu'elle eft connue. Ainfi, par exemple, s'il a été convenu qu'une vente de fourrages n'aura fon effet qu'autant qu'un tel régiment de cavalerie fera arrivé dans tel lieu, la vente fera confommée dès que le régiment fera arrivé, ou elle fera annullée dès qu'il fera certain qu'il n'arrivera pas. Ainfi encore lorfqu'un héritage eft vendu à Condition que s'il fe trouve fujet à telle charge, la vente fera réfolue, il dépendra de l'acheteur de rompre la vente, fi l'héritage fe trouve fujet à cette charge; à moins cependant que la charge ne fût telle que le vendeur pût la faire ceffer; car alors il feroit jufte de lui en donner le temps.

Si la Condition dépend entièrement ou en partie du fait de l'un des contractans, & qu'il n'y ait pas fatisfait dans le temps, s'il peut être excufé par les circonftances, il eft de l'équité de lui accorder un délai.

Ainfi lorfqu'un bail à ferme ou à loyer porte la Condition que le propriétaire fera quelques réparations dans un certain temps, le bail ne fera pas d'abord réfolu, quoique les réparations ne foient pas achevées. Il fera de la prudence du juge de fixer un délai relatif aux circonſtances. Il obſervera feulement de condamner la partie qui eſt en retard, à des dommages-intérêts envers l'autre partie, ſi le retard a porté préjudice à celle-ci. Mais ſi le retard n'avoit fait aucun tort à la partie qui pourroit s'en plaindre, il n'y auroit pas lieu de prononcer des dommages-intérêts. *C'eſt un petit mal qu'un court délai*, dit la loi: *non magnum damnum eſt in mora modici temporis.* liv. 22, ff. *de jud.*

Il y a cependant une exception à cette règle. Elle a lieu lorſque le délai pour exécuter une convention détruit la convention même, ou cauſe un préjudice notable à l'une des parties. Alors la Condition doit être exécutée ſans retard, ſoit qu'elle dépende du fait de l'un des contractans, ou qu'elle en ſoit indépendante.

Ainſi, par exemple, ſi une vente de marchandiſes a été faite à Condition que le vendeur les délivreroit un tel jour, & qu'elles ſoient deſtinées pour un embarquement ou pour une foire, il dépendra de l'acheteur de réſoudre la vente, ſi le vendeur ne délivre au jour convenu la choſe vendue. Ainſi c'eſt toujours par les circonſtances qu'il faut juger s'il y a lieu d'accorder un délai ou de le refuſer dans l'effet des Conditions.

Voilà les déciſions les plus générales & les plus eſſentielles que le droit nous fournit ſur les Conditions dans les conventions.

Venons actuellement à la ſeconde eſpece de Conditions, celles qui ſe trouvent dans les diſpoſitions à cauſe de mort.

Des Conditions dans les actes à cauſe de mort. Les teſtateurs ne veulent pas toujours uniquement

ment faire paſſer leurs biens à d'autres hommes; ils veulent ſouvent encore régler de quelle maniere, en quel temps, en quel lieu leurs bienfaits ſeront reçus. C'eſt ainſi que l'uſage des Conditions s'eſt établi comme de lui-même dans tous les actes à cauſe de mort. Elles prennent des noms différens, relativement à leurs objets. Elles ſont tour-à-tour *charges*, *deſtinations*, *motifs*, *déſignations*, *termes*.

Mais quoique les *Conditions*, les *charges*, les *deſtinations*, &c. doivent être diſtinguées; néanmoins le mot de Condition ſert ſouvent à les exprimer. Ainſi on dit d'un legs qui charge le légataire d'une ſervitude, qu'il eſt fait *à Condition* de cette ſervitude. Ainſi on dit du legs d'une ſomme deſtinée pour un bâtiment, que le legs eſt fait ſous la *Condition* d'être employé à un tel bâtiment, &c.

Mais il importe de conſidérer les Conditions ſous toutes ces dénominations.

Conditions. Les Conditions dans les teſtamens ſont des diſpoſitions que le teſtateur ajoute à d'autres précédentes, pour régler l'effet qu'il veut donner à celles-ci, ſoit que les cas qu'il prévoit, arrivent ou n'arrivent pas, ſoit qu'il attache à l'évenement la continuité ou ſeulement quelques modifications de ſa volonté.

Ainſi, par exemple, un teſtateur peut léguer une dot à ſa fille en cas qu'elle ſe marie; & ce legs dépendra de l'évenement du mariage de cette fille, & n'aura ſon effet que par le mariage même.

· Ainſi encore un teſtateur peut léguer un fonds à Condition que ſi le légataire laiſſe des enfans, il en aura la propriété pour la leur tranſmettre,

& que s'il n'a point d'enfans, il n'aura qu'un simple ufufruit du fonds, qui après fa mort paffera à quelqu'autre perfonne que le teftateur défigne. Le legs fera différent, felon que le légataire aura des enfans ou n'en aura pas.

Les charges. Les charges font des obligations que le teftateur impofe à fon héritier ou à fon légataire, comme s'il foumet le fonds qu'il lui laiffe à une fervitude, à une rente viagere, à un ufufruit en faveur d'une autre perfonne.

Les deftinations. Les deftinations font des lois par lefquelles le teftateur prefcrit l'ufage qu'on doit faire des chofes qu'il donne. Ainfi, par exemple, fi un teftateur léguoit une fomme à un hôpital pour être employée à la conftruction d'un bâtiment qu'il défigne, c'eft une deftination qu'il fait de ce legs.

Les motifs. Les motifs font les caufes que les teftateurs expriment quelquefois pour rendre raifon des difpofitions qu'ils ont faites. Les motifs font de deux fortes; les uns regardent le paffé & précédent la difpofition du teftateur, les autres tombent fur un fait à venir, & la difpofition du teftateur eft fondée fur l'efpérance ou l'attente de ce fait.

Les Confidérations d'affection, d'eftime, de reconnoiffance pour les bons offices & les fervices rendus font des motifs tirés du paffé.

Mais l'efpérance qu'un ami voudra bien fe charger de l'éducation de mes enfans, d'achever un ouvrage dont j'attends de l'honneur pour ma mémoire, ou de veiller à l'exécution de mes dernieres volontés font des motifs qui n'exiftent que dans l'avenir.

· Et ces motifs, foit du paffé, foit de l'avenir, peuvent rendre les difpofitions conditionnelles, ou n'avoir pas cet effet, felon que le teftateur l'aura voulu.

Ainfi, par exemple, fi un teftateur légue une fomme à un de fes amis ; *parce qu'il a eu foin de fes affaires*, le legs ne fera pas conditionnel ; & quoique le légataire n'ait pas pris le foin dont nous parlons, il aura toujours droit au legs, parce que la validité d'une difpofition de mort eft indépendante du motif donné par le teftateur. La volonté feule du teftateur auroit fuffi pour faire valoir la difpofition ; & le motif ajouté marque feulement, ou que le teftateur s'eft trompé, ou qu'il a voulu rendre la difpofition plus favorable.

Si un teftateur légue à un de fes parens, ou à un de fes amis une fomme d'argent, & qu'il ajoute *qu'il efpere que le légataire aidera de fes confeils & de fes foins les enfans du teftateur dans les affaires qui pourront leur furvenir*, le legs fera du avant que les confeils & les foins aient été donnés, & quand même ils ne le feroient pas. Le teftateur ne s'eft pas fervi de termes qui fufpendent le legs ; & ce n'eft que par honneur que le légataire fera obligé de remplir la Condition.

Au contraire, fi un teftateur légue une fomme à un homme d'affaires, afin qu'il fe charge de la conduite d'un procès que le teftateur laiffe dans fa fucceffion, ce motif tiendra lieu de Condition, & l'homme d'affaires ne recueillera le legs qu'en fatisfaifant l'intention manifeftée du teftateur.

Les défignations. Les défignations font des expreffions que le teftateur fubftitue au nom des perſonnes à qui il donne, ou aux choſes dont il diſpoſe ; comme ſi au lieu de nommer ſon héritier ou ſon légataire, il ne les fait connoître que par leurs qualités ; comme ſi en léguant ſes héritages il en explique la ſituation & les confins.

Par ce que nous venons de dire, il ne paroît pas que les *déſignations* aient rien de commun avec les Conditions. Elles en ſont même diſtinguées en ce que le plus ſouvent elles ſe rapportent au préſent & au paſſé ; au lieu que la plupart des Conditions regardent l'avenir. Mais les déſignations ſont quelquefois conçues en des termes qui en font des Conditions.

La déſignation ne renferme point de Condition dans pluſieurs cas, par exemple, lorſqu'un teſtateur pour mieux déſigner un héritage légué, ajoute que c'eſt celui qu'il a acquis d'un tel.

Mais la déſignation renfermeroit une Condition, ſi par exemple, un teſtateur avoit légué ce qui lui eſt dû par un tel débiteur. Le legs ſuppoſe l'exiſtence de la dette ; & ſi la dette n'étoit pas ou ne pouvoit pas être payée, le legs ſeroit nul.

Mais ſi le teſtateur ayant légué une ſomme, ajoute enſuite que cette ſomme ſera payée au légataire de ce qui proviendra d'une récolte qu'il ſpécifie, ou de l'argent qui lui eſt dû en tel endroit, le legs ne ſera pas conditionnel, parce que ces déſignations ne paroiſſent avoir d'autre but que de mieux faire connoître aux héritiers comment ils doivent s'y prendre pour exécuter la diſpoſition.

M iv

Les termes. Les termes dans les teftamens font les délais que le teftateur veut ajouter à fes difpofitions, foit pour en différer l'exécution, foit pour en faire dépendre la validité.

Les termes à un jour certain, *comme au premier jour d'une telle année*, ne font pas une Condition d'où le legs dépende. L'effet de ces termes eft feulement de retarder la délivrance du legs dont le droit eft déja acquis au légataire, & qui fans le terme feroit du comptant.

Mais le terme à un jour incertain renferme une condition d'où le legs dépend.

Ainfi, par exemple, fi un teftateur legue à un impubère, *quand il fera adulte ou majeur*, ce legs exprime la Condition que le legs n'aura d'effet que quand le temps de la majorité arrivera ; & cette condition eft la même que fi le teftateur avoit dit, *en cas que le légataire vive jufqu'au temps de la majorité*.

Il n'y a de l'incertitude dans les legs faits à terme que parce qu'il eft douteux fi les perfonnes ou les chofes dureront jufqu'aux tems fixés. Dans l'exemple cité, il eft poffible que le légataire ne vive pas affez pour devenir majeur.

Mais il y a des temps qui font incertains d'une autre maniere ; quoiqu'ils doivent néceffairement arriver, ils ne laiffent pas de rendre la difpofition du teftateur conditionnelle.

Par exemple, fi un teftateur veut qu'une partie ou la totalité de fa fucceffion paffe après la mort de fon héritier à une telle perfonne, il faut que cet héritier meure un jour, & par conféquent que le temps de la fubftitution arrive.

Mais il eſt incertain , ſi quand il arrivera, la perſonne qui doit recueillir ne ſera pas morte ; & cette incertitude rend la diſpoſition conditionnelle.

Diviſion des Conditions dans les actes à cauſe de mort. Les Conditions dans les actes à cauſe de mort peuvent être partagées en différentes claſſes , ainſi que celles des actes entre vifs. Si on les conſidére par rapport aux diverſes ſortes de faits ou d'événemens dont elles dépendent , il y en a de trois ſortes.

La première , de celles qui dépendent uniquement du fait de la perſonne à qui la Condition eſt impoſée.

La ſeconde , de celles qui dépendent d'événemens où le fait de cette perſonne n'ait aucune part.

La troiſième , de celles qui dépendent en partie du fait de cette perſonne & en partie d'un événement ſur lequel elle ne peut avoir aucune influence.

Si l'on conſidére les Conditions relativement au temps où elles doivent s'accomplir , elles ſont auſſi de trois eſpèces.

La première comprend les conventions qui regardent le paſſé.

La ſeconde, celles qui ſe rapportent au préſent.

La troiſième , celles qui dépendent de l'avenir.

Mais cette troiſième eſpèce a ſeule le caractère propre de la Condition , qui eſt de ſuſpendre la diſpoſition du teſtateur.

Il y a auſſi dans les actes à cauſe de mort des

Conditions poteftatives, cafuelles ou mixtes, poffibles ou impoffibles, expreffes ou tacites. On multiplieroit les divifions tant qu'on voudroit ; toutes les autres dont nous avons parlé précédemment, au fujet des conventions, peuvent fe trouver dans les Conditions des actes à caufe de mort.

Arrêtons-nous feulement fur deux efpèces de Conditions qui ne font pas foumifes aux mêmes régles dans les actes à caufe de mort, que dans les conventions.

Les premières font les Conditions poteftatives, cafuelles ou mixtes, les autres font les Conditions impoffibles.

Des Conditions poteftatives, cafuelles ou mixtes.
Nous avons déja dit que la Condition poteftative eft celle qui dépend du fait & de la puiffance de celui à qui elle eft impofée. Si un teftateur dit : je légue telle chofe à Mœvius, s'il donne dix écus à Simpronius ; c'eft une Condition poteftative, parce qu'il dépend du légataire de fatisfaire à la loi du teftateur.

La Condition cafuelle eft celle dont l'événement dépend du hazard. Si un teftateur légue telle chofe à Titius en cas qu'il foit élu conful, c'eft une Condition cafuelle, les élections dépendant de ceux qui choififfent, & non pas de celui qui veut être choifi ; il n'eft pas en la puiffance de Titius de fe faire conful.

Une Condition peut participer de la nature de ces deux-ci, & alors elle eft mixte ; par conféquent celle-ci dépend tout à la fois des événemens & des actions de celui dont elle fixe le fort. Si le teftateur fait un legs à Condition que le légataire obtiendra l'honneur du triomphe, pendant son consulat, il impose une Condition mixte ; car si le légataire peut faire ses efforts pour mériter un triomphe, il ne peut pas faire que les événemens répondent à ses efforts ; ils dépendent uniquement de la fortune.

Remarquons d'abord qu'il n'y a point de Conditions qui soient véritablement potestatives, c'est-à-dire, qui dépendent absolument de celui à qui elles sont imposées ; il peut toujours arriver des événemens qui en empêchent l'accomplissement, malgré toute l'activité & même l'adresse que l'on apporte à leur exécution.

Voilà pourquoi, la loi toujours juste, toujours sage, regarde moins ici à l'accomplissement de la Condition qu'aux soins & à la volonté de celui qui en étoit chargé. Elle répute la Condition accomplie, lorsqu'elle n'a manqué de l'être que par quelqu'événement étranger & impossible à prévenir. C'est pourquoi si une personne à été instituée héritière à condition de se marier dans tel temps, & qu'elle meure avant ce temps ; cette inexécution forcée de la loi du testateur n'empêche pas l'effet de sa libéralité ; la personne instituée aura reçu la succession & la transmettra à ses propres héritiers ; c'est ce qui est décidé par des lois si connues qu'il est inutile de les rappeler ici.

Il y a même des cas où le défaut d'accomplissement de la Condition potestative ne nuit pas à la personne même qui n'a fait aucune démarche pour l'exécuter.

Les lois romaines fournissent deux exemples de ces cas.

Un legs eſt fait ſous la Condition impoſée au légataire de prendre conſeil d'Antonius pour ſe marier. Antonius meurt pendant la vie du teſtateur. La Condition ne peut plus être accomplie ; mais le legs eſt toujours dû.

Un teſtateur fait un legs à Titius, ſous la Condition d'affranchir Davus ſon eſclave. Le legs eſt dû, quoique l'eſclave meure avant d'avoir été affranchi par le légataire, parce qu'il ne tient pas à lui qu'il ne l'affranchiſſe.

Des Conditions impoſſibles dans les teſtamens. Nous avons déja expliqué ce que l'on entend par Conditions impoſſibles en parlant des Conditions dans les contrats.

Nous avons dit que les Conditions pouvoient être impoſſibles phyſiquement ou moralement.

Phyſiquement lorſqu'elles vont contre les lois de la nature.

Moralement lorſqu'elles vont contre les penchans & les habitudes de l'homme.

Il y a encore une troiſiéme eſpèce de Conditions que les lois nomment impoſſibles ; ce ſont celles qui choquent les lois ou les bonnes mœurs.

Et en effet il ne devroit pas être poſſible à un citoyen de s'élever contre les lois qui le protégent, & contre le bon ordre de la ſociété qui lui aſſure ſa propre tranquillité. On appelle auſſi ces Conditions illicites ou deshonnêtes.

Toutes les Conditions ſoit impoſſibles, ſoit illicites, ſoit deshonnêtes, ſont regardées comme non écrites dans les actes à cauſe de mort ; mais elles ne vicient pas ces actes ni les diſpoſitions où elles ſont renfermées : celles-ci s'exécutent comme fi elles étoient pures & fimples.

Il y a une différence importante entre l'effet que les Conditions impoffibles, illicites ou malhonnêtes produifent dans les conventions & celui qu'elles opérent dans les teftamens.

Dans les conventions on diftingue fi les Conditions impoffibles confiftent à faire ou à ne pas faire. Si elles confiftent à faire, elles annullent abfolument la convention ; fi elles confiftent à ne pas faire, elle font cenfées déja accomplies, & la convention fubfifte indépendamment des Conditions.

Dans les actes de dernière volonté au contraire, la difpofition eft maintenue lorfque les Conditions ne peuvent pas ou ne doivent pas être exécutées.

La loi regarde comme impoffible tout ce qui bleffe l'ordre & la juftice. Ainfi toutes les Conditions qui offenfent ou les lois, ou les bonnes mœurs, celles même qui ne font regardées que comme des dérifions font cenfées non avenues.

Et ici on ne diftingue pas fi les Conditions confiftent à faire ou à ne pas faire. La loi les répute pour accomplies, ou plutôt elle en profcrit l'accompliffement.

Elle ne veut pas priver le légataire d'une libéralité dont il ne dépend pas de lui d'accomplir les Conditions.

Elle fuppofe d'ailleurs dans le teftateur des motifs plus dignes de lui que ceux qu'il a exprimés, ou bien elle veut venger les lois ou les mœurs qu'il a offenfées en lui faifant expier une

volonté injufte ou deshonnête par une bienfai-
fance qui n'a plus de motifs.

Si elle prononce différemment lorfqu'il eft
queftion d'une convention, c'eft que dans celle-
ci deux perfonnes ont concouru dans la ftipulation d'une injuftice, & que celle qui s'y eft
foumife n'eft pas plus favorable que celle qui
l'a impofée ; c'eft qu'il eft utile de les punir l'une
& l'autre en rendant leur convention nulle ;
c'eft encore que tout ce qui eft bâti fur l'injuftice eft fondé fur une bafe ruineufe.

Réfumons ici les principes de cette décifion
diverfe fuivant les cas, mais unique par les
motifs. En général toutes les Conditions impoffibles ou deshonnêtes annullent l'acte où elles fe
rencontrent.

Cependant fi la Condition n'eft que l'abfti-
nence d'un fait jufte ou néceffaire, on peut la
regarder comme déjà accomplie, ne pouvant
pas l'être dans l'ordre des devoirs ou dans le
cours des chofes ; & pour l'honneur des contractans, on fuppofe que la ftipulation n'en a
pas été férieufe. Voilà le cas de la première exception qui regarde les conventions.

Si la Condition fe trouve dans un teftament ;
lorfque la mort a amené le terme où le teftament doit s'exécuter, les libéralités qui y font
contenues font acquifes aux légataires, à moins
que le teftateur lui-même n'ait voulu fufpendre
leur jouiffance par quelques Conditions.

Mais fi les Conditions font des vœux pour
l'injuftice ou pour le défordre, la loi s'en indigne, & elle les rejette ; elle ne punit pas le
légataire d'une faute étrangère, elle ne fe bleffe
pas elle-même en faifant exécuter une volonté

qui l'offenſe. C'eſt le cas de l'exception qui tombe ſur les teſtamens.

N'oublions pas de remarquer ici qu'il peut y avoir des Conditions, qui ſans être naturelle- ment impoſſibles, & ſans avoir rien de contraire aux lois & aux bonnes mœurs, ne peuvent s'accomplir, à cauſe que quelque événement en empêche l'exécution. En ce cas la diſpoſi- tion aura ſon effet ou ne l'aura pas, ſuivant que la qualité de la Condition pourra faire connoître l'intention du teſtateur.

Ainſi, par exemple, ſi un teſtateur avoit fait un legs d'un fonds ou d'un autre bien, à Con- dition que le légataire donneroit une ſomme à quelque perſonne avant la délivrance du legs, & que cette perſonne vint à mourir avant le teſtateur, le défaut d'accompliſſement d'une Condition devenue impoſſible ne nuiroit point au legs, & le légataire pourroit le reclamer ſans payer la ſomme. L'intention du teſtateur étoit de faire deux legs : l'un au légataire, l'au- tre à la perſonne qui devoit recevoir une ſomme de celui-ci. L'inutilité de l'un n'annulle pas l'au- tre. D'ailleurs ſi le teſtateur avoit voulu faire dépendre le legs de la Condition, il pouvoit la révoquer, puiſqu'il a ſurvécu à la perſonne que la Condition regardoit.

Mais tout au contraire ſi un teſtateur avoit fait un legs à une fille en cas qu'elle vint à ſe marier avec un tel parent ou un tel ami du teſ- tateur, & que ce parent ou cet ami vint à mourir ſans avoir épouſé la légataire, ce legs ſeroit nul. On voit par la diſpoſition même, que le teſtateur n'a eu en vue que ce mariage.

On doit mettre au rang des Conditions qui

bleffent les bonnes mœurs, celle par laquelle
un teftateur feroit dépendre fa difpofition de
celle qu'un autre homme auroit faite en fa faveur. Telle feroit celle où il auroit dit qu'il
inftituoit un tel fon héritier en cas que cet héritier l'eût auffi inftitué pour lui fuccéder.

En général, lorfque les difpofitions tendent
à en attirer d'autres de la part de ceux fur qui
elles tombent, foit que le teftateur attende ces
difpofitions pour lui-même ou pour d'autres
perfonnes, elles bleffent les bonnes mœurs &
font illicites.

Il paroît qu'elles étoient fort communes chez
les romains, puifque les lois avoient été obligées de les profcrire; mais elles font rares parmi
nous.

Car il ne faut pas confondre avec ces fortes
de difpofitions les teftamens de deux perfonnes
qui s'inftituent mutuellement héritières l'une de
l'autre. Aucune des deux ne prévient la volonté
de l'autre pour la déterminer en fa faveur; l'une
& l'autre agiffent par une affection réciproque
& toujours préfumée honnête dans fa caufe,
lorfqu'elle eft jufte en elle-même. Auffi les lois
ont-elles fait une exception pofitive pour ces
fortes de donations mutuelles (*).

Prefque toutes nos coutumes ont adopté cette
exception, & elles permettent ce qu'on appelle
le don mutuel entre mari & femme.

Confidérons actuellement les effets des Conditions dans les actes à caufe de mort.

_____

(*) *Non eas inftitutiones fenatus improbavit quæ mu-
tuis affectionibus judicia provocaverunt.*

Des

Des effets des Conditions dans les actes à cause de mort. Les lois n'ont attribué qu'un feul effet à la Condition ; c'eft de fufpendre ou de réfoudre les difpofitions auxquelles elle eft jointe ; elle les réfout ou elle les fufpend relativement aux diverfes circonftances. Entrons dans quelques détails à cet égard.

On fe fouvient que nous avons diftingué les Conditions en affirmatives & en négatives. L'affirmative eft celle qui porte fur une chofe à faire, & la négative celle qui confifte à ne pas faire une chofe.

L'effet de la Condition affirmative eft de fufpendre la difpofition, de la rendre enfuite valable & efficace, lorfque la Condition arrive ou eft accomplie, ou bien de l'anéantir quand la Condition manque.

L'effet de la Condition négative eft le même ; il fufpend auffi la Condition jufqu'à ce qu'il foit certain que la Condition n'arrivera pas. C'eft pourquoi fi j'ai promis une certaine fomme *fi un tel ne monte pas au capitole*, la difpofition fera fufpendue jufqu'à ce qu'il fera impoffible au tiers défigné de monter au capitole ; & ce fait eft toujours poffible tant que la perfonne vit ; ainfi l'effet de la difpofition dépend de la mort de la perfonne dont il s'agit.

L'unique difficulté qui fe préfente ici, eft de favoir fi dans le cas d'un legs fait fous une Condition négative en attendant la certitude que l'événement prévu n'arrivera pas, le légataire ne peut pas demander la délivrance du legs en donnant caution de le rendre le cas échéant. Les lois romaines qui fe font occupées

Tome XIV. N

de cette difficulté ont fait une diſtinction judi-
cieuſe.

Ou la Condition eſt poteſtative ou caſuelle.

Si elle eſt poteſtative en même-temps qu'elle
eſt négative, c'eſt-à-dire, ſi elle défend au légataire lui-même de ne pas parfaire une choſe dont
il dépend de lui ſeul de s'abſtenir, le legs doit lui
être remis ſous caution.

Mais ſi la Condition négative eſt caſuelle,
c'eſt-à-dire, ſi elle dépend du haſard, elle arrête abſolument l'effet de la diſpoſition juſqu'à
l'événement qui garantit que la Condition ne
peut plus arriver. Novelle 22.

Selon Cujas, la raiſon pour laquelle on exécute la diſpoſition conditionnelle avec cautionnement, c'eſt que dans les cas où le cautionnement eſt admis, la Condition eſt plutôt un mode,
c'eſt-à-dire, une charge, une obligation que le
teſtateur a impoſée, qu'une Condition proprement dite ; *Modum potius quam Conditionem fe-
ciſſe videtur ;* & c'eſt la volonté du teſtateur
plutôt que les paroles dont il s'eſt ſervi qui
doit déterminer la véritable nature de la Condition.

Il faut mettre dans la claſſe des Conditions
négatives celles qui peuvent ſe réſoudre en termes négatifs, quoiqu'elles ſoient exprimées en
termes affirmatifs. Ainſi, par exemple, s'il eſt
dit dans un teſtament : *Je légue à Mævia , ſi elle
perſévère dans ſon mariage ;* c'eſt comme s'il
étoit dit : Je légue à Mævia , ſi elle ne fait pas
divorce avec ſon mari.

Nous avons dit que l'effet unique des Conditions étoit de les ſuſpendre ou de les réſoudre.
Mais pour ſavoir quand & comment cet effet a

lieu, il faut examiner les Conditions dans les trois différens temps auxquels elles peuvent se rapporter.

Le premier de ces temps est lorsque la Condition n'est pas encore arrivée.

Le second est après qu'elle est arrivée.

Le troisième après qu'elle a manqué.

De l'effet de la Condition avant qu'elle soit arrivée. Observons encore ici une différence que nous avons déja fait appercevoir entre l'effet des Conditions contractuelles & celui des dispositions testamentaires.

Dans les premières, tant que la Condition est en suspens, la convention reste imparfaite & comme si elle n'avoit jamais été.

Mais comme les liens qui résultent des Conventions conditionnelles, quoique suspendues, ne laissent pas d'être réels; lorsque la Condition rive, elle produit un effet rétroactif; le vendeur, par exemple, est obligé d'avoir soin de la chose vendue sous Condition; mais si la tradition est faite avant l'accomplissement de la Condition, l'acheteur n'acquiert aucun droit, pas même celui de prescrire; c'est pourquoi ce qui a été payé pour le prix & les fruits de la chose vendue pourra être répété par le vendeur si la chose vient à périr par cas fortuit avant l'événement de la Condition.

Si la chose est seulement détériorée par cas fortuit & que la Condition arrive, la détérioration doit être supportée par l'acheteur, parce que la Condition qui arrive pendant que la chose subsiste, a un effet rétroactif au jour du contrat conditionnel.

Mais si la chose périt par cas fortuit pour

partie lorfque la Condition arrivera, la vente fubfiftera pour la partie exiftante, & demeurera inutile pour celle qui aura péri.

Il n'en eft pas de même à l'égard des difpofitions à caufe de mort. L'effet de la Condition les fufpend, mais il ne les rend pas imparfaites. On voit en effet dans une loi romaine, qu'un fecond teftament qui contient une inftitution univerfelle fous Condition, ne laiffe pas de révoquer de plein droit un premier teftament; il fuffit pour que la révocation ait lieu, que la Condition puiffe arriver & qu'il puiffe y avoir un héritier.

Cependant l'héritier inftitué fous une Condition fufpenfive ne peut rien faire avant que la Condition foit arrivée; il ne peut point accepter l'hérédité ni la rendre au fidéi-commiffaire s'il y en a un. S'il acceptoit & retiroit l'hérédité avant l'événement de la Condition, ce feroit inutilement; *nihil agit*, dit la loi : l'hérédité ne feroit plus alors tranfmife de la manière que le teftateur l'a voulu.

Il y a plus; quoique la Condition impofée par le teftateur foit arrivée, néanmoins l'héritier qui en ignore l'accompliffement n'accepte pas valablement l'hérédité; c'eft un droit dont il ne peut ufer qu'en fraude de la difpofition, tant qu'il croit qu'elle eft fufpendue.

Cependant cette règle n'auroit pas lieu s'il s'agiffoit d'une Condition de droit, de ces Conditions qui fe fuppofent toujours *tacitement*, par exemple, fi l'héritier ignoroit que le teftateur ne l'a inftitué que fous la Condition qu'il fatisferoit à tous les legs portés dans fon teftament.

Il eſt encore une autre exception remarquable à cette règle. L'héritier inſtitué ſous Condition peut valablement paƈtiſer avec les créanciers de la ſucceſſion , & obtenir d'eux des remiſes ou des réduƈtions. Le ſucceſſeur préſomptif pourroit le faire auſſi , & même pendant la vie de celui dont il doit hériter ; il n'en réſulte aucune indignité contre lui.

Si une ſeule perſonne eſt inſtituée purement en une partie de la ſucceſſion & ſous Condition pour l'autre , elle recueillera la ſucceſſion, parce que la moitié qui lui eſt donnée ſous Condition , n'appartenant à perſonne, ſe réunira à l'autre par droit d'accroiſſement.

Mais s'il y a deux héritiers , dont l'un ſoit inſtitué purement en la moitié , & l'autre en un quart purement & ſous Condition pour l'autre quart , la Condition appoſée au quart ſuſpendra l'effet de la diſpoſition quant à ce quart ; & néanmoins la portion vacante devra être adjugée aux deux héritiers par droit d'accroiſſement , en attendant que la Condition arrive , ſelon les portions pour leſquelles ils ont été inſtitués purement & ſimplement, parce que la portion vacante d'une hérédité accroît aux autres.

La raiſon de cette déciſion ſort de ce principe, qu'un teſtateur ne peut pas laiſſer ſa ſucceſſion tout à la fois par teſtament & ſans teſtament, *partim teſtatus , partim inteſtatus.* C'eſt pour éviter ce partage choquant d'une choſe indiviſible , que le droit d'accroiſſement a été introduit dans les ſucceſſions.

Une partie de la ſucceſſion ne peut pas reſter vacante, tandis que l'autre eſt déja déférée à l'héritier ; & la Condition qui tombe ſur une partie de l'hérédité ne peut pas empêcher que l'héritier institué purement pour l'autre moitié ne l'accepte en entier & n'en jouisse jusqu'à ce que la Condition soit arrivée, sauf à rendre cette moitié si la Condition arrive.

Ainsi l'institution conditionnelle d'une partie de la succession ne peut avoir aucun effet lorsqu'elle regarde la même personne que l'institution pure & simple : lorsqu'elle regarde une seconde personne, elle ne peut produire d'autre effet que de séparer la moitié dont elle dispose de la moitié donnée sous Condition ; & l'héritier conditionnel ne doit rien recueillir jusqu'à l'événement de la Condition ; il perd même les fruits jusqu'à cette époque.

L'effet rétroactif des Conditions ne peut avoir lieu ici, parce que si on l'admettoit, on tomberoit dans l'inconvénient de laisser mourir un homme *partim testatus*, *partim intestatus*.

La Condition suspend tellement le droit de l'héritier, du substitué, du légataire, du fidéicommissaire, que si ceux-ci décèdent avant l'événement de la Condition, ils ne transmettent rien à leur héritier. C'est un principe en droit qu'on ne peut transmettre que ce que l'on possède ou ce que l'on peut acquérir par l'acceptation. On ne possède pas ce qu'il n'est pas encore certain que l'on doit recueillir ; & on ne peut pas accepter non plus ce qui n'est donné que relativement à un événement qui peut arriver ou n'arriver pas.

Le parlement de Toulouse s'est fait sur ce point une jurisprudence particulière, qui n'a aucun fondement dans le droit, mais qui est avouée par l'équité & la raison.

Il admet la tranſmiſſion des fidéi-commis teſtamentaires, quoique conditionnels, en faveur des enfans du fidéi-commiſſaire, qui ſont deſcendans du teſtateur, c'eſt-à-dire, quand le fidéi-commis a été fait par un aſcendant. On peut voir ſur cette juriſprudence Maynard, livre 3, chapitre 33, 35, 36 & 73; livre 6, chapitre 23; livre 7, chapitre 27; d'Olive, livre 5, chapitre 23; Cambolas, livre 2, chapitre 10; Duranti, queſtion 70; Catellan, livre 2, chapitre 71; Furgole, chapitre 7, ſection 4, traité des teſtamens.

Les legs peuvent n'être pas conditionnels, quoique l'inſtitution d'héritier dépende d'un événement; ils ſont échus du jour de la mort du teſtateur; mais ils ne ſont exigibles qu'après l'accompliſſement de la Condition appoſée à l'inſtitution d'héritier.

Et ſi la Condition vient à manquer ou à être anéantie, les legs feront ſans effet, non pas parce qu'ils doivent dépendre de la Condition, mais parce que l'inſtitution eſt le fondement de toutes les diſpoſitions d'un teſtament, & que l'inſtitution eſt nulle ici.

Remarquons cependant que ce principe n'eſt en vigueur que dans les provinces de droit écrit. Nos coutumes ne regardent les diſpoſitions à cauſe de mort qu'elles autoriſent, que comme des Codicilles. L'inſtitution d'héritier, loin d'y être eſſentielle, n'y eſt pas même admiſe; l'héritier eſt toujours déſigné par la loi même; mais en reſtreignant la puiſſance du teſtateur dans ce point, elles aſſurent l'exécution de ſes volontés dans les autres.

Par la même raiſon que le legs conditionnel

n'eſt acquis que lorſque la Condition eſt accomplie , lorſque la Condition eſt du nombre de celles qui ſont remiſes ou rejetées par les lois , & dont nous parlerons dans un moment, le legs appartient au légataire du jour de la mort du teſtateur , & il le tranſmet à ſes héritiers.

Un legs fait ſous deux Conditions alternatives , dont l'une ou l'autre doit néceſſairement arriver , n'eſt pas tranſmiſſible avant l'arrivée de l'une ou de l'autre de ces deux Conditions.

- Le legs donné, *lorſque l'héritier mourra*, dépend d'un événement qui doit néceſſairement arriver ; néanmoins ſi le légataire décède avant l'héritier , il ne tranſmettra pas le legs.

- Si le legs comprend pluſieurs choſes données alternativement, les unes ſimplement, les autres ſous Condition, tout reſtéra ſuſpendu, & le légataire ne pourra pas faire un choix dans les choſes léguées, que la Condition qui-tombe ſur les unes ou les autres des choſes alternatives ne ſoit arrivée.

Il en eſt de même , lorſque dans un legs de deux choſes alternatives , il ſe trouve une Condition, comme s'il eſt dit , *je legue telle choſe ou telle autre à mon frère s'il lui naît des enfans;* le légataire n'acquiert de droit , & il ne peut faire le choix qui lui eſt offert que quand il a des enfans.

La mort de l'héritier chargé du payement d'un legs conditionnel, quand même elle arriveroit avant l'accompliſſement de la Condition, ne donne aucune atteinte à la diſpoſition ; l'héritier de l'héritier eſt obligé d'acquitter le legs dont il s'agit , au moment que la Condition arrive.

Celui auquel une certaine fomme a été léguée fous Condition n'eft pas confidéré comme créancier de l'hérédité, avant l'événement de la Condition.

Il réfulte des règles que nous venons d'expliquer que la propriété de la chofe léguée fous Condition, réfide jufqu'à l'événement de la Condition, dans l'héritier feul. Auffi l'objet d'un legs conditionnel eft compris dans les chofes de l'hérédité.

L'héritier peut revendiquer cet objet s'il eft en la poffeffion d'un tiers.

Il peut même le tirer des mains du légataire, tant que la Condition n'eft pas accomplie.

L'héritier reftant propriétaire de la chofe léguée fous Condition, en fait les fruits fiens.

Il peut même l'aliéner, mais lorfque la Condition arrivera, l'aliénation fe trouvera nulle & révoquée, & on ne pourra oppofer aucune prefcription au légataire qui viendra retirer l'objet de fon legs des mains de l'acquéreur.

Le bien chargé d'un fidéi-commis conditionel peut-être vendu par décret pour les dettes du grêvé ; & l'adjudicataire le peut retenir tout le temps que le grêvé auroit droit d'en jouir.

L'effet de la difpofition eft tellement fufpendu, tant que la Condition n'eft point arrivée, que fi un teftateur legue à fon débiteur ce que celui-ci lui doit, l'héritier pourra néanmoins le pourfuivre pour le payement de la dette ; fauf à ce débiteur à la réclamer, lorfque la Condition fera accomplie.

Mais l'héritier, en demandant le payement, eft obligé de fournir une caution qui garantiffe la remife de la fomme, le cas échéant.

Nous avons déjà dit que la chose léguée appartient à l'héritier jusqu'au moment de l'arrivée de la Condition. Il suit délà que les fruits de la chose léguée lui appartiennent aussi.

- Cependant si le legs tombe sur une universalité de choses, par exemple, sur un troupeau ; comme le légataire doit supporter la perte des bêtes qui peuvent périr, il est juste qu'il profite d'une autre côté de la multiplication qui pourra arriver dans le troupeau.

On conçoit bien que tant que l'héritier reste propriétaire de la chose léguée, il doit la conserver, afin qu'elle puisse parvenir saine & entière au légataire, quand la Condition arrivera. Et si elle périt entre ses mains par son fait ou par sa négligence, il en est responsable.

Mais si elle périt par accident & sans la faute de l'héritier, la perte tombe sur le légataire.

Cependant si l'héritier étoit en demeure de la rendre, l'événement le regarderoit.

Par la même raison que l'héritier doit conserver la chose entière, s'il y fait des améliorations, il peut en réclamer le prix. Nous ne sommes pas obligés de faire le bien d'un autre gratuitement.

Il est des cas où la Condition rend valable un legs qui seroit nul sans elle, & par la seule raison qu'elle en suspend l'effet : les lois en fournissent divers exemples.

Les dispositions en faveur des personnes incertaines sont radicalement nulles. Comment donner un effet à ce qui ne paroît pas avoir d'existence ? Cependant si une Condition est ajoutée à la disposition, on conçoit que le testateur a eu en vue une chose future, & on laisse écouler le temps nécessaire à la production de cet être avant d'anéantir la disposition.

De l'effet de la Condition, lorsqu'elle arrive.
Le second temps qu'il faut considérer dans les Conditions, pour connoître tous les effets qui en peuvent résulter, est celui où elles arrivent.

Le principal effet qu'elles produisent alors, c'est de donner aux parties qu'elles regardent tous les droits qu'elles auroient eu au moment du contrat ou du testament (car ici on ne peut pas les distinguer) si le contrat & le testament eussent été sans Conditions.

En réfléchissant sur cet effet rétroactif que les lois ont attaché aux dispositions conditionnelles, on voit qu'il résulte de la nature des choses.

Toute stipulation, toute disposition donne nécessairement un droit à la personne qu'elle regarde, & ce droit ne peut résider dans une autre personne.

Il est vrai que la disposition peut être incertaine, suspendue, qu'elle peut dépendre d'un fait, d'un événement. Mais elle n'en existe pas moins, elle n'en donne pas moins un droit à celui qu'elle avantage ; seulement ce droit qui a pour but de donner une propriété, ne donne encore qu'une espérance sur cette propriété ; mais cette espérance même est toujours un droit ; il en résulte toujours que la chose qui en est l'objet ne peut appartenir à un autre, quoiqu'il puisse en jouir.

Mais lorsque ce fait, cet événement qui devoient réfoudre la difpofition ou qui ne faifoient que la fufpendre , font arrivés , la difpofition, relativement à l'effet que doivent opérer le fait ou l'événement , ou cesse d'exifter , & par conféquent de donner un droit à celui qu'elle regardoit , ou elle cesse de le priver de ce droit: l'intervale qui féparoit la difpofition & fon effet eft comblé ; le droit fur la chofe devient un droit dans la chofe ; la jouiffance du propriétaire commence , mais fa propriété ne fait que s'a-chever ; elle ne procède pas de l'événement de la Condition , mais de la difpofition ; il faut donc que l'on faffe remonter fon droit, qui n'eft plus fufpendu, au moment où il s'eft ou-vert , & non pas à celui où il s'eft accompli.

Ce principe auffi jufte que fage eft le fonde-ment de plufieurs lois romaines & de quel-ques-unes des nôtres.

Les premières décident qu'un efclave mis en liberté par le teftament de fon maître, fous une Condition , eft réputé libre du jour du décès du teftateur lorfque la Condition arrive.

D'autres lois décident que. fi un héritier charge d'hypothèque , de fervitude, une chofe léguée fous Condition , ou s'il aliéne cette chofe , l'aliénation, la fervitude, l'hypothè-que difparoîtront , dès que l'événement de la Condition aura fait paffer la chofe dans les mains du légataire. Et cela parceque ces lois regardent le légataire comme l'unique proprié-taire du legs , & par conféquent comme le feul qui pouvoit en difpofer ; & elles ne fe conten-tent pas de lui accorder un recours contre celui qui a impofé des charges fur un fond dont il ne faifoit que jouir , elles annullent ces charges mêmes, comme deftructives d'un droit qu'elles maintiennent.

On peut rapporter à ces lois les articles 2, 9 & 42 de l'ordonnance de 1731, fur les donations. En prononçant la nullité des donations, s'il furvient des enfans aux donateurs, ils ordonnent que les donataires ne feront pas tenus de rendre les fruits, mais que toutes les charges qu'ils auront pu impofer fur les biens en feront détachées, lorfque ces mêmes biens reviendront à leur premier propriétaire.

C'eft que la loi a regardé le cas de la furvivance des enfans, comme une Condition dans la donation, qui confervoit encore un droit à la chofe pour le donateur, qui fufpendoit encore la propriété du donataire ; & lorfque la Condition arrive, la loi rend au donateur la chofe telle qu'il la poffédoit avant de s'en être défaifi.

Il faut obferver ici une différence relativement à l'effet que produit l'événement des Conditions entre les actes entre vifs & les actes à caufe de mort.

L'efpérance des chofes, le droit à la chofe eft tranfmiffible dans les actes entre vifs. Si on eft convenu avec moi de me donner une certaine fomme, lorfque ma maifon fera rebâtie, mes héritiers peuvent remplir cette Condition à ma place & recueillir la fomme qui en eft le prix.

Il n'en eft pas de même dans les difpofitions à caufe de mort, elles ne peuvent paffer aux héritiers, lorfqu'elles ne fe font pas pour ainfi dire, arrêtées fur la perfonne. Ainfi elles fuppofent toujours la vie de la perfonne ; & fi la Condition qui les fufpend n'arrive pas pendant ce temps, elles deviennent nulles.

De l'effet de la Condition lorfqu'elle a manqué. Le troifième temps que nous devons confidérer dans l'effet des Conditions, c'eft lorfqu'elles ont manqué.

Tout ce que l'on peut dire fur ce point eft renfermé dans cette maxime de la loi : l'inacompliffement de la Condition opère la nullité de la difpofition. *Actus conditionalis defecta Conditione nihil eft. L. neceffario 8. ff. de periculo & commodo rei venditæ.*

Mais les conféquences de cette maxime doivent nous occuper un moment. Pour les developer avec plus d'ordre & de netteté, il faut confidérer les différentes efpèces de Condtions, & diftinguer toujours celles des contrats, de celles des actes à caufe de mort.

Nous avons dit que l'effet néceffaire de toutes les Conditions étoit de fufpendre ou de réfoudre les difpofitions. Lorfque la Condition eft fufpenfive, & qu'elle fe trouve dans un acte entre vifs, elle rend la difpofition imparfaite jufqu'a l'événement qui forme la Condition même.

Mais fi l'événement eft tel qu'il faffe manquer la Condition, la difpofition alors eft regardée comme pure & fimple dans fon principe. L'effet rétroactif que nous venons d'expliquer il n'y a qu'un moment, eft admis auffi dans ce dernier cas ; & les droits qui réfultent de la difpofition conditionelle datent de l'époque même de la difpofition.

Il eft facile de concevoir que le contrat ne pouvoit être parfait en lui-même, avant l'événement dont dépendoit le fort de la Condition, puifque fa perfection dépendoit de la Condition, qui a manqué.

Auffi fi le contrat étoit une vente, la perte qui eft arrivée fur la chofe vendue doit être fup-portée par le vendeur, il eft toujours refté pro-priétaire, & c'eft ici le cas d'appliquer le prin-cipe : *res perit domino.* Par la même raifon le vendeur doit avoir recueilli les fruits ; ou s'ils ont été perçus par l'acheteur, parce que la chofe étoit paffée dans fes mains, celui-ci doit refti-tuer les fruits ainfi que la chofe même au vendeur.

Quand la Condition eft refolutoire, le con-trat eft pur & fimple dans fon principe ; il eft deftiné a produire fon effet dès ce moment ; l'effet n'eft pas interrompu par la Condition même, il n'eft arrêté que par l'événement.

Si donc une vente eft faite fous une Condi-tion de cette efpèce, l'acheteur devient pro-priétaire, pendant que la Condition eft fufpen-due ; mais quand elle arrive, fi l'événement doit produire la réfolution, le contrat fe trouve nul, & comme s'il n'avoit jamais exifté.

Dans tous les cas où la Condition manque, les hypothèques & les autres charges que l'a-cheteur auroit pu impofer fur le fonds vendu deviennent nulles.

Mais dans cet effet commun même, il y a une différence importante à remarquer entre les Conditions fufpenfives & les Conditions réfolu-toires.

Quand ce font des Conditions fufpenfives qui viennent à manquer, les charges impofées par l'acheteur font nulles dans leur principe.

Mais lorſque les Conditions qui manquent ſont réſolutoires, les charges ne ſont pas nulles dans leur principe, parce que l'acheteur étoit propriétaire, elles ne ſont que réſolues.

Il peut paroître contraire à l'équité que les charges affeſtées ſur un fonds par le propriétaire ſoient dans le cas d'être anéanties : mais cette déciſion eſt fondée ſur un principe diſté par la raiſon même ; c'eſt que perſonne ne peut donner que les droits qu'il poſſede lui-même, & que s'il les perd, il les fait perdre auſſi à ceux qui les tiennent de lui. *reſoluto jure dantis reſolvitur jus accipientis. L. veſtigali* 31 *, ff. di pignor.*

Si la Condition ſuſpenſive ſe rencontre dans un teſtament ou dans un autre aſte à cauſe de mort, elle produit le même effet que nous venons d'expliquer pour les contrats ; lorſqu'elle manque, elle anéantit abſolument la diſpoſition, & il ne reſte plus aucun temps où elle puiſſe être conſidérée comme ayant exiſté ; enſorte qu'elle n'a jamais opéré aucun effet pour l'héritier ou le légataire.

Si la Condition qui ſe rencontre dans un teſtament eſt réſolutoire, elle anéantit auſſi la diſpoſition dans ſon principe ; l'héritier ou le légataire doivent rendre les fruits perçus avant l'évènement qui a réſolu la diſpoſition, & voilà ce qui conſtitue la différence que nous avons annoncée dans l'effet des Conditions réſolutoires appoſées dans les aſtes entrevifs ou dans ceux à cauſe de mort. Nous avons vu que dans les premiers, l'acheteur gagnoit les fruits qu'il avoit perçus avant la réſolution de la vente ; au lieu que

que dans les seconds, le légataire est obligé de les rendre.

Mais pour que la Condition résolutoire inférée dans une disposition de mort produise l'effet que nous venons d'expliquer, il faut qu'elle soit négative, c'est-à-dire qu'elle consiste à ne pas faire une chose ; & potestative, c'est-à-dire qu'elle dépende de la personne chargée de l'exécuter. Lorsque la Condition a ces deux qualités, on permet au légataire d'entrer en possession de l'objet de son legs, en fournissant caution. Et alors si la disposition se trouve résolue, c'est uniquement par sa faute, & cette faute le rend indigne de conserver les fruits d'une chose qu'il a dépendu de lui de ne pas perdre.

Il est important encore d'examiner les termes dans lesquels la Condition résolutoire est conçue, & quel est son objet.

Si elle est absolue, elle donne lieu à la privation du legs, par la seule raison que l'on a contrevenu à l'obligation qui étoit attachée à un legs. Ainsi lorsqu'un legs est fait par un mari à sa femme sous la Condition de ne point se remarier, il suffit que cette femme passe à de secondes noces pour perdre son legs.

Si la Condition renferme une alternative, par exemple, si le mari en faisant un legs à sa femme sous la Condition de ne pas se remarier, a dit qu'au cas qu'elle vienne à se marier, elle remettra le legs à un tiers : alors, en passant à de secondes noces, elle sera obligée de rendre le legs au tiers désigné, s'il existe : mais s'il n'existe plus lors du second mariage de la femme, l'espece de fidéi-commis fait à ce tiers n'a plus d'objet, la Condition devient caduque, elle ne

peut plus avoir d'effet , & c'eſt le cas d'appliquer la regle : *limitata cauſa limitatum producit
effectum.*

Si la Condition conſiſte en un fait qui puiſſe
s'accomplir en une ſeule fois , comme s'il eſt
dit : *Je legue cent écus à Mævius s'il n'épouſe pas
Sempronia ;* dès que le légataire contrevient à
la Condition , il doit rendre la choſe & les fruits
perçus.

Mais il en ſeroit autrement ſi la Condition
conſiſtoit en pluſieurs faits ſucceſſif & continués,
comme s'il étoit dit : *Je legue l'uſufruit de ma
maiſon à Titius pour tout le temps qu'il demeurera
avec mes enfans.* Dans ce cas , la Condition n'eſt
réſolutoire que pour l'avenir, elle ne touche pas
au paſſé ; elle renferme des libéralités diſtinctes,
ſçavoir tous les momens de la jouiſſance qui
forme l'objet du legs ; & elle dépend auſſi de
pluſieurs Conditions diſtinctes , qui ſont les différens temps pendant leſquels le légataire habitera
avec les enfans du teſtateur. Voilà pourquoi le
légata re ne devra être privé du legs dont il
s'agit que pour les années pendant leſquelles il
aura manqué d'accomplir la Condition.

Cependant s'il s'agit d'un ſeul legs ſubor-
donné à une Condition qui ne peut s'accomplir
que par une ſuite de faits ſucceſſifs , il ne ſuffit
pas que le légataire ait commencé d'exécuter
la Condition , il faut qu'il la rempliſſe de la manière & pendant le temps réglé par le teſtateur : s'il y manque, il devra rendre la choſe
avec les fruits , de même que ſi la Condition
ne portoit que ſur un ſeul fait ; il n'y a alors
qu'une ſeule diſpoſition, laquelle dépend de l'aſ-
ſemblage de tous les faits qui ne forment qu'une
Condition unique.

Le jurifconfulte Ulpien, dans la loi, ff. *de in diem addict.* nous donne des regles pour diftinguer la Condition fufpenfive de la Condition réfolutoire.

La Condition eft fufpenfive lorfque la perfection du contrat en dépend. *Je vous lègue cent écus, fi vous époufez Sempronia.* Il eft évident qu'ici le legs ne fera acquis que lorfque j'aurai fatisfait à la Condition.

La Condition eft réfolutoire, fi elle eft pure & fimple en elle - même, mais foumife à une Condition qui peut la rompre. Je vous fais mon héritier à Condition que vous ne vous remarierez pas. Il eft clair qu'ici le legs eft parfait en lui-même & doit produire fon effet dès ce moment ; mais fon effet pourra être interrompu & le fera véritablement fi je tranfgreffe l'obligation de ne pas me remarier qui m'eft impofée.

De même que la Condition une fois accomplie n'a plus befoin de s'accomplir de nouveau, celle qui a une fois manqué, détruit irrévocablement la difpofition, quoique l'évènement qui auroit pu la faire fubfifter arrive par la fuite.

La Condition qui manque opère fon effet, non - feulement lorfqu'elle tombe fur des perfonnes majeures, mais encore lorfqu'elle regarde des pupiles ou des mineurs. Cependant ceux-ci peuvent pourfuivre leurs tuteurs pour l'indemnité de la perte qu'ils éprouvent quand il a dépendu de ces derniers d'accomplir la Condition.

Il eft des cas où les Conditions font remifes ou rejetées, où elles ne peuvent opérer leur effet naturel ; parcourons quelques-uns de ces cas.

D'abord on ne confidere point une Condition dont l'évènement eft tel, qu'il ne peut en rien réfulter. La loi 52, *par.* 1. ff. *de acquif. hœred.* nous en fournit un exemple.

Un teftateur inftitue purement & fimplement une perfonne fon héritiere pour une partie de la fucceffion, & il inftitue fous une Condition une autre perfonne pour l'autre partie de la fucceffion : on demande quel fera le fort de la partie de l'hérédité laiffée fous Condition, avant que la Condition foit arrivée ?

Le jurifconfulte Marcien répond que l'hérédité appartiendra en entier à l'héritier, avant que la Condition arrive, à moins qu'il n'y ait un fubftitué défigné pour la portion laiffée fous Condition.

La raifon de cette décifion eft que l'héritier inftitué purement en une partie a droit fur tout le refte par droit d'accroiffement, quand il n'y a pas d'autre héritier, & ce droit fubfifte, foit que la Condition fous laquelle l'autre part de la fucceffion avoit été donnée arrive ou n'arrive pas, & fans en attendre l'évènement.

Quelquefois un teftateur impofe à fon héritier ou à un légataire de s'engager à quelque chofe par un ferment; & il fait de cette obligation qu'il impofe une Condition de fa libéralité : mais cette Condition eft regardée comme illicite ou contraire aux bonnes mœurs; elle ne doit pas être exécutée; au refte la difpofition a toujours lieu. C'eft ce qui eft décidé par les lois L. *quæ fub Conditione* 8, *ff. de Condit. infl.* L. *non dubitamus* 20, *ff. de Condit. & demonfl.* L. *hæc fcriptura* 26, *ff. cod.* & L. *dubium* 14, § 1, *ff. de legatis.*

Il eft vrai que la loi *municipibus 97, ff. de Cond. & demonft.* femble décider le contraire ; elle dit que la Condition de jurer impofée à une communauté n'eft pas impoffible, parce qu'elle peut jurer par le miniftere de fes adminiftrateurs : mais ce texte de la loi ne parle que de l'impoffibilité de fait, & ne dit pas que la Condition ne doit pas être remife.

Mais fi le teftateur, outre la Condition du ferment, en a impofé une autre licite & honnête, en même-temps que celle du ferment doit être rejetée, l'autre doit être accomplie.

Cependant fi la Condition du fait licite étoit unie à celle du ferment par forme d'alternative, l'une & l'autre feroit remife.

Lorfque l'on dégage l'héritier ou le légataire de l'obligation de jurer, ce n'eft pas qu'on l'exempte auffi d'exécuter ce que le teftateur veut de lui ; au contraire, la juftice a foin de pourvoir à l'accompliffement de la volonté du défunt fur ce dernier point ; & c'eft pour cela qu'elle rejette la formalité du ferment ordonnée par celui-ci.

Toutes les difpofitions des lois que nous venons d'examiner n'ont lieu que pour les actes à caufe de mort ; dans les actes entre-vifs la Condition de jurer eft permife & maintenue par les lois.

Nous croyons devoir nous arrêter fur les Conditions que l'on apporte fouvent dans les teftamens pour ou contre l'acte le plus important de la fociété, qui eft le mariage. Nous examinerons celles qui doivent être confervées & celles qui doivent être rejetées.

Des Conditions concernant les mariages. Pour

connoître si elles doivent être admises ou annullées, il faut examiner quel en est l'objet.

On peut dire en général que les Conditions qui tendent à défendre le mariage à des personnes qui n'ont jamais été mariées, sont rejetées comme contraires aux bonnes mœurs ; celles qui ne tendent qu'à défendre le mariage avec certaines personnes doivent être maintenues. On ne condamne pas celles qui interdisent les seconds mariages, ni celles qui ont pour objet d'obliger un héritier ou un légataire à épouser une certaine personne qui lui est désignée par le testateur.

On ne rejette pas non plus les Conditions qui font dépendre une libéralité du cas où une tierce personne se marieroit où ne se marieroit pas ; c'est un évènement purement casuel qui n'a pas pour objet d'interdire le mariage à la personne qui doit recueillir la libéralité.

On peut réduire à cinq classes toutes les difficultés qui peuvent se présenter au sujet des Conditions relatives au mariage.

Premièrement, les dispositions de mort qui tendent à interdire absolument le mariage aux héritiers ou aux légataires mâles ou femelles font regardées comme nulles & non avenues. La libéralité est considérée comme pure & simple & il est permis à celui qui la reçoit de contrevenir à la Condition. Il est de l'intérêt de la société que les mariages y soient encouragés & non gênés. Il y a plusieurs textes dans le droit qui le décident ainsi.

Et cette décision des lois a lieu, soit que la Condition de ne point se marier soit imposé au légataire lui-même, soit qu'elle tombe sur une perſonne qui dépend de ce légataire ; elle tend toujours à contrarier le vœu de la nature & celui de la loi. C'eſt ainſi que la Condition impoſée à une perſonne de ne pas ſe marier ſeroit nulle ſous ces deux aſpects.

Remarquons ici qu'il eſt néceſſaire pour que la Condition qui défend le mariage ſoit rejetée , qu'elle le défende abſolument & en lui-même ; car ſi la défenſe ctoit limitée à certaines perſonnes déſignées par le teſtateur, ou aux per-ſonnes d'une certaine ville ou d'un certain lieu, elle ne ſeroit pas nulle.

La Condition de ne pas ſe marier pourroit même comprendre pluſieurs perſonnes , ſans être pour cela vicieuſe & proſcrite par les lois.

Cependant ſi la défenſe portoit ſur une per-ſonne que le légataire ſeroit dans le cas d'épou-ſer pour lui rendre l'honneur , elle deviendroit par-là contraire aux bonnes mœurs , & elle re-tomberoit dans la proſcription des loix. C'eſt une ſage diſtinction que fait Ricard.

Lorſque la défenſe de ſe marier a pour objet des perſonnes d'une certaine ville ou d'un cer-tain lieu, il faut examiner ſi la diſpoſition eſt en fraude de la loi, c'eſt-à-dire , ſi elle tend à ré-duire le légataire à une eſpece d'impoſſibilité de ſe marier ; & elle n'eſt nulle que dans ce dernier cas ; car s'il étoit toujours libre au léga-taire de ſe marier ailleurs ſuivant ſa Condition , la diſpoſition ne choqueroit pas l'intention de la loi.

Hors ces cas , où la Condition ne porte pas une défenſe illimitée de ſe marier , & où elle ne fait qu'en reſtreindre la liberté , on doit toujours rejeter les Conditions qui arrêtent ou gênent trop les mariages.

On ne pourroit pas, par exemple, impoſer à un neveu l'obligation de ne ſe marier que du conſentement de ſon oncle qui ne ſeroit pas ſon tuteur ; c'eſt ce qui a été jugé par un arrêt du 10 octobre 1675, rapporté par Boniface, tom. 4, liv. 5, tit. chap. 6.

La Condition de prendre un métier & un métier déſigné, quoiqu'elle bleſſe la liberté naturelle, doit être exécutée, à moins que le métier ne ſoit deshonnorant ou incompatible avec les qualités phyſiques ou morales de la perſonne. Il eſt cependant arrivé pluſieurs fois que l'on à cru devoir adoucir la règle dont nous parlons dans des circonſtances particulieres. On trouve dans Bardet un arrêt du 18 février 1617 rendu au parlement de Touloufe, qui a jugé que le fils d'un laboureur inſtitué héritier par ſon pere, à la charge de continuer cette profeſſion utile & honorable, ne devoit pas être privé de la ſucceſſion de ſon pere pour s'être livré à un autre état ; cependant dans l'eſpèce dont il s'agit, le pere avoit ajoûté à ſa diſpoſition la clauſe irritante, que faute par ſon fils de remplir la Condition qu'il lui impoſoit, il ceſſeroit d'être héritier.

En général les lois n'examinent pas ſi les Conditions forcent la volonté ou les inclinations des légataires ; c'eſt par des conſidérations plus puiſſantes & puiſées dans la raiſon & le bien public, qu'elles ſe déterminent à rejeter les Conditions ou à les maintenir.

Elles rejettent comme des Conditions vraiment deſtructives de la liberté, celles de ne pas défemparer d'un certain lieu où d'y faire une réfidence continuelle fans pouvoir transférer ailleurs fon domicile , fous quelque raifon que ce foit. (*).

La Condition de demeurer avec certaines perfonnes ou de ne pas s'en féparer doit être exécutée. Mais il fuffit que la perfonne à qui cette obligation eft impofée ne s'y refufe pas pour qu'elle acquière la libéralité promife.

De l'accompliffement des Conditions. Les difficultés relatives à l'accompliffement des Conditions dans les actes à caufe de mort peuvent rouler fur la maniere de les exécuter, ou fur le temps où l'on peut & où l'on doit les remplir. Cette matière eft trop importante pour ne pas être difcutée avec l'étendue qu'elle mérite. Nous la diviferons en fix parties dans lefquelles nous ferons entrer les principales queftions qui en dépendent.

Nous ferons d'abord quelques obfervations générales fur l'accompliffement des Conditions dans les teftamens.

Nous examinerons enfuite, premièrement, quelles perfonnes peuvent & doivent accomplir les conditions.

Secondement, avec quelles perfonnes on peut les accomplir.

(*) *Titio centum relicta funt, ut à monumento non recedat veluti in illa civitate domicilium habeat. Poteft dici non effe locum cautioni , per quam jus libertatis infringitur. L. Titio ff. de cond. & demonft.* Le parlement de Paris s'eft conformé à la décifion de cette loi par un arrêt du 3 juillet 1614, rapporté par Mornac fur la loi 2 , cod. *de ufufructu* , en rejetant la condition impofée par le teftateur à fon légataire de réfider dans la ville de Baune.

Troifièmement, fi la faculté d'accomplir la Condition paffe aux hétitiers.

Quatrièmement, dans quel temps la Condition doit être accomplie.

Cinquièmement, fi la Condition peut être divifée dans la forme de fon accompliffement.

Sixièmement, fi l'effet de la Condition doit durer ?

Obfervations génerales fur l'accompliffement des Conditions. La perfection des dispofitions dépend de l'événement de l'accompliffement des Conditions.

Mais cet événement & cet accompliffement font relatifs eux-mêmes à la nature des Conditions qui peuvent être fufpenfives ou réfolutoires.

Lors donc qu'il s'agit d'une Condition qui n'eft fufceptible ni d'être remife, ni d'être rejetée, elle doit être exécutée avant que la difpofition puiffe l'être, fi la Condition eft fufpenfive, ou après l'exécution de la difpofition, fi la Condition eft réfolutoire.

La première règle qu'on doit obferver dans l'accompliffement des Conditions, c'eft de fe conformer à la difpofition qui les renferme. Il faut avant tout confulter la volonté du teftateur, & fuivre exactement & littéralement la loi qu'il a impofée.

La Condition ne doit pas être étendue d'un cas à l'autre ; ce qui a pu être omis dans la difpofition doit dépendre de la loi feule.

Si un teftateur, dit une loi romaine, a dit s'il me nait un fils de mon vivant, il fera mon héritier ; & que l'enfant ne naiffe que dans un temps non prévu par le teftateur, ce cas ne

fera ni fuppléé ni fous-entendu ; il fera unique-
quement confidéré comme omis ; & le teftament
ne fera pas réformé par l'interprétation , mais il
fera caffé par le moyen de la *prétérition d'enfant.*

Cette règle eft la même dans les conventions
& dans les difpofitions de mort. Quoique nous
l'ayons déja expliquée en parlant des premières ,
elle eft fi importante que nous avons cru devoir
la rappeler. Il fuffit ici de la pofer comme le
premier principe de la difcuffion où nous allons
entrer. Mais il fera bon de recourir à ce que
nous en avons dit dans la première partie de cet
article.

*Des perfonnes qui doivent ou peuvent accomplir
les Conditions.* Il peut fe préfenter plufieurs difficultés à cet égard , même quand la Condition
eft abfolument poteftative , & à plus forte raifon
quand elle eft cafuelle ou mixte.

Il eft certain que celui à qui la Condition eft
impofée peut toujours l'accomplir. Ni l'âge , ni
fon état , ni aucune circonftance ne lui ôtent
cette faculté.

Ainfi le pupille , le fils de famille , l'efclave ,
peuvent acquérir des libéralités par des faits
licites qui leur font prefcrits ; & cela fans l'autorifation de leur tuteur , de leur pere ou de
leur maître.

Il faut même obferver ici que la néceffité
d'accomplir une Condition rend quelquefois permis ce qui ne le feroit pas fans cela. Une loi
romaine décide qu'un mineur à qui fa dépendance interdit de donner la liberté à fon efclave , peut cependant le faire fi en cela il accomplit une Condition qui le met dans le cas de

réclamer une libéralité. La raiſon de cette loi eſt ſenſible. C'eſt par un même principe qu'elle relache ici les liens où elle retient le mineur dans d'autres occaſions. Elle a voulu, en lui ôtant la liberté d'aliéner ſes biens, l'empêcher de faire ſon propre mal. Mais elle doit lui permettre cette aliénation, quand elle peut tourner à ſon avantage.

L'accompliſſement de la Condition par un autre que le légataire peut-il ſervir à celui-ci? Cette queſtion n'eſt pas ſans difficulté; elle mérite de nous arrêter un moment.

Nous croyons qu'il faut diſtinguer ſi la Condition peut être exécutée par une perſonne autre que le légataire, où ſi elle eſt de nature à ne pouvoir être accomplie que par lui.

Si elle ne peut être accomplie par un autre que le légataire même; ſi elle conſiſte, par exemple, dans l'obligation de ſe marier, il n'y a pas de doute que le fait d'une autre perſonne ne peut pas ſuppléer au fait propre du légataire qui eſt excluſivement exigé.

Mais ſi la Condition peut être remplie par une autre perſonne que le légataire, l'acte de cette perſonne peut profiter au légataire, ſurtout ſi elle a quelque droit de s'entremettre dans l'accompliſſement de la Condition, ſoit qu'elle ait été chargée d'agir pour le légataire ou bien qu'elle ſoit autoriſée à le faire. Le tuteur, par exemple, pourroit remplir une obligation non perſonnelle impoſée à ſon pupile; il a qualité pour exercer ſes droits & ſes actions, & il doit veiller à ſes intérêts. Il en doit être de même de tout autre adminiſtrateur des droits ou des intérêts d'autrui.

A l'égard des Conditions impofées à d'autres perfonnes / que celles qui font fous l'autorité d'autrui , Ricard eftime qu'il importe peu que le légataire accompliffe par lui-même , ou par le miniftère d'autrui la Condition qui lui eft im- pofée : « lors, dit-il, que nous chargeons quel- » qu'un de faire une chofe, ce n'eft pas notre » intention de l'obliger lui-même à y travailler ; » & nous nous contentons qu'il y employe » fes foins & fa diligence ; fi ce n'eft que par » la nature de la Condition , ou par la préfomp- » tion de la volonté du teftateur , il ne paroiffe » qu'elle doive être accomplie par le légataire » en perfonne ».

Il nous paroît que Ricard pofe ici un principe jufte & inconteftable ; mais ce principe ne réfout pas notre queftion en entier ; car elle embraffe le cas où un tiers auroit rempli la Condition fans mandat , fans la participation même du légataire , & même fans avoir aucun droit d'a- gir pour lui.

Cujas fait à ce fujet cette diftinction : où il s'agit d'un fait qui ne laiffe après lui aucun ou- vrage , & qui n'exifte que pendant qu'on y eft occupé ; tel feroit celui *de monter au capitole*. Dans ce cas, l'accompliffement ne peut être fait que par la perfonne même du légataire. Mais fi la Condition confifte dans un fait qui laiffe après lui un ouvrage , comme s'il eft quef- tion de la conftruction d'un édifice , alors c'eft l'ouvrage qui eft l'objet de la Condition , & l'on ne confidére point la perfonne qui doit le faire. Voilà pourquoi l'accompliffement d'une Condi- tion par un autre que celui fur qui elle tombe, eft valable & profite à ce dernier.

Avec qu'elles personnes les Conditions peuvent s'accomplir ? Le droit romain ne décide pas cette question en général ; mais il s'en occupe dans plusieurs cas particuliers qu'il faut rapporter.

Je lègue cent écus à Titius s'il épouse Mœvia : accomplira-t-il la Condition en épousant une sœur de Mœvia ou toute autre personne ?

La loi décide que la Condition ne peut être remplie qu'avec la personne désignée.

Une autre loi décide la même chose ; elle veut que celui qui doit remettre une somme à un esclave institué héritier, ne puisse accomplir la Condition, qu'en remettant la somme à l'esclave même & non à son maître.

De même celui qui est chargé de donner quelque chose au maître ne remplit pas la Condition, en donnant la chose à son esclave, à moins que cet esclave ne soit chargé de la recevoir.

Cependant si la Condition consistoit à donner quelque chose à un pupille, à un furieux, à un imbécile, ce ne seroit pas remplir la Condition, ou ce seroit la remplir mal que de remettre la chose à ces personnes évidemment incapables d'en user sagement : l'intention du testateur n'a pas été uniquement de donner, mais de donner d'une manière utile à celui qui doit recevoir. C'est entre les mains du tuteur ou du curateur qu'il faut faire la délivrance.

Mais si la Condition consiste en un fait, tel que celui de rendre un service quelconque aux personnes de l'espèce dont nous venons de parler, la Condition pourra être accomplie sans l'intervention de leur tuteur ou de leur curateur.

Celui qui eſt chargé de donner quelque choſe à l'héritier, ne ſatisfait pas à la Condition en donnant au fidéi-commiſſaire.

Lorſqu'un légataire eſt chargé de donner quelque choſe à l'héritier, & qu'il ſe trouve en même-temps créancier de cet héritier, il remplit ſuffiſamment la Condition en faiſant a l'héritier une remiſe ſur la dette égale à la valeur qu'il devoit lui délivrer. Dumoulin obſerve judicieuſement que la Condition de donner peut être accomplie par la compenſation.

Si la faculté d'accomplir la Condition paſſe aux héritiers ? Cette queſtion peut-être examinée ſous deux rapports différends : 1°. relativement aux diſpoſitions contractuelles : 2°. relativement aux diſpoſitions teſtamentaires.

En traitant des Conditions des contrats, nous avons déjà conſideré la queſtion ſous le premier rapport.

Nous ne devons donc plus l'examiner que ſous le ſecond rapport, c'eſt-à-dire, relativement aux diſpoſitions teſtamentaires.

Quant à celles-ci, la faculté d'accomplir la Condition, même celle qui eſt purement poteſtative, ne paſſe pas aux héritiers de celui à qui elle a été impoſée. S'il meurt avant d'avoir ſatisfait à la Condition, la diſpoſition devient nulle. La loi *ſub diverſas, ff. de condit. & Demonſt.* eſt déciſive ſur ce point. Elle prononce la négative, même dans le cas du legs de la liberté, le plus favorable de tous.

Il y a une eſpèce de contradiction dans les loix, ſur la difficulté de ſavoir ſi lorſque la Condition conſiſte à donner quelque choſe, le légataire peut y ſatisfaire entre les mains de l'héritier de la perſonne déſignée.

La loi que nous venons de citer, dit que l'efclave chargé de donner une fomme à l'héritier du teftateur, remplit la Condition, en la donnant à l'héritier de l'héritier : *Hæredi decem dare juffus & liber effe, & hæredi hæredis dando perveniet ad libertatem. L. fub diverfas, ff. de Conditione & demonft.*

Mais une autre loi décide nettement que fi le legs doit s'accomplir avec une perfonne défignée, & que cette perfonne meure avant que la Condition foit accomplie, elle ne pourra pas s'accomplir avec l'héritier de cette perfonne : *Cùm ita datur libertas fi Titio qui non eft hæres decem dederit, certa perfona demonftratur ne propter ea in perfona ejus tantùm Conditio impleri poteft. L. Cùm ita in principio, de Condit. & demonft.*

Ces décifions qui paroiffent contraires, ne le font cependant pas; on les concilie en diftinguant les cas.

La faculté d'accomplir la Condition ne paffe pas à l'héritier de celui qui eft défigné comme le feul avec qui la Condition peut être exécutée, *Conditionis implendæ caufa.*

Mais la Condition peut être remplie avec l'héritier de la perfonne défignée, lorfque la défignation n'a pour objet que d'indiquer la qualité d'héritier. Alors c'eft cette qualité, & non la perfonne défignée, qui eft l'objet de la Condition.

Dans quel temps la Condition doit-elle être accomplie ? La réfolution de cette queftion dépend des divers cas où elle peut fe rencontrer.

Si la difpofition exprime le délai dans lequel la Condition doit arriver ou doit être accomplie, le délai eft fatal; & quand même la Condition
feroit

feroit cafuelle, il importeroit peu que le légataire eût fait tous fes efforts pour procurer l'accompliffement de la Condition.

Le délai eft encore plus évidemment fatal,
quand la Condition étoit poteftative. Le légataire
doit alors fupporter la peine de fa négligence.

Mais s'il a été empêché dans l'exécution par
quelque accident ou par quelque obftacle qu'il
n'ait pas dépendu de lui d'éviter, il pourra demander un plus long délai pour achever ce qu'il
a été dans l'impuiffance de finir.

Par exemple, fi le délai n'a pu être connu
du légataire, parce que le teftament n'étoit pas
ouvert, il fera reçu à accomplir la Condition
dans un délai femblable, après l'ouverture du
teftament.

Mais ce ne feroit pas une excufe pour le légataire, d'alléguer que la perfonne avec qui il
devoit remplir la Condition étoit abfente ou
s'étoit tenue cachée; il devoit faire fa diligence
pour la trouver, offrir de remplir la Condition,
ou configner fi elle confiftoit à donner.

Si la difpofition n'exprime pas le temps auquel
la Condition peut ou doit être accomplie, elle
peut donner lieu à un grand nombre de difficultés
qui dépendent toutes de deux confidérations
générales fur lefquelles nous devons nous arrêter.

La première confifte à favoir fi la Condition
qui arrive pendant la vie du teftateur doit profiter au légataire.

La feconde porte fur le délai dans lequel la
Condition doit arriver ou être accomplie après
la mort du teftateur.

Pour l'éclairciffement de la première confidération, il faut remarquer qu'il y a des Condi-

tions qui doivent fe vérifier lors de la difpofition; comme s'il eft dit qu'*un tel fera légataire d'une telle chofe*, *s'il fe trouve exempt de tel crime.*

Il y a encore des conditions qui doivent arriver néceffairement après la difpofition, & néanmoins pendant la vie du teftateur, comme s'il eft dit : *Je lègue cent écus à Mævia*, *fi elle fe ,marie avec moi.*

Il y en a d'autres qui ne peuvent arriver & fe vérifier qu'après la mort du teftateur, comme s'il eft dit : *Je donne cent écus à Titius*, *s'il affifte à mon convoi funèbre.*

Il y en a enfin d'une quatrième forte, qui peuvent arriver pendant la vie & après la mort du teftateur, & dont l'évènement profite en quelque temps qu'il arrive.

On peut facilement diftinguer par la difpofition même, les trois premières efpèces de Conditions dont nous venons de parler; il n'y a guère de difficulté que fur la quatrième efpèce, & pour favoir fi une condition de cette forte, qui arrive ou qui s'accomplit pendant la vie du teftateur, profite au légataire.

Les Conditions qui ont un temps indéfini, telles que celle-ci, *fi Titius eft fait préteur ou conful*, profitent au légataire en quelque temps qu'elles arrivent, avant ou après la mort du teftateur; & quand même la perfonne feroit fortie du confulat ou de la préture, au moment de l'ouverture du teftament, le legs n'en feroit pas moins valable. La Condition eft remplie par cela feul que le légataire eft parvenu au confulat ou à la préture.

Les Conditions cafuelles profitent auffi au légataire, en quelque temps qu'elles arrivent;

mais quoiqu'elles ne dépendent ni de fa volonté ni de fon fait, il importe cependant qu'il fache qu'elles lui font impofées, pour qu'il en attende l'évènement.

Mais les Conditions poteftatives ne peuvent s'accomplir qu'après la mort du teftateur ; & il faut encore que le légataire fache qu'elles lui font impofées, & qu'il exécute la chofe dans la vue de fatisfaire à la Condition ; car fi elle fe trouvoit accomplie fans ce deffein, ou par hafard, elle feroit inutile.

Les Conditions mixtes, c'eft-à-dire celles qui dépendent en partie du légataire, & en partie d'une autre perfonne ou du hafard, fur - tout celles qui confiftent dans des faits qui ne peuvent pas fe réitérer, tels que le mariage, profitent au légataire, quoiqu'elles arrivent pendant la vie du teftateur.

Mais fi le teftateur a connu que le fait qu'il impofe pour Condition, & qui eft de nature à fe réitérer, eft déjà arrivé, il eft clair qu'il a en vue dans fa difpofition, la réitération de l'acte, & cette réitération eft néceffaire pour acquérir le legs.

De-là vient que fi le teftateur fait un legs à fa femme au cas qu'elle ait des enfans, ceux qui font nés n'accompliffent pas la Condition.

Mais fi le fait n'eft pas de nature à être réitéré, il n'en faudra pas attendre un fecond pour l'ac-compliffement de la Condition. La loi n'a pû parler que des faits propres à être réitérés, fans cela elle forceroit à l'impoffible, ce qui eft abfurde, & par conféquent ne peut pas réfulter de fa difpofition.

Il faut obferver ici que le mariage eft confidéré

comme un fait qu'on peut réitérer. Voilà pourquoi ſi un teſtateur l'impoſe pour condition à une perſonne qu'il ſait mariée, il eſt ſuppoſé avoir fait porter la Condition ſur un ſecond mariage.

Le légataire doit connoître que la Condition eſt arrivée, pour accepter valablement le legs; & quoiqu'il l'ait accepté, s'il meurt avant d'avoir ſu l'accompliſſement de la Condition, il ne tranſmet pas le legs à ſes héritiers.

La ſeconde conſidération porte ſur le délai dans lequel la Condition doit arriver ou s'accomplir après la mort du teſtateur.

On ſent que ce délai ne peut être incertain que lorſqu'il n'a pas été fixé par le teſtateur.

Si la Condition eſt caſuelle, en quelque temps que l'évènement arrive, pourvu que ce ſoit pendant la vie de celui qui doit recueillir la libéralité, l'évènement ſera utile, & la diſpoſition efficace. L'héritier ou le légataire, ſous des Conditions de cette eſpèce, ne peuvent pas être inquiétés pour l'inexécution de la Condition, ni aſtreints à en procurer l'accompliſſement dans un délai fixé. Ils ont tout le temps de leur vie pour attendre qu'elle ſoit remplie.

Mais ſi la Condition eſt poteſtative, le légataire doit l'accomplir dès qu'il en a le pouvoir & les moyens.

Cependant il ne faut pas penſer avec quelques anciens auteurs, que ſi le légataire n'avoit pas rempli la Condition de cette eſpèce dans le premier moment favorable, il dût être pour cela déchu de la libéralité, comme il arriveroit s'il n'avoit pas accompli la Condition dans un délai fixé par le teſtateur. La loi dit ſeulement que dans ce dernier cas, on peut ſe pourvoir devant le juge, pour obliger l'héritier ou le légataire à accomplir la Condition.

Mais si l'on ne fait pas fixer par le juge le délai dans lequel l'héritier ou le légataire feront tenus de remplir la condition, ils auront tout le temps de leur vie pour satisfaire.

Toutefois si la Condition potestative est conçue en termes négatifs, il n'y a point de délai à fixer au légataire ; & si la disposition est telle que la Condition puisse se vérifier avant la mort de celui à qui elle a été imposée, il faudra attendre cet évènement ; mais si elle ne peut se vérifier que par la mort du légataire, la disposition devra être exécutée sous cautionnement, sauf à la résoudre en cas que le légataire contrevienne à la Condition.

C'est une grande question que celle de savoir si la mort civile équivaut à la mort naturelle par rapport à l'accomplissement de là Condition? Elle dépend de ce principe que nous avons déjà touché, qu'on ne peut point admettre d'*équipollens* dans les Conditions, à moins qu'ils ne soient fondés dans la volonté du testateur.

C'est le sentiment du plus grand nombre & des meilleurs auteurs, que la mort civile ne tient pas lieu, dans le cas dont il s'agit, de la mort naturelle.

D'abord aucune loi n'a prononcé que le premier de ces genres de mort équivaudroit à l'autre. Ricard & Furgole établissent fort bien que les auteurs qui pour soutenir l'opinion contraire, ont invoqué différens textes des lois Romaines, en ont abusé ou en ont mal saisi le sens.

En second lieu, dans les Conditions on ne doit

pas étendre un cas à un autre. Lorsqu'un testateur a fait dépendre une de ses dispositions de la mort d'un homme, il n'a sûrement entendu parler que de sa mort naturelle.

En troisième lieu, il y a une loi formelle qui décide le contraire, & qui confirme la regle que nous posons ici. Voici l'espèce de cette loi.

. Une mère avoit été instituée héritière avec substitution à son fils, après la mort de cette femme. Elle fut condamnée à une peine qui emportoit la mort civile. Le fils prétendit que cet évènement donnoit ouverture au fidéicommis, & qu'il n'étoit plus dans le cas d'attendre la mort naturelle de l'héritière grévée. Le jurisconsulte répondit qu'il devoit être débouté de sa demande, que le fidéicommis ne pouvoit être ouvert que par la mort naturelle, que le fidéicommissaire pouvoit mourir avant l'héritière grévée, & que par-là le fidéicommis deviendroit caduc.

Si la Condition peut être divisée dans la forme de son accomplissement. Cette question demande à être examinée relativement aux différentes espèces de Conditions.

S'il s'agit d'une Condition casuelle qui roule sur un évènement unique, il est évident que l'accomplissement ne peut pas en être divisé.

. Si la Condition renferme plusieurs évènemens unis par une conjonction copulative, comme s'il est dit : _je veux que mon héritier aille à Rome & qu'il en rapporte un tel tableau_, il faut que les deux évènemens arrivent ; mais si les évènemens conditionnels sont séparés par la conjonction disjonctive, comme s'il est dit : _je veux que vous alliez à Rome ou à Naples_, il suffit qu'un de ces voyages se réalise pour accomplir la Condition.

A l'égard de la Condition poteftative, il y a quelque différence entre celle qui confifte à donner & celle qui confifte à faire, fur-tout quand elle eft impofée à plufieurs perfonnes pour recueillir la même libéralité.

Si un teftateur lègue à Titius un fonds fous la Condition de donner dix écus à Mævius, le légataire ne pourra pas réclamer la moitié du fonds, en payant la moitié des dix écus, parce que la Condition ne peut pas être divifée.

Mais fi au lieu de donner dix écus, comme il y eft obligé, il en donnoit vingt, il auroit plus que rempli la Condition, & il pourroit répéter les dix écus de trop.

Si une partie de la chofe léguée en étoit retranchée, le légataire fatisferoit fuffifamment à la Condition, en payant une partie de la fomme, proportionnée à ce qui refteroit du legs.

De même fi un héritier n'eft capable de recevoir que la moitié d'un fonds qui lui eft légué fous la Condition de donner une fomme, il ne fera obligé de payer que la moitié de cette fomme.

Mais il n'y a point de répétition à faire lorfque le retranchement fur le legs a pour objet de remplir la légitime des héritiers.

Si un fonds eft légué à Titius & à Mævius tout enfemble, avec la charge de donner dix écus, alors la Condition pourra être divifée dans l'exécution; & fi Titius paye les cinq écus de fa portion, il pourra demander la moitié du legs, quoique Mævius de fon côté n'ait pas rempli la Condition.

Voici encore un autre cas décidé par la loi. Un teftateur inftitue plufieurs héritiers, & il

légue à fa femme l'ufufruit de certains biens jufqu'à ce que fa dot lui ait été rembourfée. Si un
des héritiers paye la portion de la dot qu'il eft
chargé de rendre, il fera ceffer l'ufufruit de la
femme fur fa portion héréditaire ; il en feroit de
même fi la femme refufoit de recevoir fon payement de la part d'un des héritiers feul.

Nous venons d'expliquer, en les appliquant à
des exemples, les règles qui concernent la Condition qui confifte *à donner*.

Occupons - nous actuellement de celles qui
concernent la Condition qui prefcrit *de faire*.

1. Si le fait ne peut pas être divifé, la Condition ne peut pas l'être non plus dans l'exécution,
quand même elle feroit impofée à plufieurs perfonnes. Si la liberté eft léguée à deux efclaves
s'ils conftruifent une maifon, ou s'ils pofent
une ftatue, cette Condition ne pourra pas être
divifée.

On peut demander fi lorfqu'un des efclaves
a fait l'ouvrage entier, feul & fans la participation ou les fecours de l'autre, la Condition fe
trouve remplie ?

La même loi décide que la Condition n'eft
accomplie qu'en faveur de celui qui a fait l'ouvrage, & qu'elle ne peut plus l'être pour l'autre,
parce qu'il ne fauroit accomplir une Condition
déja remplie.

La liberté eft laiffée à deux efclaves fous la
Condition de rendre compte de la geftion qui
leur avoit été confiée. L'un offre de fatisfaire à
la Condition ; l'autre dit qu'il n'a pas encore mis
fon compte en règle. La négligence de l'un fera-
t-elle obftacle à l'accompliffement de la Condition en faveur de l'autre ?

Il faut faire ici une diſtinction : ou les deux eſclaves ont géré ſéparément , ou ils ont géré enſemble. Dans le premier cas, l'un peut rendre compte ſans l'autre, par conſéquent remplir la condition & acquérir la liberté.

Dans le ſecond cas, la Condition ne ſera parfaite qu'après que les deux eſclaves auront rendu leur compte en commun, & qu'ils en auront payé le reliquat.

Un fonds eſt légué à deux perſonnes ſous la Condition de faire tranſporter le corps du teſtateur du lieu où il eſt décédé dans un autre où il veut être inhumé , & d'employer une certaine ſomme à ſes funérailles. Les deux légataires ſont-ils obligés de remplir conjointement la Condition , ſinon ſeront-ils privés l'un & l'autre du legs ? L'équité eſt venue ici tempérer la rigueur du droit, & la loi prononce comme elle a fait ſur le cas déja expliqué, où un fonds eſt légué à deux perſonnes ſous la Condition de donner dix écus. Celui qui remplit ſa part de la Condition l'accomplit pour lui-même.

Si l'effet de la Condition doit durer. Toutes les difficultés qui peuvent naître ſur cette queſtion doivent ſe décider d'après les termes & le ſens des diſpoſitions qui renferment les Conditions. Il faut examiner ſi les faits ſur leſquels portent les Conditions ſont momentanées, ou s'ils ſont perpétuels & ſucceſſifs.

Si les paroles qui contiennent la Condition indiquent une perpétuité dans le fait ou dans les faits preſcrits, il ne ſuffit pas d'avoir ſatisfait à la Condition pendant un certain temps, il faut la remplir pendant tout l'eſpace que le teſtateur a fixé ou qu'il paroît avoir eu en vue , quand même cet efpace comprendroit toute la·vie du légataire.

Si , par exemple , un teftateur a impofé à fa femme la Condition de viduité , cette viduité ne peut pas finir , même après le plus long terme, fans faire manquer la Condition & fans mettre la femme dans le cas de rendre le legs.

Quand les termes de la Condition annoncent un fait qui peut fe confommer en un moment , il fuffit qu'il ait été une fois accompli ; & quand même il viendroit à ceffer, la Condition n'en feroit pas moins remplie. Ainfi fi j'ai été inftitué héritier à Condition de me marier , c'eft affez que mon mariage ait été célébré ; & ma femme viendroit à mourir avant d'être entrée dans la maifon nuptiale , que la fucceffion qui m'a été déférée ne m'en feroit pas moins acquife.

De même fi un legs eft fait à une .femme, fi elle eft veuve , ou lorfqu'elle fera veuve ; la difpofition fera parfaite dès que cette femme fe trouvera dans l'état de viduité , & fans qu'elle foit tenue d'y perfévérer.

· La même règle doit avoir lieu dans les Conditions négatives comme dans les autres. Dès qu'une fois on y a contrevenu , elles ont manqué irrévocablement , & l'on ne peut réparer la contravention en réduifant les chofes à leur premier état.

Si , par exemple , un teftateur impofe à fon héritier la Condition de ne point aliéner un fonds, dès que l'aliénation eft faite la Condition a manqué , quoique l'héritier rachète enfuite le fonds.

. Lorfque la Condition roule fur des faits fuccesifs, l'accomplissement de la Condition profite pour le temps où on l'exécute. Si, par exemple, il est dit : je veux que mon héritier donne deux cens écus à ma femme, pendant qu'elle demeurera dans une telle ville : les deux cens écus seront dûs à la femme pendant toutes les années où elle aura exécuté la Condition ; & si elle vient à l'enfreindre, elle ne sera pas tenue de rendre les pensions qu'elle aura touchées.

Des règles pour expliquer les Conditions. La première & la principale règle que nous pouvons indiquer dans l'interprétation des Conditions, c'est de se conformer à la volonté du testateur. C'est de cette volonté que tout dépend : c'est à elle que tout doit se rapporter.

Lorsqu'on ne peut pas démêler la volonté du testateur dans ses paroles, il faut recourir à des conjectures ; mais il faut les puiser, ces conjectures, autant qu'on le peut, dans le testament même, soit en comparant la disposition douteuse avec une autre qui lui est relative, soit en en cherchant le sens dans l'ensemble des dispositions.

On ne doit jamais s'écarter du véritable sens des paroles que lorsqu'il paroît manifestement que le testateur a eu un autre objet, une autre pensée.

Ce n'est pas que dans l'interprétation des Conditions on ne puisse avoir égard à la proximité des personnes.

Voyez *le code & le digeste, partiulièrement les livres de legatis, & celui de conditione & demonstratione ; les lois civiles de Domat ; le second volume du traité des testamens de Furgole ; le traité des donations de Ricard ; celui des fucceffions de Lebrun ; les œuvres de Henrys ; celles de Defpeiffes ; Cujas , dans fes obfervations ; Dumoulin , fur la coutume de Paris ; le commentaire fur la coutume de Paris , de Ferrière ; d'Argentré , fur la coutume de Bretagne ; les œuvres de d'Olive ; celles de Maynard ; celles de Duperrier ; celles de Mornac ; le traité des obligations ae Pothier , &c.* Voyez auffi les articles TESTAMENT, LEGS ; DONATION, SUBSTITUTION, MARIAGE, OBLIGATION , CONTRAT , &c. (*Aricle de M. LA CRETELLE , avocat au parlement*).

CONDITIONNER UN HÉRITAGE. C'eft dans plufieurs coutumes des Pays-bas ftipuler qu'un héritage ne fera point affujetti aux règles établies par la loi municipale , foit pour les fucceffions , foit pour la faculté d'en difpofer.

Dans les coutumes de Cambrefis & d'Artois, deux conjoints ne peuvent s'avantager l'un l'autre ; mais ils peuvent en faifant une acquifition, ftipuler que le dernier vivant fera propriétaire de la totalité du bien acquis. C'eft une faculté que leur accordent l'article 29 du titre 7 de la coutume de Cambrefis, & l'article 120 de celle d'Artois. Cette dernière ajoute , « & le mari n'eft par ce « réputé avoir avanché fadite femme ». En effet, quand deux conjoints *conditionnent* ainfi un héritage , ils fongent bien moins à donner qu'à s'enrichir des biens l'un de l'autre. La libéralité eft l'ame de la donation. Le furvivant ne reçoit rien de la libéralité de celui qui meurt le premier, il doit fa bonne fortune au hafard , & il s'étoit expofé à perdre autant qu'il gagne.

Il réfulte de ces principes que le mari ne peut

en faifant une acquifition, la *conditionner* pour le dernier vivant, quand il n'y a pas de communauté. La femme n'a aucun droit actuel ni expectatif fur l'héritage acquis, le mari en eft feul propriétaire ; ainfi il ne peut s'en deffaifir au profit de fa femme, en cas qu'elle le furvive, fans bleffer la difpofition de la coutume qui défend tout avantage entre conjoints.

Par la même raifon, la femme ne peut avoir l'héritage *conditionné* au profit du dernier vivant, qu'en acceptant la communauté.

Dans les coutumes de Cambrefis & de Hainaut, un homme veuf avec enfans ne peut difpofer des biens dont il étoit en poffeffion avant la mort de fa femme ; mais il peut, quand il eft capable de difpofer, ceft-à-dire, avant ou pendant fon mariage, *conditionner* que fa capacité durera en tout état, & alors fa viduité ne lui lie pas les mains.

La faculté de difpofer dépend des différentes circonftances, fuivant les différentes coutumes. En Cambrefis & dans la partie du Hainaut qui eft régie par les chartes générales, tout majeur qui n'eft pas veuf avec enfans, peut librement aliéner. Dans le chef-lieu de Valenciennes, un homme marié ne peut difpofer de fon patrimoine fans le confentement de fa femme, ni même avec fon confentement, s'il a des enfans. Il en eft de même d'un homme veuf. Dans le chef-lieu de Mons, il faut pour être capable d'aliéner fes propres, avoir *femme première & d'elle enfans vivans* ; & pour aliéner fes acquets, il faut être au même état qu'en faifant l'acquifition ; de forte que fi depuis on s'eft marié, ou fi l'on eft devenu veuf, on ne peut plus les aliéner.

Pour écarter ces différens obftacles que mettent les coutumes à la faculté de difpofer, on peut dans le temps où l'on jouit de fa capacité, fe déshériter d'un ou plufieurs héritages, & *conditionner* que l'on pourra en difpofer en tout état.

Mais on ne peut pas toujours faire ces *Conditions*. La coutume de Çambrefis (titre premier, article 21) les défend à l'égard des fiefs. De forte qu'un homme veuf avec enfans ne peut jamais, dans cette coutume, difpofer des fiefs qu'il avoit acquis avant la mort de fa femme, quoiqu'il puiffe le faire, lorfqu'il eft capable d'aliéner fes autres biens.

Celle de Hainaut ne permet de *conditionner* les fiefs qu'en faveur des femmes, lorfqu'il eft queftion de leur affigner un douaire. C'eft ce que décide l'article 18 du chapitre 34 des chartes générales. L'article 3 du chapitre 93 permet auffi à .un mari qui acquiert un fief, de *conditionner* que la propriété en appartiendra à fa femme, en s'en retenant l'ufufruit.

En Cambrefis, il ne pourroit pas même *conditionner* que fa femme aura en propriété la moitié d'un fief qu'il acquiert, parce que, fuivant l'article premier du titre premier de cette coutume, les fiefs acquis par deux conjoints appartiennent au mari feul.

La même coutume ne permet de *conditionner* un héritage rôturier, *qu'en acquét faifant*. Cette reftriction eft exprimée dans l'article 10 du titre 2; d'où il fuit qu'elle défend les *Conditions* à l'égard des propres. En Hainaut, il n'y a point de temps fixé pour cela, il fuffit que l'on foit capable d'aliéner. Il paroît d'abord qu'on ne

peut pas non plus y *conditionner* les propres ;
c'eſt ce que ſemblent inſinuer l'article 15 du
chapitre 31 des chartes générales, l'article 13
de la coutume du chef-lieu de Valenciennes,
& l'article premier du décret porté le 20 mars
1606 pour le chef-lieu de Mons. Toutes ces
lois ne font mention que des acquêts par rapport
à la faculté de *conditionner ;* le ſilence qu'elles
gardent ſur les propres, ſemble faire voir qu'ils
ne ſont pas ſuſceptibles de *Conditions : Unius
incluſio eſt alterius excluſio.* Néanmoins l'uſage
général du Hainaut permet de *conditionner* un
propre.

Cet uſage eſt fondé ſur l'article 5 du chapitre
32 des chartes générales, où il eſt fait mention
de *biens héritiers conditionnés au profit d'enfans
au pain de leur père.*

Les chapitres 12 & 35 de la coutume du chef-
lieu de Mons permettent même à un mari de
conditionner ſes propres ou ceux de ſa femme,
pour appartenir au ſurvivant, avec faculté d'en
diſpoſer en tout état.

En Artois, le mari peut *conditionner* l'héritage
qu'il acquiert, ſans la participation de ſa femme.
C'eſt ce qui réſulte de l'article 120 de la coutume de cette province.

Dans la coutume de Cambreſis, deux conjoints
ne peuvent *conditionner* l'un ſans l'autre. C'eſt
la diſpoſition de l'article 11 du titre 2. La raiſon
en eſt que dans cette province deux conjoints
ne peuvent diſpoſer de leurs biens l'un ſans
l'autre, comme il réſulte de l'article 23 du
titre 7.

Il en eſt de même dans le chef-lieu de Valenciennes. Un arrêt du grand conſeil de Malines

déclara nulle une *Condition* insérée par un mari dans un contrat d'acquisition sans l'intervention de sa femme. Il étoit stipulé que le survivant disposeroit à sa volonté de la totalité du bien acquis.

Dans la partie du Hainaut qui est régie par les chartes générales, le mari peut *conditionner* seul les conquêts de la communauté & ses propres biens. Pour ceux de sa femme, il ne peut les *conditionner* sans son consentement.

Dans le chef-lieu de Mons, il peut sans son aveu & même à son insçu *conditionner* tous les biens propres & acquêts qu'elle avoit avant de se marier, pour appartenir au survivant, avec faculté d'en disposer. (*)

(*) *Formule d'une condition faite par un mari d'un héritage de sa femme dans le chef-lieu de Mons.*
Pardevant nous mayeur & échevins de la terre & seigneurie de Frasnoy, chef-lieu de Mons, est comparu le sieur François Rousseau fermier de ladite seigneurie, lequel pour certaines causes à ce le mouvant, a déclaré vouloir mettre & rapporter ès mains de loi, comme de fait il a mis & rapporté un manoir amarré de maison, gissant en cette seigneurie, tenant au chemin du Quesnoy & à l'héritage de Philippe Delbrayere, déshérité par ledit François Rousseau de ladite maison & manoir comme à lui venant du chef de son épouse, puissant de ce faire, ayant d'elle enfans vivans, après avoir fait serment qu'il n'a aucuns biens de son chef, soit en fonds ou en rentes dans le ressort du chef-lieu de Mons : pareillement avoir fait serment de ne savoir du contraire. Adhérité Jean Pierart Manbour, *condition* d'en disposer en tout état ; & si rien n'en fait, & que Marguerite Masse son épouse lui survive elle en jouisse & dispose comme lui-même. Ainsi fait & passé à Frasnoy dans la chambre ordinaire de justice le. . . .

En

En vertu de cette condition, le survivant

Formule d'une condition pour un héritage patrimonial dans le chef-lieu de Valenciennes.

Pardevant nous mayeur & échevins de la terre & seigneurie d'Aniches chef-lieu de Valenciennes, est comparu le sieur Pierre Boulanger, demeurant à Bugnicourt, lequel a dit qu'il vouloit mettre ès mains de loi, comme de fait il a mis & rapporté une maison, étable, écurie, grange & dix rasières de terre sur lesquelles sont situés lesdits édifices gissans en cette seigneurie, tenans à .... & à .... déshérité desdites parties d'héritages, comme à lui venant de patrimoine étant à marier, *condition* d'en disposer en tout état.

Formule d'une condition pour disposer en tout état d'un acquêt.

Pardevant nous mayeur & échevins de la terre & seigneurie de Neuf Mesnil, chef lieu de Mons, est comparu Jean - Baptiste Richer, demeurant en ladite seigneurie, lequel pour certaines causes à ce le mouvant, a déclaré qu'il mettoit en main de loi un champ de quatre journaux tenant à l'héritage de Michel Biairon, & à celui du seigneur, s'en étant déshérité comme à lui venant d'acquêt, étant au même état, adhérité Jean Blairon Manbour, *condition* d'en disposer en tout état.

Formule d'une condition pour le Cambresis.

Pardevant nous mayeur & échevins de la terre & seigneurie d'Arleux en Cambresis, est comparu Jacques Baudin, demeurant en ladite seigneurie, lequel suivant contrat passé le 6 août dernier, pardevant les notaires Bécourt & Vervoort, duement grossoyé & scellé, a connu d'avoir vendu à Dominique Lépollart & à Marguerite Porte sa femme, six coupes de terre sises en cette seigneurie, tenant à .... & à .... déshérité par ledit Jacques Bauduin desdites six coupes de terre comme à lui venant du patrimoine du chef de son père, ayant à ce jour sa première femme, adhérité Pierre-Mercier Manbour, *condition* de n.. Lépollart & sadite femme de disposer dudit h.. .. .. ledit état, & faute de disposition aller & .. ritage en tout. d'eux deux en toute propriété. echoir au survivant

Tome XIV.

Q

demeure propriétaire de l'immeuble ; mais s'il
meurt fans en difpofer, l'héritage retourne aux
héritiers légaux de celui des conjoints à qui il
appartenoit avant qu'il n'eût été *conditionné*.

Pour qu'un mari puiffe dans cette coutume
conditionner le bien de fa femme, il faut qu'il
faffe ferment de n'avoir plus d'héritages ni de
rentes immobilières qui lui appartiennent dans
toute l'étendue du chef-lieu, & que les gens de
loi jurent qu'ils ne favent pas le contraire. Ce
ferment eft d'une telle néceffité que la Condition
feroit nulle fi l'acte de deshéritance n'en faifoit
pas mention ; & les effets en font fi puiffans,
quand il a été prêté dans les formes prefcrites
par la coutume, qu'il rend l'acte valable quand
même on en découvriroit la fauffeté dans la
fuite, fauf à la partie publique à pourfuivre le
fauffaire. C'eft ce que porte le chapitre 12 de
cette coutume, conforme à l'article 56 de celle
de Valenciennes.

La faculté qu'accorde cette coutume à un
mari, de *conditionner* le bien de fa femme, ne
doit pas feulement avoir lieu lorfque les deux
conjoints font domiciliés dans fon reffort, mais
encore lorfque le mariage a été contracté &
qu'ils font domiciliés dans une autre province.
Mais dans ce dernier cas, fi le mari furvit à fa
femme & s'approprie fon bien en vertu de la
Condition, il doit en rembourfer l'eftimation
à fes héritiers, parce que les droits de la communauté doivent fe régler par la coutume du
ſ ſ où les conjoints avoient leur domicile au
lieu ſ mariage. Ce principe approuvé par
temps du m. ndus, Wezel, Pothier & plu-
Dumoulin, Burgu. ſtes célébres, a fervi de
fieurs autres jurifconſu.

motif à un arrêt du grand conseil de Malines, rapporté par Christin en ses décisions des cours religieuses, vol. I, décis. 57.

La Condition d'un héritage ne peut se faire que par une deshéritance entre les mains de la loi dont il est tenu ; & quand la Condition se fait au profit d'une certaine personne, la des-héritance est ordinairement suivie de l'adhé-ritance d'un *manbour*, qui est par rapport à cet héritage ce qu'est un exécuteur testamentaire à l'égard d'un testament, & qui doit par consé-quent *agir, intenter & défendre,* suivant le pouvoir que lui en donne l'article 10 du chapitre 29 des chartes générales du Hainaut.

Pour qu'une Condition soit valable, il faut que la deshéritance soit revêtue de toutes les formalités nécessaires. Ainsi en Cambresis, le propriétaire doit se deshériter en personne ; car il ne peut le faire par procureur, suivant l'ar-ticle 3 du titre 5, même en cas de maladie, comme l'a jugé un arrêt du parlement de Flan-dres du 28 mars 1696, rendu de l'avis de toutes les chambres.

En Hainaut, on peut se deshériter par pro-cureur, suivant l'article premier du chapitre 103 des chartes générales. Dans la partie de cette province qui est régie par les chartes éche-vinales du chef-lieu de Mons, il faut que la procuration soit passée par-devant les échevins du lieu où la personne qui se deshérite a son domicile, dans la forme prescrite par le décret des archiducs Albert & Isabelle, du 20 mars 1606. Mais comme les formalités d'un acte se règlent toujours par la coutume du lieu où ils se passent, si celui qui veut se deshériter de-

meure dans un pays où les notaires feuls peuvent
recevoir des procurations, comme dans la plus
grande partie de la France, il fuffit d'en paffer
une en cette forme, pour rendre valable la
deshéritance & la Condition, comme l'a jugé
le parlement de Flandres par arrêt du 22 juillet
1720, confirmé par un autre rendu en revifion
le 8 juin 1723.

Pour qu'une Condition faite au profit d'une
certaine perfonne, foit valable, il faut qu'elle
foit rappelée dans le teftament de celui qui l'a
faite. C'eft ce qui réfulte de l'article 3 de l'édit
du mois de janvier 1731 ; lequel porte qu'il n'y
aura plus à l'avenir, dans tout le royaume, que
deux formes de difpofer de fes biens à titre
gratuit, dont l'une fera celle des donations
entre vifs, & l'autre celle des teftamens.

Il faut que la Condition foit rappelée dans un
teftament, & non dans une donation entre vifs,
parce qu'une Condition eft révocable de fa
nature, fuivant l'article 12 du titre 2 de la
coutume du Cambrefis, & l'article 3 du chapitre 93 des chartes générales du Hainaut.

Si les Conditions font faites par deux conjoints
en faveur de l'un ou de l'autre, il n'eft pas
néceffaire qu'elles foient rappelées dans un teftament ni dans un autre acte notarial, parce
que l'édit de 1731 ne comprend point dans fes
difpofitions, les actes faits entre deux conjoints,
comme le décide le dernier article.

Dans le chef-lieu de Valenciennes, les
Conditions ne font en ufage que pour les propres
& pour les cónquêts; car dans cette coutume
les acquêts n'ont pas befoin de cette formalité
pour que l'on puiffe en difpofer en tout état,

parce que la coutume donne cette faculté à tout acquéreur. Ainsi dans cette partie du Hainaut, les Conditions ne font-employées que lorfque deux conjoints acquérant un héritage, veulent en transférer la totalité au furvivant, & lorfqu'on veut fe réferver la faculté de difpofer d'un propre en tout état.

On connoît dans cette coutume une autre efpèce de Condition, mais qui n'a pas befoin du fecours de la deshéritance pour être valable. Un propriétaire d'acquêts qui veut que fon héritier légal puiffe en difpofer en tout état, a foin de *conditionner* dans fon teftament que fon héritier fera libre *d'en difpofer à fa volonté.* Cette claufe donne à ces biens la qualité d'acquêts dans la perfonne de l'héritier; & il peut en difpofer à fon gré, fans que le changement d'état, foit par mariage ou viduité avec enfans, puiffe lui lier les mains.

Tel eft l'effet que produit cette claufe, à laquelle il n'eft point néceffaire d'ajouter *en tout état.* Le parlement de Flandres avoit jugé par arrêt du 21 janvier 1730, que l'héritier d'un bien fitué dans cette coutume, n'avoit pu l'aliéner étant veuf avec enfans, parce que fon père ne le lui avoit laiffé qu'avec la liberté d'en difpofer *à fa volonté,* fans ajouter *en tout état.* Cet arrêt étoit évidemment injufte. La claufe de difpofer *à fa volonté,* emporte celle de difpofer *en tout état,* puifque hors l'état de mariage & celui de veuf avec enfans, on peut dans cette coutume aliéner fes héritages patrimoniaux, de forte que la claufe *de difpofer à fa volonté* feroit fruftratoire & n'opéreroit aucun effet, fi elle ne donnoit le pouvoir d'aliéner *en tout état.*

Ces raifons déterminèrent la partie qui avoit fuccombé par l'arrêt du 21 janvier 1730, à en demander la revifion ; & par arrêt rendu le 20 juin 1732, au rapport de M. Merlin d'Eftreux, le parlement affemblé déclara qu'erreur étoit intervenue dans le précédent, & confirma la fentence des prévôt & échevins de Valenciennes, qui avoit déclaré l'aliénation valable.

La faculté de *conditionner* un héritage peut être reftreinte, foit par un teftament, foit par un contrat de mariage. Ainfi dans le chef-lieu de Mons, un aïeul qui craint que fon fils ne devienne veuf, & ne transfère à des enfans d'un fecond lit les biens qu'il lui laiffe, peut par un avis *conjonctif* ou un avis *viduel*, fuivant la nature de fes biens, ordonner qu'ils ne pourront être *conditionnés* par fon fils.

De même, des parens qui marient leurs enfans, & qui veulent empêcher les deux époux de s'avantager l'un l'autre, ftipulent dans le contrat de mariage, qu'ils ne pourront *en acquêt faifant ni autrement*, faire de *Conditions* au profit l'un de l'autre.

Mais s'il étoit feulement ftipulé que les acquêts feront partagés également entre le furvivant & les héritiérs du prédécédé, les deux conjoints pourroient-ils encore *conditionner* les héritages qu'ils acquérroient pour appartenir en totalité au furvivant ? Le parlement de Paris a jugé pour la négative, par arrêt du 27 mars 1706, infirmatif d'une fentence du confeil d'Artois du 23 décembre 1704 ; par un autre du premier feptembre 1713, confirmatif d'une fentence du même fiége du 14 août 1712 ; & par un troifième du 17 mai 1707, au rapport de M. Feydau.

Ces arrêts sont rapportés par Brunel & par Maillart sur la coutume d'Artois. Mais soit qu'ils aient précisément décidé cette question, soit qu'ils aient été motivés par des circonstances particulières, il est certain que l'on ne doit point s'y arrêter. La faculté de s'avantager l'un l'autre ne peut être ôtée à deux conjoints par une clause aussi vague que celle dont il est ici question ; il en faut une expresse, comme nous l'établirons plus particulièrement à l'article ENTRAVESTISSEMENT.

Voyez *les coutumes de Cambresis , de Hainaut, du chef-lieu de Mons, du chef-lieu de Valenciennes, des Jaunaux sur la coutume de Cambresis; Raparlier sur les chartes générales du Hainaut; Dumées en sa jurisprudence du Hainaut, &c.* Voyez aussi les articles HAINAUT, VALENCIENNES, MONS, DONATION ENTRE CONJOINTS, ACTE, NOTAIRE, DÉSHÉRITANCE, DEVOIRS DE LOI, COMMUNAUTÉ, MANBOURS, &c. (*Article de M. MERLIN, avocat au parlement de Flandres.*)

CONFÉRENCE. Ce mot a plusieurs significations.

1°. C'est le titre de quelques livres dans lesquels on compare & on rapproche les textes de différentes lois.

Ainsi Antonine nous a donné la Conférence du droit romain & du droit françois; Guénois, la conférence des ordonnances & celle des coutumes.

Fortin a fait sur la coutume de Paris une Conférence que Ricard a beaucoup augmentée.

Ferière dans son grand ouvrage sur cette coutume finit l'explication de chaque texte par l'indication des autres coutumes auxquelles ils font conformes.

Bornier a conféré les ordonnances de Louis XIV pour la réformation de la juftice, avec les difpofitions du droit écrit, celle des anciennes ordonnances du royaume & la jurifprudence des arrêts.

Galon a fait un femblable travail, fur l'ordonnance du mois d'août 1669, concernant les eaux & forêts.

. M. de Jouy a publié en 1753 une Conférence des ordonnances, édits & déclarations fur les matières eccléfiaftiques.

Enfin M. d'Amours a donné dans le même temps la Conférence de l'ordonnance des donations avec le droit romain.

2°. Les Conférences font auffi des affemblées, dans lefquelles les miniftres, les ambaffadeurs difcutent les droits de leurs fouverains : on connoît les Conférences tenues par le cardinal Mazarin & Louis de Haro pour la conclufion du traité des Pirénées.

Quelquefois les officiers de différentes compagnies font obligés de tenir en commun des Conférences, pour terminer les difficultés élévées contre elles; mais il arrive fouvent que la forme de ces affemblées donne lieu à de nouvelles conteftations qui en retardent le fuccès. Il s'en eft fouvent élevé de cette nature entre le parlement & la chambre des comptes de Provence.

. Les réglemens rendus entre ces deux cours ont déterminé la féance de leurs membres, dans les Conférences.

L'article 5 de l'arrêt du conseil du 23 août 1608, ordonne » que les Conférences se tien- » dront premièrement, par les gens du roi de » l'une & de l'autre compagnie, au parquet de » ceux du parlement, & où l'affaire requerra » que les présidens & conseillers confèrent en- » semble, ils s'assembleront en la grand chambre » du parlement, où les présidens de la chambre » des comptes n'auront séance qu'au bout des » conseillers & au-dessus d'eux, & les conseil- » lers de la même chambre, au bureau de la » grand chambre, & seront tenues lesdits com- » pagnies de *s'assembler toutes affaires cessantes*, » pour vaquer esdites Conférences, esquelles si » les députés ne peuvent tomber d'accord, les » matières indécises demeureront, jusqu'à ce » que par sa majesté en soit ordonné. «

Mais une partie de ces dispositions ont été. changées par l'article 9 de l'arrêt du conseil du 8 février 1666.

Cette loi porte, » que par provision & sans » préjudice du droit des parties, conformément » au concordat du 17 juin 1609 & au règle- » ment de 1675, dans des Conférences tenues » en la grand chambre du parlement, par dépu- » tés ou autrement, les députés de la chambre » auront séance au banc des présidens du par- » lement, & les conseillers de la chambre à » celui des conseillers du parlement & après » eux «.

3°. Les Conférences sont enfin des assemblées composées de magistrats ou d'avocats & quel- quefois des uns ou des autres, dans lesquelles on traite de matières de jurisprudence.

Quelquefois ces assemblées ont pour objet

la réforme des lois anciennes & la rédaction de nouveaux réglemens.

Le plus souvent le but de ces Conférences est d'instruire les jeunes avocats, & de leur apprendre à discuter les questions les plus importantes du barreau, & à développer les obscurités de nos lois.

Les Conférences des avocats se tiennent à Paris à la bibliothèque de l'ordre. Une partie des questions agitées dans l'origine de leur institution ont été imprimées & insérées dans les œuvres de M. Duplessis, sous le titre de *consultations*.

Outre les Conférences publiques de la bibliothèque où tous les avocats sont invités, il s'en tient souvent de particulieres chez quelques-uns d'entre eux.

Ce qui se pratique à Paris, s'observe dans la plupart des parlemens & même dans quelques grands présidiaux.

Les avocats du parlement de Lorraine font leurs Conférences au parquet des gens du roi. Le premier avocat général y préside ordinairement : il y a un secrétaire perpétuel des Conférences. Ces deux officiers ont des gages pour cet objet.

Le duc Léopold a rendu le 15 décembre 1728, une déclaration qui ordonne qu'aucun avocat résident à Nancy & exerçant à la suite du parlement ne pourra être reçu à l'exercice d'aucun office de judicature, qu'il n'ait en sa faveur, un certificat signé du premier avocat général, portant qu'il a assisté assiduement aux Conférences ; & que ce certificat ne soit joint & attaché sous le sceau des provisions.

Mais cette loi n'eſt pas obſervée ; faite dans des temps où la Lorraine n'étoit pas ſoumiſe au roi , elle n'eſt pas connue à la chancellerie ; on pourroit néanmoins exiger la repréſentation du certificat lors de l'enregiſtrement des proviſions au parlement de Lorraine.

En général les Conférences ſont trop négligées aujourd'hui ; & cependant les élèves de la magiſtrature & du barreau ne peuvent trop y être aſſidus.

Les livres, les leçons des écoles ne ſuffiſent pas pour faire connoître la juriſprudence. Elle a peu de principes ſur leſquels de grands hommes n'aient été contredits par d'autre grands hommes ; elle change tous les jours : peut-être parce que des déciſions rendues dans des eſpèces favorables , n'ont pas aſſez d'autorité dans des circonſtances odieuſes ; ou que des motifs différens diſtent dans le jugement d'une même cauſe des ſentimens oppoſés. Cependant un ſeul arrêt ſuffit pour ébranler la juriſprudence la mieux affermie.

On ne peut donc mieux s'inſtruire que dans des Conférences , où de jeunes aſpirans apportent un travail dans lequel ils ont tâché de raſſembler ce que la doſtrine a de plus étendu & de plus profond, où des anciens juriſconſultes, communiquent tout ce que leur a appris une expérience conſommée. » C'eſt dans les Con-
» férences (dit M. le préſident Hainaut,) que
» s'entretient le goût des bonnes lettres & le
» deſir de ſavoir ; c'eſt-là que l'eſprit ſe rem-
» plit & s'éclaire par des richeſſes mutuelles
» & par les diſcuſſions ; & que l'on ne croie
» pas qu'elles ne ſoient faites que pour la jeu-

» neffe ! plus on eft inftruit & plus elles font
» utiles. Voyez les hommes illuftres du fiécle
» paffé, ces lumières du tribunal & du bar-
» reau, les Talon, les de Thou, les Seguier,
» les Molé , les Bignon, les Harlay & tant
» d'autres ; les Conférences étoient le délaffe-
» ment & la réparation de leurs travaux ; ils y
» venoient reprendre de nouvelles forces , &
» c'étoit un profit égal pour les mœurs & pour la
» doctrine «.

Voyez *le recueil des ordonnances de Lorraine ;
la préface de l'abrégé chronologique de l'hiftoire de
France par M. le préfident Hainaut ; les arrêts de
Boniface ; les œuvres de M. Auzannet ,* &c.
(*Article de M. HENRY , avocat ,* &c.)

CONFESSEUR. C'eft un prêtre qui a le
pouvoir d'entendre les péchés des fidèles & de
leur en accorder l'abfolution.

La première qualité qui eft requife dans un
Confeffeur , eft la promotion à l'ordre de prê-
trife. Les prêtres feuls peuvent en effet adminiftrer le facrement de pénitence.

La feconde qualité qu'un Confeffeur doit
avoir , eft d'être approuvé par l'ordinaire , ou
par ceux qui en ont les pouvoirs.

Les canons exigent encore que le Confeffeur
ne foit ni excommunié , ni fufpens , parce que
dans ces cas , il eft incapable d'adminiftrer le
facrement de pénitence.

Il faut enfin que le Confeffeur garde inviolablement le fecret de la confeffion. La violation
de ce fecret eft un crime qui mérite les peines
les plus févères par les fuites qui peuvent en
réfulter.

Les canoniftes ne font pas d'accord entre eux fi c'eft un délit commun ou un cas royal. M. Catelan & l'éditeur des mémoires du clergé prétendent que c'eft un délit commun, parce qu'il eft purement fpirituel & eccléfiaftique, & ils appuyent leur opinion fur un arrêt qui l'a ainfi jugé; mais plufieurs canoniftes foutiennent que la connoiffance de ce crime doit appartenir aux juges féculiers. M. Vedel entr'autres qui refute le fentiment de M. Catelan, dit que malgré l'autorité de l'arrêt que ce dernier cite, la queftion n'eft pas fans difficulté.

1°. On doit confidérer que la révélation de la confeffion eft un des crimes qu'il eft le plus important·pour la religion & pour la fociété de punir; qu'ainfi le roi étant le protecteur & le défenfeur de la religion & de fon peuple, fes officiers doivent connoître d'un délit qui porte atteinte à la tranquillité publique.

2°. La révélation de la confeffion eft un fcandale public qui tend à deshonorer le pénitent.

3°. C'eft abufer d'un facrement, & par conféquent fe rendre coupable d'un vrai facrilège. Or le facrilége eft un cas royal; donc les juges royaux doivent connoître du crime de la révélation de la confeffion.

M. Vedel pour appuyer fon fentiment cite l'exemple du refus de la communion. Ce crime (dit il) eft certainement un cas royal & privilégié. C'eft ce qui a été décidé par une foule d'arrêts; or (continue-t'il) le facrement de pénitence & celui d'euchariftie font deux facremens liés enfemble; donc la révélation de la

confeffion eft un crime qui doit être de la
compétence des juges royaux. Cependant par
arrêt du parlement de Touloufe du 16 février
1679, il a été décidé que la connoiffance du
délit qui réfulte de la révélation de la confeffion,
appartient au juge d'églife.

. Il n'y a qu'un feul cas où la révélation de la
confeffion ne foit pas un crime, c'eft celui ou
un Confeffeur a reçu l'aveu d'un crime de leze
majefté au premier chef.

, « Pour la gravité (dit Bouchel) & l'impor-
» tance de ce crime, le Confeffeur eft excufé
» s'il révéle. Je ne fais (ajoute cet auteur) fi
» nous devons paffer plus avant & dire que
» le prêtre qui l'auroit retenu & ne l'auroit
» dénoncé au magiftrat feroit coupable & com-
» plice d'un fi énorme mechef, à caufe que d'un fi
» grand malheur, tout l'état & chofe publique
» peut être pervertie ; & que la raifon pour
» laquelle les confeffions doivent être tûes,
» concerne feulement la honte & la pudeur de
» celui qui aura offenfé, dont il a protefté être
» marri & pénitent, laqu'elle n'eft pas fi con-
» fidérable ni de tel refpect qu'on doive mettre
» pour icelle, ni laiffer en hazard la perfonne
» facrée du prince ou ce qui peut appartenir à
» fon état ; ainfi cet auteur conclut qu'il ne
» faut aucunement douter que celui qui eft
» informé de la confpiration qui fe fait contre
» la perfonne & état d'un prince, ne foit excom]
» munié & anathématifé, s'il ne la dénonce
» au magiftrat pour en faire la punition.

- Hors ce cas le fecret de la confeffion doit
être inviolable, & le Confeffeur qui ne le garde
pas doit être puni.

Un arretiste rapporte un trait singulier de la jurisprudence de Catalogne. Un particulier condamné à mort ne voulant point se confesser, saint Thomas de Villeneuve, archevêque de Valence en Espagne, l'y détermina enfin à force d'exhortations; mais ce malheureux dit au prélat qu'il refusoit de se confesser parce qu'il avoit été condamné sur la révélation que son Confesseur avoit faite de son crime; l'archevêque de Valence fit venir le Confesseur. Cet ecclésiastique qui étoit le frère de l'infortuné que l'accusé avoit assassiné, convint qu'il avoit trahi le secret de la confession. Le prélat fut aussi-tôt vers les juges & les détermina a révoquer la condamnation qu'ils avoient prononcée & à absoudre le criminel, » pour faire » un exemple (dit l'auteur) du respect inviola- » ble que l'on doit garder pour le secret des » confessions religieuses; & afin que cette ré- » vélation ne demeurât pas impunie, il fit punir » légèrement le Confesseur, en considération » de ce qu'il avoit d'abord avoué son crime, « & de l'occasion qu'il avoit donnée de faire » voir une exemple de la vénération que les » juges mêmes doivent avoir pour les Con- » fesseurs.

Papon rapporte un arrêt du parlement de Paris du 23 octobre 1580, qui a décidé qu'un Confesseur ne pouvoit être contraint de révéler la confession même en matière criminelle.

Il a été également jugé par le parlement de Paris qu'on ne pouvoit forcer un Confesseur à révéler les complices d'un criminel, quoiqu'il les connut par la déclaration que ce criminel lui en avoit faite en allant au supplice.

Les confeſſions révélées ne peuvent ſervir de preuve : c'eſt ce qui a été ſolemnellement jugé par le parlement de Normandie dans l'affaire de la demoiſelle Brachou de Beuvillier. Cette demoiſelle avoit déclaré au tribunal de la confeſſion qu'elle avoit voulu aſſaſſiner le curé de ſaint Laurent de la ville de Rouen, & brûler ſa maiſon ; ſon Confeſſeur trahit le ſecret de la confeſſion & elle fut dénoncée au miniſtère public. Le procès ayant été porté au parlement, elle fut déchargée de l'accuſation intentée contre elle ſur la révélation qui avoit été faite de ſa confeſſion.

» M. d'Héricourt eſt d'avis qu'on doit dé-
» poſer un prêtre qui a révélé la confeſſion,
» & qu'on doit l'enfermer dans un monaſtère
» pour y faire pénitence pendant le reſte de
» ſes jours ; cet auteur ajoute que dans des cas
» graves les juges ſéculiers peuvent condamner
» un Confeſſeur qui s'eſt rendu coupable de ce
» crime à des peines afflictives. «

Ce délit (ſuivant Perard Caſtel) étoit autrefois puni de mort, & il dit qu'il y en a une foule d'exemples. M. Piales eſt d'avis que le crime de la révélation de la confeſſion emporte néceſſairement la vacance des bénéfices dont le Confeſſeur coupable étoit titulaire.

Si les Confeſſeurs ſont obligés de garder le ſecret le plus inviolable à leurs pénitens, ces derniers ne ſont pas ſoumis à la même obligation envers leurs Confeſſeurs. Ils peuvent les dénoncer, & depoſer contre eux lorſque ces eccléſiaſtiques oubliant leurs devoirs & la ſainteté de leur miniſtère, ſe ſont permis des voies criminelles

criminelles pour abuser du sacrement de pénitence & pour déterminer leurs pénitens à faire
des actions malhonnêtes ou a commettre des
crimes. Cette règle utile pour empêcher les
désordres auxquels des Confesseurs licentieux
pourroient se livrer sous le voile imposant de
la religion, a été confirmée par plusieurs bulles ;
entr'autres par la bulle de Pie IV, & par celles
de Grégoire XV, de Clément VIII, de Paul V
& d'Alexandre VII ; elle a été également re-
gardee comme admise parmi nous dans le rapport fait par les agens généraux du clergé en
1745. On trouve en effet dans ce rapport un
arrêt du 24 mars 1741, par lequel le parlement de Paris a confirmé une sentence qui avoit
condamné un curé du diocèse d'Orléans convaincu par les dépositions de ses pénitentes,
d'avoir fait des questions qui offensent la décence
& l'honneteté dans le tribunal de la penitence.

Par un autre arrêt du parlement de Paris rendu
au rapport de M. de Catinat le 6 mars 1714,
un curé du diocèse de Bourges convaincu d'a-
voir séduit plusieurs femmes de sa paroisse au
tribunal de la confession, & d'avoir attenté à
leur pudeur, a été condamné à une année de
bannissement du ressort de Montmorillon où
son procès avoit été instruit, & de la vicomté
de Paris & à une amende de dix livres envers
le roi.

Par un jugement souverain rendu au conseil
provincial d'Artois le 21 décembre 1693,
Nicolas Beugnet curé de saint Pol convaincu
d'un commerce incestueux avec une de ses pa-
roissiennes & de ses pénitentes a été condamné
à faire amende honorable, la torche au poing

& au banniſſement perpétuel, *pour paillardiſe incestueuſe*, porte le jugement, *& pour avoir fait faire des actes faux ſur le regiſtre des baptêmes.*

Un curé de ſaint Sauveur de Peronne ayant été convaincu d'avoir eu un commerce crimi-nel avec une religieuſe qui étoit ſa pénitente , fut condamné par arrêt du 12 juin 1707 a 9 ans de banniſſement.

Le 31 janvier 1660 le parlement de Greno-ble condamna un prêtre à être pendu & enſuite brûlé pour avoir abuſé du ſacrement de péni-tence & pour avoir porté ſes mains ſur la gorge & ſur les autres parties du corps d'une foule de ſes pénitentes dans le temps qu'il les con-feſſoit.

On a agité au parlement de Paris en 1673 , la queſtion de ſavoir, ſi n'y ayant en France au-cune loi , aucune ordonnance qui condamnent un Confeſſeur à la mort pour avoir abuſé du tri-bunal de la confeſſion , on pouvoit lui infliger cette peine. Cette queſtion fut décidée pour l'affirmative par un arrêt du 22 juin 1673 , qui condamna un directeur de religieuſes, pour ſé-duction & commerce charnel avec elle , à faire amende-honorable devant la principale porte de Notre-Dame, à être pendu à la place Mau-bert & à être brûlé avec ſon procès.

Les médecins ſont obligés , par la déclaration du roi du 8 mars 1712 , d'avertir les malades qu'ils regardent en danger de mort de ſe con-feſſer & d'approcher des ſacremens. S'ils ne veulent pas ſe charger eux-mêmes de cette commiſſion délicate , ils doivent prévenir les parens des malades afin qu'ils la rempliſſent.

Dans la crainte que les Confesseurs n'abusent
de l'empire qu'ils ont sur l'esprit de leurs pénitens, les lois leur défendent de recevoir aucun
legs ni aucune disposition universelle, & nos
ordonnances les mettent au rang des personnes
incapables de recevoir des donations, pour quelque cause & sous quelque prétexte que ce soit.
Rien sans doute de plus sage que cette défense (*).

Cependant le parlement de Normandie a ordonné par un arrêt du 29 novembre 1696, qu'un
legs remis entre les mains d'un Confesseur par
un malade mourant, pour être employé à des
usages indiqués sous le sceau de la confession,
seroit exécuté. Cet arrêt a seulement imposé au
Confesseur l'obligation d'affirmer que le legs lui
avoit été déposé sous le sceau de la confession,
& qu'il n'étoit destiné, ni pour lui, ni pour aucun de ses parens, ni pour des personnes prohibées.

Par un autre arrêt du 23 juillet 1745, le parlement de Normandie a également ordonné l'exécution d'un dépôt fait entre les mains d'un Confesseur par un moribond pour acquitter sa conscience ; mais ce tribunal, pour annoncer que
cet arrêt étoit rendu sur des considérations particulieres, y a inféré qu'il s'étoit déterminé à
confirmer le legs, *à cause de la modicité de la
somme, & ce sans tirer à conséquence.*

Le parlement de Normandie a montré qu'il
étoit bien éloigné d'autoriser par sa jurisprudence
les donations faites aux Confesseurs, puisqu'il
a condamné par un arrêt du 15 mai 1733, un

(*) Voyez Ferriere sur l'article 276 de la coutume de
Paris, nomb. 48.

R ij

Confesseur à remettre aux créanciers de son pénitent, le montant d'un billet que ce dernier lui avoit confié pour acquitter sa conscience.

Papon rapporte un arrêt prononcé à Noël 1580, qui a déclaré qu'un legs fait par un pénitent à son Confesseur pour l'acquit de sa conscience est valable, & que le Confesseur n'est pas obligé d'en révéler la destination, même à la veuve du donateur, pourvu cependant que le Confesseur affirme que le legs n'a pas été fait à son profit.

Basset rapporte un arrêt du parlement de Grenoble rendu le 9 février 1635, qui a déclaré valable un testament fait au profit d'un Confesseur. L'Arrêtiste ne rapporte point l'espece de cet arrêt : il a été certainement rendu sur des circonstances particulieres ; car si le parlement de Grenoble avoit jugé en thèse générale qu'un testament fait à un Confesseur est valable, il auroit jugé contre les dispositions les plus précises du droit françois.

M. Gilles Bry rapporte un arrêt du 5 juin 1620, qui a jugé qu'un legs fait par un pénitent à son Confesseur étoit valable lorsqu'il n'excédoit point les bornes d'une juste reconnoissance pour les soins & les peines que ce Confesseur s'étoit donnés pendant une longue maladie.

Ricard, dans son traité des donations, rapporte plusieurs arrêts qui ont prononcé sur la question de savoir si un pénitent peut donner à la communauté dont son Confesseur est le directeur, ou dont il est membre. Il en cite 3 des 8 mai 1573, 29 avril 1625 & 27 août 1650, qui ont décidé en faveur des communautés ; mais il en rapporte un du 9 juillet 1657, qui a jugé

le contraire & qui a annéanti un legs fait aux Cé-
leftins de la ville de Lyon. Après avoir cité ce
dernier arrêt, Ricard dit : « pour prendre parti
» dans cetre diverſité d'arrêts, je ſuivrois volon-
» tiers les derniers, particulierement lorſque le
» legs eſt conſidérable, & qu'il eſt fait par une
» perſonne foible & ſuſceptible d'impreſſion.

Par arrêt du 19 avril 1709, rendu au rapport
de M. Pucelle, le parlement de Paris a déclaré
nul un legs de 500 livres fait par la dame Foy,
au ſieur Marcel, curé de S. Jacques du Haut-
Pas, qui étoit ſon Confeſſeur ; quoique la ſucceſſion de la dame Foy ſe montât à plus de
150000 livres, & qu'elle n'eût point d'enfans.

En 1711, les héritiers de Marie-Hélène de
Fauquemont attaquèrent un teſtament par lequel
elle avoit donné au collége des Jéſuites de la
ville d'Arras, dans lequel étoit ſon Confeſſeur,
la ſomme de 3000 livres, & elle avoit inſtitué
les Jéſuites de Valenciennes ſes légataires uni-
verſels. Par arrêt du parlement de Paris du mois
d'août 1711, rendu au rapport de M. Chevau-
don, ce teſtament fut déclaré nul.

La Peyrere rapporte un arrêt du parlement de
Bordeaux du 10 juillet 1703, qui a jugé qu'une
communauté religieuſe ne pouvoit pas être inſtituée héritière lorſque le teſtateur avoit ſon Confeſſeur dans cette communauté.

Pluſieurs arrêts du parlement de Touloufe
entr'autres de 1633, du mois de mars 1654 &
du 8 mai 1656, ont annéanti des teſtamens faits
à des Confeſſeurs par leurs pénitens.

Nous avons dit ci-devant que les Confeſſeurs
doivent être approuvés par l'ordinaire ; cepen-

dant plusieurs chapitres qui sont exempts ont prétendu qu'ayant tous les droits de la juridiction volontaire & contentieuse sur les membres de leurs chapitres , ils avoient le droit d'approuver leurs Confesseurs; mais cette prétention a été proscrite par un arrêt du conseil d'état rendu le 27 mars 1688 contre le chapitre de Beauvais. Par cet arrêt il a été décidé que les doyen, chanoines & chapitre de l'église cathédrale de Beauvais, ne pourroient nommer ni choisir des Confesseurs que dans le nombre des prêtres approuvés par l'évêque de Beauvais.

La même question a été jugée par plusieurs autres arrêts en faveur des évêques. Elle l'a été sur-tout de la maniere la plus précise contre le chapitre de Châlons en faveur de M. l'évêque de Châlons, par arrêt du conseil d'état du 8 octobre 1691.

Les religieuses n'ont pas le droit de se choisir des Confesseurs. Un arrêt du parlement de Paris du 14 juillet 1642, a jugé que les religieuses de Sainte-Claire de Montbrison n'avoient pu sans abus choisir pour Confesseurs, les religieux Récollets, au lieu des frères mineurs, appelés de l'observance de S. François, qui leur avoient été donnés par un bref du pape fulminé en l'officialité de Lyon.

Un autre arrêt du parlement de Paris du 8 août 1678, a maintenu M. l'évêque de Meaux dans le droit & possession d'examiner les religieuses du prieuré de Montdenis avant leur profession & de leur donner des Confesseurs extraordinaires.

C'est en effet un principe certain que nul séculier ou régulier , sous quelque prétexte que ce soit, ne peut être le Confesseur ordinaire ou extraordinaire de religieuses, sans être commis & approuvé par l'évêque du diocèse, & si le Confesseur choisi par l'évêque ne remplissoit pas ses fonctions, le prélat après en avoir averti les supérieures, pourroit le changer & en nommer un autre.

Le roi & la reine de France jouissent du privilége de pouvoir choisir tel Confesseur qu'ils jugent à propos, sans être obligés de le prendre dans le nombre de ceux qui sont approuvés par l'ordinaire. Ce privilége est fondé sur la permission formelle que les souverains pontifes ont accordée aux rois & aux reines de France par plusieurs bulles, & sur-tout par celle du 20 avril 1551.

Les curés tant séculiers que réguliers ne sont point compris dans l'article 11 de l'édit de 1695, qui exigent une approbation de l'ordinaire ; ils peuvent prêcher & administrer les sacremens dans l'étendue de leur paroisse. « L'évêque (dit la Combe dans son recueil de jurisprudence canonique) » ne peut limiter leurs pouvoirs en » leur retranchant une partie de leurs paroissiens ; parce que la mission qu'ils reçoivent de » l'évêque dans leur *visa* leur confère le pouvoir » de confesser & de prêcher. Ils sont des ou- » vriers nécessaires des évêques; ainsi leurs pou- » voirs ne peuvent être révoqués, & ils ne peu- » vent en être dépouillés que lorsqu'ils sont pri- » vés de leur titre suivant les formes canoni- » ques.

Lorsque les évêques ne limitent point l'approbation qu'ils donnent aux curés dans leur

visa, ils ont le droit de confeffer dans toute l'é-
tendue du diocèfe.

Il en eft de même de l'approbation donnée
aux prêtres, fi l'évêque ne l'a pas reftreinte à
telle ou telle paroiffe. En effet, fuivant les canoniftes, tout prêtre ayant reçu par fon ordination le pouvoir de lier & de délier, auroit le droit
de confeffer, fi la difcipline de l'églife n'avoit
pas fufpendu l'exercice de ce droit, & n'avoit
pas autorifé les évêques à lever cet obftacle ou
à le laiffer fubfifter. Or, fi l'évêque approuve un
prêtre purement & fimplement, le prêtre doit
jouir du droit qu'il a reçu par fon ordination.
Ainfi un prêtre approuvé fans aucune reftriction
a le pouvoir de confeffer dans toute l'étendue
du diocèfe.

Tous les bénéficiers à charge d'ames ont également droit de confeffer fans être tenus de
fe faire approuver par l'évêque du diocèle.

Il n'en eft pas de même des vicaires. Comme
ils n'ont point de titre, ils font obligés d'obtenir l'approbation de l'ordinaire.

On a agité la queftion de favoir fi les curés
primitifs étoient cenfés approuvés de droit, &
s'ils pouvoient prêcher & confeffer. On a prétendu qu'ayant le droit de faire les fonctions curiales dans les quatre fêtes principales de l'année,
ils devoient au moins avoir ces jours-là le privilége de prêcher & de confeffer; mais les canoniftes font d'avis que les curés primitifs n'étant point
des bénéficiers à charge d'ames, ils font obligés
lorfqu'ils veulent confeffer, d'obtenir l'approbation de l'ordinaire : c'eft d'ailleurs un point de
droit certain depuis la déclaration du roi du 15
janvier 1731.

Une queſtion importante eſt de ſavoir ſi le curé de la paroiſſe ſur laquelle eſt ſitué un monaſtère, a le droit d'adminiſtrer les ſacremens & de faire l'inhumation des ſéculiers qui demeurent dans ce monaſtère.

La Combe rapporte les raiſons qui s'élèvent en faveur des curés & celles qui leur ſont contraires. Cet auteur commence par rapporter les moyens qu'on oppoſe aux curés. « On ſoutient, » dit-il, contre la prétention des curés, que les » conciles défendent à toute perſonne d'entrer » dans les monaſtères & d'en ſortir ſans la per- » miſſion de l'évêque du diocèſe : or, les pen- » ſionnaires ne demeurent dans les monaſtères » que de l'agrément des évêques, & ſe ſoumet- » tent à garder la clôture comme les religieuſes. » Il paroît donc que les penſionnaires devien- » nent ſujettes à toutes les règles & à tous les » uſages des monaſtères dans leſquels elles vi- » vent, & que par conſéquent elles ne peuvent » recevoir les ſacremens, même à Pâques, que » des mains du chapelain de la communauté, » ſans aucune participation du curé.

» Mais on répond pour les curés que ſuivant » le droit civil & canonique, les priviléges doi- » vent être reſtreints, comme contraires au droit » commun. De là on peut conclure que le privi- » lége réclamé par les communautés religieuſes » ne doit pas l'emporter ſur le droit commun » qui eſt en faveur des curés.

Cependant la juriſprudence n'eſt pas préciſe à cet égard. C'eſt l'uſage & la poſſeſſion qui déterminent à conſerver aux curés l'exercice de leurs droits dans l'intérieur des communautés, ou à confirmer le privilége des monaſtères.

Un arrêt du parlement de Bretagne du 29 mai 1671 a jugé contre les Jacobins de la ville de Vannes, que le recteur de S. Paterne de cette ville avoit eu le droit d'administrer & d'inhumer un pensionnaire qui demeuroit chez ces religieux.

Un autre arrêt du parlement de Paris, qui est rapporté dans le journal des audiences sous la datte du 8 juin 1689, a jugé que les tourières & les autres domestiques de l'abbaye de Bricol, transférée à Sézanne, qui ne sont point dans l'intérieur du monastère, seroient inhumés à la paroisse, & qu'ils seroient tenus d'y remplir leurs devoirs comme les autres paroissiens.

Ce dernier arrêt est conforme à l'article 36 du règlement de l'assemblée du clergé qui est rapporté dans les mémoires du clergé, tom. 1. pag. 998 ; mais il n'a point décidé la question de savoir si les pensionnaires qui sont dans l'intérieur des monastères de religieuses restent soumises aux droits des curés.

L'ordre de Cîteaux a des priviléges particuliers qui lui ont été confirmés par plusieurs arrêts du grand conseil.

Duperray en cite un du 29 janvier 1714, qui a déclaré qu'il y avoit abus dans une ordonnance de l'évêque de Châlon-sur-Marne, qui faisoit défense aux religieux de l'abbaye de Moutiers en Argonne, ordre de Cîteaux, d'administrer le sacrement de pénitence, de donner la communion paschale & de faire toute autre fonction curiale à l'égard des fermiers & autres laics qui demeureroient dans la maison abbatiale, ou dans la basse-cour de l'abbaye, à moins que les religieux ne se fussent présentés à l'évêque, &

n'euffent obtenu de lui la permiffion de faire ces fonctions.

. On voit par cet arrêt que l'ordre de Cîteaux jouit de priviléges particuliers, que les autres communautés religieuses ne pourroient pas réclamer.

Par un autre arrêt du même tribunal, rendu le 16 juillet 1722, le chapelain de l'abbaye d'Epaques, ordre de Cîteaux, a été maintenu, malgré la réclamation du curé de Saint-Gilles d'Abbeville, dans le droit & poffeffion de confeffer, adminiftrer les facremens, & d'inhumer les penfionnaires dans l'intérieur du couvent.

Voyez *le père Thomaffin, dans fon traité de la difcipline de l'églife; le commentateur de l'édit de 1695; d'Héricourt, dans fes lois eccléfiaftiques; la Combe, dans fon recueil de jurifprudence canonique; le dictionnaire des arrêts; les mémoires du clergé; Duperray, dans fes moyens canoniques; Piales; le dictionnaire canonique,* &c. Voyez auffi les articles ABSOLUTION, APPROBATION, CONFESSION, CURÉ, DONATION, DÉLIT COMMUN, INCESTE, LEGS, RÉVÉLATION, RELIGIEUSES, TESTAMENT, &c. (*Cet article eft de M. DESESSARTS, avocat au parlement*).

- CONFESSION. C'eft une déclaration ou une reconnoiffance verbale ou par écrit de la vérité d'un fait.

· On diftingue la confeffion en deux claffes, la Confeffion temporelle & la Confeffion fpirituelle.

— La Confeffion temporelle fe divife en deux efpèces, en Confeffion judiciaire & en extrajudiciaire.

On appelle Confeffion judiciaire, celle qui

eſt faite en jugement. Elle a lieu dans les déclarations faites par une partie à l’audience, ou dans
un interrogatoire, ſoit en matière civile ou criminelle.

On donne le nom de Confeſſion extrajudiciaire à celle qui eſt faite hors jugement, ſoit
ſous ſeing privé ou devant notaires.

En matière civile la Confeſſion judiciaire
forme une preuve complette contre celui qui l’a
faite (*) ; mais elle ne peut nuire à un tiers (**).

C’eſt un principe certain qu’on ne peut diviſer la Confeſſion en matière civile ; c’eſt-à-dire
que celui qui veut ſe ſervir de la Confeſſion de
ſon adverſaire, ne peut pas employer ce qui eſt
à ſon avantage, & rejeter ce qui lui eſt contraire. Il faut ou prendre droit par toute la déclaration, ou ne point s’en ſervir.

Cependant Henrys, dans ſa ſixieme queſtion
poſthume, eſt d’avis que la Confeſſion peut ſe diviſer en matière civile dans deux cas ; le premier lorſqu’il y a une forte préſomption contraire au fait que l’on ne veut pas diviſer, & le
ſecond, lorſqu’on a une preuve de ce fait. Il
fonde ſon opinion ſur la loi 26, *ff. depoſit.*
Mais l’avis de ce jurifconſulte n’eſt adopté que
dans des circonſtances où le juge eſt convaincu de la fauſſeté d’une partie de la Confeſſion. Alors le juge doit ſe déterminer d’après les
preuves, & rejeter ce qu’il croit faux dans une
déclaration qui lui eſt juſtement ſuſpecte. Ces cas
ſont très-rares, & les magiſtrats ne peuvent être

(*) *Confeſſus in judicio projudicato habetur, & pro-
pria quadam modo ſententiâ damnatur.* Leg. 1, c. de leg.
c. 1, 2, ff. cod.

(**) *Res inter alios acta nemini nocet neque prodeſſ.*

trop en garde contre des présomptions. Ainsi
l'exception admise par Henrys n'empêche pas
que ce ne soit une maxime certaine que la Confession en matière civile est indivisible (*).

En matière criminelle au contraire on peut
diviser la Confession de l'accusé ; mais le juge ne
peut pas regarder cette Confession comme une
preuve suffisante , sur laquelle il puisse asseoir
une condamnation ; parce que c'est une règle invariable que la Confession de l'accusé ne sert pas
de conviction parfaite contre lui. Les lois présu-
ment en effet qu'elle peut être la suite du trouble

(*) Par un arrêt rendu le 3 août 1678 , qu'on trouve
dans le journal du palais , il a été jugé qu'on ne pouvoit
diviser la Confession en matiere civile.

Cependant un arrêt rendu par le parlement de Paris au
rapport de M. de Montgeron le 28 août 1730 , a infirmé
une Sentence du Châtelet qui avoit ordonné qu'une Confession ne pouvoit être divisée ; mais cet Arrêt a été rendu
sur des circonstances particulières ; ainsi il ne peut être
regardé que comme une exception à la regle générale qui
veut que la Confession en matière civile soit indivisible.

En effet toutes les fois qu'on a voulu s'écarter de ce principe , les tribunaux se sont empressés de le confirmer : nous
en trouvons un exemple frappant & récent dans un arrêt
rendu par le Parlement de Paris au rapport de M. Poitevin
de Villiers le 30 janvier 1761. Dans l'espece jugée par
cet arrêt , les héritiers d'une femme prétendoient que son
mari avoit reçu une somme plus forte que la dot qui étoit
stipulée dans le contrat de mariage. Ils firent interroger le
mari sur faits & articles & ils voulurent diviser sa Confession. Leur prétention avoit été proscrite par une sentence
du conseil d'Artois , & le mari avoit été déchargé des demandes formées contre lui. Par l'arrêt ci-dessus le parlement de Paris confirma cette sentence , & consacra d'une
manière formelle le principe de l'indivisibilité de la Confession en matière civile.

& du défespoir. Elle fait feulement un commencement de preuve.

Notre jurifprudence eft beaucoup plus fage en cette partie que celle de plufieurs peuples anciens. En effet, chez les Juifs la fimple déclaration de l'accufé fuffifoit pour le faire condamner au dernier fupplice. Il en étoit de même chez les Romains, l'accufé pouvoit être condamné fur fa déclaration comme le débiteur en matière civile. Nos légiflateurs ont fenti l'abfurdité d'une pareille jurifprudence, & ils ne l'ont point adoptée.

La Confeffion faite par un accufé lorfqu'il eft appliqué à la queftion n'eft point invariable ; il peut la révoquer fans qu'elle puiffe être regardée, ni comme un nouvel indice du crime dont il eft prévenu, ni même comme une variation de fa part ; parce qu'on préfume que la violence des tourmens a pu lui arracher des déclarations qui ne font pas conformes à la vérité.

Quant à la Confeffion que fait un criminel condamné à mort, dans le moment où il va être exécuté, elle ne fait point preuve contre un tiers ; parce qu'on regarde comme fufpect le témoignage d'un criminel condamné à mort, & que la juftice préfume qu'il peut par défefpoir ou par méchanceté chercher à envelopper dans fon malheur & faire partager l'horreur de fon fort aux perfonnes qu'il hait. Cependant quoique la Confeffion d'un criminel condamné ne ferve pas de preuve contre ceux qu'elle charge, elle fuffit pour autorifer le miniftère public à requerir une information des faits qui y font contenus, & elle forme un commencement de preuve par écrit.

Nous avons dit que la Confeffion en matière civile fait une preuve complette, c'eft-à-dire celle qui eſt faite en jugement ; car celle qui eſt faite hors la préſence de la juſtice ne ſert que de commencement de preuve par écrit.

Il faut pour tirer avantage d'une Confeſſion contre celui qui l'a faite, qu'elle ne ſoit l'ouvrage, ni de la contrainte, ni de la violence, & que celui qui l'a faite ſoit capable d'eſter en jugement ; ainſi ſi c'eſt un mineur, il faut qu'il ſoit aſſiſté de ſon tuteur ou curateur ; ſi c'eſt un fondé de procuration, il faut que ſon pouvoir ſoit ſpécial : enfin il faut que la Confeſſion ſoit claire, préciſe & déterminée, que la déclaration ne contienne pas des faits faux & qu'elle ne ſoit pas le fruit de l'erreur.

Si la Confeſſion en matière civile eſt faite devant un juge incompétent, elle n'eſt point regardée comme faite en jugement ; on la regarde ſeulement comme extrajudiciaire, & alors elle ne forme point une preuve complette ; mais ſeulement un commencement de preuve par écrit.

C'eſt également un principe certain que la Confeſſion ou la reconnoiſſance d'une perſonne incapable de donner eſt nulle aux yeux des loix ; ce principe eſt conforme à la maxime (*), que celui qui n'a pas la faculté de donner ne peut pas non plus paſſer des reconnoiſſances en faveur de perſonnes prohibées.

Toutes les fois qu'il y a erreur dans une Confeſſion, elle n'oblige point celui qui l'a faite.

LA CONFESSION SACRAMENTELLE, eſt une déclaration qu'on fait de ſes péchés à un prêtre pour en obtenir l'abſolution.

_____

(*) *Qui non poteſt dare non poteſt confiteri.*

La Confeffion fe faifoit anciennemement en public. Aujourd'hui elle eft fecrette.

Le concile de Latran exige que les fidèles fe confeffent au moins une fois par an. Le concile de Trente contient la même difpofition.

Cette obligation a été confirmée par plufieurs conciles d'Italie, & nous avons adopté les canons de ces conciles fur cette matière dans plufieurs conciles provinciaux du royaume.

Le Concile de Narbonne tenu en 1551, celui de Bourges en 1584, celui d'Aix en 1585, celui de Bordeaux en 1583, celui de Narbonne en 1609, celui de Bordeaux en 1634 ordonnent formellement aux curés de tenir un regiftre fidèle des noms & furnoms de ceux qui fe feront confeffés au temps de pâques, & de produire ce regiftre à l'évêque toutes les fois qu'il l'exigera.

Le concile de Latran eft fuivi dans toute l'églife, en ce qu'il ordonne que la Confeffion doit être faite au propre curé, ou avec fa permiffion ou celle de l'évêque, à un autre prêtre approuvé par l'ordinaire.

M. l'évêque de Châlons ayant rendu une ordonnance par laquelle il faifoit défenfe aux curés de donner à leurs paroiffiens la permiffion de faire leurs Confeffions pafchales aux prêtres approuvés par l'ordinaire, & leur enjoignoit de n'accorder ces permiffions que féparément & par écrit, un particulier fe rendit appellant comme d'abus de cette ordonnance ; mais par arrêt du 4 avril 1704, le parlement de Paris déclara qu'il n'y avoit abus, & il enjoignit aux curés de recevoir avec charité ceux qui leur

demanderoient

demanderoient ces permissions, de manière que cette obligation ne fût à charge à personne.

. Lacombe dans son recueil de jurisprudence, ajoute que le parlement de Paris dit pareillement « qu'il n'y avoit abus dans la sentence de l'offi- » cial du 2 mai 1703, qui portoit que l'ordon- » nance de l'évêque seroit exécutée suivant sa » forme & teneur ; & attendu que cette ordon- » nance & l'usage du diocèse ne marquoient pas » assez la nomination & la détermination des » confesseurs, il seroit à la diligence du promo- » moteur, sollicité une déclaration nouvelle de » l'évêque qui expliqueroit ses sentimens sur ce » sujet ; & que le sieur Rambourg (appelant » comme d'abus), se pourvoiroit devant l'évê- » que, pour qu'il lui fût donné un billet tel qu'il » convenoit pour faire sa Confession générale, » & débouta le même Rambourg de sa requête, » afin que suivant l'usage & les règles de l'église, » ordonnances & arrêts, il lui fût permis de se » choisir un confesseur entre les approuvés, & » qu'il fût fait défenses à son curé dans les per- » missions qu'il lui accorderoit, de désigner le » pénitent & le confesseur ».

. Il seroit à desirer (comme le remarque judi- cieusement l'arrétiste) qu'il ne parût jamais au- cune contestation de cette nature dans les tribu- naux, & que les curés & autres prêtres qui ont charge d'ames n'usassent de leur autorité que d'une manière évangélique, inspirée & conduite par la charité.

Lorsqu'il n'y point d'ordonnances qui impo- sent aux curés l'obligation de donner des per- missions par écrit, les permissions verbales, générales & particulières qu'ils donnent font valables.

« Le fecret de la Confeffion ne peut être révélé fous quelque prétexte que ce puiffe être ; parce que ce fecret eft fondé fur les principes les plus inviolables de la fociété, & fur les règles les plus facrées de la religion. Non-feulement la violation de ce fecret eft une faute grave aux yeux de la religion ; c'eft encore un crime que les lois puniffent de la manière la plus févère. Nous avons rappelé au mot CONFESSEUR plufieurs exemples de la jurifprudence, qui ont condamné des confeffeurs coupables de ce délit.

Pendant plufieurs fiècles les religieux mendians ont obtenu des bulles des papes qui leur permettoient de confeffer fans avoir befoin de l'approbation des évêques diocéfains ; mais cette prétention qui a excité les plus grands troubles dans l'églife, a été profcrite par le concile de Trente. Elle a été fur-tout une fource de divifion & de fcandale en France ; auffi pour détruire les abus qui en réfultoient, Louis XIV dans les articles 10 & 11 de l'édit de 1695, a défendu à tous les réguliers de confeffer fans en avoir obtenu auparavant la permiffion des archevêques ou évêques.

Quoique cette loi foit générale & ne contienne aucune exception en faveur des réguliers pour fe confeffer entr'eux, ils font cependant dans l'ufage de le faire fans être approuvés par l'ordinaire. Ils regardent que l'approbation de leurs fupérieurs généraux fuffit pour les autorifer à fe confeffer l'un l'autre & à confeffer leurs novices.

Quant aux religieufes, il eft certain que

leurs confeſſeurs doivent être approuvés par l'évêque.

Le ſacrement de Confeſſion, ſuivant l'article 24 du titre 25 de l'ordonnance de 1670, doit être offert aux criminels condamnés à mort, & ils doivent être aſſiſtés d'un eccléſiaſtique juſqu'au lieu du ſupplice. A Paris ce ſont des docteurs de Sorbonne qui ſont chargés de cette fonction.

Nous avons dit que la Confeſſion ne pouvoit être révélée ; ſur le fondement de cette règle importante, la Confeſſion révélée ne peut pas ſervir d'indice contre le criminel, même celle qu'il auroit miſe par écrit.

Ainſi quand même un confeſſeur violeroit le ſecret de la Confeſſion d'un criminel, la dénonciation qu'il feroit ne ſeroit ni admiſe ni regardée comme une préſomption capable de faire impreſſion ſur l'eſprit des juges (*).

_____

(*) Il faut excepter de la règle générale la révélation de la Confeſſion d'un homme coupable du crime de leze-majeſté au premier chef. Non-ſeulement le confeſſeur qui révéleroit une telle Confeſſion ſeroit excuſable, il ſeroit même dans le cas d'être puni s'il ne la révéloit pas. C'eſt ce qui réſulte de différentes lois par leſquelles tous ceux qui ont connoiſſance de projets ou de conſpirations tramées contre le ſouverain ou contre l'état ſont déclarés coupables du crime de leze-majeſté, ſi au lieu de faire leur rapport de ce qu'ils ſavent, ils reſtent dans le ſilence. C'eſt en conſéquence de cette juriſprudence, que par arrêt du mois d'octobre 1603 un jardinier de Henri IV, auquel on avoit propoſé de l'argent pour empoiſonner ce Prince, fut condamné à être pendu parce qu'il n'avoit point révélé cette propoſition à la juſtice.

Par un autre arrêt du 12 ſeptembre 1642, M. de Thou fut condamné à avoir la tête tranchée pour avoir ſu la conſ-

Lors du procès qui fut fait à la Brinvilliers, on trouva dans ses papiers une Confession générale de tous ses péchés, écrite de sa main. On n'y eut aucun égard, quoiqu'elle fût accusée d'un des crimes les plus horribles, d'avoir empoisonné son père, deux frères, & d'avoir attenté à la vie d'une sœur.

Dominicus Soto, fameux canoniste, qui étoit confesseur de Charles-Quint, & qui assista aux premières assemblées du concile de Trente, proposa la question de savoir si on pouvoit se servir d'une Confession écrite contre celui qui l'avoit faite ? il fut décidé que la Confession étoit si sacrée, que ce qui étoit destiné pour la faire devoit être enséveli dans un silence perpétuel.

Ceux qui professent la religion prétendue réformée, ne peuvent empêcher les curés de visiter les malades qui ont le malheur d'être soumis à l'empire de l'erreur, & de savoir de leur propre bouche s'ils veulent se convertir & se confesser.

Voyez *le dictionnaire des arrêts ; d'Héricourt ; le père Thomassin ; Wanespen ; le recueil de jurisprudence canonique de Lacombe ; le dictionnaire canonique*, &c. Voyez aussi les articles ABSOLUTION, CONFESSEUR, CURÉ, ÉVÊQUE,

---

piration de M. de Cinq Mars son ami & ne l'avoir point révélée.

Ce fut pour obéir à la loi que le confesseur d'un gentilhomme, qui étant malade à l'extrémité s'étoit confessé d'avoir eu la pensée de tuer le roi Henri II, révéla cette Confession au procureur général. Ce gentilhomme ayant recouvré la santé, fut d'après cette Confession condamné à être décapité aux halles ; ce qui fut exécuté. (*Note de l'Editeur.*)

PRÊTRES, RELIGIEUX, &c. (*Cet article est de M. DESESSARTS, avocat au parlement*).

· CONFIDENCE, CONFIDENTIAIRE.
La Confidence en matière bénéficiale est une convention verbale ou par écrit, en vertu de laquelle un bénéfice ecéléfiastique est réfigné ou conféré à quelqu'un qui s'engage à le conferver foit au réfignant, foit au collateur, foit à toute autre perfonne qui lui est défignée, ou fimplement à lui en laiffer percevoir les fruits & revenus en totalité ou en partie.

Le terme de Confidentiaire est relatif aux perfonnes entre lefquelles une pareille convention a lieu ; ainfi tous ceux qui participent à la Confidence, de quelque manière que ce foit, font appelés Confidentiaires ; cependant cette dénomination s'applique plus particulièrement à celui qui accepte le bénéfice à de femblabes Conditions, & qui n'est véritablement qu'un prête-nom.

· On peut dire encore que la Confidence est un véritable fidéi-commis imaginé pour éluder la févérité des lois de l'églife, & pour faire jouir des bénéfices ceux qui n'ont pas la capacité requife pour en recevoir le titre. Delà vient que Chopin dans fon traité de la police eccléfiastique, la nomme *fiduciaria facerdotiorum cuftodia* (*).

(*) On trouve dans un traité de Jean Filefac, théologal de l'églife de Paris qui a pour titre, *veteris ecclefiæ gallicanæ querela ;* qu'un certain Oldaric, évêque d'Aix, est le premier qui ait tenu une abbaye en Confidence.

· Suivant Roufseau de Lacombe, dans fon recueil de jurifprudence canonique, le premier exemple de Confidence a

Quoi qu'il en foit, ces fortes de conventions fecrettes font contraires aux faints canons & aux ordonnances du royaume qui les profcrivent comme fimoniaques, & elles le font véritablement ; auffi les canoniftes appellent-ils la Confidence une fimonie Confidentiaire. Delà vient auffi, comme l'obferve l'auteur du dictionnaire canonique, que l'on comprenoit autrefois fous le nom de fimoniaques tous ceux qui participoient à la Confidence.

Ce qui furtout la conftitue telle, eft l'affurance donnée par le réfignataire au réfignant, ou par le pourvu au collateur ou au patron, de lui rendre foit le titre du bénéfice, foit les fruits, de la manière dont les parties conviennent entr'elles : conventions également contraires & à la pureté des canons fuivant lefquels les bénéfices eccléfiaftiques doivent être donnés gratuitement & fans retour, & à l'efprit de l'églife, qui veut que ceux qui deffervent les bénéfices en perçoivent les fruits felon la maxime *beneficium datur propter officium.*

. Suivant une conftitution du pape Innocent III, ceux qui fe font pourvoir d'un titre à condition qu'ils n'exigeront point les droits temporels qui y font attachés, doivent être punis comme fimoniaques ; ce font ceux qu'on a depuis appelés Confidentiaires.

Le concile de Rouen tenu en 1501, au titre

été donné en 928 par le nonce Triphon qui confentit contre les règles de n'être nommé patriarche de Conftantinople que pour un temps, & de remettre cette dignité à Theophilacte, fils de l'empereur romain le Capene, quand il auroit l'âge requis par les canons.

de episcop. offic. §. 22, oblige tant les Confidentiaires que leurs héritiers, à la restitution des fruits des bénéfices qu'ils ont tenus en Confidence.

Les mêmes dispositions sont rappelées dans le concile provincial de Reims de 1583, au chapitre *de simoniacis & fiduciariis.*

Celui de Bourges, de l'année 1584, déclare les bénéfices obtenus ou donnés en Confidence vacans de plein droit, & oblige ainsi que celui de Rouen, à la même restitution des fruits les Confidentiaires qui les sont perçus illicitement. Il prononce outre cela contre eux, l'excommunication & la privation de tous les bénéfices ou pensions dont ils jouissent, & les déclare incapables d'en obtenir d'autres à l'avenir.

Ces mêmes peines sont prononcées contre ceux qui se rendent coupables du crime de Confidence, par les bulles & constitutions des papes, entr'autres par la constitution *romanum,* de Pie IV, du 17 octobre 1564, & par la bulle *intolerabilis* de Pie V, du 5 juin 1569, qui marquent les présomptions au moyen desquelles on peut établir la Confidence.

Les dispositions de ces deux bulles ont encore été confirmées, & les présomptions qu'elles indiquent admises par une nouvelle bulle de Sixte V du 3 août 1587.

Nous ferons connoître ces présomptions & de quelle autorité elles doivent être, en établissant la jurisprudence des tribunaux relativement à la poursuite du crime de Confidence, contre lequel les lois du royaume ne sont pas moins rigoureufes que les canons, & qui n'y eft point diftingué de la fimonie même.

- Ainfi l'ordonnance de faint Louis de l'année 1228, quoique propre à la fimonie qui y eft appelée *crimen peftiferum ecclefiam labificans*, & que le roi déclare vouloir extirper de fes états, doit également s'appliquer au crime de Confidence.

C'eft ce qui réfulte de toutes les lois ultérieures rendues fur cette matière ; entr'autres des articles 2, 21 & 46 de l'ordonnance de Blois de 1579, de l'article 17 de celle de Melun, de l'article premier de l'édit du mois de feptembre 1610, donné fur les remontrances du clergé; & de l'édit des notables donné à Paris par Louis XIII au mois de janvier 1629.

Suivant les difpofitions uniformes de ces lois, les bénéfices à l'égard defquels il y a preuve qu'ils font tenus en Confidence, doivent être déclarés vacans de plein droit fans qu'il foit befoin d'un jugement.

L'édit de Louis XIII furtout, que nous venons de citer s'exprime à ce fujet d'une manière remarquable. « Pour exterminer, y eft-il dit, les » crimes de fimonie & de Confidence trop » fréquens en ce fiècle, à notre grand regret, » nous ordonnons qu'il foit févèrement procédé » contre toutes perfonnes qui auront commis » lefdits crimes. Voulons que fuivant l'article » 21 de l'ordonnance de Blois, les bénéfices » dont les pourvus feront infectés de ce vice » puiffent être impétrés, foit à notre nomina- » tion, s'ils font de cette qualité, ou par l'or- » dinaire auquel la collation en appartiendra, » & felon les preuves defdites Confidences &

» simonies reçues suivant les bulles & constitu-
» tions canoniques sur ce faites ».

Il faut conclure de ces différentes lois & de
l'édit de Louis, XIII entr'autres, que nous venons de citer, que la Confidence est une véritable simonie. Son effet propre est de rendre
celui qui est pourvu sous de pareilles conditions
absolument incapable, non-seulement du bénéfice qu'il tient en Confidence, mais encore de
tous les autres dont il auroit été ou pourroit
être pourvu par la suite. Les uns & les autres
sont vacans de plein droit & impétrables par
dévolut. Cette doctrine est d'ailleurs particulièrement appuyée sur l'article premier de l'édit
du mois de septembre 1610, & le sentiment de
tous les docteurs y est conforme.

Il faut cependant remarquer que le juge
d'église est seul compétent pour connoître du
crime de Confidence relativement aux peines
encourues par ceux qui s'en font rendus coupables. Comme c'est un crime purement ecclésiastique, les juges laïques n'ont pas droit d'en
connoître directement. Ainsi lorsqu'ils en prennent
connoissance, ce ne peut être qu'incidemment
aux demandes en complaintes portées devant
eux pour raison des bénéfices tenus en Confidence. Il y a plus ; lorsqu'ils en connoissent,
l'effet de leur jugement se borne au bénéfice
qui fait l'objet de la contestation dont ils sont
juges.

D'où il faut conclure qu'ils ne peuvent pas,
comme les juges ecclésiastiques, prononcer la
déchéanche ou la privation des autres bénéfices
dont les Confidentiaires sont pourvus, ni les
déclarer incapables d'en posséder d'autres à
l'avenir.

C'eſt parce que le parlement de Rouen s'étoit écarté de cette maxime, & que par arrêt du 28 février 1726, rendu ſur une conteſtation de Confidence, il avoit déclaré le réſignant & le réſignataire d'une cure également incapables de poſſéder à l'avenir d'autres bénéfices, qu'un arrêt du conſeil d'état du roi du 14 février 1727, caſſa celui du parlement, comme rendu par entrepriſe ſur la juridiction eccléſiaſtique, & renvoya les parties devant l'official de Coutances, pour raiſon du crime de Confidence. Cet arrêt du conſeil ſe trouve cité dans la collection de juriſprudence, au mot CONFIDENCE.

Mais il n'eſt pas toujours facile de conſtater qu'un bénéfice eſt tenu en Confidence, ni aux juges d'en acquérir la preuve. On ſent que ceux entre leſquels ce pacte illicite ſe conclut & s'exécute, le couvrent ſouvent d'un voile impénétrable, & en dérobent la connoiſſance.

Cependant les bulles de Pie IV & de Pie V, dont nous avons fait mention plus haut, fixent certaines préſomptions & conjectures, à l'aide deſquelles on peut établir qu'un bénéfice eſt tenu en Confidence.

Ces préſomptions ou conjectures ſont au nombre de quatre. Il n'eſt pas indifférent de les connoître.

La première eſt ſi le titulaire ayant réſigné ſon bénéfice, continue d'en percevoir les fruits, après que la réſignation a été publiée, & que ſon ſucceſſeur a pris poſſeſſion.

La deuxième, ſi le réſignataire donne procuration, ſoit à celui qui lui a réſigné le bénéfice, ſoit à ſes proches, à l'effet de paſſer les baux

du bénéfice , & d'en recevoir les fruits &
revenus.

La troisième , si celui qui a résigné le bénéfice
a fait tous les frais des provisions , de la prise
de possession , & des autres actes & expéditions
qui doivent naturellement être à la charge du
résignataire.

La quatrième enfin , si celui qui a obtenu le
bénéfice pour un autre, s'immisce dans l'administration des choses concernant le bénéfice.

Il est certain que toutes ces présomptions
prises séparément doivent paroître très-foibles,
& même insuffisantes pour asseoir un jugement
sur une matière aussi grave que peut l'être le
crime de Confidence , dont l'accusation sur-tout
ne tend à rien moins qu'à priver un titulaire
de son bénéfice , & à le rendre absolument
incapable d'en posséder d'autres à l'avenir.

Aussi Rousseau de la Combe & d'Héricourt
observent-ils à ce sujet, que les bulles qui donnent ces présomptions pour règles, n'ont point
été reçues en France, ni enregistrées dans aucune cour souveraine. En conséquence , ils
pensent qu'il est plus convenable & plus sûr de
s'attacher aux règles du droit commun, pour
vérifier la Confidence, qu'aux présomptions &
conjectures désignées dans les bulles dont nous
parlons.

Il est même vrai que, suivant celle de Pie V,
la conviction du crime de Confidence ne peut
passer pour complette que lorsque trois de ces
présomptions se réunissent contre les accusés,
parce que cette réunion peut suppléer à l'insuffisance de chacune d'elles prise séparément.

Au reste, les présomptions, pour qu'elles

puiſſent faire impreſſion ſur l'eſprit des juges, doivent être du nombre de celles que les juriſconſultes appellent *juris & de jure*; & il eſt conſtant que pluſieurs de celles qui ſont énoncées dans les bulles de Pie IV & de Pie V, n'ont point ce caractère, ſuivant l'obſervation de d'Héricourt.

La troiſième ſur-tout, comme l'a remarqué Rouſſeau de la Combe dans ſon recueil de juriſprudence canonique, paroîtroit très-équivoque, s'il s'agiſſoit, par exemple, d'un oncle qui réſignât ſon bénéfice à ſon neveu, & que celui-ci ne fût pas en état de faire les frais de ſes proviſions & de ſa priſe de poſſeſſion. Il eſt évident que dans ce cas le ſervice que l'oncle rendroit au réſignataire, en lui faiſant ces ſortes d'avances, ne pourroit tirer à conſéquence, ni faire ſoupçonner la Confidence.

Le même auteur obſerve avec raiſon, que la quatrième de ces conjectures, ſavoir celle qui a lieu lorſque celui qui a obtenu le bénéfice pour un autre, s'ingère enſuite dans la diſpoſition des choſes concernant le bénéfice, ne mérite pas plus de conſidération.

Il paroîtroit même que la deuxième, c'eſt-à-dire celle qui réſulte des procurations données par le réſignataire au réſignant ou à ſes proches, ne ſeroit pas plus admiſſible, puiſqu'il a été jugé au parlement par arrêt du 3 juillet 1726, conformément aux concluſions de M. l'avocat général Talon, qu'une procuration générale donnée au réſignant par le réſignataire, pour gérer le temporel du bénéfice, en percevoir les fruits, acquitter les charges & y faire les fonctions ſpirituelles n'étoit point une preuve ſuffiſante de Confidence.

D'où il réfulte, & c'eft le fentiment de M. Piales dans fon traité du dévolut, que puifque cette conjecture qui paroît cependant la moins équivoque, n'a point force de preuve parmi nous, les autres, comme plus foibles, doivent bien moins avoir cet effet.

Pour que des préfomptions méritent confiance dans les tribunaux, trois chofes fur-tout font indifpenfables lorfqu'on accufe un titulaire de Confidence. Il faut en premier lieu, rapporter une nomination ou une réfignation expreffe du bénéfice, fuivie de la prife de poffeffion de la part de celui qu'on prétend être Confidentiaire.

Il faut en deuxième lieu fpécifier le genre de Confidence dont cette nomination ou réfignation eft infectée; marquer, par exemple, fi c'eft fur la réferve du titre du bénéfice, & de quelle manière cette réferve a été ou devoit être effectuée, & pour quel temps; fi c'eft enfin une fimple réferve des fruits & revenus, foit en totalité ou en partie.

Il eft effentiel enfin de prouver que la Confidence projetée a été exécutée & confommée.

On fent que l'accompliffement feul de la Confidence eft du reffort des tribunaux extérieurs; le pacte & la condition, tant qu'ils reftent fans exécution, ne fauroient en être, puifque l'un & l'autre ne giffent que dans la penfée fur laquelle la juftice humaine n'a aucun pouvoir.

Mais la févérité de nos lois contre l'exécution de la Confidence, lorfque ce crime eft une fois prouvé, s'étend non-feulement fur le réfignataire qui accepte le bénéfice fous quelqu'une des conditions illicites, mais encore fur le réfignant,

fur ceux qui jouiſſent des fruits du bénéfice à
l'ombre du Confidentiaire, ſur tous ceux enfin,
ſans diſtinction de laïcs ou d'eccléſiaſtiques, qui
contribuent ou participent, de quelque manière
que ce ſoit, à la Confidence.

C'eſt conformément à cette maxime qu'a été
rendu un arrêt au parlement de Paris le 15 mai
1625 contre des gentilshommes jouiſſant par
Confidence du temporel des bénéfices. Le même
arrêt porte auſſi règlement entre les procureurs
de cette cour & tous autres qui pourroient
prêter leur miniſtère ou leur nom à la Confidence. Il défend en conſéquence aux procureurs
de paſſer aucune ſentence de pleine maintenue,
ſans une procuration ſpéciale des parties & ſignée
d'elles, ſous peine par les procureurs d'en répondre en leur propre & privé nom.

Il ſuit du principe que ſi un Confidentiaire
venant à perdre ſon procès avec condamnation
à la reſtitution des fruits & revenus, ſe trouvoit
inſolvable après le jugement du procès, ceux
qui en qualité de ſes procureurs auroient paſſé
les baux du bénéfice à de tierces perſonnes,
ſeroient reſponſables des indemnités qui ſe trouveroient dûes. C'eſt ce qui a été jugé par pluſieurs arrêts que rapporte Brillon.

Au reſte, la Confidence eſt en général jugée
ſi rigoureuſement dans les tribunaux, que le
dévolutaire, dont on ſait que la cauſe eſt toujours ſi défavorable, eſt cependant préféré au
réſignataire ſi le réſignant eſt convaincu de Confidence, quand même le dévolutaire ſe feroit
rendu coupable de perfidie en trahiſſant le ſecret
du Confidentiaire. C'eſt du moins ce qui paroît
avoir été décidé par un arrêt du 15 février 1655,
cité par Brillon.

Cependant il faut convenir, à l'égard des dévolutaires, qu'un dévolut fur Confidence, s'il n'a point été fignifié au Confidentaire qui paffe pour titulaire, n'empêche point l'effet de la réfignation ou de la démiffion pure & fimple faite par le Confidentiaire, & admife avant que la conteftation fur le fait de Confidence foit engagée.

Ainfi dans ce cas, le réfignataire de bonne foi & qui n'auroit d'ailleurs dans fa perfonne aucune incapacité, jouiroit du droit qui lui feroit acquis par cette réfignation. C'eft ent'autres l'avis de Dumoulin qui a traité amplement cette queftion fur la règle *de public. refign.* C'eft auffi ce qu'a jugé un arrêt rendu en la première chambre des enquêtes le 30 juillet 1622. Il eft rapporté par Brillon dans fon dictionnaire.

Une femblable décifion auroit lieu quand même le dévolutaire auroit déjà pris poffeffion du bénéfice, pourvu cependant que cette prife de poffeffion n'eût pas été fuivie d'une demande judiciaire de fa part ; car il eft de principe en pareil cas, que la prife de poffeffion, quoique parvenue à la connoiffance du titulaire, ne fauroit être regardée comme un trouble de fait, ni conféquemment empêcher l'effet de la réfignation. Il y en a un arrêt conforme du 17 juin 1638, rendu fur les conclufions de M. l'avocat général Bignon. Il eft cité par Brodeau, dans fes notes fur Louet.

Cette maxime cependant n'auroit point d'application au cas où celui à qui le bénéfice eft réfigné feroit enveloppé dans la Confidence qui rend incapable du bénéfice le réfignant, la réfignation feroit alors nulle & le bénéfice vacant & impétrable de droit.

C'est encore un principe conſtant en matiere de Confidence qu'elle ne peut être couverte par aucun conſentement des parties, ni être auto-riſée par tranſaction, ni même par un jugement. Il en eſt à cet égard, obſerve Brodeau ſur Louet, comme de l'uſure. Il en rapporte une eſpèce dans laquelle il s'agiſſoit du poſſeſſoire de la cure de S. Hipolithe du diocèſe de Tours. Le titulaire la tenoit en Confidence, & cette Con-fidence étoit clairement prouvée & vérifiée, tant par écrits que par témoins. Il obtint mal-gré cela ſentence de maintenue. Le dévolutaire alors prit le parti de tranſiger; il conſentit que le jugement fût exécuté, & compoſa même avec ſa partie adverſe pour les dépens, dom-mages & intérêts auxquels il étoit condamné envers elle. Mais enſuite malgré cet acquieſce-ment à une ſentence qui par là ſembloit avoir acquis force de choſe jugée, le même dévolu-taire interjeta appel de la ſentence dont il avoit ſi formellement conſenti l'exécution & prit des lettres pour être relevé de la tranſaction. L'arrêt rendu en conſéquence au rapport de M. Louet le 18 décembre 1600, reçut cet appel, main-tint le dévolutaire, entérina les lettres, & or-donna que les héritiers qui avoient joui des re-venus de la cure ſeroient appelés à la requête du procureur général du roi ſur la reſtitution des fruits qu'ils avoient induement perçus.

Il eſt aiſé de reconnoître combien cet arrêt eſt conforme aux vrais principes ſur cette matière. Une tranſaction ne peut jamais donner titre en fait de bénéfice à celui qui n'y a aucun droit; une pareille tranſaction, ſi l'on pouvoit y avoir égard, auroit plus d'effet que la collation & proviſion

provifion de l'ordinàire qui feroit inconteftablement nulle en la perfonne du confidentiaire. Ainfi
approuver une pareille tranfaction, ce feroit lé-
gitimer une provifion réprouvée par les canons
& par les ordonnances du royaume, ce qui feroit abfurde.

Il eft à remarquer que la reftitution des fruits
eft toujours prononcée contre les confidentiaires ou contre leurs héritiers & contre ceux qui
ont touché les revenus. Tous les arrêts rendus
fur cette matière ont de femblables difpofitions.
Ces reftitutions font ordinaîrement appliquées,
partie aux réparations des églifes & bâtimens
des bénéfices tenus en Confidence, & partie au
profit des hôpitaux des lieux où font fitués les
bénéfices.

Suivant le fentiment des auteurs & la jurifprudence des cours, on admet la preuve par témoins du fait de Confidence. D'Héricourt penfe
qu'elle doit être admife fans difficulté lorfqu'il
s'agit du crime de fimonie, & il rapporte un
arrêt du parlement de Mets du 23 février 1693,
qui l'a jugé ainfi. Cet auteur, il eft vrai, ne parle
point nommément de la Confidence dans cet
endroit ; mais puifque fuivant les difpofitions des
ordonnances & le fentiment des docteurs, elle
eft toujours affimilée à la fimonie, il paroît naturel d'en conclure que la preuve par témoins
doit être reçue pour l'une comme pour l'autre,
même fans commencement de preuve par écrit,
d'autant plus que les raifons que donne l'auteur
des lois eccléfiaftiques pour juftifier fon opinion
à l'égard de la fimonie, militent également pour
la Confidence.

En effet, obferve-t-il, l'ordónnance de Mou-

lins qui défend d'admettre la preuve par témoins
au-deſſus de cent livres ne s'applique point à la
preuve de ſimonie , parce que cette ordonnance
& l'article 2 du titre 20 de l'ordonnance de
1667 , ne regardent que les conventions faites
entre les parties , & non ce qui concerne l'intérêt d'un tiers , ſurtout , ajoute-t-il , lorſqu'il
s'agit d'un délit dont on a ſoin de ſupprimer
toutes les preuves par écrit , & il obſerve que
c'eſt le ſentiment de Dumoulin & de Louet.

Brodeau , dans ſes notes ſur ce dernier , eſt
du même avis & penſe que la preuve par témoins de la Confidence doit être admiſe , ſoit
qu'il s'y rencontre des commencemens de preuves par écrit, ſoit qu'il ne s'y en trouve pas.
Il appuie ſon ſentiment ſur pluſieurs arrêts
qu'il rapporte , entr'autres ſur un de la cinquie-
me chambre des enquêtes, rendu le 25 novembre 1625 , par lequel la cour avant faire droit
appointa les parties à informer des faits de ſimonie & de Confidence allégués au ſujet de la cure
de Saint-Martin du Moulay , au diocèſe du Mans,
& ſur un autre arrêt rendu en la même chambre
le 22 août 1626 , confirmatif d'une ſentence du
bailliage des montagnes d'Auvergne du 16 août
1625 , portant que les parties conteſteroient ſur
les faits de Confidence articulés par le dévolutaire. Il s'agiſſoit du poſſeſſoire de la chapelle
de Notre-Dame d'Aubigné.

Cependant Rouſſeau de la Combe eſt d'avis
qu'on ne peut vérifier la Confidence par témoins,
s'il n'y a commencement de preuve par écrit.

Brillon , dans ſon dictionnaire , rapporte pluſieurs arrêts conformes à ce ſentiment , entr'autres un du grand conſeil du premier août 1678,

& furtout un autre remarquable du premier février 1695, qui établit qu'effectivement la preuve par témoins du fait de Confidence ne doit point être reçue, s'il n'y a quelques commencemens ou adminicules de preuves par écrit.

Dans cette dernière efpèce un bénéficier malade avoit réfigné deux bénéfices, l'un à fon neveu, l'autre à fon ami. C'en fût affez pour qu'un dévolutaire fuppofât qu'il y avoit des billets des deux réfignataires, par lefquels ils s'obligeoient à lui remettre les bénéfices en cas de convalefcence. Cependant le réfignant mourut dans les quatre mois. Le dévolutaire en fuppofant toujours l'exiftence de ces billets, & qu'ils étoient même dépofés chez un gentilhomme, fit tranfporter un commiffaire chez le gentilhomme pour prendre fon ferment fur la vérité de ce dépôt. Outre cela le même dévolutaire fit informer de prétendus recelés & divertiffemens d'effets qu'il difoit avoir été faits par les légataires du réfignant. Après cette information qui n'avoit été faite que pour parvenir à découvrir les billets, le dévolutaire préfenta requête pour avoir permiffion d'informer par témoins du fait en queftion, ayant, difoit-il, un commencement de preuve par écrit. Il invoquoit l'édit de Blois, l'opinion de Dumoulin fur la règle *de publicandis refign.* & autres.

Mais les réfignataires oppofèrent que les faits allégués par le dévolutaire étoient imaginés pour donner des impreffions défavorables contre eux, que l'information d'ailleurs étoit contraire à la plainte, qu'enfin on ne pouvoit pas prouver par des voies obliques & détournées des faits dont on ne pouvoit faire la greuve directement; ils

obfervèrent fur-tout qu'il étoit fans exemple
qu'on eût permis la preuve par témoins dans un
fait de Confidence fans qu'il y eût aucun commencement de preuve par écrit. Sur ces moyens
une fentence du châtelet de Paris maintint les
réfignataires en poffeffion, en affirmant néanmoins qu'ils n'avoient pas fait les billets dont il
s'agiffoit. L'arrêt du parlement du premier février 1695, que nous rapportons confirma cette
fentence & en ordonna l'exécution.

Il paroît que la jurifprudence du parlement
d'Aix n'admet point la preuve par témoins du fait
de Confidence. C'eft ce qui réfulte d'un arrêt qui
y a été rendu le 29 avril 1641, rapporté par
Boniface. Le nommé Nicolet de Sifteron demandoit à prouver par témoins que le fieur Prince
réfignataire du fieur Vardetti tenoit fon bénéfice
en Confidence & le confervoit au frère du réfignant ; il articuloit de plus que le réfignant étoit
en frénéfie lors de la procuration *ad refignandum.*
Cependant la preuve de Confidence fut rejetée
& Prince fut maintenue par l'arrêt que nous
citons.

Quoi qu'il en foit, il faut obferver, & c'eft
une remarque de Rouffeau de la Combe, qu'en
admettant la preuve par témoins du fait de Confidence, celui qui a réfigné un bénéfice ne peut
jamais être ouï & interrogé fur ce fait contre
fon réfignataire en juridiction féculière.

La raifon de cela eft que par là le réfignant
pourroit venir contre fon propre fait pour détruire les provifions de fon réfignataire & le
droit que celui-ci a acquis fur le bénéfice par fon
moyen.

Il eft encore à remarquer que la Confidence

est imprescriptlble, ainsi que la simonie : c'est ce qui est établi sur le sentiment des auteurs & sur la jurisprudence des cours. Il y en a surtout un arrêt du 15 février 1655, qui est cité par Brillon.

Quoique la Confidence soit en tout traitée comme la simonie, & qu'elle ait les mêmes effets, il y a cependant cette différence entre l'une & l'autre, qu'à l'égard de la simonie le titulaire du bénéfice peut s'aider de la possession triennale, s'il a joui pendant trois ans du bénéfice sans avoir eu connoissance de la simonie commise sans sa participation, suivant le sentiment de Cabassut & de Rebuffe; au lieu qu'en fait de Confidence, le confidentiaire ne peut point s'aider de la possession triennale, ne pouvant être confidentiaire sans avoir eu connoissance de la confidence.

Voyez *les lois ecclésiastiques de d'Héricourt; le recueil de jurisprudence de la Combe; le dictionnaire des arrêts de Brillon; la collection de jurisprudence; le dictionnaire canonique; Rebuffe; Cabassut; Brodeau sur Louet; les ordonnances citées; les arrêts de Boniface; les arrêts notables d'Augeard; le traité de la police ecclésiastique de Chopin.* Voyez aussi les articles BÉNÉFICE, COLLATION, RÉSIGNATION, SIMONIE, PRÉSOMPTIONS, PREUVE PAR TÉMOINS. (*Cet article est de M. ROUBAUD, avocat au parlement*).

CONFIRMATION. C'est un des sept sacremens de l'église par lequel les chrétiens sont confirmés dans la grâce reçue au baptême.

La forme de ce sacrement consiste dans l'oraison qui accompagne l'imposition des mains

& dans les paroles jointes à l'onction faite avec le faint chrême.

Parmi les grecs & dans tous l'Orient on donne ce facrement immédiatement après le baptême ; mais dans l'église d'Occident on attend pour le conférer, que les enfans aient atteint l'âge de raifon.

La Confirmation ne fe réitère jamais. M. Fleury & la plupart des théologiens modernes établiffent comme un caractère diftinctif entre les fonctions des prêtres ou des diacres, & celles des évêques, que les premiers peuvent adminiftrer le baptême, au lieu qu'il n'appartient qu'aux évêques de conférer la Confirmation en qualité de fucceffeurs des apôtres.

Il eft néanmoins conftant que parmi les grecs le prêtre qui donne le baptême confère auffi la Confirmation ; & Luc Holftenius affure que cet ufage eft fi ancien dans l'église orientale, que le pouvoir de confirmer eft devenu comme ordinaire aux prêtres qui l'ont reçu des évêques. De-là pour ne pas condamner la pratique de cette église, plufieurs théologiens penfent que l'évêque eft le miniftre ordinaire de la Confirmation, & que les prêtres peuvent la donner, & l'ont fouvent donnée comme miniftres extraordinaires, & par délégation.

Ils fe fondent fur ce que le concile de Trente ayant décidé que l'évêque étoit le feul *miniftre ordinaire* du facrement de Confirmation, ces termes *miniftre ordinaire*, font entendre que l'évêque peut commettre un prêtre pour donner extraordinairement la Confirmation : mais le pape Benoît XIV qui a examiné cette queftion dans fon traité du fynode diocéfain a contredit cetre opinion : il a établi que les souverains pontifes étoient seuls en droit de commettre des prêtres pour administrer le sacrement de Confirmation , & qu'ils ne donnoient cette commission qu'à la charge que les prêtres commis seroient tenus de se servir du chrême consacré par les évêques.

On donnoit autrefois la Confirmation aux fêtes solemnelles de Pàques & de la Pentecôte , & aux approches de la persécution. Le concile de Rouen prescrit que celui qui donne la Confirmation , & ceux qui la reçoivent , soient à jeûn.

Il y a une pareille disposition dans les capitulaires d'Hérard archevêque de Tours , & dans un concile de Paris tenu au commencement du neuvième siècle ; mais cela n'est regardé aujourd'hui que comme un conseil & non comme un précepte.

CONFIRMATION, se dit en matière d'élection, de l'acte par lequel on confirme l'élection d'un abbé , prieur ou autre officier ecclésiastique. Lorsqu'il se trouve dans une élection un défaut contre le droit commun ou particulier , dont le confirmateur ne peut dispenser , il ne peut pas non plus suppléer à ce défaut. Il doit citer les personnes intéressées , & nommément les compétiteurs & les opposans ; il ne lui est point permis de recevoir ce qui pourroit lui être offert volontairement ; encore moins doit-il exiger quelque chose pour ses peines. Dans le cas où il recevroit un présent, la Confirmation seroit nulle ; il seroit privé pour toujours du droit de confirmer , & il encourroit l'excommunication majeure par le feul fait, de laquelle le pape feul pourroit l'abfoudre.

Lorfque celui qui a été élu s'ingère dans l'adminiftration du bénéfice avant d'avoir obtenu la Confirmation, tout ce qu'il fait eft nul, & il eft privé de tout le droit qu'il avoit fur le bénéfice, pour le punir de ce qu'il s'eft attribué à lui-même un pouvoir qu'il devoit attendre de fon fupérieur.

Le fupérieur avant de confirmer celui qui eft élu, doit examiner d'office fon âge, fa fcience & fes qualités, quoiqu'il n'y ait perfonne qui fe plaigne ; parce que l'apôtre défend d'impofer les mains avec précipitation.

Lorfqu'un fupérieur confirme un indigne ou un incapable, par négligence, il ne peut confirmer le fuccefleur de celui qu'il a confirmé contre les règles, & il peut être déclaré fufpens de fon bénéfice. S'il a péché par malice, il doit être puni plus févérement.

Il y a des abbés qui obtiennent leur Confirmation de l'évêque dans le diocèfe duquel l'abbaye eft fituée ; d'autres du général de l'ordre, & d'autres du pape, dont ils relevent immédiatement.

Pendant la vacance du fiège épifcopal, c'eft au chapitre de la cathédrale à confirmer les élections que l'évêque auroit confirmées fi le fiége avoit été rempli.

Les abbés triennaux gouvernent le fpirituel & le temporel dès qu'il font élus, fans qu'ils foient obligés d'obtenir de Confirmation du fupérieur.

L'élu qui a confenti à l'élection doit demander la Confirmation, quand elle eft néceffaire, dans les trois mois , à compter du jour du confentement qu'il a donné à l'élection. S'il ne fe pourvoit pas dans ce temps , en cas qu'il n'ait aucun empêchement légitime , il eft privé du droit qu'il avoit fur fon bénéfice , & l'on peut procéder à une nouvelle élection.

Le pape n'ayant point dans l'églife d'autre fupérieur que le concile écuménique , qui fe trouve rarement affemblé pendant la vacance du faint fiège , jouit de tous les droits qui font attachés à la chaire de faint Pierre , auffi-tôt après qu'il a été élu , fans qu'il ait befoin d'aucune Confirmation.

CONFIRMATION , eft encore le nom d'un droit royal dû à l'avénement de chacun de nos rois à la couronne.

Ce droit eft domanial & appartenant à la fouveraineté. C'eft pourquoi il s'exerce fur tous les fujets du roi tant dans les domaines aliénés ou engagés que dans ceux qui font donnés en apanage ou a quelqu'autre titre que ce foit. C'eft ce qui réfulte de l'article 10 de l'arrêt du 29 feptembre 1723.

Les rois en recevant à leur avènement à la couronne , les hommages & les offres de leurs fujets , ont conftamment pratiqué l'ufage de confirmer les privilèges , prérogatives , droits & franchifes dont ils étoient en poffeffion fans fraude. La fubftitution perpétuelle de la couronne de mâle en mâle , étant une loi de l'état, les rois ne font qu'ufufruitiers & par conféquent ils ne peuvent donner , concéder , créer ou confirmer que pour le temps de leur règne: c'eft pourquoi la Confirmation du roi fucceffeur eft indifpenfable.

Les Confirmations d'abord gratuites ont été assujetties à payer des droits lorsque François I monta sur le trône..

Par l'ordonnance de Charles IX donnée à Orléans au mois de décembre 1560, tous les officiers royaux, de quelque état qualité & condition qu'ils soient, sont obligés lors de l'avènement de chaque roi à la couronne, de prendre des lettres de Confirmation de leurs états & offices, ainsi que de leurs privilèges droits & franchises : il en est de même des sujets privilégiés pour la Confirmation de leurs privilèges, franchises, droits & libertés. Mais les officiers de judicature exercent leurs offices & administrent la justice quoiqu'ils n'aient point obtenu de lettres de Confirmation.

Les rois successeurs de Charles IX jusqu'à Louis XVI exclusivement, ont rendu des ordonnances conformes à celles du mois de décembre 1560, & ont exigé de leurs sujets un droit pour les confirmer dans la jouissance de leurs offices & privilèges. On peut voir à ce sujet les lettres-patentes de Henri III du 31 juillet 1574; la déclaration de Henri IV du 25 décembre 1589; les lettres-patentes de Louis XIII, des années 1630 & 1611; l'édit de Louis XIV du mois de juillet 1643, & la déclaration de Louis XV du 27 septembre 1723.

Le roi regnant a fait remise du droit dont il s'agit, par son édit du mois de mai 1774.

Voyez *les actes des apôtres ; l'histoire ecclésiastique par Fleury ; le canon 3 de la session 7 du concile de Trente ; traité du synode diocésain par le pape Benoît XIV ; les mémoires du clergé ;*

l'abrégé chronologique de l'histoire ecclésiastique ; le dictionnaire de droit canonique ; les lois ecclésiastiques de France ; le recueil de jurisprudence canonique ; l'édit du mois de décembre 1560 ; les lettres patentes du 31 juillet 1574, & les autres lois citées dans l'article, &c. Voyez aussi les articles ÉVÊQUE, PAPE, ELECTION, JOYEUX AVÈNEMENT, NOBLESSE, PRIVILÈGE, &c.

CONFISCATION. Lorsqu'une personne est condamnée à mort, ou aux galères perpétuelles, ou au bannissement perpétuel hors du royaume, tous ses biens tombent au profit du roi ou du seigneur haut-justicier : c'est une manière de succéder qui donne au confiscataire les mêmes droits que celui que les héritiers légitimes ont dans les successions ordinaires : cette peine se nomme Confiscation. Le carcan, le pilori, le fouet, la marque par le feu, l'amende honorable, la condamnation d'assister comme coupable au supplice d'un criminel, sont des peines infâmantes, mais qui n'emportent pas la mort civile, ni par conséquent la Confiscation des biens.

Quand le roi commue la peine décernée par ses cours, comme de la mort naturelle en civile, en bannissement, en galères perpétuelles, cette espèce de grâce n'ôtant point l'infamie, n'empêche pas la mort civile de la personne qui a obtenu cette commutation. Ses biens sont confisqués, à moins qu'ils n'appartiennent au roi, & qu'il ne daigne lui en faire remise. Mais lorsque le roi commue la peine qui emporte la mort civile, en une autre qui ne l'emporte point, alors la Confiscation est révoquée de plein droit. Le parlement l'a jugé ainsi par un arrêt du 23 février 1708, rendu en faveur de François Poultier.

Sous les quarante-quatre premiers empereurs Romains, ceux qui étoient retranchés de la société par la mort civile, étoient réputés incapables de tranfmettre leurs héritages à leurs parens, à leurs amis; leur fucceffion étoit cenfée vacante, & à défaut d'héritiers & de propriétaires, l'état s'en emparoit. Valentinien & Théodofe tempérèrent la rigueur de cette loi; & Juftinien jugeant que la honte qui tomboit fur la poftérité d'un malheureux flétri pour fes crimes ne devoit pas encore être accompagnée de l'indigence, ordonna par la novelle 134 que les biens des condamnés appartiendroient aux afcendans & defcendans jufqu'au troifième degré, excepté pour les crimes de lèze-majefté.

Cette jurifprudence fut long-temps obfervée parmi nous. Sous les deux premières races & fous la troifième, on laiffoit même tous les biens des condamnés aux afcendans & defcendans, à leurs frères & neveux, dans tous les lieux foumis directement à la juridiction royale. Ce n'eft que depuis Philippe-Augufte, Louis VIII & faint Louis, que la Confifcation s'eft établie telle que nous l'avons. Ces princes affimilèrent la Confifcation à la commife; ils l'étendirent des fiefs aux francs-aleux, à toutes les efpèces d'héritages, jufqu'aux effets mobiliers du criminel. Dès le commencement de la régence de la reine Blanche, mère de faint Louis, on voit déja les feigneurs fe plaindre de ce que les Confifcations retomboient fur les enfans des condamnés; ils demandèrent qu'on remît, fuivant l'ancien ufage, les familles en poffeffion des biens ainfi confifqués : mais la régente, dans une efpèce de parlement qu'elle affembla en 1227, ne leur accorda qu'une partie de leurs demandes : infenfiblement la peine de Confifcation s'eft étendue dans nos provinces, néanmoins, avec des modifications qu'il eft effentiel de connoître. Les coutumes de Meaux, de Sens, de Troyes, de Mantes, & notamment celle de Paris, admettent ce principe : *celui qui confifque le corps confifque les biens.*

La Confifcation n'a pas lieu dans le Lyonnois, le Mâconnois, le Beaujolois, le Forez, l'Angoumois, la Gafcogne, la Provence, le Dauphiné, l'Alface & le Boulonnois, excepté pour les crimes de félonie & de lèze-majefté.

En 1724, les avocats du Mans atteftèrent que la Confifcation n'avoit lieu dans la fénéchauffée du Mans que pour crime d'héréfie & de lèze-majefté : même ufage dans le Berry, dans l'Anjou, l'Angoumois & le Béarn.

Choppin, dans fon traité du domaine, l. 1, t. 8, n. 11, dit que la Confifcation n'a lieu dans le Cambrefis que fur les meubles, & jamais fur les immeubles.

En Hainaut, elle a lieu dans les cas d'héréfie, de fuicide, de fédition & de fuite en temps de guerre.

En Normandie, lorfqu'elle eft prononcée par un juge royal, le roi a les meubles & une année des revenus des immeubles dans tous les fiefs & héritages feigneuriaux.

En Bretagne, elle n'eft d'ufage qu'à l'égard des meubles feulement.

En Artois, dans la ville & banlieue de Lens la Confiscation n'a pas lieu (*).

(*) Une charte d'Eude IV , duc de Bourgogne, & d Jeanne de France, comtesse d'Artois sa femme, donnée a mois de juillet 1335 , exempte de la Confiscation les bien des bourgeois & de leurs enfans, & même ceux des forains si leurs héritiers au cinquième degré sont bourgeois & le réclament dans le mois.

Mais suivant l'article 22 d'un concordat homologué pa arrêt du 28 juin 1379, les biens des forains sont indistincte ment sujets à la Confiscation.

Louis XI confirma le privilége des bourgeois d'Arras pa une charte du mois de juillet 1481. L'article 3 soumet néan moins leurs biens à la Confiscation dans le cas du crime d leze-majesté.

Philippe-le-Hardi, par charte du 3 mai 1384, exempt de la Confiscation les biens des personnes condamnées pa les mayeur & échevins de Saint-Omer.

La Confiscation est reçue dans le reste de l'Artois, & même un simple bannissement perpétuel hors de la pro vince y donne ouverture. Maillart en rapporte des jugemen rendus par le bailliage d'Arras les 22 mai 1546, 18 mar 1592 & 23 mars 1602.

L'article 61 de la caroline de Gand , c'est-à-dire du pri vilége accordé à cette ville par Charles-Quint, déclare les biens des bourgeois non confiscables, excepté dans les cas d'hérésie & de leze-majesté. Les états de Flandres obtinrent aussi ce privilége du même Prince, mais ce fut à titre oné reux. L'édit fut rendu le 20 novembre 1549. L'empereur y ajoute la même restriction qu'à la caroline de Gand, & dé clare que les Confiscations pour crime d'hérésie & de leze majesté n'appartiendront qu'au prince, à l'exclusion des seigneurs hauts-justiciers. La reine Marie régente des Pays- Bas confirma aux états de la Flandres cette exemption par édit du 10 janvier 1554.

Les états de Lille, Douai & Orchies ont obtenu des pri viléges plus étendus que le reste de la Flandres. L'exemp tion de la Confiscation leur fut confirmé par des lettres-pa tentes des archiducs Albert & Isabelle, du 23 janvier 1613,

- Et dans la partie de la Guyenne qui eſt du

à l'égard « de tous manans & habitans deſdites villes & châ-
» tellenies, & biens y étans de quelque nature & qualité
» qu'ils fuſſent.... & ce généralement & ſans exceptions
» de crime quelconques, tant grief & énorme qu'il fût,
» fût-il de crime de leze majeſté divine ou humaine, com-
» mis conjoinctement ou ſéparément.... ſans que pour le
» temps advenir, nous & nos ſucceſſeurs puiſſions nous en-
» ſaiſiner ou preſcrire en aucune manière, contre & au pré-
» judice de ce que deſſus. »

Les mêmes lettres-patentes déclarent néanmoins que
l'annotation aura lieu dans les villes & châtellenies de Lille,
Douai & Orchies, c'eſt-à-dire que les biens des delinquans
fugitifs & contumaces, ſeront ſaiſis au profit du ſouverain,
& qu'il jouira « même des meubles par le moyen de la vente
» d'iceux, & l'emploi en cours de rente à faire par les juges
» ordinaires deſdites villes & châtellenies des deniers en pro-
» cédans, avec ceux trouvés clairs lors de l'annotation,
» pour en jouir advenant retraite ou banniſſement du dé-
» linquant, & durant la vie d'icelui, après la mort duquel
» ou ſa réconciliation, y aura rentrée eſdits biens de plein
» droit, & ſans qu'il ſoit beſoin d'obtenir à ce quelque main-
» levée ou proviſion. »

Ce privilége coûta aux états de Lille, Douai & Orchies
quatre cent trente mille florins (1). La confirmation en fut
renouvelée par l'article 12 de la capitulation accordée par
Louis XIV au camp devant Lille le 27 août 1667.

Il faut obſerver que ceux qui ſont exempts de la Confiſcation ne ſont pas à la vérité ſoumis à cette peine quand elle
eſt prononcée par des édits généraux, mais qu'ils peuvent
nonobſtant leur privilége être condamnés à des amendes.
C'eſt la diſpoſition expreſſe du placard rendu pour les états
de la Flandres le 20 novembre 1549.

Ainſi dans les châtellenies de Lille, Douai & Orchies, les
pères & les mères qui marient leurs enfans hors du royaume
ne ſont pas exempts de l'amende de vingt mille livres, quoiqu'ils n'encourent pas la Confiſcation de leurs biens.

_____

(1) Le florin vaut vingt-cinq ſous.

reſſort du parlement de Touloufe, la Confiſca-

La coutume de Cambreſis porte que *Confiſcation con-*
formément au droit civil n'a point lieu : c'eſt-à-dire qu'elle
n'a point lieu au préjudice des enfans & aſcendans des condamnés juſqu'au troiſième degré, ſi ce n'eſt dans les cas de
crimes d'héréſie & de leze-majeſté. Car telle eſt la diſpoſition de la novelle de l'empereur Juſtinien, & c'eſt certainement à cette loi que la coutume fait alluſion par ces mots,
conformément au droit civil.

En Hainaut la Confiſcation n'eſt pas reçue quand le coupable n'a pas pris la fuite, ni quand ſa fuite n'a pas duré
plus de quarante jours. Ce dernier point a échappé à Dumées en ſon traité des droits féodaux, mais il eſt clairement
établi par l'article 9 du chapitre 15 des chartes générales
conçu en ces termes : « en notredit pays l'oh n'uſera, en
» matière d'homicide, de double punition, & qui confiſ-
» quera le corps, n'aura nulle Confiſcation de biens, ne fût
» qu'après les quarante jours d'abſence, il ſoit appréhendé
» & exécuté auquel cas ladite Confiſcation aura lieu. »

L'article 10 du même chapitre ajoute que ſi l'accuſé venoit à mourir avant les quarante jours écoulés, ſes héritiers pourroient, avant que ce terme ne fût expiré, purger
ſa mémoire, pour éviter la Confiſcation de ſes biens.

Dans cette province la Confiſcation n'enveloppe pas tous
les biens du coupable ; elle ne tombe que ſur ſes meubles,
& le revenu d'une année de ſes immeubles & rentes conſti-
tuées avec ou ſans hypothèque, & ce, dit l'article premier
du chapitre 15, *au profit du ſeigneur haut-juſticier, en la*
ſeigneurie duquel le délinquant ſeroit demeurant, à charge
de payer toutes ſes léales dettes : pourvu cependant que le
coupable ſoit domicilié dans la province ; car ſi un étranger
y commettoit un crime qui emportât la Confiſcation, le ſeigneur haut-juſticier du lieu où il l'auroit commis, auroit
droit ſur tous les meubles & le revenu des immeubles qui ſe
trouveroient dans l'étendue de ſa haute juſtice, & le reſte
appartiendroit au roi. C'eſt ce que porte l'article 6 du même
chapitre.

Suivant l'article 7, ſi un ſeigneur haut-juſticier commettoit lui-même le crime dans ſa haute-juſtice, la Confiſcation

tion

tion eft établie. Les gens du roi en 1703 en donnèrent un acte de notoriété. Mais Bretonnier obferve que ce parlement accorde le tiers des biens du criminel à fes enfans & à la femme feule, au cas où il n'y a point d'enfans.

Quoique la connoiffance des crimes défignés fous le nom de cas royaux, par l'art. 11 du titre 1 de l'ordonnance de 1670, foit attribuée aux baillis & fénéchaux, à l'exclufion des autres juges royaux & feigneuriaux, cependant les biens des condamnés n'appartiennent pas au

---

des meubles & du revenu des immeubles qui s'y trouveroient, appartiendroit au feigneur dominant & le refte au roi ; & s'il commettoit le crime hors de fa feigneurie, le roi auroit tout.

L'article 6 du chapitre 10 exempte les nobles d'*ancienne maifon* de cette peine.

Il réfulte de tous ces détails que la Confifcation eft prefque inconnue dans le reffort du parlement de Flandres ; auffi quand cette cour confirme les fentences rendues par des juges fubalternes, avec la claufe de Confifcation, elle ajoute toujours, *fi Confifcation a lieu.*

Elle eft néanmoins reçue dans tous les endroits de ce reffort, où il ne fe trouve point de privilége qui en exempte, quoique la coutume ordonne de fuivre le droit écrit dans les cas non décidés, parce que les ufages généraux doivent toujours l'emporter fur le droit écrit. C'eft ce qu'a jugé le grand confeil de Malines par arrêt du 15 janvier 1621.

Le même tribunal décida par arrêt du 27 octobre 1623, que lorfque la Confifcation n'eft reçue dans une ville que pour une certaine partie des biens, les dépens de la procédure criminelle doivent fe prendre fur la totalité, fans que la partie confifquée y foit affujettie exclufivement, parce que l'obligation de payer ces dépens eft une dette contractée par le coupable, & qui par conféquent s'étend fur tous fes biens fans avoir égard à la Confifcation. (*Note de M. MERLIN*, *avocat au parlement de Flandres.*)

roi dans les terres des feigneurs hauts-jufticiers ;
parce qu'il eft de principe en France que la Confifcation eft un fruit de la haute-juftice, un fruit
réputé patrimonial. Le roi n'a de Confifcation
dans les terres des hauts-jufticiers que pour les
crimes de lèze-majefté. Dans tous les autres cas,
tels que le rapt, l'incendie, le guet-à-pens, &c.
les Confifcations appartiennent aux feigneurs
hauts-jufticiers.

On demande fi un homme déja condamné peut
échapper à la peine de Confifcation, lorfque le roi
lui accorde des lettres de grace ? Chopin, dans
fon traité du domaine, l. 1, tit. 8, diftingue fi les
lettres de grace font *en forme d'abolition* ou *en
forme de droit.* Dans le premier cas, la rémiffion
accordée n'empêche pas le feigneur de jouir des
biens du condamné. Dans le fecond cas, le feigneur perd la Confifcation : mais le plus grand
nombre des criminaliftes font d'un fentiment
contraire ; ils penfent, avec raifon, que c'eft de
l'exécution réelle & effective du jugement fur
la perfonne criminelle, que le feigneur tire fon
droit de Confifcation. Jufqu'à ce moment, le
feigneur n'a pour lui que l'efpérance, & dès
qu'il plaît au fouverain d'accorder des lettres de
grace ou de rémiffion, cette efpérance eft fruf-
trée. Ce qui fe pratique à l'égard des contumax eft une preuve que le feul prononcé du
jugement ne donne point au confifcataire le
droit de fe mettre en poffeffion des biens du
coupable ; il faut attendre l'exécution même du
jugement, c'eft-à-dire les cinq années révolues.
Lorfque la mort du contumax arrive pendant
ces cinq ans, elle lève la peine de Confifcation ;
les héritiers ordinaires héritent au préjudice du

seigneur. Il en eſt de même des ſucceſſions qui pourroient échoir au coupable pendant cet intervalle. Mais ſes héritiers ou ayant-cauſe ne peuvent réclamer les fruits des biens annotés, ils reſtent à ceux qui les ont recueillis en vertu de la ſentence de contumace. C'eſt une ſorte de punition que la loi inflige au coupable à cauſe de ſa déſobéiſſance, de ſa fuite & de ſon opiniâtreté. Louet obſerve, lettre C, n. 23, qu'un fils condamné à mort par contumace, étant mort ſans l'avoir purgée, ſes créanciers firent ſaiſir les biens de ſon pere, qui étoit mort avant le fils & pendant la contumace ; ils prétendoient que le coupable y avoit ſuccédé ; mais ils furent déboutés ; les biens du pere paſsèrent à ceux qui devoient être ſes héritiers, au cas où il n'eût point eu de fils, ou que ce fils fût mort avant ſon crime.

Le confiſcataire eſt obligé d'acquitter toutes les dettes de celui dont il confiſque le bien : il doit commencer par inventorier les effets mobiliers & l'état des immeubles, pour n'être chargé des dettes que juſqu'à la concurrence de la valeur des biens confiſqués. Il eſt ſemblable à cet égard à l'héritier par bénéfice d'inventaire ; s'il ne prenoit pas cette précaution, il ſeroit tenu, à l'exemple de l'héritier pur & ſimple, d'acquitter toutes les dettes à ſes dépens.

Mais l'inventaire eſt inutile lorſque les biens ſont confiſqués pour crime de lèze-majeſté ; la Confiſcation dans ce cas eſt déchargée des douaires, ſubſtitutions, dettes, hypothèques & autres charges quelconques, en vertu de l'or-

donnance de François premier, du mois d'août
1539.

« ARTICLE PREMIER. Ordonnons que ceux
» qui auront aucune chose conspiré, machiné
» ou entrepris contre notre personne, nos en-
» fans & postérité, ou la république de notre
» royaume, soient étroitement & rigoureuse-
» ment punis, tant en leurs personnes qu'en
» leurs biens, tellement que ce soit chose exem-
» plaire à toujours, sans que leurs apparens héri-
» tiers mâles ou femelles, parens en ligne directe
» ou collatérale, ou autres personnes, puissent
» prétendre aucun droit de succession, de substitu-
» tion ou de retour esdits biens; lesdits biens, soit
» meubles ou immeubles, féodaux ou roturiers,
» avec tous & chacun les droits, noms, raisons
» & actions qui pourroient compéter & appar-
» tenir à tels machinateurs ou conspirateurs lors
» desdites entreprises & machinations, soit
» qu'iceux biens fussent en leur libre & pleine
» disposition, ou qu'ils fussent sujets à substitu-
» tion, ni retour par testament ou dispositions
» d'eux ou de leurs prédécesseurs en quelque
» manière que ce soit ; nous soient & à notre
» fisc ou domaine déférés & appliqués sans au-
» cune desdites charges, même quand il y aura
» crime de lèze-majesté joint avec félonie.

» Article II. Ordonnons qu'esdits cas ainsi
» commis contre nous, nos enfans & postérité,
» même quand il y aura crime de lèze-majesté
» joint avec le crime de félonie, outre les biens
» féodaux possédés par lesdits criminels qui sont
» retournés ou retourneront à nous, comme
» souverain & féodal de tous nos sujets & vas-
» saux, soit que lesdits fiefs soient tenus de nous

» en plein fief ou arrière-fief ; les autres biens
» defdits criminels, meubles, immeubles allo-
» diaux ou roturiers, lefquels biens il n'eft en-
» core difcuté à qui ils appartiennent ; & s'ils
» doivent être chargés defdites fubftitutions ou
» condition de retour, foient appliqués à nous,
» notredit fifc ou domaine fans lefdites charges
» de fubftitutions ou de retour, tellement que
» notredit fifc foit préféré efdits biens auxdits
» fubftitués, & qu'il les exclue ainfi qu'il feroit
» les enfans de tels criminels, fi aucuns en
» avoient ».

Ferrière, fur la coutume de Paris, rapporte
plufieurs arrêts qui ont jugé conformément à
cette ordonnance, & il ajoute que cela ne fait
plus de difficulté aujourd'hui dans aucun tribunal.

Si les fujets du roi condamnés pour crime de
lèze-majefté avoient des effets en pays étrangers, fon droit de Confifcation s'étendroit fur
ces effets, & les autres fouverains n'y pourroient rien prétendre, en vertu de leur droit de
defhérence. Le même privilége a lieu en France
à l'égard des autres fouverains, parce qu'en fait
de crime de lèze-majefté, tous les fouverains
font caufe commune. Nous avons un exemple
de cet ufage dans la perfonne du maréchal d'An-
cre ; convaincu du crime de lèze-majefté ainfi
que fa femme, ils avoient des fommes confidérables fur les banques de Rome, de Venife &
de Gênes ; ces puiffances accordèrent main-levée
à Louis XIII, qui confifqua toutes ces fommes.

Outre les Confifcations pour crime de lèze-
majefté, le roi eft auffi feul propriétaire de toutes les fommes ou confignées, ou décernées re-

lativement aux demandeurs en requête civile ;
aux demandeurs en récufation de juge, aux demandeurs en évocation au confeil, à ceux qui fe
pourvoient en caffation d'arrêt, à ceux qui dé-
nient en juftice leurs fignatures & écritures,
ainfi qu'à une infinité d'autres cas abandonnés à
l'arbitrage des juges.

Le roi feul jouit également des confifcations
faites fur les aubains, en quelques lieux que leurs
biens foient fitués ; mais c'eft à la charge d'acquitter toutes leurs dettes légitimes.

A l'égard des crimes qui ne font point de
lèze-majefté, la confifcation fuit l'ufage des provinces ; on en diftingue de trois efpèces :

1°. Celles qui admettent la Confifcation fans
limite.

2°. Celles qui la reprouvent pour tous les
crimes, excepté celui de lèze-majefté.

3°. Celles qui n'ont aucune difpofition fur
cet objet.

Dans les premières on adjuge au roi, en
forme d'amende, une portion des biens du coupable, lorfque le crime eft au rang des cas
royaux.

En ce cas les feigneurs hauts-jufticiers au profit defquels tombe la confifcation, payent au
roi cette amende. L'énumération des cas royaux
ou privilégiés fe trouve dans les anciennes ordonnances, & notamment dans celle de 1670,
au titre premier.

Dans les provinces qui réprouvent la Confifcation pour tous les crimes qui ne font pas de
lèze-majefté, on adjuge au roi des amendes pro-
portionnées à la gravité des crimes, amendes

qui fe prennent fur les biens du condamné au préjudice des héritiers, ce qui équivaut à une véritable Confifcation. Enfin dans les provinces muettes, on juge felon le droit commun de la France, c'eft-à-dire, *qui confifque le corps, confifque les biens.*

On demande, dans le cas où les biens confifqués fe trouvent fitués fous différentes juftices, fi les feigneurs confifcataires font obligés folidairement à payer l'amende adjugée au roi? Chopin, dans fon traité du domaine, liv. 1. tom. 8. eft pour la négative. Il prétend qu'il y a une différence effentielle entre l'héritier d'un débiteur, & le poffeffeur des biens d'un condamné. Les héritiers feuls font chargés des dettes folidairement quoi qu'ils héritent à portions inégales, au lieu que le fifc n'eft obligé que jufqu'à la concurrence de ce qu'*il peut amander.* C'eft pourquoi Chopin veut que l'on faffe une eftimation générale du bien confifqué, & en particulier de celui qui eft fitué fur chaque juftice, pour conftater la part que chaque feigneur confifcataire doit payer au roi, & afin que chacun d'eux ne foit pas pourfuivi comme folidaire ; il ajoute que cela a été ainfi jugé par un arrêt rendu en 1568.

Par l'article 13 de l'édit du mois d'août 1679, Louis XIV mit le duel au rang des crimes de lèze-majefté ; en conféquence il ordonna que les biens des coupables feroient confifqués, un tiers au profit des hôpitaux, & que les deux autres tiers feroient employés, tant aux frais de capture & de juftice, qu'à l'entretien des femmes & enfans des condamnés, feulement pendant leur vie.

V iv

Si le duel est commis dans les provinces où la confiscation n'a pas lieu, la loi avoit ordonné de prendre sur les biens des coupables, une amende qui fut au moins moitié de la valeur de ces biens. Mais par une déclaration du 28 décembre 1711, l'amende a été portée aux deux tiers des biens situés dans les provinces où la Confiscation n'a pas lieu, & ces deux tiers sont attribués en entier aux hôpitaux. Cette somme se partage en trois : un tiers appartient à l'hôtel-Dieu de Paris, un tiers à l'hôpital général, un autre tiers doit se partager entre l'hôpital de la ville où réside le parlement dans le ressort duquel le crime est commis, & l'hôpital du siège royal le plus voisin du délit.

Néanmoins la loi ordonne que dans le cas où l'état sera redevable de quelque chose envers les coupables, il en demeurera quitte & déchargé, & que s'il se trouve dans leurs biens des marquisats & autres terres titrées, relevant immédiatement de la couronne, ils seront réunis de plein droit au domaine, ainsi que les biens qui en auront été aliénés, sans qu'ils puissent à l'avenir en être distraits, ni que les hôpitaux y puissent rien prétendre.

. Lorsque les biens confisqués au profit du roi sont des fiefs mouvans de seigneurs particuliers, il est dans l'usage d'en disposer en faveur de quelqu'un de ses sujets ; cet usage est fondé sur une ordonnance de Philippe-le-Bel de 1302, qui déclare qu'il n'acquérra rien dans la mouvance de ses vassaux sans leur consentement, & qu'en cas de forfaiture, succession ou autrement, il en videra ses mains dans l'an & jour, ou qu'il leur donnera des indemnités suffisantes (*) : cela est de toute justice, puisque le roi qui est le dernier terme de la féodalité est affranchi de la foi & hommage & de droits seigneuriaux envers tous les possesseurs de fiefs de son royaume.

Les immeubles confisqués, soit au profit du roi, soit au profit du haut-justicier, ne sont pas sujets au retrait lignager, encore qu'ils soient propres à celui sur lequel ils ont été confisqués, parce qu'au moyen de la Confiscation ils ont été mis hors de ligne; ainsi, ni le roi, ni ses fermiers, ni les cessionnaires n'en peuvent être évincés par cette voie.

Les seigneurs hauts-justiciers doivent au roi le centième denier de la valeur des immeubles qu'ils acquièrent par droit de Confiscation (**).

_____

(*) Observez que cette règle est sans application lorsque les Confiscations font comme aujourd'hui partie des baux des domaines. Les biens confisqués au profit du roi appartenans aux fermiers de sa majesté comme un casuel compris dans leur bail, ils ont soin d'en disposer : par ce moyen ces biens ne sont pas réunis au domaine & ils restent dans la mouvance des seigneurs. (*Note de l'Editeur.*)

(**) Lorsque la Confiscation est prononcée au profit du roi, & qu'il la donne aux enfans du condamné, les immeubles qui en sont l'objet leur tiennent nature de propre, comme l'ont observé Lebrun & Renusson. Dans ce cas le don est considéré comme une simple renonciation à la Confiscation, & les enfans sont censés avoir hérité de leur père. Il suit de ce principe que de tels immeubles ne sont point assujettis au droit de centième denier.

Il en seroit différemment si le roi faisoit don des biens confisqués aux héritiers collatéraux du condamné : ceux-ci en devroient le centième denier & ces biens ne seroient pour eux que des acquêts. C'est ce qui résulte tant d'un arrêt du 15 mai 1640 rapporté par Soefve, que d'une décision du conseil rendue contre les sieurs Hallouin le 9 octobre 1733.

Voyez de jure fisci ff. 49. 14. De privilegio fisci,

Les meubles confifqués au profit du roi appartiennent au fermier du lieu où ils font trouvés; parce que la Confifcation n'opère pas un droit fuccellif univerfel, & qu'on ne peut pas dire en ce cas que les meubles fuivent la perfonne. C'eft ce qui réfulte d'une décifion du confeil intervenue le premier décembre 1742 dans l'efpèce fuivante :

Le nommé Tanton, chandelier à Paris, ayant été condamné à mort, laiffa des effets à Verfailles, tant mobiliers qu'immobiliers, & des actions mobilières : le fermier de Verfailles demanda non-feulement les immeubles de Verfailles & les meubles meublans, mais encore les loyers échus avant la condamnation : le fermier de Paris prétendit au contraire que Tanton étant domicilié à Paris & y ayant été condamné à mort & exécuté, les actions mobilières qu'il avoit à exercer à Verfailles étoient adhérentes à fa perfonne. Sur cette conteftation le confeil décida que les meubles corporels trouvés à Verfailles devoient appartenir au fermier de Verfailles, & que les actions mobilières & immobilières devoient être exercées par le fermier de Paris.

Les treforiers de France des bureaux des finances & les autres juges qui connoiffent des domaines dans les provinces où il n'y a point de bureaux des finances, font feuls compétens pour prendre connoiffance des difcuffions & du recouvrement des Confifcations adjugées au roi.

Ce recouvrement doit toujours être fait par le receveur général des domaines. C'eft ce qui réfulte des lettres-patentes du 12 juillet 1687, lefquelles portent que les arrêts & jugemens en dernier reffort feront remis aux receveurs des domaines pour pourfuivre le recouvrement des Confifcations & en rendre compte.

C'eft d'après cette jurifprudence que, par arrêt du 30 juillet 1743, le confeil a caffé & annullé divers arrêts de la cour des monnoies de Paris qui avoient ordonné l'enregiftrement d'un faifie réelle que les gardes de l'orfévrerie avoient fait faire d'une maifon fituée à Paris & adjugée au roi à titre de Confifcation contre le nommé Vilain, orfévre, que cette cour avoit condamné à mort : en conféquence, le confeil a ordonné que la faifie réelle demeureroit convertie en

c. 7. 73 ; le code Teodofien, liv. 10 ; M. le Bret, traité de la souveraineté ; Bacquet, des droits de justice ; Chopin, du domaine ; M. le Prêtre, centuries ; Basnage, sur l'article 143 de Normandie ; Tronçon, article 168 de la Coutume de Paris ; Coquille, coutume de Nivernois, titre des Consisca-

oppofition entre les mains du receveur général des domaines, & que la maifon feroit vendue après trois publications à la requête du procureur du roi au bureau des finances fur les pourfuites du même receveur.

Les effets faifis fur des voleurs ne font confifqués qu'autant que l'on ne connoit pas les perfonnes auxquelles la reftitution en doit être faite. Tous les juges qui prononcent la Confifcation peuvent ordonner cette reftitution comme une fuite de la même inftruction & du même jugement : mais les effets qui reftent après la reftitution doivent être remis au receveur général des domaines pour être vendus à fa diligence à la requête du procureur du roi au bureau des finances, & les deniers en provenans diftribués enfuite par le même receveur aux perfonnes qui y ont droit. C'eft ce qui réfulte des arrêts du confeil des 9 feptembre 1710, & 13 juillet 1723.

Outre les Confifcations dont on a parlé, il y en a plufieurs autres qui ont lieu au profit de différentes perfonnes, foit par conceffion du roi, foit en vertu des ftatuts & règlemens concernant certains objets : par exemple, on attribue aux traitans la Confifcation de certaines marchandifes prohibées, des inftrumens qui ont fervi à les fabriquer, & des voitures & chevaux qui les tranfportoient quand on en a fait la faifie.

On prononce de femblables Confifcations au profit des fermiers des meffageries, contre ceux qui entreprennent fur leurs priviléges, & au profit des communautés d'arts & métiers contre ceux qui entreprennent fur leur état.

En matière féodale, la Confifcation du fief du vaffal a lieu au profit du feigneur dominant, dans le cas de félonie & de défaveu, &c. Il eft parlé de cette efpèce de Confifcation à l'article COMMISE (*Addition de l'éditeur.*)

tions, article 2 , &c. Voyez auſſi les articles Dé-
LOYAUTÉ , Désaveu , Commise , Félonie ,
Contrebandier , Contravention , &c.
(*Article de M. l'abbé REMY avocat au parlement*).

CONFITURE. On appelle ainſi des fruits,
des fleurs, des racines que l'on confit au ſucre
ou au miel pour les rendre de garde ou plus
agréables au goût.

Suivant le tarif de 1664, les Confitures de
quelque eſpèce qu'elles ſoient doivent pour droit
d'entrée, ſept livres dix ſous par cent peſant.

Les Confitures des îles françoiſes de l'Amérique deſtinées pour la conſommation du royaume,
doivent indépendamment du droit du domaine
d'Occident, en entrant par les ports de Calais,
Dieppe, le Havre, Rouen, Honfleur, la Rochelle, Bordeaux, Bayonne , Cette & Dunkerque , cinq livres pour chaque cent peſant.
Cela eſt ainſi réglé par l'article 19 des lettres-
patentes du mois d'avril 1717.

Si les Confitures viennent de Marſeille, il faut
juſtifier de l'origine des îles par certificats, pour
qu'elles ne ſoient aſſujetties qu'au droit de cent
ſous. C'eſt ce qui réſulte de l'article 18 des lettres-patentes du mois de février 1719.

Les Confitures entrant par les ports de S.
Malo, Morlaix, Breſt, Nantes & Vannes doivent outre les droits locaux qu'on perçoit dans
ces ports, les droits de prévôté tels qu'ils ſont
perçus à Nantes. C'eſt ce qui réſulte, tant de
l'article 21 des lettres-patentes du mois d'avril
1717 , que de l'arrêt du conſeil du 21 décembre
1728. Et ſi les Confitures ſortent des ports qu'on
vient de nommer pour entrer dans le reſte du
royaume, elles doivent en outre payer les cinq

livres par cent pefant dont on a parlé. Cela eft ainfi réglé par l'article 20 des lettres-patentes qu'on vient de citer.

Les Confitures doivent pour droit de fortie du royaume, cinq livres par cent pefant, conformément au tarif de 1664.

Voyez *les lois citées*, & les articles ENTRÉE, SORTIE, MARCHANDISE, SOU POUR LIVRE, &c.

CONFLIT DE JURIDICTION. C'eft une conteftation entre plufieurs tribunaux dont chacun veut s'attribuer la connoiffance d'une affaire.

Il fuit de cette définition que les parties litigantes occafionnent le plus fouvent les Conflits de juridiction : mais ce feroit une erreur de croire qu'ils ont lieu entre elles.

L'ordonnance du mois d'août 1737 a réglé ce qui devoit être obfervé en matière de Conflit de juridiction.

S'il s'élève un Conflit entre deux cours fouveraines établies dans une même ville, telles qu'un parlemenr & une cour des aides, les avocats & procureurs généraux des deux cours doivent s'affembler au parquet du parlement lorfqu'ils en font requis pour examiner à laquelle des deux cours la compétence appartient : & lorfqu'ils ont pris une réfolution à cet égard, la cour jugée incompétente doit rendre un arrêt pour renvoyer la conteftation à l'autre cour jugée compétente. S'il y a diverfité d'opinions, les avocats & procureurs généraux doivent délivrer leur avis avec les motifs aux parties pour être fait droit à celles-ci au confeil en la forme ordinaire. Ces règles doivent être obfervées, tant en matière civile qu'en matière criminelle. Telles font les difpofitions de l'article 23 du titre 2 de l'ordonnance citée.

Comme les Conflits de juridiction formés entre les cours qui ne font point établies dans la même ville ne peuvent fe terminer par voie de conférence entre les avocats & les procureurs généraux des deux compagnies, c'eft au confeil qu'il faut fe pourvoir pour obtenir une décifion. Dans ces circonftances, les parties intéreffées peuvent obtenir des lettres ou un arrêt pour y faire inftruire & juger leurs demandes en règlement de juges felon les formes preſcrites pour cette forte de procédure dont il fera parlé au mot RÈGLEMENT DE JUGES. C'eft ce qui réfulte de l'article 24.

Obfervez néanmoins que dans tous les Conflits de juridiction où il n'y a point d'autres parties que les procureurs généraux, ces magiftrats peuvent envoyer chacun de leur côté un mémoire à M. le Chancelier avec les pièces qu'ils jugent à propos d'y joindre pour foutenir la compétence de leurs compagnies, fans qu'ils foient obligés d'obtenir, ni lettres, ni arrêt pour introduire au confeil une inftance en règlement de juges. Toute la procédure en cas pareil ne confifte qu'à donner communication aux procureurs généraux des mémoires & des pièces envoyés de part & d'autre; & en conféquence des réponfes refpectives fournies à ces mémoires, il doit être rendu au confeil un arrêt par lequel l'affaire qui a donné lieu au Conflit de juridiction eft renvoyée devant le tribunal jugé compétent pour en connoître. Cela eft ainfi réglé par l'article 25.

L'article 26 veut que les Conflits de juridiction qui s'élèvent entre les cours de parlement & les fiéges préfidiaux de leur reffort lorfque ceux-ci jugent fans appel, foient décidés & ré-

glés au grand confeil, fans qu'à ce fujet il puiffe
être formé aucun règlement de juges entre les
parlemens & le grand confeil, ni que les parlemens puiffent au préjudice des commiffions décernées par le grand confeil, prendre connoiffance du différent des parties, ni contrevenir
aux arrêts rendus pour cet objet par le même
tribunal, à peine de nullité & de caffation des
procédures. La même loi fait défenfe aux parties
de faire en pareil cas aucune pourfuite au parlement & de fe fervir des arrêts qu'il auroit rendus à cet égard, à peine de 300 livres d'amende
applicable, moitié au roi & l'autre moitié à la
partie.

Les Conflits de juridiction formés, tant en
matière civile qu'en matière criminelle entre les
premiers juges, doivent être réglés & jugés par
voie d'appel à la cour où ces juges reffortiffent,
& fur les conclufions du procureur général, ou
fur fes requifitions, lors même qu'il n'y a point
d'appel interjeté par les parties. C'eft ce qui
réfulte de l'article 27.

Voyez l'ordonnance du mois d'août 1737, &
les articles RÉGLEMENT DE JUGES, ÉVOCA-
TION, JURIDICTION, &c.

· CONFORTE-MAIN. On a appelé lettres de
Conforte-main, des lettres de chancellerie qu'un
feigneur féodal obtenoit en quelques coutumes
pour fortifier, rendre plus authentiques, &
faire refpecter davantage la faifie déja faite du
fief de fon vaffal, ou de quelque héritage cen-
fuel.

Les lettres de Conforte-main ne font plus d'u-
fage; & le feigneur qui n'a point de juftice &
qui veut faifir doit s'adreffer au juge ordinaire

du lieu dans lequel eſt ſitué le fief ſervant, ou l'héritage cenſuel, & obtenir du juge commiſſion à cet effet : cela ſuffit pour la validité de la ſaiſie, ſans qu'il ſoit beſoin de lettres de Conforte-main.

Il eſt parlé des lettres de Conforte-main dans les coutumes d'Angoumois, d'Auvergne, de Berri & de Blois.

Voyez *ces coutumes; les œuvres de Dupleſſis; Bacquet, traité des droits de juſtice, &c.*

CONFRATERNITÉ DE COUTUMES. On appelle ainſi l'uſage établi dans la Flandre flamande de règler une ſucceſſion ſur la coutume de la ville dont le défunt étoit bourgeois, & d'attribuer au juge de cette ville la connoiſſance de toutes les conteſtations relatives à cette ſucceſſion, quoique le défunt fût domicilié dans une autre ville de la même province. Cette *Confraternité* autoriſe encore le juge de chaque ville à connoître de toutes les actions perſonnelles intentées contre ſes bourgeois.

Mais il n'en eſt pas de même des actions réelles & hypothécaires, comme l'a jugé le parlement de Flandre par arrêt du 22 juin 1690, rapporté par M. d'Hermaville, article 6. (*)

(*) La faculté de diſpoſer de ſes biens dépend auſſi en cette province de la coutume de la Bourgeoiſie, & non de celle du domicile ni de la ſituation. Le ſieur Couynck bourgeois de Bergues-Saint-Winock & domicilié à Ypres, avoit diſpoſé de tous ſes biens par teſtament, conformément à la coutume de leur ſituation. Mais comme celle de Bergues ne permet de diſpoſer que du tiers, le parlement de Flandres par arrêt du 16 décembre 1717, rendu au rapport de M. Odemaer, réduiſit toutes ſes diſpoſitions au juſte tiers de ſes biens.

La *Confraternité* eſt fondée ſur la diſpoſition expreſſe de pluſieurs coutumes de cette province, telles que Bailleul, rubr. 1, art. 9 ; Courtrai, rubr. 15, art. 15 ; Etaires, art. 13 ; Bruges-ville, rubr. 1, art. 9 ; franc de Bruges, art. 1 ; Bergues - Saint - Winock, rubr. 19, art. 6 ; Furnes, tit. 11, art. 7.

La diſpoſition de ces coutumes forme le droit commun de ces provinces, & on l'étend à celles qui ne décident rien ſur cette matière, comme l'a jugé un arrêt du grand conſeil de Malines du 24 ſeptemble 1614, rapporté par Humayn. Ainſi le parlement de Flandres par arrêt du 7 mars 1691 maintint les échevins de Meſſines dans le droit de connoître de la ſucceſſion d'un de leurs bourgeois domicilié à Ipres. C'étoient les échevins de cette dernière ville qui leur diſputoient ce droit.

Il s'éleva auſſi des conteſtations ſur cet objet entre les échevins de Bailleul & d'Etaires & ceux de Merville. Par arrêt du conſeil d'état du 4 juin 1703 les échevins de Bailleul & d'Etaires furent maintenus dans le droit de connoître des maiſons mortuaires de leurs bourgeois inſcrits quoique domiciliés à Merville, avec défenſes aux échevins de Merville de les y troubler ; à condition néanmoins que ceux-ci jouiroient réciproquement du droit de connoître des maiſons mortuaires de leurs bourgeois inſcrits, quoique domiciliés à Bailleul & Etaires. Le même arrêt permit aux bourgeois de Bailleul & d'Etaires de ſe faire inſcrire bourgeois de Merville & réciproquement.

Les échevins de Bailleul formèrent oppoſition

à cet arrêt : ils fe prétendoient léfés en ce que les échevins de Merville ne jouiffoient pas , fuivant eux, du droit de bourgeoifie , c'eft-à-dire de la connoiffance des maifons mortuaires & des actions perfonnelles de leurs bourgeois forains. Mais par tranfaction du 13 feptembre 1704 les échevins de Merville s'engagèrent à ne recevoir aucun bourgeois de Bailleul dans leur bourgeoifie : ceux de Bailleul promirent la même chofe à l'égard des Bourgeois de Merville.

Cette tranfaction fut confirmée par des lettres-patentes du 14 février 1705, qui en même-tems accordèrent aux échevins de Merville la connoiffance des maifons mortuaires de leurs bourgeois forains, & ordonnèrent que leur bourgeoifie s'étendroit hors de leur territoire,& qu'ils en uferoient à l'égard des autres villes de la Flandres, comme elles en ufoient avec eux.

Il y a cependant plufieurs villes de cette province qui n'admettent pas la *Confraternité* & qui n'ont pas droit de bourgeoifie : telles font Dunkerque, Gravelines, Watten, Hazebroucq, Warneton, &c. & même le juge d'une ville qui jouit du droit de bourgeoifie ne peut revendiquer la connoiffance de la fucceffion d'un de fes bourgeois, quand elle a été portée & plaidée à fon vû & fu pendant un certain temps devant le juge du domicile du défunt. C'eft ce qu'a jugé le parlement de Flandres par arrêt rendu le 28 juin 1690. Dans cette efpèce il y avoit quinze ans que la caufe fe plaidoit , & le juge de la bourgeoifie n'avoit pû l'ignorer, parce qu'on avoit appofé des affiches de tout côté pour la vente des biens.

L'ufage de la Confraternité a fouffert quelques

changemens depuis la réunion d'une partie de la
Flandre flamande à la France. Un arrêt du confeil d'état du 27 Août 1687 défend aux fujets du
roi de plaider pardevant les juges d'une domination étrangère, tant en demandant qu'en défendant dans les actions purement perfonnelles : le
même arrêt défend d'accorder des *pareatis* fur
des jugemens rendus par des tribunaux étrangers contre les fujets de fa majefté.

Cette loi a été pour les juridictions flamandes
l'époque d'une grande révolution. Depuis ce
temps, le juge de la ville dont un défunt étoit
bourgeois ne peut plus s'attribuer la connoiffance de fa maifon mortuaire quand il avoit fon
domicile, dans une autre domination. C'eft ce
qu'ont décidé plufieurs arrêts du parlement de
Douai. Un entre autres du 4 décembre 1711
a déclaré nul l'établiffement de féqueftre fait par
le confeil de Gand, aux biens délaiffés fous la
domination françoife par dame Marguerite Vanhaveskerque, douairiere du fieur de Medieppe,
& par demoifelle Marie Vanhaveskerque. En
conféquence, la cour en évoquant le principal,
a ordonné aux parties de contefter pardevant
elle. Voyez l'article ÉVOCATION.

C'eft ce qu'a jugé encore un arrêt du 28
novembre 1720 rendu fur la requête du baron
de Chauvifez, au fujet de la maifon mortuaire
du feigneur de Boefinghe qui étoit francot de
Bruges, c'eft-à-dire bourgeois du franc-de-Bruges & domicilié dans la châtellenie d'Ipres, qui
étoit au temps de fa mort fous la domination
du roi.

Le même parlement a déclaré nul l'établiffement
de curateur à la maifon mortuaire du fieur Jac-

ques Vandewalle, chevalier de l'ordre de *l'habito chrifto*, fait par les échevins du franc-de-Bruges dont il étoit bourgeois, quoique domicilie en France. Les échevins du franc avoient nommé pour curateur Louis Winock de Braeque demeurant à Bergues, ville qui appartient au roi. C'eſt pourquoi le parlement en déclarant cette nomination nulle, l'a confirmée néanmoins d'office par arrêt rendu au rapport de M. Odemaer, entre les bourgmeſtre & échevins du territoire de Dunkerque, appelans du bailliage d'Ipres, & le même Braeque intimé, joint à lui Mᵉ. Jacques de la Villette, conſeiller - penſionnaire du franc-de-Bruges.

Par la même raiſon les juges des bourgeoiſies de la Flandre françoiſe ne peuvent connoître des maiſons mortuaires de leurs bourgeois domiciliés dans la Flandre autrichienne. L'impératrice-reine par ſon décret du 13 mars 1732 rendu ſur la requête des bailli & échevins de Warneton, défendit à tous ſes ſujets de plaider pardevant les juges de France, ſous prétexte du droit de *Confraternité*.

La mort du ſieur de Terdeghem qui étoit francot de Bruges, mais domicilié dans la châtellenie de Caſſel, donna lieu à une queſtion fort intéreſſante.

Il s'agiſſoit de ſavoir ſi la ſucceſſion devoit ſe régler ſur la coutume du franc-de-Bruges ou ſur celle de Caſſel.

Quand tous les biens d'un défunt ſont ſitués dans la même domination que la ville dont il étoit bourgeois, point de doute qu'on ne doive ſuivre la coutume de ſa bourgeoiſie ; mais quand les biens ſont ſous une domination & la ville ſous une autre, à quelle coutume doit-on s'attacher pour régler la ſucceſſion ?

M. l'Avocat-général Waimel du Parc prétendoit que c'étoit fur la coutume du domicile du
fieur de Terdeghem, fans avoir égard à celle de
fa bourgeoisie : il fe fondoit fur les arrêts que
nous venons de rapporter, « fi les magiftrats de
» Bruges & du Franc, difoit-il, qui ont droit de
» connoître des maifons mortuaires des bour-
» geois & francots, n'ont pas droit d'en connoî-
» tre quand elles font arrivées fous la domination
» d'un autre fouverain, pourquoi ces coutumes
» pourroient-elles porter leurs influences dans
» les maifons mortuaires arrivées dans la Flandre
» à la vérité, mais fous la domination d'un prince
» étranger ? »

Néanmoins par arrêt rendu le 21 octobre
1724 au rapport de M. de Ponange, entre le
fieur de Mondicourt & le fieur de la Moufferie,
héritiers maternels du fieur de Terdeghem, le
parlement de Douai admit le fieur de Mondicourt à prouver que le fieur de Terdeghem étoit
francot de Bruges ; & par conféquent préjugea
qu'il falloit en ce cas fuivre la coutume du Franc-
de-Bruges pour régler fa fucceffion, quoiqu'il
fût domicilié & mort dans la châtellenie de Caffel
en France. La cour eftima que rien n'empêchoit
qu'une coutume étrangere ne fît la règle de la
fucceffion d'un fujet du roi, & que les arrêts
rapportés ci-deffus n'avoient été rendus que pour
ne pas laiffer à des juges étrangers la connoiffance des maifons mortuaires des françois ; mais
que pour la décifion du fond de la caufe, on devoit fuivre la coutume du Franc-de-Bruges,
parce que cette ville & la châtellenie de Caffel
étoient l'une & l'autre fituées en Flandre.

D'après ce que nous avons dit, il eft aifé de
X iij

sentir que la *Confraternité* n'a lieu qu'entre les coutumes de la Flandre flamande c'est-à-dire lorsque la ville dont le défunt étoit bourgeois & celle où il étoit domicilié, sont l'une & l'autre de cette province : de sorte qu'une bourgeoisie de la Flandre flamande ne peut faire loi dans la maison mortuaire d'un bourgeois forain domicilié dans la Flandre françoise. C'est ce qu'a décidé le parlement de cette province par un arrêt rendu en 1671 au sujet d'une bourgeoise de Bruges domiciliée & décédée à Lille. Telle est aussi la disposition expresse de l'article 9 du titre 1 de la coutume de la ville de Bruges, & de l'article 1 de celle du Franc-de-Bruges. On y voit que la connoissance des maisons mortuaires des bourgeois de la ville & du Franc, appartient respectivement aux magistrats de ces deux endroits, pour être réglées conformément à ce que prescrivent ces coutumes ; mais qu'il faut pour cela que les bourgeois ou francots aient leur domicile dans la Flandre, & qu'à l'égard de ceux qui sont domiciliés hors de cette province, on doit se régler sur l'arrêt rendu par les archiducs Albert & Isabelle entre la ville d'Anvers & les états de Brabant d'une part ; la ville d'Ipres & les états de Flandre d'autre part.

Cet arrêt rendu le 8 mars 1600 jugea que la succession mobilière de Gilles Thibaut, marchand, domicilié & mort à Anvers, devoit être réglée par la coutume de cette ville quoiqu'il fût auparavant bourgeois d'Ipres, & que la succession des immeubles situés en Flandre devoit suivre les coutumes de leur situation.

Pour que les biens d'un bourgeois d'une ville de Flandre qui est domicilié dans la même pro-

vince se règlent sur la coutume de sa bourgeoisie,
il faut qu'ils soient situés dans cette province; car
à l'égard de ceux qui sont situés ailleurs, on suit
les coutumes de leur situation. Une enquête par
turbes tenue en 1560 & un arrêt rendu par le
grand conseil de Malines en 1562 ont décidé le
contraire; mais depuis on a constamment jugé que
les bourgeoisies de la Flandre flamande ne s'éten-
doient point sur les immeubles situés en d'autres
provinces. Christin vol. 1 décis. 287, rapporte un
arrêt rendu par le grand conseil de Malines le 29
juin 1598 qui décida que la coutume de Bruges n'a-
voit aucune force sur les biens d'un bourgeois de
cette ville situés dans le Tournaisis;& un autre du
7 septembre 1601 qui décida la même chose par
rapport aux biens d'un francot de Bruges situés
dans la Zélande. M. du Hamayn en rapporte un
troisième rendu par le même tribunal le 24 décembre 1617, infirmatif d'une sentence du conseil provincial de Gand, & un quatrième qui
jugea la même chose par rapport à des biens d'un
bourgeois de la Flandre flamande situés dans la
châtellenie de Lille. L'auteur ajoute que cet
arrêt donna occasion aux rédacteurs de plusieurs
coutumes de cette province d'en restreindre les
dispositions aux biens qui y étoient situés.

Comme on ne sauroit sur quelle coutume régler une succession si un homme étoit domicilié
en Flandre & bourgeois de deux villes de cette
province; on a prévenu cette confusion en sta-
tuant que l'on ne pourroit jouir en même-temps
de deux bourgeoisies, de sorte qu'on perd la premiere quand on en a accepté une seconde. C'est
ce que porte une ordonnance de Louis III dit de
Maele, Comte de Flandre, datée du jour de saint

Jacques 1353. Philippe duc de Bourgogne en renouvela la difpofition par un placard du 18 novembre 1402. C'eft auffi ce que décident l'art. 1, de la rubr. 2 de la coutume de Bruges; l'art. 8 de la rubr. 6 de la coutume d'Ipres ; les art. 1 & 11 de la rubr. 5 de la coutume de Bergues-Saint-Winock, &c.

Il y a encore dans quelques coutumes de cette province plufieurs cas où les bourgeois font privés de leur bourgeoifie. L'art. 9 de la rubr. 6 de celle d'Ipres prononce cette peine contre ceux qui ont été en défaut de remplir dans le tems prefcrit, les formalités de la reconnoiffance de leur bourgeoifie.

D'autres déclarent les bourgeois déchus de leur droit par le feul changement de domicile. Telle eft la difpofition de l'art. 25 de la caroline de Courtrai, & celle de l'art. 4 de la rubr. 5 de la coutume de Bergues-Saint-Winock.

La plupart des autres coutumes de cette province permettent à leurs bourgeois de fixer leur domicile ailleurs fans perdre leur droit de bourgeoifie. En 1646 plufieurs bourgeois d'Oudenarde s'étant retirés de la ville à caufe du fiége dont elle étoit menacée, les échevins préfentèrent requête au confeil privé de Bruxelles pour les faire priver du droit de bourgeoifie & foumettre au droit d'Ecart. Le confeil provincial de Gand confulté fur cette matière, répondit que la juftice ne permettoit pas de foufcrire à leur demande, attendu l'art. 18 de la rubr. 4 de la coutume d'Oudenarde, qui permet aux bourgeois d'aller demeurer par toute la Flandre *fans congé du magiftrat, & fans forfaire chofe que ce foit.* Les échevins voyant leur requête rejetée, en préfentèrent une nouvelle,

pour qu'au moins en temps de guerre les bourgeois fussent condamnés à rester dans la ville, à
peine de mille florins d'amende & d'être soumis
aux mêmes charges que s'ils y demeuroient encore. Le premier point de leur demande fut encore rejeté, mais le second fut accordé par arrêt
du 27 novembre 1646, rapporté dans le supplé-
ment de Dulauri.

Dans la coutume de Furnes la bourgeoisie est
héréditaire, elle passe du pere aux enfans mâles
ou femelles; elle ne se perd ni par le changement de domicile, ni par le changement d'état;
de sorte qu'une femme mariée à un étranger reste
bourgeoise.

Tout ce que nous avons dit dans cet article
ne doit point s'appliquer aux fiefs. Ce ne sont
point les coutumes des bourgeoisies qu'il faut
consulter pour régler la succession de ces sortes
de biens, comme l'a jugé l'arrêt du 24 décembre 1617 cité ci-dessus; on suit les coutumes
des cours féodales d'où ils relévent, comme l'é-
tablit Christin en son recueil d'arrêts vol. 6,
décis. 56, conformément à la disposition expresse
de la plupart des coutumes de la Flandre flamande, rapportées par Vandenhane, dans la
table générale au mot *fiefs*. .

Mais il faut pour cela que les cours féodales
d'où relévent les fiefs soient situées dans cette
province; si elles étoient situées ailleurs, la succession des fiefs se régleroit sur les coutumes de
leur situation. C'est ce que porte un décret du
conseil privé de Bruxelles du 4 juillet 1604. C'est
aussi ce qui résulte d'un arrêt rendu par le parlement de Flandre en 1678, entre le marquis de
Saint-Fleury & le sieur de Mérignies. Celui-ci

possédoit dans la châtellenie de Lille une seigneu-rie dont relevoit un fief situé dans la châtellenie de Furnes. Il le fit saisir pour en jouir faute de relief conformément à la coutume de la châtel-lenie de Lille, se fondant sur la disposition des coutumes de Flandre, qui portent que les fiefs doivent suivre la coutume des cours féodales d'où ils relèvent. Le marquis de Saint-Fleury soutint que cela ne devoit s'entendre que des cours féodales situées dans la Flandre flamande. L'arrêt cité le jugea ainsi en révoquant la saisie & condamnant le sieur de Mérignies à la resti-tution des fruits perçus.

Voyez *les consultations de M. Waimel du Parc; Deghewiet, en ses institutions au droit belgique ; les arrêts de Humayn ; les coutumes de Flandres tra-duites par Legrand ; Christin en ses décisions des cours belgiques ; Anselmo en son tribonien belgi-que* , &c. Voyez aussi les articles ÉCART, FIEFS, FLANDRE, SUCCESSION ABINTESTAT, &c. (*Article de M.* MERLIN *, avocat au parlement de Flandre*).

CONFRÉRIE. C'est ainsi qu'on nomme diffé-rentes sociétés ou associations formées par des personnes laïques pour des exercices particuliers de charité ou de dévotion (*), & l'on nomme ces mêmes sociétés *archi-Confréries* , lorsqu'elles ont donné naissance à d'autres Confréries qui y font aggrégées.

_____

(*) Le mot de *Confrérie* est encore un terme général qui dans un sens étendu , s'applique à différens ordres religieux, hospitaliers ou militaires. On disoit anciennement *la Con-frérie de l'ordre du Saint-Esprit* , &c. Voyez l'article CHEVALIER où il est parlé de ces sortes de Confréries , tout-à fait différentes de celles dont il est ici question.

Nous diviferons cet article en trois fec-
tions.

Dans la première , nous parlerons de l'origine des Confréries.

Dans la feconde , de l'état actuel des Confréries.

Dans la troifième , de la police & de l'adminiftration des Confréries.

Nous finirons par quelques obfervations fur
les Confréries en général.

SECTION PREMIÈRE.

De l'origine des Confréries.

On ne connoiffoit point dans les premiers
fiècles de l'églife toutes ces dévotions particulieres qui exiftent aujourd'hui parmi nous. La
religion fimple dans fon culte n'exigeoit comme
elle n'exige encore actuellement , que la réunion des cœurs de tous les fidèles fous le gouvernement d'un feul pafteur qui étoit l'évêque ,
ou de celui qu'il propofoit pour les régir fous
fes lois dans les cantons particuliers trop éloignés
de l'églife épifcopale.

La ferveur des premiers temps commençant
à fe ralentir à ces époques où le clergé fe trouva
poffeffeur de beaucoup de richeffes , la négligence des miniftres en fut une fuite néceffaire.
Le miniftère féculier perdoit tous les jours de
fa confidération primitive , & c'eft fur fes débris
que fe formèrent tant d'ordres religieux d'autant mieux accueillis que leur genre de vie auf-
tère & pénitent rapprochoit les fidèles des
fiècles paffés & fembloit accufer les prêtres de
leur peu de zèle & de religion.

Les perfonnes engagées dans le monde ; qui ne pouvoient point embraffer toutes les pratiques de la vie régulière , cherchoient du moins à y fuppléer en s'affociant entr'elles par des exercices approchans de ceux qui fe pratiquoient dans le cloître ; & ces exercices qui étoient analogues à la dévotion peu éclairée des fidèles, étoient fingulièrement favorifés du clergé régulier qui trouvoit fon intérêt à les accueillir & à les multiplier. Ainfi les chrétiens cherchoient dans des églifes étrangères les remèdes aux vices & la connoiffance des vertus qu'ils devoient naturellement tirer de leurs pafteurs.

Le clergé régulier étoit en quelque façon une réforme du clergé féculier. Les fidèles portés à l'imitation de ceux qui leur étoient propofés pour exemple, furent jaloux d'avoir auffi entr'eux des réformes particulières : delà vinrent ces Confréries du *tiers ordre du fcapulaire*, du *rofaire*, de l'*efclavage de Notre-Dame*, du *Sacré Cœur de Jefus*, & une infinité d'autres dont l'énumération feroit trop longue, mais parmi lefquelles les plus fameufes parmi nous font encore celles des *pénitens* dont nous parlerons à l'article PÉNITENT.

C'eft de l'Italie que nous font venues la plupart de ces Confréries ; elles s'y accréditèrent dès que les paroiffes commencèrent à être moins fréquentées par la faute des curés, & que les papes y appliquèrent des indulgences pour engager le peuple à fe choifir quelqu'une de ces affociations. *La piété des fidèles*, difoit à ce fujet un docteur dans le fiècle dernier, *eft fi affoiblie, qu'il paroît comme permis d'employer toutes fortes de moyens pour les inftruire & les porter à la fréquentation des facremens.*

Ces Confréries dans l'origine n'offroient rien qui ne fût louable. On permettoit à une infinité de communautés de l'un & de l'autre fexe, de fe former pour la pratique d'une vie plus édifiante ; on ne pouvoit guère empêcher qn'à leur imitation les fidèles entr'eux ne formaffent quelques fociétés pour s'animer plus particulièrement dans les exercices de leurs devoirs de religion ; mais l'abus fut la fuite inévitable de cette tolérance. Les fuppôts de ces fociétés accoutumés à leurs pratiques particulières fous la direction des religieux aux monaftèresdefquels elles étoient affiliées, négligeoient les exercices de leur paroiffe , méconnoiffoient fouvent la voix de leurs premiers pafteurs, & introduifoient une efpèce de fchifme avec les autres paroiffiens.

Comme ces Confréries produifoient des revenus aux moines qui les dirigeoient, les curés furent également jaloux d'en avoir dans leurs églifes, foit pour rappeler à eux leurs paroiffiens, foit pour avoir occafion d'en tirer quelques profits particuliers. Mais c'étoit empirer le mal au lieu de le corriger. Voici de quels termes fe fert un concile de Rouen au fujet de toutes ces Confréries.

« Les Confréries & affociations qui fe font
» établies par piété fous le titre de charité &
» autres dénominations , ne font que nuire aux
» fidèles & déranger l'ordre établi dans l'églife ;
» elles nuifent même au temporel & introdui-
» fent le fanatifme dans les efprits. On élève
» dans chaque églife particulière autel contre
» autel ; on oppofe facrifice à facrifice, prêtre
» à prêtre , paroiffe à paroiffe ; nous ne croyons

» pas cependant devoir les abolir, parce que
» dans le fond on y pratique de bonnes œuvres,
» & qu'elles font utiles dans les calamités pu-
» bliques ; mais nous defirons fort en réformer
» les abus. Nous voulons qu'on examine leurs
» fondations, leurs ftatuts, & que par la fuite
» on ne faffe aucun de ces fortes d'établiffemens
» fans une permiffion par écrit ».

C'eft ainfi, ou en termes équivalens, que
s'expriment les conciles de Reims en 1583, &
de Bourges en 1584.

On peut juger par-là qu'anciennement il étoit
facile de former de ces fortes de Confréries.
Quoique le confentement des évêques à qui le
foin du falut des peuples eft confié fût néceffaire, les religieux ne fe faifoient aucun fcru-
pule d'en établir chez eux le plus qu'ils pouvoient. Les curés fe croyoient à plus forte raifon
autorifés d'en faire autant de leur côté ; mais
aujourd'hui il eft parfaitement reconnu parmi
nous que pour ces fortes d'établiffemens il faut
le concours de la puiffance eccléfiaftique & de
la puiffance féculière.

Pour ce qui eft de la puiffance eccléfiaftique,
indépendamment de ce que les conciles ont
réglé à ce fujet, il y a encore une bulle de Clément VIII du 3 décembre 1604, qui défend
d'ériger aucune nouvelle Confrérie fans la permiffion & l'autorité de l'évêque ; c'eft à lui
d'examiner le premier le but d'utilité qu'elle
peut avoir, de donner des ftatuts & des
règlemens convenables aux exercices qui en
font l'objet ; en un mot, il eft le maître d'accueillir, de modifier ou de rejeter tous les projets qu'on peut lui propofer en pareille occafion.

Cette autorité abfolue eft fuffifamment déve-
loppée dans les mémoires du clergé & dans
l'article 10 du règlement *des réguliers.*

Lorfque l'évêque juge à propos de donner
fon approbation à ces fortes d'établiffemens,
fon confentement feul ne fuffit pas ; il faut encore le concours de la puiffance féculière. Les
Confréries faifant comme un corps dans l'état,
demandent également l'autorité du fouverain.
C'eft ce qui réfulte du chapitre 15 des preuves
des libertés de l'églife gallicane, d'une déclaration du mois de juin 1659, de plufieurs arrêts
de règlement rapportés dans les mémoires du
clergé, & notamment de l'édit du mois d'août
1749, qu'on appelle l'édit *des gens de mainmorte,* où il eft dit en parlant de ces fortes
d'établiffemens, qu'à l'avenir il n'en fera fait
aucun qu'on n'en ait auparavant obtenu du fouverain la permiffion par des lettres-patentes
dûment enregiftrées, & cela à peine de nullité, &c.

L'établiffement des Confréries n'eft donc pas
un mal en lui-même : il ne s'agit que de favoir
fi elles font inftituées comme elles doivent
l'être, & encore faut-il faire une différence
entre les Confréries établies avant l'édit de
1749, & celles qui font d'une exiftence antérieure. C'eft ce qui fera le fujet de la fection
fuivante.

SECTION DEUXIÈME.

De l'état actuel des Confréries.

On ne peut douter que les Confréries qui fe
trouvent établies fuivant les lois de l'églife &

de l'état, c'eſt-à-dire par le concours des deux puiſſances, ne ſoient des corps lcgitimes dont l'exiſtence doit être reſpcctée. Cependant il eſt toujours au pouvoir de l'une & de l'autre de ces deux puiſſances de les abolir quand elles le jugent à propos. Il y a même cette différence entre l'abolition & l'établiſſement de ces corps, que l'une des deux puiſſances peut ſeule les abolir ſans le concours de l'autre, au-lieu qu'elle ne peut de même les établir. Si l'évêque s'apperçoit qu'il ſe commet des abus, ou que l'intérêt de l'égliſe exige une ſuppreſſion, un décret d'extinction de ſa part ſuffit ſans qu'on puiſſe s'y oppoſer par la voie d'appel comme d'abus ni autrement ; car enfin il eſt ſeul juge en cette partie ; & dès que la Confrérie n'a plus d'inſtitution canonique, elle n'a plus l'exiſtence qu'elle devroit avoir pour ſubſiſter légitimement.

Par la même raiſon ſi le prince croit qu'il ſoit de l'intérêt de l'état de ſupprimer ces Confréries, il lui eſt libre de le faire ſeul, non pas préciſément par la voie de l'extinction, parce que ne donnant pas lui-même l'inſtitution canonique, il eſt ſenſible qu'il ne peut point l'ôter, mais en révoquant les lettres-patentes & les priviléges accordés, en faiſant défenſes aux confrères de s'aſſembler & de faire aucun exercice de ces mêmes Confréries, & en ordonnant que les biens & revenus en ſeront appliqués à telle œuvre pie qui ſera déterminée par l'evêque diocéſain. Il eſt certain que dès ce moment ces Confréries n'ont plus d'exiſtence civile dans l'état, & qu'on ne peut plus en pratiquer les exercices ſans ſe rendre coupable de déſobéiſſance.

A

A l'égard des Confréries dont les titres d'établissement ne peuvent se produire, il faut distinguer entre celles qui existent depuis trente ans avant l'édit du mois de décembre 1666, & celles qui sont postérieures à cet édit. Les premières ont été confirmées par l'article 13 de l'édit du mois d'août 1749, parce qu'alors on a présumé que leur existence étoit légitime, & l'on a cru qu'on devoit avoir égard à la difficulté de retrouver après un certain temps, des titres qui pouvoient s'être adirés (*).

Quant aux Confréries qui ont été établies depuis l'édit de 1666, ou dans les trente années qui l'ont précédé, sans avoir été autorisées par des lettres-patentes, le même article 13 de l'édit de 1749 les a déclarées comme non-avenues; le roi s'est seulement réservé de se faire rendre compte de celles qui subsistoient alors paisiblement, soit pour leur accorder des lettres-patentes suivant l'objet d'utilité dont

_____

(*) Il suffit de prouver l'existence depuis l'année 1636, pour qu'on soit dispensé de justifier de lettres-patentes d'établissement, & cette existence peut se prouver de différentes manières, savoir, par la construction des chapelles ou des autres édifices destinés aux exercices de ces Confréries, par des actes de délibération, d'administration, par des brefs d'indulgences, &c.

Cependant malgré l'ancienneté de l'établissement d'une Confrérie de la Vierge, de Saint-Sébastien & de Saint-Roch, qui subsistoit aux Quinze-Vingts à Paris depuis plus de trois cens ans, un arrêt du parlement du 5 Janvier 1732 n'a pas laissé de la supprimer; mais observez que cet arrêt est antérieur à l'édit de 1749, & que sans doute on avoit trouvé des vices dans cet établissement qui ne permettoient point de le laisser subsister.

elles pouvoient être, soit pour en ordonner la suppression s'il y avoit lieu.

Depuis l'édit de 1749, il n'a pu s'établir aucune Confrérie, sans avoir préalablement obtenu des lettres-patentes à cet effet (*). Cette loi qui parle nommément des Confréries & de tout autre établissement dans le corps politique de l'état, est claire. Au moyen de quoi l'on peut regarder aujourd'hui comme légitimement établies, toutes celles qui sont existantes, sur-tout dans le ressort du parlement de Paris, depuis l'arrêt du 9 mai 1760, par lequel il a été ordonné que les chefs & les administrateurs de toutes les Confréries, associations & congrégations qui se trouvoient dans ce ressort, seroient tenus de remettre dans les six mois suivans au procureur général, des copies des lettres-patentes de leur établissement & des autres titres qu'elles pourroient avoir.

Ces copies ont été remises ; & il est à présumer que les Confréries qui subsistent depuis,

___

(*) L'évêque d'Auxerre donna en 1757 un mandement, portant établissement d'une Confrérie pour *honorer le sacré cœur de notre Seigneur Jésus-Christ*, & à l'occasion de laquelle il y avoit eu des bulles obtenues : le parlement fut instruit de cet établissement ; & craignant que l'objet que se proposoit le prélat en ajoutant à ce qui étoit porté par les bulles ne tendît à jeter du trouble & de l'inquiétude parmi ses diocésains, voyant d'ailleurs qu'il étoit défendu par les ordonnances du royaume de souffrir l'exercice public d'aucune Confrérie ou association, à moins que l'établissement n'en fût autorisé par des lettres-patentes duement enregistrées, il rendit un arrêt le 17 janvier 1758, par lequel il fut fait défense de faire aucun exercice public de la confrérie nouvellement instituée.

ont été trouvées légalement inſtituées, autrement elles auroient été ſupprimées.

Les Confréries légalement inſtituées peuvent poſséder en corps, & ſont ſuſceptibles de recevoir des dons, en obſervant à ce ſujet les formalités introduites pour les gens de mainmorte.

SECTION TROISIÈME.

De la police & de l'adminiſtration des Confréries.

Le cinquième concile de Milan recommande à l'évêque d'avoir attention qu'on ne diſpute pas dans les aſſemblées des Confréries ſur les dogmes, qu'aucun dễs Confrères laïcs n'y faſſe ni conférence ni diſcours ſur les matières de la foi, qu'on n'y liſe ni qu'on n'y récite rien en langue vulgaire , qu'on n'y faſſe aucun office durant le temps de celui de la cathédrale ou de celui de la paroiſſe. Le même concile veut que toute Confrérie ſoit ſoumiſe au curé ou à un autre prêtre commis par l'évêque, & qu'il en ſoit des Confréries établies chez les religieux, comme de celles qui ſont dans les paroiſſes.

Lorſque les Confréries n'ont point d'égliſe particulière à elles, & que leurs exercices ſe font dans l'égliſe paroiſſiale, elles ne peuvent point les faire dans le ſanctuaire, ni ſe ſervir du maître-autel qui doit être habituellement pour tous les fidèles ; elles doivent avoir un autel particulier. C'eſt ce qui eſt preſcrit par le concile de Bourges de 1584. Le concile de Narbonne de l'an 1609 défend auſſi de tenir le ſaint ſacrement dans les chapelles de Confréries, à moins qu'il n'y ait à ce sujet une permission expresse de l'évêque.

Il y a des conciles, entr'autres celui de Sens de l'an 1528, qui défendent de payer aucun droit de Confrérie, ni d'exiger aucun serment de la part des confrères qui se font recevoir. Cependant le droit de reception est généralement en usage. Ce droit est toléré comme étant applicable à des œuvres de piété ou de charité. On tolère également la levée d'une certaine somme par an, pour l'entretien des choses nécessaires à la Confrérie; mais on n'a aucune action pour forcer un confrère à la payer.

Les promesses que fait un confrère lors de sa réception, de remplir les obligations portées par les statuts, ne sont pas des promesses équipollentes à des vœux; elles n'obligent pas dans le for interne sous les mêmes peines. On n'est obligé de s'en acquitter qu'autant qu'on reste dans la Confrérie, de laquelle on peut se retirer quand on le juge à propos.

Lorsqu'un confrère manque aux assistances qu'exigent les statuts, ou qu'il commet quelque faute grave, la compagnie peut prendre une délibération à ce sujet, lui imposer la peine portée par les statuts, & même le rayer de la société si le cas le mérite. La compagnie seule est juge en cette partie; ce droit de police lui est absolument nécessaire

En entrant dans une Confrérie, on ne perd point l'état qu'on avoit dans le monde; on demeure laïc comme on l'étoit auparavant, sans jouir d'aucun des privilèges des clercs, si ce n'est indirectement dans les choses spirituelles qui dépendent de la Confrérie. Lorsqu'il s'agit de l'élection des officiers, & qu'il survient des contestations au sujet de l'exécution des statuts, l'official peut connoître de ces contestations, sauf à lui à remettre les parties à se pourvoir devant l'évêque, quand il y a des difficultés qu'il ne croit pas devoir prendre sur lui de décider. Mais à l'égard des contestations qui ont trait uniquement au temporel de la Confrérie, c'est au juge laïc d'en connoître. Tel seroit le cas où il s'agiroit de forcer un syndic, un receveur, un trésorier à rendre compte. Il en est du temporel des Confréries comme de celui des fabriques ; on suit les mêmes règles pour les unes & pour les autres. L'évêque, ou celui qui est commis de sa part, a droit de se faire rendre compte des revenus de ces confréries, lorsqu'elles dépendent des fabriques ; car il y en a qui en dépendent, & il y en a d'autres qui ont une régie séparée des fabriques : mais qu'elles dépendent ou qu'elles ne dépendent pas des fabriques, l'évêque a toujours droit de savoir à quoi l'on en emploie les revenus, & si l'on est exact à les conserver ; parce que les biens des Confréries profitant à l'église en cas de suppression, il est du devoir du prélat de veiller à ce qu'ils soient conservés. Il a droit en même temps d'ordonner les réparations & les emplettes convenables aux exercices qui dépendent de ces confréries. En un mot, l'évêque a une entière juridiction de police sur ces associations, pour savoir si tout s'y passe dans l'ordre & la décence ; il a droit de corriger tout ce qu'il y remarque d'abusif, & même d'user d'interdit quand il y a du scandale.

La plupart des Confréries ont des officiers

pour les adminiſtrer ; mais on y eſt libre d'accepter ou de refuſer les offices qui en dépendent,
& même de s'en démettre après les avoir
acceptés. C'eſt ce qui eſt formellement décidé
par un arrêt de règlement du parlement de
Paris du 7 ſeptembre 1689. Cet arrêt porte
que lorſqu'il y aura des Confréries légitimement
établies, les confrères ne pourront être obligés
de payer aucun droit de Confrérie, & que
l'acceptation & démiſſion des offices y ſeront
libres (*).

Quoique les conciles de Sens & de Narbonne veuillent que les officiers nommés ſoient
confirmés par l'évêque, & qu'ils prêtent ſerment devant lui, néanmoins dans l'uſage la
confirmation ni le ſerment ne ſont point exigés.

Obſervez que par un édit du mois de février
1704, il y eut des tréſoriers - receveurs des
revenus des Confréries, créés en titre d'office,
mais ils ne tardèrent pas à être ſupprimés.

Quoique ceux qui compoſent les Confréries
ſoient des perſonnes laïques, néanmoins comme
ces Confréries participent de la nature des
corps eccléſiaſtiques, & que leurs biens en cas
de ſuppreſſion tournent, comme nous l'avons
dit, au profit de l'égliſe, on regarde ces mêmes
biens comme s'ils en dépendoient d'une manière
ſpéciale. Ainſi pour en acquérir la preſcription,
& pour les aliéner, on ſuit les mêmes règles &
les mêmes formalités que pour les biens d'égliſe.

Lorſqu'il y a un droit de patronage attaché

(*) On prétend que cette liberté n'a pas lieu dans le reſſort des parlemens des provinces méridionales au ſujet des
Confréries conſidérables telles que celles des *Pénitens* ;
mais nous nous réſervons d'en parler à l'article PÉNITENT.

à une Confrérie, ce droit eft cenfé de patronage laïc; on le compare à celui qui dépend d'une fabrique. C'eft ainfi que le penfe Lacombe dans fa jurifprudence canonique, d'après un arrêt du 14 juin 1638, rendu pour une fabrique. C'eft ce qu'enfeignent auffi les maximes de Dubois & les mémoires du clergé. Obfervez à ce fujet, d'après les œuvres pofthumes de d'Héricourt, que les nouveaux confrères reçus depuis la vacance du bénéfice, ont droit de fuffrage pour la collation, à moins que les ftatuts ne le leur refufent expreffément.

Une queftion que nous ne croyons pas devoir omettre ici, eft de favoir fi les fignatures des confrères qui fe trouvent fur les regiftres que tient une Confrérie régulièrement établie, peuvent fervir de fignatures de comparaifon, à l'effet de vérifier une fignature conteftée? On fait que pour une vérification de ce genre il faut des fignatures authentiques, c'eft-à-dire des fignatures qu'on ne puiffe point foupçonner d'être émanées d'autre main que de celle de la perfonne dont on veut vérifier la fignature conteftée : mais comme on reçoit en juftice les fignatures qui fe trouvent fur des regiftres publics, tels que ceux qui dans les paroiffes font deftinés pour les actes de baptême, de célébration de mariages & de fépultures, par la raifon qu'on ne fauroit foupçonner de l'infidélité dans celui qui eft chargé de tenir ces regiftres, nous penfons qu'on doit la même confiance aux regiftres des Confréries, des corps & des communautés; cette bonne foi nous paroît d'autant mieux placée, que les fignatures multipliées que contiennent ordinairement ces regiftres, font des témoignages de la vérité de ces fignatures, & qu'il n'eft pas vraifemblable qu'une compagnie entière foit capable de commettre un faux de propos délibéré.

Obfervations au fujet des Confréries. Autant il étoit facile autrefois de former telle Confrérie que l'on jugeoit à propos, autant il eft difficile aujourd'hui d'en établir à moins qu'elles n'aient un objet d'utilité bien réelle. Celles qui n'ont pour but que de nourrir le zèle & la dévotion, font fouvent plus propres à faire naître ou à entretenir le fanatifme qu'une piété réelle & éclairée, furtout quand elles ne font compofées, comme elles le font prefque toutes aujourd'hui, que de gens du peuple. A l'égard de celles qui ont pour motif des œuvres de charité, comme de vifiter les malades, les prifonniers, de fecourir les indigens, &c. elles méritent beaucoup plus de faveur.

Celles qui font leurs exercices au fon de la cloche dans une églife ouverte à tous les fidèles qui veulent venir prendre part à leurs prières, n'ont jamais été regardées comme des Confréries fufpectes. Mais on n'a pas toujours penfé de même de celles qui font établies chez les réguliers, c'eft-à-dire de celles qui s'affemblent en fecret, & ce font ces fortes de Confréries, notamment celles qui étoient chez les ci-devant Jéfuites, qui ont donné lieu à l'arrêt du parlement de Paris du 9 mai 1760, dont nous avons parlé en la fection deuxième. On regarde affez communément ces fortes d'affemblées comme dangereufes, furtout dans les tems où il règne des efprits de parti : mais l'examen fait de la plupart de ces Confréries en exécution de l'arrêt dont il s'agissoit, on ne trouva rien qui blessât la société, les mœurs ni la religion, & la cour garda même le silence sur nombre de ces petites Confréries connues sous le titre de *congrégations* qu'elle auroit pu supprimer comme n'étant point revêtues des lettres-patentes dont elles avoient besoin pour subsister légitimement, mais qu'elle crut devoir tolérer par les avantages spirituels qui pouvoient en résulter sans aucun inconvénient.

Il y a des Confréries qui ne sont établies uniquement que pour les hommes; il y en a d'autres aussi qui ne le sont que pour les femmes; mais il y en a de mixtes composées d'hommes & de femmes, à l'imitation de certains ordres réguliers, lesquels ont des religieuses qui leur sont affiliées. Dans ces Confréries mixtes, les femmes n'y sont admises en qualité de *sœurs*, que par forme d'aggrégation pour co-opérer aux bonnes œuvres & participer aux prières qui s'y font. Elles doivent y avoir leurs places séparées de celles des confrères. Elles ne doivent jamais entrer dans les délibérations, ni se mêler en rien de ce qui a rapport à l'administration de la compagnie. Au reste c'est à l'évêque de prescrire à cet égard tout ce qui lui paroît le plus propre à empêcher qu'il ne se commette des abus.

Quoique les Confréries d'arts & métiers eussent été abrogées par les ordonnances, elles ne laissèrent pas de conserver des restes d'existence dans les communautés qui voulurent toujours se maintenir sous l'invocation du saint particulier qu'elles avoient prises pour patron. Mais ces Confréries, fort nombreuses à Paris, n'étoient point à proprement parler de la nature de celles dont il s'agit dans cet article. Elles n'avoient dans l'année qu'un jour de dévotion qui étoit celui de la fête du patron qu'elles célébroient dans une églife qu'elles fe choififfoient à cet effet. Quoi qu'il en foit, lors de la fuppreffion des jurandes par l'édit du mois de février 1776, toutes ces Confréries ont été abolies ; & par l'édit du mois d'août fuivant, concernant la création nouvelle de fix corps de marchands, & de quarante-quatre communautés d'arts & métiers, il a été dit par l'article 43 de cet édit que les Confréries ci-devant éteintes demeureroient fupprimées avec défenfes d'en établir de nouvelles. L'inutilité de ces Confréries & les repas difpendieux qu'elles occafionnoient, ont été les principaux motifs qui les ont fait fupprimer.

Voyez *les preuves des libertés de l'églife gallicane ; la déclaration du mois juin 1659 ; le réglement des réguliers ; l'ordonnance de 1539 ; celle de Moulins & celle de Blois ; l'édit de décembre 1666 ; celui du mois d'août 1749 ; l'arrêt de réglement du parlement de Paris du 7 feptembre 1689 ; un édit du mois de février 1704 ; les maximes de Dubois ; les mémoires du clergé ; la jurifprudence canonique, &c. (Article de M. DAREAU, avocat au parlement.)*

CONFRONTATION. C'eft l'action de mettre des perfonnes en préfence les unes des autres, pour voir fi elles conviendront du fait dont il eft queftion ; & ce mot fe dit particulièrement en matière criminelle, en parlant des témoins & des accufés que l'on fait comparoître devant le commiffaire chargé d'inftruire une procédure, pour faire connoître aux accufés les dépofitions & récollement des témoins qui font charge, & y fournir des réponfes.

La Confrontation a été établie afin que l'accusé ne fût point privé de ses moyens de défense : en effet pour qu'on puisse le condamner légitimement , il faut bien que les témoins sachent que l'homme contre lequel ils ont déposé est celui que l'on accuse, & que celui-ci puisse répondre que ce n'est pas de lui dont ils ont voulu parler.

Le recollement des témoins n'étoit pas usité chez les Romains, mais on y pratiquoit la Confrontation. Dion rapporte que du temps de l'empereur Claude , un soldat ayant accusé de conspiration Valerius-Asiaticus , il prit pour Asiaticus , lors de la Confrontation , un pauvre homme qui étoit tout chauve. Cela prouve que pour éprouver la fidélité des témoins , on leur confrontoit quelquefois à la place de l'accusé , une autre personne.

On en usa de même dans un concile des Ariens, où S. Athanase fut accusé par une femme de l'avoir violée. Timothée prêtre se présentant à elle, & feignant d'être Athanase, découvrit la fourberie des Ariens & l'imposture de cette femme.

On a pratiqué en France sous nos premiers rois, la Confrontation. Grégoire de Tours rapporte que Chilpéric, dont le règne commença en 450, ayant interrogé lui-même deux particuliers porteurs de lettres qui lui étoient injurieuses , il manda un évêque qu'on en vouloit rendre complice , & les confronta les uns aux autres , même à ceux qu'ils chargeoient par leurs réponses.

Au reste , plusieurs anciennes ordonnances font mention de la Confrontation des témoins.

Celle que François premier rendit en 1536, en preſcrivit la forme ; mais ce n'étoit qu'une loi particulière pour la Bretagne : l'ordonnance de 1539 ſtatua ſur cet objet pour tout le royaume.

Elle ordonna « que les témoins ſeroient re-
» collés & confrontés à l'accuſé dans le délai or-
» donné par juſtice, ſelon la diſtance des lieux
» & la qualité de la matière & des parties, à
» moins que l'affaire ne fût ſi légère qu'il n'y eût
» lieu de recevoir les parties en procès ordi-
» naire ; que dans les matières ſujettes à Con-
» frontation, les accuſés ne ſeroient point élar-
» gis durant les délais donnés pour faire la Con-
» frontation ; que quand les témoins comparoî-
» troient pour être confrontés, ils ſeroient d'a-
» bord recollés en l'abſence de l'accuſé ; & que
» dans les charges où ils auroient perſiſté contre
» l'accuſé, ils lui ſeroient confrontés ſéparément
» & à part l'un après l'autre ; que pour faire la
» Confrontation, l'accuſé & le témoin compa-
» roîtroient devant le juge qui leur feroit faire
» ſerment, en préſence l'un de l'autre, de dire
» vérité ; qu'enſuite il demanderoit à l'accuſé
» s'il avoit quelques reproches à fournir contre
» le témoin préſent, & lui enjoindroit de les
» fournir promptement, qu'autrement il n'y ſe-
» roit plus reçu ; que ſi l'accuſé n'alléguoit aucun
» reproche, & déclaroit s'en rapporter à la dé-
» poſition du témoin, ou qu'il demandât un délai
» pour fournir ſes reproches, il ſeroit procédé
» à la lecture de la dépoſition du témoin pour
» Confrontation, après laquelle l'accuſé ne ſeroit
» plus reçu à fournir aucun reproche ; que les
» Confrontations étant faites & parfaites, le pro-

CONFRONTATION. 349

« cès feroit mis entre les mains de la partie pu-
» blique, pour prendre des conclufions, &c.

Enfin Louis XIV a réglé par l'ordonnance criminelle du mois d'août 1670, ce qui doit être
pratiqué dans les Confrontations.

Cette loi veut que lorfqu'il s'agit d'un crime
qui mérite peine afflictive, le juge ordonne que
les témoins ouis & à ouïr feront récolés en leurs
dépofitions, & *fi befoin eft*, confrontés à l'accufé. Cette expreffion *fi befoin eft,* fait entendre que fi les témoins fe rétractoient au recollement, & qu'il n'y eût plus de charges contre
l'accufé, il feroit inutile de lui confronter les
témoins. Ainfi il n'y a que les témoins qui font
charge, qui foient dans le cas d'être confrontés à
l'accufé. On a même deux arrêts, l'un du 21
mars 1702, & l'autre du 9 mai 1712, qui ont
défendu, à peine de nullité, de récoler & confronter les témoins dont les dépofitions ne tendent ni à charge, ni à décharge.

Cette décifion eft jufte quant à la Confrontation : mais il paroît d'après les termes mêmes
dont le légiflateur s'eft fervi dans fon ordonnance, que tous les témoins doivent être reco-
lés, foit que leurs dépofitions contiennent des
charges contre l'accufé ou qu'elles n'en contiennent point. La raifon en eft qu'au recollement,
chaque témoin peut ajouter à fa dépofition & la
changer en tout ou en partie.

C'eft le jugement qui ordonne le recollemnt
& la Confrontation des témoins qu'on appelle
réglement à l'extraordinaire. (*) Ce réglement

(*) *Formule d'un jugement qui ordonne que les témoins
feront récolés & confrontés.*

Extrait des regiftres de . . . .
Vu les charges & informations par nous faites à la requête

ne doit jamais être prononcé dans les matières

de .... défendeur & complaignant, le procureur du roi
ou fiscal joint, contre .... demandeur & accusé ; interrogatoire par lui subi sur les informations ; requête dudit ....
à ce que les témoins soient récolés & confrontés ; conclusions du procureur .... nous ordonnons que les témoins
ouis aux informations & autres qui pourront être entendus
de nouveau seront récolés en leurs dépositions; & si besoin
est confrontés à l'accusé, pour ce fait & communiqué au
procureur .... être fait droit, ainsi qu'il appartiendra. Fait
à ....

Formule de l'ordonnance pour assigner les témoins.

De l'ordonnance de nous.... à la requête de ....
demandeur & accusateur, le procureur .... joint, soit
donné assignation à .... (*on met les noms & demeures des
témoins*) à comparoir pardevant nous.... le.... & jours
suivans, pour être récolés en leurs dépositions, contenues
en l'information par nous faite à la requête dudit....con-
tre .... accusé & complice. Fait à....

*Il faut indiquer un jour fixe & ajouter, & jours suivans;
parce que si le juge ne peut pas récoler & confronter ce
jour-là ou que quelque témoin n'ait pas paru ce même
jour, l'assignation suffira pour tous les autres jours, sans
prendre de nouvelles ordonnances ni donner de nouvelles
assignations ; au contraire s'il n'y avoit qu'un jour fixe il
faudroit nouvelle ordonnance & nouvelle assignation.*

*On peut au lieu de l'ordonnance que l'on vient de rap-
porter, en obtenir une au bas d'une requête dans la forme
qui suit :*

A MONSIEUR.....

Supplie humblement.... qu'il vous plaise indiquer votre
moment pour faire comparoître devant vous sur les assignations qui leur seront données, les témoins entendus
en l'information faite devant vous à la requête du suppliant,
contre .... à l'effet d'être récolés en leurs dépositions, &
si besoin est confrontés aux accusés, en exécution de votre
jugement du .... & vous ferez justice: déclarant le suppliant que Me .... occupe toujours pour lui.

Présentée le ....

)

légères , & lorfque les condamnations ne peuvent s'étendre qu'à des peines pécuniaires. C'eft ce qui réfulte de divers arrêts & particulièrement de ceux des 28 novembre 1695 , 21 août 1705 & 13 mai 1709.

Il faut d'ailleurs que le jugement dont il s'agit foit rendu en la chambre du confeil par un nombre fuffifant de juges. Un arrêt rendu au grand confeil le 12 août 1693 a fait défenfe au lieute-

---

Ordonnance.

Permis d'affigner les témoins ouis en l'information faite devant nous à la requête du fuppliant , contre .... à comparoir pardevant nous en la chambre criminelle de ce fiége à .... le .... heure de .... & jours fuivans à la même heure pour être récolés en leurs dépofitions, & fi befoin eft confrontés aux accufés en exécution de notre jugement du .... & aux fins de la préfente requête. Fait & donné à .... ce ....

Affignation aux témoins pour le récolement & la Confrontation.

L'an .... le .... en exécution du jugement rendu par M .... le .... & en vertu de fon ordonnance du .... au bas de la requête à lui préfentée le même jour, lefdits jugement & ordonnance duement fignés, fcellés en bonne forme, & à la requête de .... pour lequel domicile eft élu en la maifon de Me .... qui occupe pour lui, j'ai .... fouffigné, donné affignation à .... en fon domicile , en parlant à .... & à .... en fon domicile , en parlant à .... à comparoir pardevant M .... en la chambre criminelle de .... à .... le .... huit heures du matin & jours fuivans à la même heure, pour être récolés en leurs dépofitions en l'information du .... & fi befoin eft confrontés aux accufés ; leur déclarant qu'ils feront taxés & payés de leurs falaires raifonnables, & que faute de comparoir ils feront tenus d'une amende de dix livres chacun, réaffignés & contraints par toutes voies dues & raifonnables. Et j'ai aux fufnommés à chacun féparément laiffé copie du préfent exploit.

nant criminel de Lyon de rendre feul des jugemens de recollement & de Confrontation, & a
ordonné que ces jugemens feroient rendus au
préfidial par fept juges dans les procès faits en
dernier reffort. Cette jurifprudence qui eft fondée fur l'article 24 du titre 2, & fur l'article 11
du titre 25 de l'ordonnance de 1670, fe trouve
confirmée par la déclaration du 3 octobre 1694.

Lorfqu'il furvient dans le cours de l'inftruction quelques nouvelles charges fur lefquelles il
convient d'entendre de nouveau les témoins déjà
entendus, ou d'autres témoins, le premier réglement à l'extraordinaire ne peut point autorifer le récollement & la Confrontation relativement aux nouvelles charges : il faut en ce cas un
nouveau règlement. Le parlement de Paris l'a
ainfi décidé par arrêt du 9 janvier 1743.

Il y a néanmoins une exception à la règle qui
veut qu'on ne puiffe procéder à aucun recollement ou Confrontation que cela n'ait été ainfi
ordonné par un jugement : c'eft lorfqu'il fe trouve
des temoins fort âgés, valétudinaires ou prêts
à faire un voyage de long cours, &c. Pour éviter que les preuves ne dépériffent, l'article 3 du
titre 15 de l'ordonnance criminelle permet de
répéter ces fortes de témoins, quoi qu'il n'y ait
aucun jugement qui l'ordonne : mais une telle
répétition ne peut valoir Confrontation qu'autant que cela eft ainfi prononcé par le jugement
de contumace.

L'article 26 de l'édit du mois d'août 1679,
portant règlement général pour les duels, a encore introduit en matière de duel, une autre
exception à la règle dont il s'agit : voici ce que
porte cette loi :

» Et

» Et pour éviter que pendant le temps de l'inf-
» truction des défauts & contumaces, les préve-
» nus ne puissent se servir des moyens qu'ils ont
» accoutumé de pratiquer pour détourner les
» preuves de leurs crimes, en intimidant les té-
» moins, ou les obligeant de se rétracter dans le
» récollement, nous voulons que nonobstant l'ar-
» ticle 3 du titre 15 de notre ordonnance du
» mois d'août 1670, auquel nous avons dérogé
» & dérogeons pour ce regard dans les crimes de
» duel seulement, il soit procédé par les officiers
» de nos cours, & les lieutenans-criminels des
» bailliages où il y a siége présidial, au recolle-
» ment des témoins dans les vingt-quatre heu-
» res, & le plutôt qu'il se pourra après qu'ils
» auront été entendus dans les informations, &
» ce avant qu'il y ait aucun jugement qui l'or-
» donne, sans toutefois que les récollemens
» puissent valoir Confrontation, qu'après qu'il
» aura été ainsi ordonné par le jugement de dé-
» faut & contumace.

Les formalités qui doivent être observées dans
les confrontations, sont déterminées par divers
articles du titre 15 de l'ordonnance criminelle
qu'on a citée plus haut (*).

_____

(*) *Formule d'un procès-verbal de Confrontation des témoins à l'accusé.*
Confrontation faite par nous.... à la requête de....
demandeur & complaignant, le procureur du roi ou *procu-*
reur fiscal joint, contre.... prisonnier ès prisons de....
des témoins ouis en l'information par nous faite le....
& ce en exécution de notre sentence du.... à laquelle
Confrontation avons procédé, assisté de notre greffier ordinaire; ainsi qu'il suit:
Du.... jour de.... a été amené devant nous par le

Suivant ces lois les Confrontations doivent
être écrites dans un cahier séparé, & chacune

---

geolier defdites prifons ledit .... accufé, auquel avons confronté .... (*mettre le nom du témoin, & s'il eft le premier,*
fecond ou autre quantieme de l'information) témoin de l'information, & après ferment par eux fait en préfence l'un
de l'autre, dire vérité & interpellés de dire s'ils fe connoiffent, ont dit .... après quoi nous avons fait faire lecture
par notre greffier des premiers articles de la dépofition
dudit témoin, contenant fon nom, fon âge, qualité &
demeure, & fa déclaration qu'il n'eft parent, allié, ferviteur ni domeftique des parties, & interpellé l'accufé de fournir fur le champ fes reproches contre le témoin fi aucun il
a, & averti qu'il n'y fera plus reçu après qu'il aura entendu
la lecture des dépofition & récolement dudit témoin.

L'accufé a dit qu'il n'a aucuns reproches à fournir contre
le témoin, ou l'accufé a dit pour reproches que .... le
témoin a dit que les reproches font véritables, ou qu'ils
ne font pas véritables.

Ce fait avons fait faire lecture par notre greffier de la
dépofition & du récolement dudit témoin en préfence
dudit .... accufé & avons interpellé ledit témoin de déclarer s'ils contiennent vérité, & fi ledit .... accufé eft celui
dont il a entendu parler dans fes dépofition & récolement;
lequel témoin a dit que fes dépofition & récolement font
véritables, & que c'eft de l'accufé préfent qu'il a entendu
parler par fefdites dépofition & récolement, & y a perfifté.
& l'accufé a dit .... (*il faut écrire ce que l'accufé dira &*
ce qui fera répliqué par le témoin ; & fi l'accufé requiert
le juge d'interpeller le témoin fur quelque fait ou circonf-
tance le juge le fera, & il fera fait mention des requifitions
& interpellations, enfemble de la réponfe du témoin & des
répliques de l'accufé.

Lecture faite à l'accufé & au témoin de la préfente Confrontation, ils y ont perfifté chacun à leur égard, & ont
figné ou déclaré ne favoir écrire ni figner de ce enquis,
ou ont fait refus de figner, de ce interpellés.

Avons enfuite confronté ledit accufé à .... témoin, &c.
on continue la forme qu'on vient de voir.

en particulier doit être paraphée dans toutes les pages & fignée du juge, de l'accufé & du témoin, finon il doit être fait mention de la caufe du refus.

L'accufé ayant été mandé en préfence du témoin, & ayant tous deux prêté ferment en préfence l'un de l'autre (*), le juge doit les interpeller de déclarer s'ils fe connoiffent. Le greffier doit écrire exactement tout ce qu'ils répondent aux différentes interpellations qui leur font faites.

Après cette première queftion, on doit faire lecture a l'accufé des premiers articles de la dépofition du témoin, contenant fon nom, âge, qualité & demeure, & s'il a dit être parent, allié, ferviteur ou domeftique des parties.

Enfuite le juge doit interpeller l'accufé de fournir fur le champ fes reproches contre le témoin, s'il en a à fournir, en l'avertiffant qu'il ne fera plus reçu à en fournir après avoir entendu la lecture de la dépofition.

Obfervez toutefois que cette règle n'a lieu que pour les reproches verbaux ; car l'accufé peut en tout état de caufe propofer ceux qui font juftifiés par écrit, fauf aux juges à y avoir tel égard que de raifon.

Si lors de l'interpellation de fournir des reproches, l'accufé en fournit quelques-uns, le juge doit obliger le témoin de s'expliquer fur la vérité de ces reproches ; & ce que l'accufé

(*) Un arrêt du 30 juillet 1707 a déclaré abufive la fentence d'un official, parce qu'en prenant le ferment d'un témoin & d'un accufé dans la Confrontation, on avoit omis de dire que ç'avoit été en préfence l'un de l'autre.

& le témoin difent & répondent réciproquement fur cet objet , doit être littéralement inf-
crit dans le procès verbal de confrontation.

Lorfque l'accufé à fourni fes reproches ou
qu'il a déclaré qu'il n'en veut point fournir,
on doit lui faire lecture de la dépofition &
du récolement du témoin ; en interpellant ce
dernier de déclarer s'ils contiennent vérité, &
fi l'accufé préfent eft celui dont il a entendu
parler dans fa dépofition & fon récolement ;
on doit enfuite écrire tout ce qui fe dit à ce
fujet de part & d'autre.

Deux arrêts, l'un du 23 juillet 1698 , &
l'autre du 9 mai 1712 ont jugé que l'omiffion
du mot PRÉSENT , dans une Confrontation,
opéroit la nullité de cette Confrontation.

Quand l'accufé remarque dans la dépofition
du témoin quelque contrariété ou quelque circonftance dont l'éclairciffement peut juftifier
fon innocence , il ne doit ni les relever lui même , ni faire à ce fujet aucune interrogation au
témoin ; mais il peut prier le juge d'interpeller
fur cela le témoin ; & les remarques de l'accufé , les interpellations du juge , les reconnoif-
fances & réponfes du témoin doivent être ré-
digées par écrit , parce que la procédure criminelle doit être inftruite tant à charge qu'à
décharge.

Trois arrêts du parlement l'un du 23 juillet
1698 rendu contre le lieutenant particulier de
Châtillon fur Indre , le fecond du 20 octobre
1733 , rendu contre le juge de Montmorillon,
& le troifième , du 12 janvier 1734 , contre
le juge de Cognac , ont décidé qu'à la Confrontation le juge ne pouvoit pas interpeller le

témoin ni l'accufé fans en être requis par l'un ou par l'autre.

Un autre arrêt rendu par la cour des comptes, aides & finances de Normandie , le 2 mai 1757 , enjoint aux juges de fe conformer, lors des Confrontations , à l'article 22 du titre 15 de l'ordonnance criminelle ; en conféquence de difcerner dans le nombre des interpellations requifes par les accufés , celles qui font pertinentes , & de ne faire aux témoins que des queftions juftes & raifonnables qui procèdent de contrariété dans leurs dépofitions & qui tendent à éclaircir les faits ou à juftifier l'innocence des accufés ; le même arrêt veut que chaque interpellation ne contienne qu'un fait , & qu'il foit propofé d'une manière fimple & claire au témoin ; que fi celui-ci refufe d'y répondre , le juge lui enjoigne d'y fatisfaire fous peine de défobéiffance à juftice , & l'avertiffe que s'il perfifte dans fon refus , l'interpellation qui lui aura été faire paffera pour conftante & qu'il s'expofe à être pourfuivi extraordinairement.

Lorfque le témoin que l'on veut confronter eft malade , la Confrontation doit fe faire chez lui , & pour cet effet on y transfère l'accufé.

Si l'accufé ou le témoin eft étranger & n'entend pas la langue françoife , la Confrontation doit fe faire en préfence d'un interprête , qui explique à l'accufé ou au témoin les interpellations du juge , & au juge les réponfes de l'accufé ou du témoin.

Les experts entendus dans les informations. fur ce qui eft de leur art, doivent être confrontés comme les autres témoins.

Lorsqu'il y a plusieurs accusés d'un même crime, on doit ordonner qu'ils feront confrontés les uns aux autres; fur-tout s'ils ont dit dans leurs interrogatoires, quelque chose à la charge les uns des autres (*). Un arrêt du 28 mai 1696, en caffant & annullant une procédure faite par le juge du comté de Lyon, a défendu à ce juge de récoler les accusés en leurs interrogatoires, & de les confronter les uns aux autres avant que cela ait été ordonné par un jugement.

Un autre arrêt du 10 février 1711 a enjoint au mayeur de la ville de Peronne de ne plus confronter les accusés les uns aux autres que préalablement il ne les ait récolés en leurs interrogatoires, & qu'il n'y ait eu un jugement pour ordonner ce récolement.

Au reste la Confrontation des accusés les uns aux autres & celle des témoins aux accusés font affujetties aux mêmes formalités (**) : mais la

---

(*) *Jugement qui ordonne que les accusés feront confrontés.*

Vu, &c. nous ordonnons que lesdits.... accusés, feront récolés en leurs interrogatoires & confrontés l'un à l'autre, pour ce fait & communiqué au procureur du roi ou fiscal, être ordonné ce qu'il appartiendra.

(**) *Formule de Confrontation des accusés les uns aux autres.*

Confrontation faite par nous.... à la requête.... contre.... prisonniers ès prisons de.... en exécution de notre sentence du.... à laquelle Confrontation avons procédé, affifté de notre greffier ordinaire en la chambre de.... ainfi qu'il enfuit.

Du....

ont été amenés devant nous par le geolier des prisons de....

efdits.... accusés, à l'effet par nous de les confronter l'un

Confrontation des accusés les uns aux autres ne doit être faite qu'après celle des témoins aux accusés.

Lorsque dans un même procès il y a des accusés laïques prisonniers dans les prisons

---

à l'autre, & après serment par eux fait en présence l'un de l'autre de dire la vérié, & iceux interpellés de due s'ils se connoissent, ont dit qu'ils se connoissent (*ou ne se pas connoître.*)

Après quoi avons fait faire lecture par notre greffier du nom, surnom, âge, qualité & demeure dudit B.... inférés en l'interrogatoire qu'il a subi pardevant nous le.... sur les charges & informations contre lui faites à la requête dudit... & interpellé ledit A.... de fournir sur le champ des reproches contre ledit B.... & l'avons averti qu'il n'y sera plus reçu après que lecture lui aura été faite des interrogatoires & récolement dudit B....

Lequel dit A.... a dit que.... & ledit B.... a répondu que....

Ce fait avons fait faire lecture par notre greffier dudit interrogatoire dudit B.... en présence dudit A.... & avons interpellé ledit B.... de déclarer si les réponses & déclarations par lui faites en sondit interrogatoire & récolement contiennent vérité ; si ledit A.... est celui dont il a entendu parler, a dit.... & ledit B.... a dit....

Lecture faite audit A.... & audit B....de la présente Confrontation, ils y ont persisté chacun à leur égard & ont signé ou déclaré ne savoir écrire ni signer de ce enquis, ou ont fait refus de signer de ce interpellés.

Procédant ensuite à la Confrontation dudit B.... audit A.... avons fait faire lecture par notre greffier susdit du nom, surnom, âge, qualité & demeure dudit A.... inféré en .'interrogatoire par lui subi devant nous le.... & interpellé ledit B.... de fournir sur le champ des reproches contre ledit A.... &c. (*Comme ci-dessus, en changeant seulement les noms, & ainsi successivement des autres accusés, s'il s'en trouve plus de deux à confronter l'un à l'autre.*)

royales, & des accusés clercs dans les prisons
de l'officialité, & qu'il s'agit de les confronter
les uns aux autres, on amène les accusés &
complices laïques des prisons royales à l'offi-
cialite ; & Decombes dit qu'en pareil cas la
Confrontation des laïques à l'accusé clerc, se
fait par les deux juges, c'est-à-dire par le juge
laïque & par l'official conjointement ; mais que
la Confronta ion de l'accusé clerc aux laïques,
se fait par le juge laïque seul, les accusés étant
laïques.

On ne doit pas confronter les accusés relativement à des faits sur lesquels ils n'ont point
été interrogés. C'est ce qui résulte d'un arrêt
du 24 mai 1712 rapporté au journal des audiences, & rendu contre le lieutenant criminel
d'Angers.

On appelle *Confrontation figurative* ou *litté-*
rale, la Confrontation que l'on fait d'un témoin
à l'accusé sans néanmoins lui représenter ce
témoin. On la pratique quand le témoin est décédé ou absent, ou à cause de la dignité du
témoin. On demande à l'accusé s'il a connu le
témoin défunt ou absent ; s'il l'estimoit homme
de bien, s'il veut & entend s'en tenir à sa déposition : & après ses reponses que l'on doit
rediger par écrit ainsi que les reproches, s'il
en a proposé, on lui fait lecture de la déposition
du témoin : c'est ensuite à la partie civile, s'il
y en a une, ou au ministère public à faire tomber les reproches, en justifiant par acte ou autrement que le témoin défunt ou absent a toujours joui d'une bonne réputation & s'est toujours conduit selon les règles que prescrit la
probité.

Dans le procès qui fut inftruit en 1642 contre MM. de faint Mars & de Thou, on fit une efpèce de Confrontation figurative. MONSIEUR, frère du roi, ayant une déclaration à faire, avoit obtenu du roi qu'il ne feroit point confronté aux accufés. M. le chancelier reçut fa dépofition avec les formalités qui ont lieu à l'égard de la dépofition des autres témoins; on prit feulement de plus la précaution de la relire à MONSIEUR en préfence de M. le chancelier & de fept ou huit confeillers d'état ou maîtres des requêtes, qui la fignèrent avec lui, après qu'il eût perfifté avec ferment à ce qu'elle contenoit : & comme le droit & les ordonnances veulent que tout témoin foit confronté, le procureur général crut que dans ce cas il falloit ufer de quelques formalités pour fuppléer à la Confrontation; & pour cet effet il requit que la déclaration de MONSIEUR lui fût lûe après que les accufés auroient déclaré s'ils avoient des reproches à fournir contre lui, ce qu'ils pourroient faire avec plus de liberté en l'abfence de MONSIEUR, qu'en fa préfence; qu'enfuite les reproches & réponfes des accufés lui feroient communiqués : ce qui fut ordonné par arrêt, & exécuté par M. le chancelier.

Au procès du chancelier Poyet, le roi François I avoit dépofé contre lui de plufieurs faits importans : il fut ordonné que le témoignage du roi feroit lu a ce magiftrat.

L'ordonnance de 1670 ne s'explique pas fur la queftion de favoir fi le juge peut en certains cas, faire comparoître l'accufateur devant l'accufé pour lui être confronté : mais l'ordonnance criminelle du duc Léopold de Lorraine du mois de novembre 1707, a fur cette matière une difpofition expreffe qu'il conviendroit de fuivre dans tous les tribunaux de France comme on la fuit dans ceux de Lorraine : voici ce que porte l'article 10 du titre 9 :

« Il dépendra de la prudence du juge d'or-
» donner en certains cas la Confrontation de
» l'accufateur & de l'accufé, comme en cas de
» rapt, de violence ou féduction, & autres de
» pareille nature ; même de préfenter l'accufé
» au cadavre de la perfonne homicidée, à l'inf-
» tant de l'accufation, ainfi qu'il le jugera à
» propos, & en dreffer procès-verbal, pour
» être joint au procès ».

Au refte le juge ne peut pas, pour découvrir la vérité ou la fauffeté de la dépofition d'un témoin, confronter à ce témoin une autre perfonne que celle qui eft accufée. Cette feinte a été profcrite par trois arrêts du parlement de Paris des 25 octobre 1698, 17 mars 1702, & 4 février 1718. Le premier a été rendu contre le lieutenant criminel de Lufignan ; le fecond, contre un confeiller de la confervation de Lyon, & le troifième, contre le juge de châteauneuf.

Lorfque le témoin fe rétracte à la Confrontation ou change fa dépofition dans des circonftances importantes, il doit être pourfuivi & puni comme faux témoin. C'eft pourquoi le juge qui procède à l'inftruction du procès, peut dans ce cas faire arrêter le témoin & le faire emprifonner fur le champ.

Voyez *le recueil des ordonnances du Louvre ; l'ordonnance criminelle du mois d'août 1670, & les commentateurs ; le traité de la juftice criminelle de France ; le journal des audiences ; l'efprit des ordonnances de Louis XIV ; le ftyle criminel de Dumont ; les arrêts de Boniface ; l'inftruction criminelle par M. Muyart de Vouglans ,* &c. Voyez auffi les articles ACCUSÉ , DÉCRET , INTERROGATOIRE , INFORMATION , RÉCOLEMENT , REPROCHES , TÉMOIN , CONTUMACE , JUGEMENT , &c.

CONFUSION DE DROITS ET D'ACTIONS. Cette expreffion s'applique à ce qui réfulte de ce qu'une perfonne réunit en elle les droits actifs & paffifs concernant un même objet. Cette Confufion opère l'extinction des droits & actions : elle a lieu , par exemple , quand le créancier devient héritier du débiteur , ou quand le débiteur eft héritier du créancier. Il en eft de même quand le propriétaire du fief dominant devient propriétaire du fief fervant.

L'extinction de l'obligation principale qui a lieu lorfque le créancier devient héritier du débiteur, principal , opère auffi l'extinction de l'obligation des cautions ; la raifon en eft que les obligations des cautions ne font qu'acceffoires de l'obligation du débiteur principal ; d'où il faut tirer la conféquence qu'elles ne peuvent plus fubfifter lorfque l'obligation principale ne fubfifte plus.

Mais l'extinction de l'obligation de la caution qu'opère la Confufion lorfque le créancier fuccède à la caution, ou que la caution fuccède au créancier, n'entraîne pas l'extinction de l'obligation principale : cette différence vient de ce que l'obligation principale n'a pas befoin de l'obligation acceffoire pour fubfifter.

En cela la Confufion diffère du payement ;

cette différence eft fondée fur ce que le payement fait que la chofe n'eft plus dûe ; or n'y
ayant plus de chofe dûe , il ne peut plus refter
de débiteur, ni principal, ni acceffoire. Il faut
en dire autant de la compenfation & des autres
manières de fe libérer, qui équivalent au payement.

Au contraire, la Confufion fait feulement que
le débiteur en qui fe trouve réunie la qualité
de créancier, ceffe d'être obligé , par la raifon
qu'il ne peut l'être envers lui-même ; mais rien
n'empêche que l'obligation du débiteur principal ne fubfifte, quoique la caution ait ceffé
d'être obligée.

L'acceptation d'une fucceffion fous bénéfice
d'inventaire n'opère aucune Confufion ; car un
des effets du bénéfice d'inventaire eft que l'héritier bénéficiaire & la fucceffion foient confi-
dérés comme deux chofes. diftinctes l'une de
l'autre.

  * Quelques difpofitions particulières de la
coutume du Hainaut ont donné lieu à une queftion affez embarraffante fur la Confufion. Pour
en fentir toute la difficulté, il faut obferver qu'en
cette province les obligations perfonnelles ne
font exécutoires que pour l'*équivalent*, à moins
qu'elles ne foient réalifées par avis de père &
de mère, ou par des œuvres de loi revêtues de
toutes les formalités néceffaires. Ainfi lorfque
dans un contrat de mariage il eft ftipulé que
l'un des deux conjoints aura, en cas de furvie,
certains immeubles en propriété ou en ufufruit, cette ftipulation ne produit qu'une action
perfonnelle, & les héritiers de celui des conjoints qui s'eft engagé à laiffer ces immeubles à

l'autre ne font tenus qu'à lui en fournir l'*équiva-*
lent, à moins que le contrat de mariage n'ait
été réalifé.

Si la veuve accepte la communauté après la
mort de fon mari, l'obligation perfonnelle que
lui donne le contrat de mariage pour avoir
l'*équivalent* de ce qui lui eft laiffé en cas de furvie, ne fera-t-elle point *confondue* en elle pour
la moitié, en cas qu'elle prenne la moitié des
meubles, & pour le tout en cas que par le contrat de mariage elle foit inftituée héritière mobilière univerfelle ? Il paroît d'abord que puifque le furvivant eft obligé de payer les dettes
de la communauté, la créance qu'il a contre les
héritiers du prédécédé doit s'éteindre par la
Confufion; car on ne peut être à la fois créancier & débiteur de la même chofe.

On prétend que cette opinion a été adoptée
par deux arrêts du parlement de Flandres,
dont il eft à propos de rapporter les circonftances.

Grégoire Hamel n'avoit point eu d'enfant de
fon premier lit; après en avoir eu du fecond,
il époufa en troifièmes noces Marie-Françoife
Lacorege. Il fut ftipulé par le contrat de mariage
que la femme prendroit en cas de furvie tous
les meubles de la communauté, & iouiroit de
l'ufufruit des immeubles de fon mari : c'étoient
des mainfermes fitués dans le chef-lieu de Mons
qu'il avoit acquis avant ce mariage. Après fa
mort, fa veuve prit tous les meubles de la communauté, fans éprouver la moindre difficulté;
mais à l'égard de l'ufufruit dont elle prétendoit
jouir en nature ou en équivalent, elle fut déboutée de fa demande par arrêt rendu le 28

mai 1764, au rapport de M. Wacrenier, en faveur de Nicolas Hamel, fils du second lit de Grégoire.

Philippe Moland épousa en secondes noces Martine de Bray, & lui promit également la totalité des meubles & l'usufruit des biens patrimoniaux dont il jouissoit alors, au cas qu'elle vint à le survivre. Cette promesse ne fut pas réalisée, & la femme s'immisça dans tous les meubles après la mort de son mari. Par arrêt du 12 août 1767, rendu au rapport de M. Balthazar, elle fut condamnée à abandonner à Philippe Moland, fils du premier lit de son mari, la jouissance des immeubles de celui-ci, quoique l'usufruit en eût été stipulé en sa faveur par son contrat de mariage ; & le même arrêt la débouta de sa demande en equivalent.

· Il semble d'abord que ces deux arrêts ont admis le système de la Confusion ; mais quand on se rappelle que les biens dont l'usufruit avoit été stipulé dans les deux cas que l'on vient de rapporter étoient indisponibles & dévolus aux enfans du premier lit, on voit clairement que ces arrêts sont uniquement fondés sur cette indisponibilité, & que quand même le mari s'en seroit déshérité, la veuve du second lit n'auroit encore pu y rien prétendre. Voyez l'article DÉVOLUTION COUTUMIÈRE. Il faut donc rayer ces arrêts du nombre de ceux que l'on cite pour appuyer le système de la Confusion.

Ceux qui l'ont rejeté sont en grand nombre. Une consultation signée de trois avocats de Mons en rapporte trois assez récens du conseil souverain de cette ville ; il y en a même un en forme de règlement, qui défend aux avocats de soutenir l'opinion contraire.

La jurifprudence du parlement de Flandres n'eft pas moins conftante. Un arrêt rendu au rapport de M. de Buiffy, le 20 juillet 1695, condamna le fieur Recbois à fournir au fieur Pamart l'équivalent de l'ufufruit de la terre d'Oyfies régie par la coutume du Hainaut, s'il n'aimoit mieux le lui laiffer en nature. Cet ufufruit avoit été promis au fieur Pamart par fon contrat de mariage avec la fœur du fieur Recbois; le contrat n'avoit point été réalifé, & le fieur Pamart étoit refté dans tous les meubles de la communauté.

Par le contrat de mariage de Jacques-François le Cœuvre & d'Albertine Collery, il avoit été ftipulé que le furvivant feroit propriétaire de tous les meubles & viager des immeubles du prédécédé. Le Cœuvre, après la mort de fa femme, prétendit jouir de quelques mainfermes qu'elle avoit délaiffés à Marchiennes-Hainaut, quoique l'acte n'eût point été réalifé. Elye Corby qui s'oppofoit à fa demande, fut condamné par arrêt rendu le 24 juillet 1767, au rapport de M. Wacrenier, à lui fournir l'équivalent de l'ufufruit, ou à l'en laiffer jouir.

Le contrat de mariage d'Ignace Leleu & de Marie-Florence Leleu, renfermoit les mêmes conventions que le précédent, & n'avoit pas non plus été réalifé. La femme furvécut, accepta la communauté, & demanda le viage qui lui avoit été promis en nature ou en équivalent: déboutée par fentence du bailli de Freffain rendue le 16 novembre 1769, elle en appela au parlement, qui lui adjugea fa demande par arrêt du 25 juin 1771, au rapport de M. l'abbé de Dion.

Marie-Elifabeth Laurent, en époufant Simon Bourier, lui promit, au cas qu'il la furvécut, la propriété de tous les meubles de la communauté & la moitié d'une maifon qu'elle avoir à Sommain : le contrat ne fut point réalifé. Après la mort de la femme, on oppofa à Bourier la Confufion ; mais par arrêt rendu le 20 Mai 1770, au rapport de M. l'abbé de Calonne, Philippe-Antoine Oblain, héritier légal de la femme, fut condamné à payer à Bourier l'*équivalent* de la moitié de la maifon, s'il n'aimoit mieux la lui abandonner en nature. Bourier fe prévaloit auffi de la prefcription ; mais Oblain la combattoit, & fi ce moyen eût fervi de motif à l'arrêt, on n'auroit pas laiffé à Oblain le choix de fournir la maifon en nature ou en *équivalent*.

Nous terminerons ce détail par un arrêt rendu en révifion le 20 janvier 1773. Le fieur Marmuffe & Marie-Jofeph Delattre s'étoient fait par leur contrat de mariage une donation mutuelle de tous leurs biens meubles & immeubles au profit du furvivant. La femme furvécut ; les héritiers du mari prétendirent qu'elle n'avoit aucun droit aux immeubles fitués à Lallain, parce que le mari ne s'en étoit pas défhérité, que par conféquent elle n'avoit qu'une action pour l'*équivalent*, qui reftoit confondue en elle comme héritière mobilière. Leurs raifons prévalurent d'abord, la femme fut déboutée de fa demande par arrêt du 7 décembre 1768 ; mais s'étant pourvue en révifion, elle obtint les immeubles de fon mari en nature ou en équivalent. On remarqua qu'il n'y eût dans toute la cour affemblée que deux voix contre elle.

Cette jurifprudence eft trop conftante & trop uniforme

uniforme pour que l'on puiffe combattre l'opinion qu'elle a confirmée. Mais fur quel principe
eft-elle fondée ? c'eft ce qui ne paroît pas encore
bien éclairci. Plufieurs difent que la Confufion
n'a point lieu en ce cas, parce que l'acceptation
de la communauté n'oblige qu'au payement des
dettes qui y étoient entrées : or, ajoutent-ils,
la promeffe que fait l'un des conjoints à l'autre
de lui laiffer, en cas de furvie, la propriété ou
l'ufufruit d'un immeuble n'eft point une dette
de communauté, parce qu'elle n'exifte qu'après
la diffolution de la communauté même.

Cette raifon eft évidemment fauffe. La dette
exiftoit conditionnellement pendant la communauté : celui des conjoints au profit duquel étoit
faite la promeffe conditionnelle pouvoit même
pendant le mariage fe dire créancier de l'autre.
Car, fuivant la loi 42, *digeftis*, *de obligationibus
& actionibus*, *is qui fub conditione ftipulatus eft,
pendente conditione creditus eft.* Ainfi il faudroit
admettre la Confufion, fi l'on ne confultoit que
les principes du droit commun. C'eft donc dans
les difpofitions particulières des chartes générales du Hainaut qu'il faut chercher la raifon de
la jurifprudence qui rejette la Confufion.

Voyez *les chartes générales du Hainaut, chapitre 29, article 4 ; & chapitre 123, articles 2
& 5 *.*

· On tient pour principe en Normandie que
l'enfant héritier de fa mère ne fait pas Confufion
de l'action en reprife de la dot de fa mère &
des immeubles qu'il tient de la fucceffion de fon
père : c'eft pourquoi fi cet enfant vient à décé-
der fans poftérité, fes héritiers maternels font

en droit d'exercer cette action fur fes propres paternels.

Cette jurifprudence a fait naître la queftion de favoir fi elle devoit s'étendre aux biens maternels non dotaux, furtout lorfque l'enfant étoit décédé majeur ayant fon domicile dans la coutume de Paris, qui admet la Confufion dans toute forte de dégré & pour toute efpèce d'action indiftinctement.

Voici le détail de cette affaire tel qu'il eft rapporté dans la collection de jurifprudence.

« Henri - Euftache de Saint-Pierre, marquis
» de Saint-Julien, emprunta le 7 novembre 1718
» de la demoifelle le Doyen, alors veuve, une
» fomme de 21600 livres, dont il lui conftitua
» 1080 livres de rente perpétuelle au denier
» vingt.

» Le marquis de Saint-Julien, peu de jours
» après cet emprunt, époufa la demoifelle le
» Doyen, fa créancière ; & par le contrat de
» mariage paffé en Normandie, où ils avoient
» leur domicile, il fut ftipulé qu'il y auroit fé-
» paration de biens ; que chacun des deux époux
» continueroit de jouir féparément du fien ;
» enfin le futur abandonna à la future une partie
» de revenu de 1080 livres, pour lui tenir lieu
» de la rente qu'il lui avoit créée quelques
» jours auparavant. La marquife de Saint-Julien
» fit auffi par fon contrat de mariage un don mo-
» bile à fon mari.

» De ce mariage naquit une feule fille, Marie-
» Magdeleine de Saint-Pierre, mariée dans la
» fuite au Marquis de Goyon : celle-ci, après
» avoir recueilli les fucceffions de fon père &
» de fa mère, décéda majeure & fans poftérité

» à *Paris*, où elle avoit depuis plufieurs années
» transféré & fixé fon domicile.

» Le fieur Bredevent, en qualité d'héritier
» des biens maternels de la ligne des le Doyen,
» foutint que la créance de 21600 livres naiffant
» du contrat de conftitution du 7 novembre
» 1718, ne s'étoit point éteinte dans la per-
» fonne de la marquife de Goyon; il voulut en
» conféquence faire revivre la rente de 1080
» livres contre le comte de Senneclere, héritier
» des propres paternels; & il le fit ainfi juger
» par une fentence par défaut au châtelet le 4
» feptembre 1766, où fa demande, portée d'a-
» bord en Normandie, fut enfuite renvoyée.

» Les moyens du fieur Bredevent confiftoient
» principalement à dire :

1°. » Que fuivant tous les auteurs Nor-
» mands, on réputoit dotal en Normandie tout
» ce que la femme poffédoit en fe mariant, &
» tout ce qui venoit à lui échoir enfuite par fuc-
» ceffion directe : or, difoit-il, la rente de
» 1080 livres appartenoit à la marquife de Saint-
» Julien au moment de fon mariage ; donc, &c.

2°. » Que l'exception de la non Confufion
» ne devoit pas moins avoir lieu, fuivant Baf-
» nage, pour les biens adventifs de la femme
» que pour fa dot.

3°. » Que ce n'étoit point dans la fucceffion
» de la marquife de Goyon, mais dans celle de
» la marquife de Saint-Julien, fa mère, que la
» queftion de la non Confufion devoit être exa-
» minée & jugée.

4°. » Que la marquife de Goyon n'avoit pu
» dénaturer fes biens en changeant de domicile,
» parce qu'elle s'étoit par fon contrat de ma-

» riage foumife à la coutume de Normandie ,
» avec dérogation à toute autre.

» Le comte de Sennectere répondoit :

1°. » Que la coutume de Normandie admet-
» tant des biens dotaux & non dotaux, les
» commentateurs avoient indiqué quels étoient
» en général les biens de l'une & de l'autre
» qualité ; & qu'en enfeignant que les biens
» dotaux étoient ceux dont la femme qui fe ma-
» rioit fe trouvoit faifie, & ceux qu'elle re-
» cueilloit en directe, conftant le mariage, ils
» avoient néceffairement fuppofé la remife dans
» les mains du mari ; mais qu'ils n'avoient point
» dit que ces biens feroient dotaux dans tous
» les cas, même dans celui où la femme s'en
» feroit réfervé la jouiffance & l'adminiftra-
» tion.

2°. » Que tous les arrêts n'avoient été ren-
» dus, de l'aveu de Bafnage, que pour la dot ;
» conféquemment, que l'exception de la Con-
» fufion devoit être borné à cette feule nature
» de biens.

3°. » Que la marquife de Saint-Julien, créan-
» cière de la rente tant qu'elle avoit vécu, n'en
» avoit jamais été débitrice, parce que ce n'é-
» toit point elle qui avoit fuccédé à fon mari,
» qui en étoit débiteur ; que c'étoit dans la mar-
» quife de Goyon, fa fille, que les deux quali-
» tés s'étoient réunies, comme héritière de fon
» père & de fa mère.

4°. » Que par le choix d'une coutume, les
» époux ne font que mettre la coutume qu'ils
» choififfent à la place de celle qui régleroit
» leur condition refpective, s'ils fe marioient
» fans contrat ; que celle-ci n'empêcheroit pas

» qu'en changeant de domicile, ils ne puſſent
» déranger les qualités de leurs biens, relative-
» ment à leurs héritiers avec qui ils n'ont pas
» traité; qu'ainſi la coutume choiſie n'y faiſoit
» plus d'obſtacle; que d'après tous les auteurs,
» & en particulier le Brun, traité de la com-
» munauté, livre premier, chapitre 2, n°. 67,
» l'effet de la ſoumiſſion à une coutume devoit
» être limité *à l'intérêt des conjoints*; ce qu'il
» prouve par l'exemple d'une femme qui, ma-
» riée à Paris, & ayant enſuite transféré avec
» ſon mari ſon domicile à Nevers, s'affranchit
» par ſa ſimple renonciation à la communauté,
» des dettes mêmes auxquelles elle a parlé.

» Par arrêt du 6 mai 1769, rendu en la
» grand'chambre, au rapport de M. de Beze-
» de-Lys, les moyens du comte de Senneĉtere
» ont été adoptés, & la ſentence infirmée ».

Comme le retrait détruit l'acquiſition que
l'acheteur avoit faite de l'héritage pour la faire
paſſer au retrayant, il faut en conclure que ſi
avant le contrat de vente, l'acheteur avoit ſur
l'héritage quelques droits réels, tels qu'une
rente foncière, un droit de ſervitude, &c. dont
il s'étoit fait Confuſion par l'acquiſition de cet
héritage, ces droits doivent revivre : la raiſon
en eſt que l'acquiſition que l'acheteur a faite de
l'héritage étant la cauſe qui a produit la Confuſion & l'extinĉtion des droits dont il s'agit,
& cette acquiſition ne ſubſiſtant plus à cauſe du
retrait, la Confuſion & l'extinĉtion de ces droits
doivent pareillement ceſſer de ſubſiſter ; car
l'effet ne peut pas avoir plus d'étendue que la
cauſe qui l'a produit. Ainſi le retrayant ne peut
ſe diſpenſer de ſouffrir les ſervitudes, & d'aç-

quitter les rentes foncières auxquelles l'héritage étoit assujetti envers l'acheteur avant l'acquisition.

On demande si un fils, qui est en même-temps l'héritier de son père & de sa mère, confond tellement en sa personne les droits que la mère avoit sur la succession du père, que les créanciers de la mère n'en puissent demander la division ? Le Brun, qui agite cette question dans son traité des successions, décide que les créanciers maternels peuvent demander cette séparation contre les créanciers paternels, parce qu'à l'égard des créanciers de la mère, les créanciers du père doivent être regardés comme créanciers du fils, qui ne peuvent s'opposer à cette division. Cette séparation a été principalement introduite pour les droits incorporels & pour les actions. Il ne seroit pas juste que les créanciers de la mère perdissent quelque chose de leurs droits, parce que le fils se trouveroit en même-temps héritier de sa mère & de son père.

Voyez *les règles du droit françois ; les œuvres de Despeisses ; Brodeau sur Louet ; les centuries de Leprêtre ; le traité des obligations & celui des retraits*, &c. Voyez aussi les articles DETTE, COMMUNAUTÉ, DOT, PROPRE, RETRAIT, SUCCESSION, &c. (*Ce qui est dans cet article entre deux astériques nous a été communiqué par M. MERLIN, avocat au parlement de Flandres*).

CONGÉ. C'est dans l'art militaire, une permission donnée aux soldats de s'absenter de leur régiment ou de quitter tout-à-fait le service.

L'article 10 du titre 3 de l'ordonnance du roi du 25 mars 1776, portant règlement sur l'adminiftration de tous les corps, tant d'infanterie que de cavalerie, dragons & huffards, veut que les foldats, cavaliers, dragons & huffards obtiennent leurs Congés abfolus, même pendant la guerre, lorfque le temps de leurs engagemens eft expiré.

L'article 19 du titre 12 de la même ordonnance permet aux commandans des corps, d'accorder en temps de paix, aux bas officiers, foldats, cavaliers, dragons, chaffeurs & huffards, vingt Congés de fémeftre par chaque compagnie de grenadiers, & vingt-cinq par chaque compagnie de fufiliers, de chaffeurs, de cavalerie, de chevaux-légers, de dragons & de huffards. La durée de chaque Congé ne peut être que depuis le premier octobre jufqu'au dernier jour de mars.

Tout bas officier, foldat, cavalier, chevauléger, dragon, chaffeur ou huffard qui a obtenu un Congé de fémeftre, doit préfenter fa cartouche à l'officier de maréchauffée du département, & la lui faire vifer immédiatement après fon arrivée dans le lieu où il fe propofe de paffer le temps de fon Congé. C'eft la difpofition de l'article 20.

Suivant l'article 21, la demi-folde des hommes qui s'abfentent par Congé, & la folde entière de ceux qui ne rejoignent pas à l'expiration de leurs Congés, doivent être verfées dans la maffe générale. Cependant fi ceux-ci juftifioient par des certificats authentiques, que pour caufe de maladie il leur a été impoffible de fe trouver préfens à leur régiment le premier d'avril, ils ne feroient pas privés de la demi-folde attribuée aux abfens par Congé. Le même article enjoint aux officiers de maréchauffée d'arrêter tout bas officier, foldat, cavalier, dragon, chaffeur & huffard qui étant en état de marcher, ne fera pas rendu le premier avril à fon régiment, ni en route pour s'y rendre, & d'en informer le fecrétaire d'état ayant le département de la guerre, & le commandant du régiment.

Les Congés de fémeftre ne doivent être accordés qu'à des hommes bien connus & fuffifamment inftruits ; & tout bas officier, ou foldat, cavalier, dragon & huffard auquel il a été donné un Congé, & qui à fon retour au régiment ne rapporte pas un certificat de bonne conduite, à lui délivré par le curé, & attefté véritable par l'officier de maréchauffée du lieu où il a paffé le temps de fon Congé, doit être privé de fa demi-folde & de tout Congé de fémeftre à l'avenir. C'eft ce qui réfulte de l'article 22.

Quant à ce qui concerne les Congés des officiers, voyez l'article SÉMESTRE.

CONGÉ DE COUR, fignifie en général renvoi de la demande. *Cour* s'emploie dans cette phrafe, pour juridiction, foit fupérieure ou inférieure.

L'ordonnance des eaux & forêts appelle *Congé de cour*, la fentence rendue fur le procès-verbal de récolement, & par laquelle les adjudicataires font déchargés de toute recherche pour raifon de l'exploitation. Ce Congé doit être accordé fur les conclufions du procureur du roi. C'eft ce qui réfulte tant de l'article 7 du titre 16 de l'ordonnance citée, que d'un arrêt du conseil du 7 feptembre 1716.

CONGÉ FAUTE DE VENIR PLAIDER, fe dit d'un défaut que le défendeur obtient à l'audience contre le demandeur qui ne comparoît pas, & pour le profit duquel il eft renvoyé de la demande qu'on lui fait.

CONGÉ FAUTE DE SE PRÉSENTER, fe dit.d'un acte délivré au procureur du défendeur, fur le regiftre des préfentations, contre le demandeur qui ne fe préfente pas dans les délais fixés par l'ordonnance.

CONGÉ DÉCHU DE L'APPEL, fe dit d'un défaut que l'intimé prend à l'audience, quand l'appelant ne fe préfente pas. L'effet de ce défaut eft la confirmation de la fentence.

CONGÉ FAUTE DE CONCLURE, fe dit d'un défaut qui fe donne contre l'intimé, faute par fon procureur de figner l'appointement de conclufion dans le temps, & en la forme que prefcrit l'ordonnance.

CONGÉ D'ADJUGER, fe dit d'un jugement par lequel les criées d'un décret font déclarées valables & bien faites, ainfi que toute la procédure, & qui porte que le bien faifi réellement fera vendu & adjugé par décret quarante jours après le jugement.

Ce jugement doit être rendu contradictoirement avec la partie faifie, ou du moins après qu'elle a été duement appelée. On l'affigne à cet effet, afin qu'elle propofe fes moyens de nullité, fi elle en a quelqu'un contre la procédure qui a été faite jufqu'alors pour le décret,

& que fi elle n'a point de moyen valable, le
Congé d'adjuger foit prononcé (*).

—————————————————————

(*) *Formule de la requête qu'on a coutume de préfenter
dans la plupart des tribunaux pour l'affignation dont il
s'agit.*

A M......

Supplie humblement.... difant qu'en qualité de créancier de.... d'une fomme de.... à laquelle il a été condamné par jugement du.... envers le fuppliant, faute de
payement de ladite fomme de.... le fuppliant a fait faifir
réellement fur.... plufieurs biens, confiftans.... laquelle
faifie - réelle il a fait enregiftrer, tant au greffe de la cour
qu'au bureau des commiffaires aux faifies-réelles ; & enfuite fait procéder aux criées defdites chofes faifies, lefquelles
ont été certifiées par fentence de.... du.... enforte qu'il
ne refte au fuppliant, pour obtenir le Congé d'adjuger, que
de faire affigner ledit.... pour le faire débouter des moyens
de nullité qu'il pourroit propofer contre ces procédures ;
à l'effet de quoi il donne la préfente requête.

Ce confidéré, MM., il vous plaife permettre au
fuppliant de faire affigner en la cour ledit.... pour propofer, fi bon lui femble, fes prétendus moyens de nullité
contre les commandement, faifie - réelle, enregiftrement
& dénonciation d'icelles, affiches, procès-verbaux des....
criées, certification d'icelles, le tout en date des.... finon
voir dire qu'il en fera débouté ; ce faifant que fans avoir égard
auxdits moyens de nullité, toutes les procédures dudit décret
feront déclarées bonnes & valables, & avoir été bien &
duement faites, fuivant les us & coutumes de.... en conféquence ordonner qu'il fera paffé outre à la vente & adjudication par décret defdits biens, faifies, circonftances & dépendances, au quarantième jour au plus offrant & dernier
enchériffeur en la manière accoutumée, & condamner ledit...
aux dépens. Et vous ferez bien.

Le juge met fur cette requête, foient parties appellées
en conféquence on donne l'affignation fuivante :

L'an.... le.... jour de.... à.... midi, en vertu de
l'ordonnance appofée au bas de la requête de.... demeu

En affignant la partie faifie, on lui donne

rant à . . . . pour lequel domicile eft élu en la maifon de
Me. . . . procureur en la cour, fife rue . . . . j'ai . . . . huiffier, demeurant . . . . fouffigné donné affignation à . . . . en
fon domicile, fis . . . . parlant à fa perfonne, à comparoir . . .
pardevant . . . . pour répondre & procéder fur & aux fins
ce ladite requête, & en outre comme de raifon, & à fin
de dépens, lui déclarant que M. . . . occupera pour ledit
fieur . . . . & lui ai laiffé parlant comme deffus, copie tant de
ladite requête & ordonnance, enfemble de l'arrêt du . . . .
dudit commandement recordé de témoins, de la faifie-
réelle, dénonciation d'icelle, enregiftrement de ladite faifie-
réelle tant au greffe de la cour qu'au bureau des commiffaires aux faifies-réelles, affiches & appofitions d'icelles,
procès-verbal des quatre criées, certification d'icelles & fentences de certifications; le tout en date des . . . . que du
préfent exploit, à ce qu'il n'en ignore.

Au parlement, on ne donne point de requête pour faire
affigner la partie faifie; mais on prend une commiffion en
chancellerie qui contient les mêmes conclufions que la re-
quête. Il faut encore obferver que dans les juridictions où
l'affignation fe donne à la partie faifie, fans préfenter de
requête & fans commiffion, il faut prendre dans l'exploit
les mêmes conclufions qu'on auroit prifes dans la requête
ou dans la commiffion.

Il y a des coutumes qui exigent pour cette affignation
des formalités particulieres; par exemple, la coutume de
Paris veut qu'elle foit donnée en parlant à la perfonne de
la partie faifie, ou quand on ne peut trouver la partie faifie, que l'affignation foit publiée, enfuite affichée à la prin-
cipale porte de l'églife paroiffiale du lieu où le bien eft
fitué. Cette publication fe faifoit autrefois au prône de la
meffe paroiffiale. A préfent elle fe fait par l'huiffier, au
fortir de la meffe paroiffiale, à la porte de l'églife : l'huif-
fier en dreffe le procès-verbal fuivant:

Et le . . . . dimanche . . . . jour de . . . . onze heures du
matin, je me fuis, huiffier fouffigné, tranfporté au-
devant de la grande porte & principale entrée de l'églife
paroiffiale Saint . . . . où après la meffe célébrée en ladite
églife, les habitans fortans d'icelle, j'ai à haute & intelli-

copie de toute la procédure du décret. Au reste, la peine de nullité ne se prononce pas contre les exploits avec lesquels cette copie n'a pas été donnée. La raison en est que cette peine n'est établie dans cette circonstance, ni par l'édit des criées, ni par l'ordonnance de 1667, ni par aucune autre loi. Aussi par arrêt du 4 mai 1750, le parlement a-t-il rejeté le moyen de nullité que le sieur Perrot, notaire, vouloit faire résulter de ce défaut de copie, contre un décret de biens adjugés au sieur du Theil par sentence de la châtellenie de Dorat.

Lorsque la partie ne comparoît pas, on donne défaut contre elle, après que le délai est expiré ; & si elle ne forme point d'opposition au jugement dans le temps ordinaire, depuis la signification, le Congé d'adjuger est définitif, & il ne reste plus que la voie de l'appel, si c'est par un jugement dont il puisse y avoir appel, que le Congé d'adjuger est ordonné. Si la partie saisie comparoît, & qu'elle n'ait point de moyen valable à proposer contre la procédure du décret, on rend le jugement portant Congé d'adjuger (*).

gible voix voix publié & fait lecture de l'exploit ci-dessus, & ajourné ledit B. . . . à comparoir à la huitaine pardevant. . . . pour procéder aux fins dudit exploit, copie duquel avec celle du présent étant ensuite l'une de l'autre, j'ai mis & affiché à ladite porte, dont acte. Fait ce . . . .

(*) *Formule d'un jugement portant Congé d'adjuger.*

Extrait des registres de . . . .

Entre A . . . . demandeur en interposition de décret, suivant l'exploit du . . . . à ce que . . . . contre B. . . . défendeur d'autre. (*Il faut insérer les qualités & demandes des parties.*) Lecture faite des exploits de commandement, saisie reelle, signification d'icelle, affiches, apposition d'affiches, procès-

Obſervez que le Congé d'adjuger ne doit être prononcé qu'un mois après l'enregiſtrement de la ſaiſie réelle, afin qu'elle ſoit mieux connue, & que ceux qui veulent enchérir aient plus de temps pour s'informer de la valeur des biens. C'eſt ce que le parlement de Paris a ordonné par arrêt du 24 janvier 1674.

Lorſque la partie ſaiſie interjette appel du jugement portant Congé d'adjuger, on doit ſuſpendre l'adjudication juſqu'à ce que l'appel ait été jugé, parce que le Congé d'adjuger n'eſt pas une ſimple inſtruction, mais un jugement définitif que les ordonnances n'ont pas mis au rang de ceux qui peuvent être exécutés par proviſion. Louet & Brodeau rapportent divers arrêts en forme de règlemens, des années 1604, 1607, 1608, 1610, 1611 & 1622, qui ont fait défenſe à tout juge de paſſer outre à l'ad-

verbal des quatre criées, de la ſentence de certification & rapport d'icelles & l'exploit ſuſdaté.

La cour a déclaré bons & valables les exploits de commandement, ſaiſie-réelle & établiſſement de commiſſaires, ſignification d'icelle ſaiſie, appoſition d'affiches, ſignification de ladite appoſition, procès-verbal des criées, certification d'icelles; & en conſéquence ordonne que faute de payement de la ſomme de.... contenue en l'obligation de B.... la maiſon ſur lui ſaiſie ſera vendue & adjugée par décret & autorité de juſtice en cette cour au quarantième jour, ſur l'enchère qui ſera miſe au greffe, au plus offrant & dernier enchériſſeur en la manière accoutumée; à cet effet les affiches à la quarantaine ſeront appoſées aux lieux néceſſaires & accoumés. Condamne B.... aux dépens. Fait....

Le procureur pourſuivant doit non-ſeulement faire ſignifier ce jugement définitif à la partie ſaiſie & aux oppoſans; mais encore le faire enregiſtrer au greffe des oppoſitions.

judication, nonobſtant l'appel, ſous peine des dépens, dommages & intérêts des parties.

Il y a auſſi un arrêt du parlement de Bretagne, du 17 août 1558, qui en caſſant une adjudication par décret, faite nonobſtant l'appel, a ordonné que l'arrêt ſeroit lu à l'audience, aux dépens du juge, & que juſqu'à ce que l'arrêt auroit été lu, le juge demeureroit interdit.

CONGÉ, ſe dit auſſi d'une eſpèce de paſſeport ou permiſſion de l'amiral que le maître du vaiſſeau eſt obligé de prendre quand il veut ſortir du port pour aller en mer.

L'article premier du titre 10 de l'ordonnance de la marine du mois d'août 1681, porte qu'aucun vaiſſeau ne ſortira des ports du royaume, pour aller en mer, ſans un Congé de l'amiral, à peine de confiſcation (*).

(*) *Comme le reglement du premier mars 1716, & la déclaration du 24 décembre 1726, contiennent différentes diſpoſitions relatives à l'exécution de cette loi, & qu'ils réuniſſent les règles établies pour la diſtribution des Congés; nous les rapporterons ici.*

RÉGLEMENT DU PREMIER MARS 1716.

ARTICLE PREMIER. Aucun vaiſſeau ne ſortira des ports de ſa majeſté ſans Congé de l'amiral de France, enregiſtré au greffe de l'amirauté du lieu de ſon départ, ſous peine de confiſcation du vaiſſeau & de ſon chargement; ne ſeront néanmoins tenus les maîtres de prendre aucun Congé pour retourner au port de leur demeure, s'il eſt ſitué dans le reſſort de l'amirauté où ils auront fait leur décharge.

Les commis à la diſtribution des Congés auront des formules de Congés différentes, les unes deſtinées pour les François, & les autres pour les vaiſſeaux étrangers.

II. Les Congés de l'amiral ne ſeront délivrés que pour les vaiſſeaux qui ſeront actuellement dans les ports du

Cette règle s'étend même aux vaisseaux du

royaume, si ce n'est pour ceux qui auront été achetés ou construits dans les pays étrangers, pour lesquels il pourra être délivré des Congés pour trois mois seulement, sans qu'il leur en puisse être donné d'autre, si dans ce temps ils ne sont amenés dans les ports du royaume.

Les capitaines ou patrons desdits bâtimens, leurs consorts ou correspondans auxquels lesdits Congés seront délivrés, passeront leurs soumissions à l'amirauté pour le retour dudit bâtiment dans l'un des ports du royaume, dans le terme porté par le Congé, sous peine de quinze cent livres d'amende & de peine corporelle, s'il est vérifié qu'ils aient abusé du Congé qui leur aura été délivré.

Si néanmoins les propriétaires François d'un vaisseau acheté ou construit dans les pays étrangers avoient occasion de lui faire faire une navigation avantageuse avant de revenir en France, ils pourront demander un Congé à cet effet qui leur sera accordé par les officiers de l'amirauté pour un temps proportionné à ce voyage, qui sera expliqué par le Congé & en prenant les soumissions de l'armateur ; de rapporter les certificats des consuls François des lieux de son départ & de celui où il lui est permis d'aller & de ramener le vaisseau en France dans le temps qu'il lui aura été prescrit ; le tout sous peine de quinze cens livres d'amende, dont il sera tenu de donner caution en recevant le Congé, qui ne sera point délivré autrement.

III. Veut sa majesté que les propriétaires des vaisseaux bâtis & achetés dans les pays étrangers aux conditions ci-dessus, soient tenus de mettre au greffe de l'amirauté du lieu où ils ont été construits ou achetés avant leur départ, le rôle des équipages desdits vaisseaux, contenant les noms, âges, demeure & pays des officiers, mariniers & matelots dont ils seront composés, soit qu'ils soient engagés en France ou dans le pays étranger, & qu'il ne soit donné aucun congé ni passe-port si le capitaine, maître ou patron, ensemble tous les officiers ne sont François & actuellement demeurans dans le royaume, sans qu'il puisse y avoir aucun étranger à l'avenir ; défend sa majesté de faire enregistrer de faux rôles, sous peine de galère contre celui qui l'aura fait

roi frêtés ou prêtés à des particuliers, & aux

───────────────────────────────

enregiftrer & de confifcation de la part qu'il aura dans le vaiffeau & dans le chargement.

Sera néanmoins permis aux capitaines qui auront fait conftruire ou qui auront acheté des bâtimens dans les pays étrangers d'engager fur les lieux des officiers, mariniers & matelots François qui s'y trouveront pour naviguer pendant le temps de leur Congé, dont il fera fait un rôle en bonne forme, figné par le conful François qui fera envoyé par lui à l'amirauté avec le contrat pour y être enregiftré ; & pour l'ordre des claffes il fera envoyé auffi par ledit conful un *duplicata* dudit rôle au commiffaire du département du port où les vaiffeaux devront faire leur retour. Les matelots François étant actuellement en France qui ne feront pas de la claffe de fervice prefcrite par l'ordonnance, dont les propriétaires François auront befoin pour leurs vaiffeaux conftruits ou achetés en un pays étranger, pourront y aller après que le rôle d'équipage aura été expédié par le commis des claffes en la forme prefcrite par l'ordonnance de 1689.

IV. Chaque capitaine ou maître, foit François ou étranger, qui voudra prendre fon Congé fera tenu de faire certifier par le lieutenant d'amirauté en chaque port, que le bâtiment eft actuellement dans le port & qu'il appartient à des François ou à des étrangers ; & à l'égard des vaiffeaux François, en cas qu'il leur ait déja été expédié un Congé, il en fera fait mention dans le certificat, comme auffi du fiége où il aura été expédié ; & comme il y a des formules particulières pour les Congés qui doivent être délivrés aux vaiffeaux François, & d'autres pour les Congés qui doivent être délivrés aux vaiffeaux étrangers, le lieutenant aura foin de fpécifier dans fon certificat celle des deux formules qui devra être délivrée à chaque vaiffeau.

Sera tenu le commis à la diftribution des Congés d'énoncer dans le nouveau Congé qu'on lui aura remis, l'ancien qu'il gardera auffi pour fa décharge, & qu'il fera obligé de repréfenter en rendant fes comptes ; & faute par lefdits maîtres ou capitaines de le repréfenter, lefdits vaiffeaux feront confifqués, comme étant fortis fans Congé

vaiffeaux

du lieu de leur départ, conformément à l'ordonnance de
1681.

Si le vaiſſeau a déja été monté par un autre maître,
celui qui demandera le Congé ſera tenu de rapporter le certificat du précédent voyage, & le premier maître tenu de
lui remettre, ſous peine d'amende arbitraire & de priſon
qu'il tiendra, tant & ſi long-temps qu'il ait repréſenté ledit
Congé ou qu'il ait fait voir ce qu'il eſt devenu, faute de
quoi le vaiſſeau & ſon chargement ſeront confiſqués comme
ayant navigué ſans Congé.

V. Ledit certificat ſera délivré *gratis* & ſur papier commun par le lieutenant d'amirauté pour être remis au commis
à la diſtribution des Congés de l'amiral qui en fera mention
dans ledit Congé, qui ſera par lui rempli & enregiſtré en
conformité, & enſuite envoyé au lieutenant de l'amirauté
pour en ordonner l'enregiſtrement au greffe par ordre de
date & de *numero*.

V I. Défend ſa majeſté au lieutenant d'amirauté d'expédier aucuns certificats pour des François qu'à ceux qui
auront été reçus capitaines ou maîtres en la manière preſcrite par l'ordonnance de 1681.

V I I. Défend ſa majeſté aux commis à la diſtribution
des Congés d'en délivrer aucuns aux maîtres qui les demandent; mais de les remettre au lieutenant de l'amirauté après
en avoir reçu le certificat, qu'il ſera tenu de garder pour ſa
décharge : comme auſſi de délivrer aucun Congé en blanc,
d'intervertir l'ordre des *numeros* dans la délivrance des Congés, ni de délivrer pour les vaiſſeaux étrangers des feuilles
de Congé du modèle qui eſt deſtiné uniquement aux vaiſſeaux François; le tout ſous peine de mille livres d'amende,
& d'en répondre en ſon propre & privé nom, & de plus
grande peine s'il échoit.

V I I I. En cas qu'un François veuille faire bâtir quelque
vaiſſeau dans les pays étrangers, ſa majeſté veut qu'il en
faſſe ſa déclaration à l'amirauté la plus prochaine du lieu de
ſa demeure auſſi-tôt qu'il en donnera le premier ordre, &
qu'il l'a réitère lorſqu'il ſera achevé de bâtir : laquelle déclaration contiendra le lieu où le vaiſſeau ſera bâti, le port de

avec cette reſtriction néanmoins qu'elle ceſſe

vaiſſeau, enſemble les participes & intéreſſés en la propriété d'icelui, qui ne pourront être à l'avenir que des François domiciliés dans le royaume, ſans que les étrangers puiſſent y avoir aucune part, & ſous les mêmes peines que ci-deſſus contre ceux qui feront de fauſſes déclarations.

« IX. En cas qu'il y ait un conſul de la nation Françoiſe dans le pays où les François feront conſtruire ou acheter les vaiſſeaux, veut ſa majeſté qu'ils ſoient tenus de rapporter aux officiers de l'amirauté l'atteſtation dudit conſul, contenant l'état & qualité du vaiſſeau & la connoiſſance qu'il aura des vendeurs ou entrepreneurs, enſemble des notaires ou autres perſonnes publiques qui auront paſſé les contrats qui ſeront par lui légaliſés ; défend auxdits conſuls de donner de fauſſes atteſtations, ni de favoriſer en aucunes ſortes de fraudes, des ſujets de ſa majeſté & des étrangers à cet égard, ſous peine de quinze cens livres d'amende, d'être privés de leur conſulat & déclarés indignes & incapables d'en poſſéder aucun à l'avenir ; à l'effet de quoi leur procès leur ſera fait & parfait à l'amirauté de Marſeille.

X. Défend ſa majeſté aux conſuls du Levant, de la côte de Barbarie & à tous autres, de donner aucun Congé ni paſſe-port à quelque vaiſſeau, pour quelque cauſe & ſous quelque prétexte que ce puiſſe être, à peine de deſtitution & de punition exemplaire ; enjoint à ſon Ambaſſadeur à Conſtantinople & auxdits conſuls, de faire ôter les pavillons François aux bâtimens étrangers qui entreprendront de le porter, faire arrêter les capitaines & patrons François qui ſe trouveront avoir prêté leurs noms, de les envoyer à Marſeille avec les Congés qu'ils auront ſurpris, pour leur procès leur être fait & parfait, ſuivant la rigueur des ordonnances par les officiers de l'amirauté, enſemble à ceux qui auront eu part à la délivrance deſdits Congés, attribuant à cet effet aux officiers de l'amirauté de Marſeille, privativement à tous autres la connoiſſance de ces ſortes de délits, ſans exclure pourtant leſdits conſuls du privilége d'admettre ſous leur protection les bâtimens étrangers portant le pavillon de leur nation ou celui de Jéruſalem qui pourroient par ce refus ſe mettre ſous celle des conſuls

des autres nations, en leur faiſant payer les droits conſu-
laires accoutumés, ſuivant les capitulations & l'uſage qui
s'eſt toujours pratiqué.

XI. Veut ſa majeſté que les marchands ou autres particuliers qui auront fait bâtir ou acheter des vaiſſeaux bâtis
dans les ports du royaume, faſſent leurs déclarations pardevant les officiers d'amirauté du lieu de leur demeure, portant que le vaiſſeau leur appartient entiérement, ſans qu'aucun étranger y puiſſe avoir part ; mais ſeulement des François domiciliés dans le royaume ; & ſera cette déclaration
enregiſtrée au greffe de l'amirauté avec les contrats d'acquiſition pour y avoir recours en cas de beſoin ; défend ſa
majeſté de faire de fauſſes déclarations ou d'enregiſtrer de
faux contrats, ſous peine de confiſcation du vaiſſeau & de
mille livres d'amende contre chacun de ceux qui ſe trouveront avoir part à la fauſſeté.

XII. Lorſqu'un François aura acheté quelque vaiſſeau
dans les pays étrangers, ſa majeſté veut qu'il faſſe enregiſtrer ſon contrat au greffe de l'amirauté la plus prochaine
de ſa demeure, & qu'il faſſe les mêmes déclarations & ſous
les mêmes peines.

XIII. Défend ſa majeſté à tous ſes ſujets, capitaines,
maîtres, patrons, matelots ou autres de faire aucun commerce des Congés de l'amiral de France, & d'en vendre aux
étrangers pour de l'argent, ſous peine des galeres, contre
ceux qui ſeront convaincus d'avoir eu quelque ſorte de
part à ce commerce, ou d'avoir ſervi pour capitaine de
pavillon.

XIV. Défend ſa majeſté à tous maîtres, capitaines &
patrons François d'employer des Congés & paſſe-ports de
l'amiral de France pour faire naviguer les vaiſſeaux étrangers ſous pavillon François, à peine de confiſcation des
vaiſſeaux & de leur chargement, & de mille livres d'a-
mende, & des galères contre tous capitaines, patrons,
marchands & autres qui ſe trouveront y avoir contribué.

XV. Les Congés pour les vaiſſeaux qui vont faire un
ſimple voyage au levant ne ſeront que pour un an au plus.

XVI. Les Congés pour les vaiſſeaux qui vont en cara-

page, & qu'il nomme le capitaine. C'eſt ce

vanne, pourront être délivrés pour deux ans, en payant double droit à l'amiral & aux officiers d'amirauté, à qui ſa majeſté enjoint de n'en expédier aucun que pour des vaiſſeaux appartenant à des françois, & à condition que le capitaine ou patron à qui le Congé ſera accordé, ne pourra vendre ſon bâtiment pendant ſa caravanne qu'en remettant ſon Congé au conſul françois de l'endroit où il aura vendu ſon bâtiment, en déclarant par un acte à la chancellerie du conſulat, les motifs qui l'engagent à le vendre, & en produiſant les titres ou pouvoirs en forme qu'il a des intéreſſés audit bâtiment; faute de quoi il ne pourra le vendre: & ſera ledit conſul obligé de donner avis de cette vente aux officiers de l'amirauté où ledit Congé a été délivré, & de le leur envoyer bâtonné ou rompu, fermé du cachet du conſulat, ſuppoſé que ledit bâtiment ſoit vendu à des étrangers; & s'il eſt vendu à un ſujet du roi, le conſul doit l'obliger de ſe rendre en France avec le même Congé pour en prendre un nouveau.

XVII. Veut & ordonne ſa majeſté que tous capitaines, maîtres & patrons ſoient tenus d'avoir copie du préſent réglement dans leur bord, à peine de mille livres d'amende pour la première fois qu'ils y manqueront, & de plus grande peine en cas de récidive.

Défend ſa majeſté aux officiers de l'amirauté de recevoir aucun maître, capitaine ni patron, qu'après l'avoir interrogé ſur le préſent réglement & avoir connu qu'il en ſait les diſpoſitions.

XVIII. Pour l'exécution de ce qui y eſt contenu, les propriétaires des vaiſſeaux, barques & autres bâtimens, & ceux qui en acheteront ou en feront conſtruire, tant dans le royaume que dans les pays étrangers, les officiers de l'amirauté, les commis à la diſtribution des Congés de l'amiral de France & les conſuls François établis dans les pays étrangers, ſe ſerviront de formules dont il y aura des modèles imprimés dans les amirautés & dans les conſulats pour chacune deſquelles les greffiers ou chanceliers ne pourront exiger plus de ſix deniers; les maîtres, patrons & intéreſſés aux bâtimens feront obligés en faifant leurs déclarations d'affirmer par ferment qu'elles contiennent vérité.

Mande & ordonne fa majefté à M. le comte de Touloufe amiral de France, &c.

Déclaration du 24 décembre 1726.

LOUIS par la grace de Dieu, roi de France & de Navarre : A tous ceux qui ces préfentes lettres verront. Salut. Nous aurions pour le bien du commerce général de nos fujets, ordonné par notre déclaration du mois de janvier 1723, qu'il ne pourroit être délivré dans les amirautés de Provence de Congés de l'amiral que pour trois mois feulement, pour les vaiffeaux achetés ou conftruits dans les pays étrangers, à l'effet de revenir directement dans notre royaume, fans pouvoir aller ailleurs nonobftant ce qui eft porté par le réglement du premier mars 1716, & d'interpréter ledit réglement en ce qui regarde les rôles d'équipages qui doivent être donnés pour la navigation defdits bâtimens, & eftimant néceffaire que les difpofitions de notre dite déclaration, à l'exception de ce qui concerne les équipages defdits bâtimens que nous voulons bien permettre être compofés d'une partie de matelots étrangers, foient exécutées dans les autres amirautés de notre royaume. A ces caufes & autres à ce nous mouvant, de notre certaine fcience, pleine puiffance, autorité royale, nous avons par ces préfentes fignées de notre main, dit, déclaré & ordonné, difons, déclarons & ordonnons, voulons & nous plaît qu'il ne foit délivré des Congés de l'amiral pour les vaiffeaux achetés ou conftruits dans les pays étrangers que pour le terme de trois mois feulement, à l'effet de revenir directement en France, fans que les capitaines, maîtres ou patrons puiffent entreprendre aucune autre navigation; dérogeant, quant à ce feulement, audit réglement du premier mars 1716, lequel fera au furplus exécuté felon fa forme & teneur. Voulons que lefdits capitaines, maîtres & patrons defdits bâtimens, leurs conforts ou correfpondans auxquels lefdits Congés feront délivrés, paffent leur foumiffion à l'amirauté pour le retour defdits bâtimens dans l'un des ports du royaume, dans le

juillet mil fept cent deux (*).

terme porté par le Congé, à peine de quinze cens livres
d'amende & de punition corporelle s'il eſt vérifié qu'ils
aient abuſé du Congé qui leur aura été délivré ; leur défendons ſous les mêmes peines, & de confiſcation du bâtiment
& du chargement, d'entreprendre une autre navigation ſous
quelque prétexte que ce puiſſe être : enjoignons à nos procureurs des ſiéges de l'amirauté dans leſquels les ſoumiſ-
ſions ci-deſſus ordonnées auront été paſſées, de vérifier à la
fin du terme de trois mois porté par icelles, s'il y aura été
ſatisfait, & en cas d'inexécution & de contravention, faire
les diligences néceſſaires contre les contrevenans, pour les
faire condamner aux peines ci-deſſus ordonnées. Et attendu
qu'il pourroit naître des difficultés dans l'exécution de l'article 3 dudit réglement de 1716, par les termes dans leſquels il eſt conçu, ordonnons en interprétant en tant que
de beſoin ledit article 3, que les maîtres & propriétaires
des vaiſſeaux bâtis ou achetés dans les pays étrangers aux
conditions ci-deſſus, ſoient tenus de mettre au greffe de
l'amirauté du lieu où le Congé ſera expédié avant le départ
deſdits vaiſſeaux, le rôle de leur équipage, contenant les
noms, âges, demeures & pays des officiers, mariniers &
matelots dont ils ſeront compoſés, ſoit qu'ils ſoient engagés
en France ou dans les pays étrangers : permettons aux capitaine, maîtres ou patrons, de compoſer leurs équipages
d'un tiers de matelots étrangers; & voulons qu'il ne ſoit
donné aucun Congé ni paſſeport, ſi les capitaines, maîtres
ou patrons, enſemble tous les officiers, mariniers & les
deux tiers de matelots ne ſont françois & actuellement
demeurant dans le royaume. Défendons de faire enregiſtrer
de faux rôles, ſous peine des galères contre celui qui les
aura fait enregiſtrer, & de confiſcation de la part qu'il aura
dans le vaiſſeau & dans le chargement. Si donnons en
mandement à nos amés & féaux conſeillers les gens tenans
notre cour de parlement, &c.

(*) *Voici cet arrêt* :

Sur ce qui a été repréſenté au roi étant en ſon conſeil,
par Louis-Alexandre de Bourbon, comte de Touloufe,
amiral de France, que bien qu'il ſoit défendu par les or-

CONGÉ.

Il ne suffit pas de prendre un Congé de l'amiral avant de mettre en mer, il faut encore, sous la même peine de confiscation, que le Congé soit enregistré au greffe de l'amirauté du lieu du départ du vaisseau.

Les droits d'enrigistrement des Congés ont été fixés par des lettres-patentes de Louis XIV, du 10 janvier 1771 (*).

---

donnances & réglemens de la marine, à tous capitaines & maîtres des vaisseaux & autres bâtimens de sortir des ports du royaume sans prendre ses Congés, & payer le droit d'ancrage attribué à la charge d'amiral de France, quelques-uns ont voulu s'en exempter sous prétexte qu'ils ont freté pour le service de sa majesté, ou que les bâtimens appartiennent à sadite majesté, & d'autant qu'il n'y a aucune exception en leur faveur dans lesdites ordonnances, & que l'intention de sa majesté est que ledit sieur comte de Toulouse jouisse de tous les droits & prérogatives attribués à ladite charge ; sa majesté étant en son conseil a fait très-expresses inhibitions & défenses à tous capitaines, maîtres & autres, commandans les vaisseaux, barques & autres bâtimens, qui sont & seront ci-après dans les ports de son royaume, même ceux qui appartenant à sa majesté, auront été fretés aux particuliers, d'en sortir sans avoir pris les Congés de l'amiral de France, & en avoir payé le droit, aussi-bien que celui d'ancrage, en la manière & sous les peines portées par lesdits réglemens & ordonnances. Veut néanmoins sa majesté que les vaisseaux & autres bâtimens appartenans aux particuliers, dont elle payera & nourrira les équipages, & nommera les capitaines, soient exempts desdits droits de Congé & d'ancrage : enjoint sa majesté aux officiers de l'amirauté de tenir la main à l'exécution du présent arrêt. Fait au conseil d'état du roi, sa majesté y étant, tenu à Versailles le vingt-cinquième juillet mil sept cent deux. *Signé*, Phelypeaux.

(*) *Ces droits sont ainsi déterminés :*

ARTICLE PREMIER.

Dans les siéges d'amirauté de Languedoc & de Provence,

Les maîtres des bâtimens font dispensés de

il sera payé pour l'enregistrement des Congés des bâtimens qui feront les voyages de long cours ; savoir,

Pour les navires, au lieutenant quatre livres quatre sous dix deniers.

Et à notre procureur, deux livres deux sous neuf deniers.

Pour les polacres, au lieutenant, deux livres dix-neuf sous six deniers.

Et à notre procureur, une livre treize sous neuf deniers.

Pour les barques, au lieutenant, une livre sept sous six deniers

Et à notre procureur, seize sous trois deniers.

Et pour les tartanes, au lieutenant, une livre six sous.

Et à notre procureur, douze sous trois deniers.

Et feront réputés voyages de long cours, ceux qui se feront au-delà du détroit de Gibraltar, en Candie, Morée, îsles de l'Archipel, & échelles du Levant.

II. Les bâtimens qui feront voyage en Italie, sur les côtes d'Espagne, en dedans du détroit de Barbarie, isle de la Méditerranée, & côtes de Provence payeront ; savoir,

Les vaisseaux, au lieutenant, deux livres trois sous six deniers.

Et à notre procureur, une livre cinq sous neuf deniers.

Les polacres, au lieutenant, une livre sept sous six deniers.

Et à notre procureur, seize sous trois deniers.

Les barques, au lieutenant, une livre six deniers.

Et à notre procureur, douze sous trois deniers.

Les tartanes & alléges à un mât, au lieutenant, onze sous six deniers.

Et à notre procureur, six sous trois deniers.

III. Les vaisseaux qui n'iront que de port en port dans une même province, payeront au lieutenant une livre sept sous six deniers.

Et à notre procureur, seize sous trois deniers.

Les polacres au lieutenant, une livres six deniers.

Et à notre procureur, douze sous trois deniers.

Les barques, au lieutenant, onze sous six deniers.

Et à notre procureur, six sous neuf deniers.

prendre des Congés pour retourner dans les

Les tartanes & alléges, au lieutenant, dix fous huit deniers.

Et à notre procureur, cinq fous huit deniers.

Et toutes fortes de bateaux découverts, au lieutenant, quatre fous huit deniers.

Et à notre procureur, deux fous huit deniers.

IV. Les patrons de tartanes & bateaux qui vont journellement à la pêche, ne prendront qu'un congé par an, pour lequel il fera payé au lieutenant neuf fous fix deniers.

Et à notre procureur, cinq fous trois deniers.

Et à l'égard des patrons de tartanes qui vont faire la pêche aux côtes d'Italie, d'Espagne, de Provence & de Languedoc, ils prendront un Congé à chaque voyage, pour lequel ils payeront les mêmes droits.

VIII. Dans les fiéges d'amirautés des autres provinces du royaume, il fera payé pour l'enregistrement des Congés des navires qui feront voyage de long cours; favoir au lieutenant-Général, ou au lieutenant particulier en fon abfence, quatre livres.

Et à notre procureur, une livre dix fous.

Et feront réputés voyage de long cours, ceux qui fe feront aux Indes orientales & occidentales, Canada, Terre-neuve, Groenland & autres côtes & ifles de l'Amérique méridionale & feptentrionale, aux Açores, Canarie, Madere, & en toutes les côtes & pays fitués fur l'Océan, au-delà des détroits de Gibraltar & du Zund.

IX. Pour les vaiffeaux qui feront voyage en Angleterre, Ecoffe, Irlande, Hollande, Dannemarck, Hambourg, & autres ifles & terres au-deçà du Zund, ou en Espagne, Portugal, ou autres ifles & terres au-deçà du détroit de Gibraltar & dans la mer méditerranée, & autres femblables voyages ordinaires de côte en côte ou de province en province, même dans le royaume, le lieutenant prendra feize fous

Et notre procureur, fix fous.

X. Et pour l'enregistrement des Congés, pris par les vaiffeaux qui n'iront que de port en port dans une même province, fera payé au lieutenant cinq fous.

Et à notre procureur deux fous fix deniers.

ports où ils résident, lorsque le port est situé dans le ressort de l'amirauté où ils ont fait leur décharge. C'est ce qui résulte tant de l'article 2 du titre 10 de l'ordonnance de la marine, que de l'article premier du règlement du premier mars 1716.

Les capitaines ou patrons qui sont obligés de relâcher dans un port, par tempête ou autre nécessité, sont dispensés de prendre un Congé pour en sortir. Cela est ainsi réglé par les articles 7 & 14 des lettres-patentes du 10 janvier 1771.

Et suivant l'article 15, il ne doit être pris aucun Congé à brouage dans l'île d'Oleron & aux autres lieux où les maîtres des navires vont prendre le sel nécessaire pour la pêche des molues.

———

Et sans que pour les voyages de port en port dans une même province, dans la distance de six lieues & au-dessous, les officiers puissent prendre aucuns droits, ce que nous leur défendons très-expressément.

XI. Les pêcheurs qui vont journellement à la pêche ne prendront qu'un seul Congé par an, pour l'enregistrement duquel ils payeront au lieutenant seize sous.

Et à notre procureur six sous.

Et quant à ceux qui vont à la pêche des maquereaux & harangs, tant dans la manche qu'en l'isle de Bas & en Jermuth, prendront aussi un Congé pour chacune desdites pêches, sans toutefois qu'ils soient obligés d'en prendre pour chaque voyage, pour l'enregistrement duquel ils payeront au lieutenant dix sous.

Et à notre procureur quatre sous.

XII. Et pour ceux qui iront à la pêche des molues de Terre-Neuve, ou du nord, & des baleines en Groenland ils payeront les droits pour l'enregistrement du Congé comme il est réglé au huitième article pour voyage de long cours.

Un Congé doit contenir le nom du maître du navire, celui du vaisseau, son port, sa charge, le lieu de son départ & celui de sa destination. C'est la disposition de l'article 3 du titre 10 de l'ordonnance de 1681.

Autrefois les Congés se délivroient en parchemin, mais aujourd'hui on les imprime sur papier, tant pour les étrangers que pour les François, en les distinguant par le titre. Depuis la déclaration du 24 mars 1670, renouvelée par un arrêt du conseil du dernier juillet 1687, tous les Congés sont au nom de l'amiral de France, signés de lui, scellés de son sceau en cire rouge, & contresignés par le secrétaire général de la marine.

En Bretagne, il y a des Congés particuliers pour la navigation de port en port dans la province, & ces Congés durent un an. Mais si les maîtres des navires qui en sont porteurs, vont dans une autre amirauté charger ou décharger des marchandises, ils sont sujets aux droits ordinaires de la navigation, & à prendre un Congé particulier pour s'en retourner.

Tous les Congés François servent en temps de guerre comme en temps de paix; mais lorsque le maître ou capitaine du navire n'a qu'un simple Congé, & qu'il fait une prise, il n'a aucune part à y prétendre. Il faut pour qu'il puisse profiter de la prise, qu'il ait obtenu de l'amiral une commission que l'on appelle *commission en guerre*, & qu'il ait à cet effet donné caution jusqu'à concurrence de quinze mille livres, conformément à l'article 2 du titre 9 du livre 3 de l'ordonnance de la marine.

Lorsque le maître qui a obtenu une commiſſion en guerre, veut faire le commerce, il doit prendre un Congé à part, à moins que la commiſſion ne ſoit tout à la fois en guerre & en marchandiſes ; car alors elle vaut auſſi un Congé. Les commiſſions de l'une & de l'autre eſpèce s'expédient toujours en parchemin.

CONGÉ, ſe dit dans les communautés d'arts & métiers, d'une déclaration par écrit qu'un garçon ou compagnon eſt tenu de prendre du maître chez qui il travailloit, pour juſtifier qu'il l'a quitté de ſon bon gré, & qu'il y a rempli l'objet pour lequel il s'y étoit engagé. Il eſt défendu aux autres maîtres, ſous peine d'amende, de recevoir un compagnon qui ne ſoit pas muni de Congé.

CONGÉ, ſe dit en fait de louage, d'un acte par lequel le propriétaire ou le principal locataire d'une maiſon, ferme ou autre héritage, ſignifie à un locataire ou à un ſous-locataire, fermier ou ſous-fermier, qu'il ait à vider les lieux pour le terme indiqué dans cet acte.

On appelle pareillement *Congé*, la déclaration que le locataire fait au propriétaire, qu'il entend ſortir dans un certain temps.

Quand il y a un bail par écrit, il eſt inutile de donner congé à la fin du bail, par ce que l'expiration du bail tient lieu de Congé ; mais ſi le locataire continue à jouir par reconduction tacite, alors, pour le faire ſortir, il faut un Congé par écrit, qui comprenne un temps plus ou moins long, relativement à l'importance de l'objet. Par exemple, s'il s'agit d'un logement dont le prix ſoit au - deſſous de trois cents livres, il ſuffit de donner Congé ſix ſemaines avant le terme auquel on veut ſortir ou faire fortir ; fi le bail eft au au-deffus de trois cents livres, il faut donner Congé trois mois d'avance, & fix mois fi c'eft une maifon entière ou une portion de maifon avec boutique.

Quoiqu'il y ait un Congé valablement donné au locataire pour le premier janvier, pour le premier avril, &c. on ne peut néanmoins l'obliger à remettre les clefs & à laiffer les lieux libres, avant le 8 du mois pour les appartemens dont le loyer eft au-deffous de trois cents livres, & avant le 15 pour ceux qui font loués plus de trois cents livres. *Voyez au furplus l'article* BAIL.

CONGÉ DE REMUAGE. Se dit d'une permiffion que l'on prend au bureau des aides pour tranfporter du vin, de la bierre, &c. d'un endroit dans un autre.

Dans tous les lieux où les droits d'aides ont cours, il eft défendu à toute perfonne, même à celles qui font exemptes des droits d'aides, d'enlever des vins de leurs caves, celliers ou autres lieux, pour les tranfporter ailleurs, à mois qu'elles n'en aient fait une déclaration au bureau du fermier, y prenant un billet ou Congé de remuage conforme à cette déclaration, à peine de confifcation des boiffons & équipages fervant à les conduire, & de cent livres d'amende (*). La déclaration & le Congé doivent

(*) Les juges peuvent modérer la peine au quart & non au-deffous. C'eft ce qui réfulte de la déclaration du 17 février 1688.

Il faut obferver qu'une déclaration du 4 mai 1688 avoit reftreint l'obligation de prendre des billets ou Congés de remuage aux habitans des lieux qui font fujets aux droits

contenir la quantité des boiſſons, le lieu où elles
ſont chargées, celui où elles ſont conduites, &
les noms, ſurnoms & demeures tant des propriétaires que de ceux à qui elles ſont adreſſées.

L'objet de la formalité dont il s'agit (*) a été
de mettre le fermier en état de ſuivre la deſtination des vins, & de connoître ſi le déplace-
ment ſe fait par le propriétaire ou s'il n'eſt
point l'effet & la ſuite d'une vente à l'égard de
laquelle les droits ſont dus.

Pour recevoir les déclarations & expédier les
Congés, les commis ſont tenus de ſe trouver au
bureau depuis cinq heures du matin juſqu'à midi,

---

de gros & augmentation, ou à la ſubvention à l'entrée;
mais celle du 22 juillet 1716 a rétabli les choſes dans leur
premier état ſans aucune reſtriction. Cette déclaration porte
que les Congés de remuage ſeront délivrés ſans frais, même
du timbre, & les arrêts du conſeil des 15 ſeptembre 1716
& 19 juin 1717, rendus en interprétation de cette déclaration, veulent que le droit du timbre ſoit payé pour les
Congés & certificats de décharge qui concernent l'eau-de-
vie dans tous les pays d'aides, même en Normandie, où le
gros n'a pas cours, à l'exception des eaux-de-vie deſtinées
pour Paris; & qu'à l'égard des autres boiſſons, il ſoit payé
ſeulement dans les lieux ſujets au gros, & non dans ceux
qui en ſont exempts; mais cet affranchiſſement des droits
du timbre, n'a d'application que rarement, au moyen de
la perception des droits de courtiers jaugeurs au premier enlèvement, parce que ſuivant les arrêts du conſeil des 6
mars 1717 & 12 février 1723, & les lettres patentes du 13
du même mois de février, il ne ſe délivre des Congés de
remuage que dans les pays de gros, & que dans ceux qui en
ſont exempts, l'acquit des droits de courtiers-jaugeurs tient
lieu de Congé de remuage.

(*) Pour l'exécution de cette formalité, il doit y avoir
des bureaux dans tous les lieux un peu conſidérables. C'eſt
ce qui eſt ordonné par la déclaration du 22 juillet 1716.

& depuis deux heures après midi jufqu'à huit heures du foir dans les mois d'avril, mai, juin, juillet, août & feptembre ; & dans les autres mois, depuis fept heures du matin jufqu'à midi, & depuis deux heures après midi jufqu'à cinq, à peine de tous dépens, dommages & intérêts dont le fermier eft refponfable.

Quand il y a des obftacles qui empêchent le fermier d'établir des buraliftes dans les villages où ils font néceffaires, il peut obliger les habitans de nommer un des plus folvables d'entre eux pour recevoir les déclarations & les droits, en lui payant pour falaires fix deniers pour livre du montant de fa recette. Si les habitans refufoient de fe conformer à cette obligation, ils feroient refponfables des droits fuivant les inventaires, fur tous les vins qui fe trouveroient fous leur nom.

Le temps fixé pour le tranfport des vins & autres boiffons, eft depuis cinq heures du matin jufqu'à huit heures du foir, durant les fix mois de l'année qui commencent le premier avril, & depuis fept heures du matin jufqu'à cinq heures du foir, durant les fix autres mois, à peine de confifcation du vin qui eft rencontré dans tout autre temps & de cent livres d'amende.

· Puifque comme on l'a vu, les vins ne peuvent être déplacés par les propriétaires fans un Congé de remuage, quoiqu'il ne s'agiffe d'aucune vente, à plus forte raifon ceux qui font vendus en gros, foit de gré à gré, ou par autorité de juftice, ne peuvent être enlevés fans un Congé par écrit portant acquit des droits dus au fermier, à peine de confifcation & de cent livres d'amende.

Les Congés doivent contenir les noms, furnoms
& demeure du vendeur & de l'acheteur, ainfi
que le prix du vin, à peine de nullité.

Pour s'affurer que les vins n'ont été ni vendus,
ni tranfportés fans un Congé du fermier, les
commis font autorifés, au moyen d'une permiffion du juge de l'élection, à faire des vifites
chez les particuliers foupçonnnés de fraude, de
quelque qualité & condition qu'ils foient, & à
fe faire repréfenter les Congés des vins d'achat
qu'ils ont chez eux. C'eft ce qui réfulte d'une
déclaration du mois de feptembre 1684, enregiftrée le 19 du même mois.

Un arrêt de la cour des aides de Paris du 7
avril 1721, a enjoint aux élus de répondre les
requêtes qu'on leur préfente pour obtenir la
permiffion dont il s'agit : ils ne peuvent retenir
ces requêtes, ni en ordonner la communication
au procureur du roi, ni les faire figner en la
chambre du confeil, ou par plufieurs officiers,
ni percevoir aucune vacation à cet égard : fi les
élus ou l'un d'eux refufe de répondre une requête, la fignification faite à leur greffe tient
lieu de permiffion.

Tout ce que nous avons dit relativement à
l'obligation de prendre des Congés, ne s'applique qu'aux pays d'aides, & ne peut pas être
exécuté dans les pays où les aides n'ont pas
cours, parce que le fermier n'y a point de bureaux : mais dans ceux-ci, on a obligé les particuliers qui enlèvent des boiffons des pays
exempts pour des pays fujets, à prendre des
lettres de voiture vifées par le curé ou vicaire
de la paroiffe, ou par le greffier de la juridiction, ou par le commis des fermes du roi, s'il

y

y en a un d'établi au lieu du départ, ou enfin passées devant notaires : elles doivent contenir le lieu où les boissons ont été chargées, le nom du propriétaire, sa demeure, la quantité, la qualité & le prix de chaque boisson, le lieu pour lequel elle est destinée & l'adresse de la personne à laquelle elle est envoyée : il faut aussi que les lettres de voiture soient visées par les commis du premier bureau de la route ; le tout à peine de confiscation des boissons & équipages, & de cent livres d'amende : les lettres-patentes du 5 mars 1754, rendues pour le comté d'Auxerre, veulent d'ailleurs que les lettres de voitures ou Congés sur lesquels les vins y sont amenés, soient remis au commis du fermier ; & que ce commis, lors du départ des vins de la ville ou comté d'Auxerre, délivre une ampliation ou brevet de contrôle.

Les lettres de voitures concernant les boissons destinées pour Paris, soit qu'elles viennent des pays d'aides ou des pays exempts, doivent être passées devant notaires, ou autres personnes publiques, & non sous signature privée.

Des arrêts rendus par la cour des aides les 29 août 1691, 30 avril & 9 mai 1699, avoient aussi aussujetti les marchands ou voituriers à prendre des lettres de voiture pardevant notaires au sujet des boissons destinées pour Orléans, de quelque lieu qu'elles fussent enlevées : mais par arrêt du conseil du 26 mars 1718, les mêmes marchands ou voituriers ont été dispensés de cette formalité à l'égard des boissons enlevées dans les pays d'aides, à la charge par eux d'en faire déclaration & de prendre des Congés de remuage avant l'enlèvement.

Tome XIV. C c

Les notaires, les greffiers & les autres personnes publiques devant qui sont passées les déclarations & lettres de voiture, sont tenus de les faire signer aux parties si elles savent signer ou de faire mention qu'elles ne savent pas signer, à peine de nullité, de la confiscation des vins, & de cent livres d'amende contre les propriétaires & voituriers, sauf toutefois leur recours contre les notaires ou autres qui ont donné lieu à la saisie faute de s'être conformés aux réglemens.

Les mariniers & autres qui naviguent sur la rivière de Marne, sont obligés sous peine de confiscation des boissons qu'ils conduisent & de cent livres d'amende, de garrer leurs bateaux au bureau de Dormans, pour y représenter leurs Congés & acquits aux commis du fermier, de souffrir la vérification & l'inventaire de ces boissons, & de laisser aux mêmes commis leurs expéditions, à la place desquelles il doit leur être délivré une copie de cet inventaire dans la forme prescrite, & un *laissez passer*, par le même acte.

On a voulu par cette disposition empêcher la fraude des droits de gros, qui se faisoit sur les vins de Champagne enlevés sans déclaration, & à laquelle la simple visite des commis sur les bateaux n'avoit pu remédier jusqu'alors.

Il est défendu, sous les mêmes peines, à tous les voituriers par eau, de décharger leurs marchandises à terre ou de bord à bord, sans un Congé du fermier.

Les commis préposés à la recette des droits & à l'expédition des Congés, doivent avoir prêté serment pardevant les élus : ceux-ci doivent les recevoir sans information ; & lorsque ces commis changent de lieu dans une même élection, ils ne sont pas obligés de réitérer le serment.

L'article 4 du titre 14 de l'ordonnance des gabelles défend à tout particulier, même aux propriétaires des marais salans de brouage, d'en faire venir aucun sel pour les villes du Havre, Harfleur, Honfleur, Saint - Valery en Caux, Dieppe, Eu, Tréport, bourg d'Ault, & Saint-Valery-sur-Somme, à moins que ce ne soit sur les Congés des maires & échevins, enregistrés au greffe du grenier & visés du commis qui en doit faire mention sur ses registres ; le tout à peine de confiscation & de quinze cens livres d'amende.

Suivant l'article 5, les porteurs des Congés ne peuvent charger à brouage une plus grande quantité de sel que celle dont il est fait mention dans leurs Congés, & ils sont obligés de rapporter des certificats du commis du fermier a brouage, au bas des mêmes congés, ainsi que de faire route en droiture au lieu de la destination, lors de leur retour, à peine de confiscation du sel, des vaisseaux & des équipages & de quinze cens livres d'amende.

Les greffiers & les commis doivent expédier, viser & enregistrer sans frais, les Congés & les certificats, sous peine de concussion. C'est ce qui résulte de l'article 7.

L'article 10 veut que si par le mesurage, il se trouve moins de sel que la quantité portée par les Congés, les marchands & maîtres de navire soient condamnés à une amende de mille livres, & à la restitution des droits de gabelle pour le sel manquant, à raison de ce qu'il se vend au grenier.

Par l'article 31, il est prescrit aux regratiers de charger aux salines la quantité de sel que bon leur semble, pourvu qu'ils y aillent en personne ou qu'ils se servent de leurs voituriers ordinaires, desquels ils sont déclarés responsables, & qu'ils prennent des Congés du commis du fermier, contenant la quantité de sel qu'ils entendent lever.

Suivant l'article 21 du titre commun de l'ordonnance de 1681, les particuliers qui falsifient les Congés délivrés par les commis doivent être condamnés pour la première fois au fouet, & à un bannissement de cinq ans, & à une amende qui ne peut être moindre que le quart de leurs biens; & dans le cas de récidive, aux galères pour neuf ans, & à une amende de la moitié de leurs biens.

Voyez *l'ordonnance du 25 mars 1776; l'édit des criées de 1551; l'ordonnance de 1667; la coutume de Paris; le praticien du châtelet; le traité de la vente des immeubles par décret; Brodeau sur Loüet; l'ordonnance du mois d'août 1681, & les commentateurs; les lettres-patentes du 10 janvier 1771; la déclaration du 24 mars 1670; l'arrêt du conseil du dernier juillet 1687; les ordonnances des cours des aides de Paris & de Rouen; le traité général des droits d'aides; l'ordonnance des gabelles, &c.* Voyez aussi les articles SÉMESTRE, REVUE, DÉCRET, ADJUDICATION, AFFICHE, ENCHÈRE, MATELOT, RAPPORT, DÉCLARATION, PRISE, BAIL, SEL, GABELLE, &c.

CONGRÉGATION. C'est une assemblée de plusieurs personnes qui forment ou une société religieuse ou un corps ecclésiastique.

Il y a plusieurs espèces de Congrégations. Nous les distinguerons lorsque nous aurons parlé des différentes acceptions que le mot CONGRÉCATION a en cour de Rome.

Les cardinaux que le pape nomme commissaires du saint siége sont distribués en plusieurs chambres. Leurs bureaux sont appelés *Congrégations des cardinaux*.

Le bureau du consistoire est la première & la plus ancienne de ces Congrégations.

La Congrégation du saint office ou l'inquisition forme le second bureau ; elle est ordinairement composée de douze cardinaux & souvent d'un plus grand nombre, suivant la volonté du pape.

Cette Congrégation est encore composée de plusieurs prélats & théologiens de différens ordres religieux qui portent le titre *de consulteurs de l'inquisition*. Le cardinal qui est le chef de ce bureau est dépositaire du cachet ou du sceau du l'inquisition.

La troisième s'appelle la Congrégation des évêques & des réguliers. Ses fonctions consistent à avoir juridiction sur les évêques & sur les réguliers. Elle connoît des différens qui naissent en Italie entre les évêques & leurs diocésains, & entre les supérieurs réguliers & leurs religieux. C'est à ce bureau que les évêques ont récours pour diriger leur conduite dans les affaires qui leur paroissent délicates. Comme les fonctions des membres de ce bureau exigent une connoissance approfondie des règles de la discipline & des lois de l'église, le pape le compose des cardinaux les plus instruits en matière canonique.

La quatrième eft la Congrégation de *l'immu-nité eccléfiaftique*. Il y a avec plufieurs cardinaux, un clerc de chambre, un auditeur de rote & un référendaire. Ce bureau a le droit de décider fi les coupables qui fe font retirés dans les églifes doivent ou non jouir du privilège *de l'immunité*.

La cinquième eft la Congrégation du concile. Elle a été établie pour répondre aux difficultés qui s'élèvent fur le concile de Trente qui eft le dernier concile général. Dans fon origine elle étoit feulement chargée de veiller à l'exécution du concile ; mas le pape Sixte V lui attribua le pouvoir de l'expliquer. Les décifions qui émanent de cette Congrégation ont la forme de jugemens, & les expéditions qu'on en délivre aux parties doivent être fignées par le cardinal préfet & par le fecrétaire.

La fixième Congrégation eft celle des rits. Elle a été établie par Sixte V pour régler les cérémonies de l'églife, les coutumes, les préféances & les canonifations. C'eft auffi devant ce bureau que fe portent les conteftations qui s'élèvent fur les droits honorifiques dans les églifes.

La feptième eft celle de la fabrique de S. Pierre. Elle connoît des legs déftinés pour œuvres pies, dont une partie appartient à l'églife de S. Pierre.

La huitième Congrégation à l'infpection fur les eaux, le cours des rivières & les ponts & chauffées.

La neuvième a l'infpection fur les fontaines & les rues. Le cardinal Camerlingue en eft le chef.

La dixième s'appelle *la confulte* ; c'eft le confeil d'état du pape. Ce bureau eft chargé de toutes les affaires qui concernent le domaine de fa fainteté & de l'églife. Le pape y affifte fouvent.

La onzième est la Congrégation *de bono regimine* (du bon gouvernement). Ce bureau est chargé de la police générale.

La douzième est celle *de la monnoie*. Ses fonctions consistent à veiller sur la monnoie & à mettre le prix aux monnoies des princes étrangers.

La treizième est celle *des evêques*. C'est dans ce bureau que l'on examine les sujets qui doivent être nommés à des évêchés en Italie. Les membres qui le composent s'assemblent en présence du pape.

La quatorzième est celle *des matières consistoriales*. Le cardinal doyen en est le président.

La quinzième est celle *de propaganda fide* (de la propagande). Elle a été établie pour régler tout ce qui concerne les missions.

La seizième enfin est la *Congregation des aumônes*. Elle est chargée des détails de la subsistance de Rome & de l'état de l'église.

Ces différentes commissions sont soumises à la volonté du pape. Il peut les changer, les abolir, les modifier ou en créer de nouvelles.

On peut les comparer aux différens bureaux du conseil & aux commissions que le roi établit & qu'il dissout quand il le juge à propos.

Les jugemens ou décisions qui émanent des cardinaux, n'ont d'autorité en France que pour l'expédition des bulles des bénéfices consistoriaux & autres bénéfices. Les parlemens du royaume ne regardent ces décisions que comme *des avis & des préjugés de raison*. C'est ce qui a été jugé par un arrêt du parlement de Paris du 3 juillet 1641, par lequel « il a été décidé que les » décrets des Congrégations des cardinaux n'ont

» d'autre effet dans le royaume que celui de fim-
» ples avis dans l'un ou dans l'autre for ».

Le même principe a été confirmé par un autre
arrêt du parlement de Paris rendu le 11 février
1686 fur les conclufions de M. le procureur-
général. Par cet arrêt le parlement a déclaré
« nuls de plein droit tous les décrets, difpenfes
» de vœux & autres accordés par ces Con-
» grégations ».

Par un arrêt du parlement de Dijon du 4 août
1703, plufieurs refcrits émanés de la Congrégation des évêques & des réguliers ont été déclarés nuls.

M. Talon dans une caufe où il s'agiffoit de
l'autorité des décrets rendus par les Congrégations des cardinaux, difoit, «nous reconnoiffons
» en France l'autorité du faint fiége, la puiffance
» du pape chef de l'églife, pere commun de tous
» les chrétiens, nous lui devons toute forte de
» refpect & d'obéiffance ; c'eft la croyance du
» roi fils aîné de l'églife, & la croyance de tous
» les catholiques qui font dans la véritable com-
» munion ; mais nous ne reconnoiffons point en
» France l'autorité, la puiffance, ni la juridic-
» tion des Congrégations qui fe tiennent à Ro-
» me, que le pape peut établir comme bon lui
» femble ; mais les arrêts, les décrets de ces
» Congrégations n'ont point d'autorité ni d'exé-
» cution dans le royaume, & lorfque dans les
» occafions d'une affaire contentieufe tels décrets
» fe font rencontrés, comme ès matières de dif-
» penfe, de nullité de vœux, de tranflation de
» religieux, la cour a déclaré les brefs émanés
» de ces Congrégations nuls & abufifs, fauf aux
» parties à fe pourvoir par les voies ordinaires,

» c'eft-à-dire dans la chancellerie où les actes
» font expédiés en portant le nom & titre du
» pape en la perfonne duquel réfide l'autorité
» légitime ; & pour ce qui regarde les matières
» de la doctrine & de la foi, elles ne peuvent
» être terminées dans ces Congrégations, finon
» pas forme d'avis & de confeil ; mais non d'au-
» torité & de puiffance ordinaire ; il eft vrai que
» dans ces Congrégations fe cenfurent les livres
» défendus & dans icelles fe fait l'*index expur-*
» *gatorius*, lequel s'augmente tous les ans, &
» c'eft là où autrefois ont été cenfurés les arrêts
» de cette cour rendus contre Jean Chaftel, les
» œuvres de M. le préfident de Thou, les liber-
» tés de l'églife Gallicane & les autres livres qui
» concernent la confervation de la perfonne de
» nos rois & l'exercice de la juftice royale ; de
» forte que fi les décrets de cette qualité étoient
» facilement publiés & autorifés dans le royau-
» me, ce feroit introduire l'autorité de l'inqui-
» fition, parce que cette Congrégation prend le
» titre de générale & univerfelle fur le monde
» chrétien ; (*) dans laquelle ils prétendroient
» par ce moyen faire le procès aux fujets du roi,
» comme ils penfent le pouvoir faire aux livres
» qui leur déplaifent, & qui font imprimés dans le
» royaume. Ainfi nous qui parlons, ayant exa-
» miné le titre de ce décret émané de l'inqui-
» fition (**) auquel néanmoins l'on a donné le

(**) La Congrégation de l'inquifition prend ce titre : *generalis & univerfalis inquifitio in univerfa republica chriftiana adverfus hereticam pravitatem.*

(*) Par l'arrêt qui fut rendu fur les conclufions de M. Talon le 15 mai 1647, le décret émané de la Congréga-tion de l'inquifition fut déclaré nul & abufif,

» nom & l'autorité d'une bulle apostolique, nous » avons pensé être obligés de le remarquer à la » cour & de nous en plaindre ».

Les réflexions de ce grand magistrat eurent le succès qu'elles devoient avoir. Le parlement s'empressa de suivre ses conclusions & de confirmer la maxime importante, *que les décrets qui émanent des Congrégations des cardinaux sont nuls & sans effet dans le royaume.*

Considérons maintenant les différentes Congrégations qui existent en France, & fixons les diverses acceptions que nous donnons au mot CONGRÉGATION.

Nous avons en France trois sortes de Congrégations ; les Congrégations régulières, les Congrégations séculières & les Congrégations laïques.

Les Congrégations régulières sont celles qui se forment dans un ordre religieux par la division d'une portion de ses membres. Cette association particulière née dans le sein d'un ordre, porte ordinairement le nom de Congrégation.

· Il y a en France plusieurs de ces Congrégations ; par exemple, dans l'ordre de saint Benoît il y a la Congrégation de saint Maur, celle de saint Vannes, celle de saint Hidulphe & celles des deux observances de Cluni.

Les chanoines réguliers forment différentes Congrégations. Celle de sainte Genevieve qui est la plus étendue, se nomme la Congrégation de France.

Cependant quoique les Prémontrés, les Mathurins, les religieux de saint Ruf & de saint Antoine, soient des chanoines réguliers & qu'ils suivent tous la règle de saint Augustin, ils ne portent point le nom de Congrégation ; ce sont des ordres distincts & séparés les uns des autres.

Il seroit peut être bien difficile de donner la raison des usages que les différens corps religieux ont admis sur cette partie de leur régime, & d'expliquer l'origine du mot Congrégation dans l'acception que les religieux lui donnent ; mais il suffit pour marquer la différence qu'il y a entre *ordre* & *Congrégation*, de diré que le mot ordre est un terme générique qui embrasse tous les religieux qui vivent sous la même règle ; & qu'on entend au contraire par le mot *Congrégation* une association particulière de plusieurs membres d'un ordre, qui quoique nés dans le sein de cet ordre a un régime & des statuts différens.

Le concile de Trente dans la sess. 15 *de reg.* chapitre 8, veut que tous les monastères qui ne sont point soumis à des chapitres généraux ou aux évêques & qui n'ont point leurs visiteurs réguliers ordinaires, soient tenus de se mettre en Congrégation par provinces.

Les Congations séculières sont celles qui sont composées de prêtres séculiers. Nous en avons plusieurs en France ; telles que les maisons de l'oratoire, de la doctrine chrétienne, de la mission, du séminaire de saint Sulpice, des eudistes, &c. Ces Congrégations sont formées de différentes maisons qui ont leurs supérieurs particuliers & leurs supérieurs généraux.

Les Congrégations laïques sont celles qui sont composées de personnes pieuses qui se réunissent sous l'invocation d'un saint pour faire leurs exercices en commun. Ces Congrégations sont de véritables confréries , & elles font foumifes aux mêmes règles. Ainfi on peut confulter l'article CONFRÉRIE.

Voyez *les mémoires du clergé ; le journal des audiences ; Van-Efpen ; le pere Thomaffin dans fa difcipline de l'églife ; le dictionnaire canonique,* &c. Voyez auffi les articles CHANCELLERIE ROMAINE, CONFRÉRIE, ORDRE , &c. (*Cet article eft de M. DESESSARTS, avocat au parlement*).

CONGRÈS. Ce mot a différentes acceptions. On appelle ainfi une affemblée de députés de différentes cours , réunis pour traiter de la paix ou d'autres affaires politiques qui intéreffent plufieurs couronnes.

Le Congrès de la Haye tenu pendant la guerre qui fut terminée en 1697 par le traité de Rifwick, étoit compofé des ambaffadeurs de France & des envoyés de tous les princes ligués contre la France ; nous avons eu depuis le Congrès de Cambrai , de Soiffons, d'Aix-la-Chapelle, &c.

Congrès fignifie auffi une preuve juridique dont on faifoit ufage autrefois lorfqu'on demandoit la nullité d'un mariage pour caufe d'impuiffance. Cette forte de preuve dont on ne trouve aucune trace ni dans le droit civil ni dans le droit canonique , avoit été introduite dans les officialités de France vers le milieu du feizième fiècle. Quoiqu'elle fût contraire à l'honnêteté & aux bonnes mœurs, elle y a fubfifté pendant plus d'un fiècle , puifque ce n'eft qu'en 1677 qu'elle a été abolie.

On attribue l'origine du Congrès à l'effronterie d'un jeune homme, qui, étant accufé d'impuiffance, offrit de prouver le contraire en préfence de chirurgiens & de matrônes. L'official eut l'indiscrétion d'admettre ce nouveau genre de preuve. Les autres officiaux suivirent cet exemple ; & ce qu'il y a de plus étrange, c'est que les parlemens l'autorisèrent. Les fastes de notre jurisprudence renferment une foule de monumens qui attestent que cette épreuve indécente a été ordonnée & confirmée par une multitude d'arrêts. Le mari accusé d'impuissance étoit condamné à prouver sa virilité en présence de chirurgiens & de matrônes qui étoient nommés par l'official pour faire leur rapport. Si le mari sortoit victorieux du combat, l'attaque de la femme étoit rejetée. Si au contraire il n'avoit pu consommer le mariage, alors la demande en impuissance étoit admise, & le mariage étoit déclaré nul.

On peut juger du degré de certitude de cette espèce de preuve par la manière dont se faisoit l'expérience. Il semble que la justice vouloit forcer la nature à se dépouiller de cette pudeur qui lui est si nécessaire pour se perpétuer. On peut dire même que les tribunaux étoient devenus complices du libertinage, en ordonnant une épreuve presque publique d'un acte que la nature a voulu ensévelir dans l'ombre du mystère. Cependant il n'est que trop vrai, (& il faut l'avouer à la honte de la raison & des mœurs), que cette épreuve a été admise dans les tribunaux françois ; mais si elle y a subsisté pendant plus d'un siècle, la manière dont elle a été abolie fait le plus grand honneur au parlement de Paris & au célèbre avocat général Lamoignon, qui a déterminé cette cour à anéantir une jurisprudence auſſi indécente. (*) Ce fût dans la cauſe du marquis de Langey, dont le mariage avoit été annullé pour cauſe d'impuiſſance, que M. de Lamoignon fit un réquiſitoire pour demander la ſuppreſſion du Congrès. Le parlement de Paris par ſon arrêt du 18 février 1677 « déclara le » marquis de Langey non-recevable dans ſes de-» mandes, & faiſant droit ſur les concluſions du » procureur-général, fit défenſes à tout juge » même aux officiaux d'ordonner à l'avenir l'é-» preuve du Congrès, & ordonna que l'arrêt » ſeroit envoyé aux bailliages, ſénéchauſſées & » officialités du reſſort, pour y être lû, publié » & enregiſtré ».

Depuis cet arrêt, cette épreuve ſcandaleuſe n'a plus été admiſe en France; & l'on a à pré-ſent recours dans les accuſations d'impuiſſance, à la viſite des gens de l'art.

Voyez *la cauſe du marquis de Langey dans les cauſes célèbres de Gayot de Pitaval; celles du mar-quis des Broſſes dans le journal des cauſes célèbres; le journal des audiences; le diɛtionnaire canoni-que*, &c. Voyez auſſi l'article IMPUISSANCE, &c. (*Cet article eſt de M. DESESSARTS, avocat au parlement*).

CONJECTURE. C'eſt une opinion ou un jugement fondé ſur des probabilités ou ſur des

---

(*) Tout le monde connoît les quatre vers ſuivans du fameux ſatyrique du ſiècle dernier ſur le Congrès:

Jamais la biche en rut n'a, pour fait d'impuiſſance,
Traîné du fond des bois, un cerf à l'audience;
Et jamais juge entr'eux ordonnant le Congrès,
De ce burleſque mot n'a ſali ſes arrêts.
Boileau, ſat. 8, v. 143.

preuves qui n'ont qu'un certain degré de vrai-
femblance touchant une chofe obfcure.

Dans les affaires dont la décifion dépend de
certains faits plus ou moins connus, on eft
quelquefois obligé de s'attacher aux Conjectures
pour les terminer, furtout en matière civile,
lorfqu'il n'a pas dépendu du demandeur d'a-
voir des preuves des faits qui fervent de fondement à fon action. Quand on a lieu, par
exemple, de fe plaindre de certaines libéralités
faites au préjudice de la loi par des actes fimulés
en faveur de certaines perfonnes auxquelles il
eft défendu d'en faire, on ne peut guère décider
autrement que par des Conjectures fi ces actes
font frauduleux ou non. Suppofons qu'il foit défendu à un père par la loi du pays, d'avantager
l'un de fes enfans au préjudice des autres, &
que cependant pour lui faire un don particulier
il ait vendu de fes héritages, ce qu'il pouvoit
faire, & que cet enfant ait exercé le retrait
lignager de ces héritages, ce qu'il pouvoit faire
auffi, on ne pourra guère fe déterminer que par
le moyen des Conjectures pour décider fi la
vente & le retrait font frauduleux. Le père
n'avoit pas befoin de vendre; la vente ne convenoit pas à l'acquéreur; le fils n'avoit ni argent
ni crédit pour rembourfer le prix de l'acquifition;
à la mort du père arrivée peu de jours après
la vente, on n'a point trouvé dans fa fucceffion
autant d'argent qu'il auroit dû s'y en trouver
après une aliénation; toutes ces particularités
& nombre d'autres peuvent faire Conjecturer
qu'il y a eu de la connivence pour faire un
avantage indirect au fils retrayant, au préjudice
des autres enfans, & dès-lors à faire juger

comme nuls & non-avenus les actes frauduleux dont on fe plaint ; car fi en pareil cas les Conjectures n'étoient point fuffifantes, on ne pourroit jamais réclamer contre le dol & la fraude. Voyez ce qui a été dit à l'article AVANTAGE.

Mais qu'on faffe bien attention que les Conjectures ne tiennent lieu de preuve comme nous venons de le dire, que lorfqu'elles ne peuvent point abfolument être détruites par d'autres Conjectures de la même force, & qu'on ne doit jamais s'y arrêter dans les cas où il a dépendu de celui qui fe plaint de mauvaife foi, de prendre fes fûretés. Si j'ai prêté, par exemple, une certaine fomme à mon voifin, & qu'il m'en refufe aujourd'hui le payement, ce feroit fort inutilement que je chercherois à faire conjecturer que cette fomme m'eft due.

En fait de délits, on ne peut s'arrêter qu'avec beaucoup de circonfpection aux Conjectures. Dans les procès de grand criminel où il s'agit de peines afflictives ou infamantes, il faut plus que des Conjectures, il faut des preuves indubitables. Il vaut mieux, renvoyer un accufé chargé de mille foupçons, que de s'expofer à condamner un innocent. On dira peut-être qu'en fait d'adultère ou de féduction, il eft difficile d'avoir des preuves, attendu les précautions que l'on prend pour écarter les témoins, & que dès-lors il eft permis de fe décider par les Conjectures : mais dans ces fortes de délits on peut prouver bien des particularités ; & quand toutes ces particularités réunies ont un tel rapport au fait principal qu'on ne fauroit le révoquer en doute, ces mêmes particularités donnent aux Conjectures une certitude morale

morale qui équivaut à tous les autres genres de preuve. Quand il eft prouvé, par exemple, qu'un jeune homme & une jeune fille ont vécu enfemble fous le même toît; qu'on les a vus fouvent tête-à-tête; qu'ils ont fait enfemble des parties de plaifir, &c. fi la jeune fille fe trouve enfuite enceinte fans qu'on puiffe prouver qu'elle ait eu d'autres habitudes qu'avec le jeune homme, la déclaration de cette fille jointe aux particularités qui l'accompagnent, fuffit pour faire conjecturer que le jeune homme eft l'auteur de fa groffeffe, fans qu'il foit néceffaire qu'on l'ait vu confommer la féduction, parce qu'en pareil cas la connexité entre le fait & les particularités qui l'environnent, eft telle qu'un homme fenfé & réfléchi ne peut s'empêcher de regarder l'un comme une fuite néceffaire de l'autre; il fuffit de même qu'il foit prouvé qu'une femme mariée a été trouvée dans des poftures indécentes avec un amant, qu'il foit certain qu'elle a paffé la nuit avec lui dans un même appartement, &c. pour qu'on ait lieu d'en conjecturer qu'elle a oublié fes devoirs, fur-tout fi elle n'eft pas en état de donner une explication fuffifante fur les particularités qui s'élèvent contre elle.

Mais le crime de féduction à part, il feroit extrêmement dangereux de s'arrêter à de fimples Conjectures; l'hiftoire nous apprend qu'on s'y eft mépris trop fouvent pour en faire la bafe d'une condamnation dans un genre grave.

A l'égard de ces délits fimples qui ne peuvent donner lieu qu'à des réparations pécuniaires entre particuliers, la preuve d'un certain nombre de circonftances fuffit pour faire conjecturer que le fait principal ne doit point souffrir difficulté.

Voyez les articles CIRCONSTANCE, INDICE, PRÉSOMPTION, PREUVE, &c. (*Article de M. DAREAU*, avocat, &c.)

CONJOINT, en termes de palais, se dit de l'une de deux ou de plusieurs personnes jointes ensemble.

Par le mot de *Conjoints*, on entend plus particulièrement ceux qui sont unis par le lien du mariage.

Avant le mariage les futurs Conjoints, c'est-à-dire les futurs époux, peuvent se faire tels avantages qu'ils jugent à propos; mais ils n'ont plus cette liberté après la bénédiction nuptiale. Dans les pays de droit écrit ils ne peuvent s'avantager que par testament, & cela leur est encore interdit dans la plupart des pays coutumiers.

La loi *unde vir & uxor* appelle les Conjoints à la succession l'un de l'autre à l'exclusion du fisc, quand le prédécédé n'a point laissé de parens. Cette règle est de droit commun, mais il y a quelques coutumes, telles que celles de Bourbonnois, qui ont des dispositions contraires.

Cette jurisprudence est fondée sur ce que l'on présume que le Conjoint prédécédé a mieux aimé que le Conjoint survivant lui succédât que le fisc.

S'il y avoit séparation de corps & de biens entre les Conjoints, lors du décès de l'un d'eux, le survivant n'auroit rien à prétendre dans la succession du prédécédé, en vertu de la loi dont il s'agit. Voyez SUCCESSION.

En termes de pratique, on appelle auſſi *Con-joints*, ceux qui ont enſemble quelque droit ou titre commun, tels que ſont des co-héritiers ou des co-légataires.

Deux ou pluſieurs héritiers ou légataires peuvent être joints ou appelés conjointement de trois manières à une même hérédité ou à un même legs. La première eſt par la force de l'hérédité ou par la choſe même qui leur eſt laiſſée, comme ſi par une première clauſe un teſtateur appelle un héritier, & un autre héritier par une ſeconde clauſe ; ou s'il lègue une choſe à un légataire & appelle enſuite un autre légataire à la même choſe. La ſeconde, lorſque le teſtateur joint les perſonnes & par la choſe & par l'expreſſion, comme ſi par une ſeule clauſe il inſtitue deux héritiers ou fait deux légataires d'une même choſe. La troiſième eſt lorſque le teſtateur ne joint les perſonnes que par les termes & diſtingue leurs portions, comme quand il inſtitue deux héritiers ou qu'il lègue une même choſe à deux perſonnes par portions égales.

Quand il s'agit d'hérédité, de quelque manière que les héritiers y ſoient appelés, ſoit conjointement ou ſéparément, que leurs portions ſoient marquées ou non, il y a toujours entr'eux un droit d'accroiſſement, c'eſt-à-dire que les portions de ceux qui rejettent ou qui abandonnent l'hérédité profitent à ceux qui veulent la recueillir.

Mais il n'en eſt pas de même entre légataires. Si un teſtateur lègue une même choſe à deux ou pluſieurs perſonnes ſans leur faire de por-

tions, comme s'il lègue une maison à Pierre &
à Paul, ces légataires se trouvant Conjoints par
la chose léguée, il y aura entr'eux droit d'accroissement ; de sorte que si l'un ne veut ou ne
peut recevoir sa portion, le tout demeurera à
l'autre.

Si la même chose est léguée aux deux par
deux clauses différentes, chacun a pareillement
droit à la totalité ; mais leur concours oblige à
un partage, parce que chacun a un droit égal à
la chose.

Il en est différemment lorsque le testateur
lègue la même chose à deux ou plusieurs personnes en leur assignant leurs portions : la portion du légataire qui vient à manquer avant
d'avoir recueilli, profite de plein droit à l'héritier naturel, parce que les autres légataires en
ne recevant que leurs portions, reçoivent tout
ce qui leur a été légué.

Ceux qui sont Conjoints dans un acte obligatoire pour le même engagement, ne doivent
en matière ordinaire que l'acquittement de leur
part & portion chacun, à moins que l'engagement ne porte sur un objet indivisible de sa nature, parce qu'alors l'indivisibilité rend nécessairement l'obligation solidaire.

En matière de commerce, il suffit de contracter conjointement avec quelqu'un sur un même
objet, pour que le contrat soit solidaire, par
la raison que ceux qui traitent ainsi sont présu-
més associés pour l'objet de commerce dont il
s'agit, & que toute association dans ce genre
exige nécessairement une solidité.

Voyez *les lois civiles de Domat*, & les articles
ACCROISSEMENT, MARIAGE, SOCIÉTÉ, Suc-

CESSION, TESTAMENT, &c. (*Article de M.* *DAREAU* , *avocat* , &c.)

CONJURE OU SEMONCE. Terme employé dans les pays-bas pour fignifier l'injonction que fait le chef d'une juftice feigneuriale aux juges qui la compofent, de procéder au jugement d'un procès ou à l'expédition d'un acte judiciaire quelconque.

On fait que les ducs & les comtes dans le principe de leur élévation adminiftroient la juftice eux-mêmes & fans adjoints ; quand ils fe furent rendus propriétaires des provinces dont ils n'avoient d'abord que le gouvernement, ils continuerent d'être juges , mais ils prirent avec eux des hommes fages & expérimentés dans les affaires : delà vient cette expreffion que l'on trouve dans plufieurs anciens titres, *comites & judices*. A la fin ils fe dégoutèrent d'une fonction fi pénible, & fe donnèrent des fubftituts ; comme il y avoit deux fortes de biens qui relevoient d'eux , favoir des fiefs & des rotures , ils créèrent auffi deux fortes de chefs de leurs juftices, des baillis & des mayeurs ou prévôts. Les premiers furent chargés de les repréfenter dans leurs cours féodales, compofées de leurs hommes de fiefs ; les feconds dans leurs cours cotières compofées de leurs échevins ou hommes cotiers ; mais ces fubftituts perdirent abfolument la qualité de juge , ils ne confervèrent que celle de repréfentans des propriétaires de la juftice. Goffon fur l'article premier de la coutume d'Artois, les définit en ces termes : *judices quidem non funt , fed facramenti , fidei , rectique judicii exactores , & quafi præfides , cuftodefque legum & juftitiæ.*

Leur principal droit eſt d'avoir la voix exci-
tative , & de conjurer les juges en cette manière : *voilà une telle affaire , je vous Conjure d'y
faire droit.* A ces mots, ils ſont obligés de ſortir
de la chambre de juſtice ; c'eſt en leur abſence
que ſe porte le jugement , mais la prononciation
ne s'en fait *qu'aux plaids tenus devant eux , préſens les hommes de fiefs ou échevins.*

C'eſt la Conjure ou Semonce qui imprime
l'autorité de jugement à l'avis des hommes du
ſeigneur ; ils ne peuvent prononcer ſur aucun
objet s'ils n'ont été conjurés auparavant par le
bailli , ou par le mayeur , ſuivant la différence
des matières. Sans cette Conjure , leur pouvoir reſte habituel & ne peut produire aucun
effet ; de ſorte que les jugemens & autres actes
judiciaires rendus ſans légitime Conjure préa-
lable , ſont nuls.

Les fonctions de ſemoncer & de juger ſont
tout-à-fait diſparates ; les ſemonceurs & les juges ſont des officiers de claſſes abſolument différentes & incompatibles. Un arrêt rendu en
forme de règlement par le parlement de Flandres le 21 mars 1735 , au rapport de M. de
Wavrechin du Lompret , ordonne aux baillis
du Cambreſis de ſe borner aux fonctions de
baillis-ſemonceurs , en conſéquence leur fait
défenſes de faire à l'avenir aucunes fonctions
de juges , à peine de nullité des ſentences qui
ſeront par eux rendues , & de tous dépens ,
dommages & intérêts des parties.

Un autre arrêt du 21 juillet 1738 ordonne
que celui de 1735 ſera exécuté , & fait défenſes au bailli du chapitre métropolitain de

Cambrai d'intervenir aux informations, interrogatoires & autres devoirs de justice.

Le 14 août de la même année, arrêt qui défend au même bailli de faire aucun devoir qui
ait rapport aux fonctions de juge, soit dans
l'instruction, soit dans la décision des procès
tant civils que criminels.

En 1763 arrêt qui casse une procédure instruite
pardevant les baillis & hommes de fiefs de
Manières, village du Cambresis, condamne
le bailli à la restitution des honoraires qu'il avoit
perçus pour l'instruction du procès, & aux dommages-intérêts envers les parties, & faisant
droit sur les conclusions du procureur général,
ordonne que copie de l'arrêt de 1735 sera
envoyée de nouveau aux bailliages de Cambrai
& du Cambresis.

Ces défenses quoiqu'assez réitérées n'ayant
point réprimé entièrement les entreprises que
faisoient les baillis de cette province sur les
fonctions des juges, le conseil supérieur de
Douai fut obligé de les renouveler par arrêt
rendu en forme de règlement le 22 décembre
1772, au rapport de M. Malotau.

Comme un bailli ne peut s'ériger en juge, de-
même un juge ne peut de lui-même prendre la
qualité de semonceur. C'est ce qu'a jugé le parlement de Flandres par arrêt du 11 janvier 1768
au rapport de M. Malotau, dans le procès que
soutenoit le sieur Petit-Pas comme appelant,
contre la dame de Villeneuve ; cet arrêt a déclaré l'intimée déchue du retrait qu'elle avoit
intenté devant le sieur Quecq homme de fief du
bailliage de la salle de Lille, qui s'étoit donné

de lui-même la qualité de lieutenant extraordinaire du bailli de Lille.

Les fonctions de bailli & de mayeur n'ont rien d'incompatible , parce qu'elles ont également la Conjure pour seul objet ; aussi arrive-t-il souvent qu'un bailli dans l'absence du mayeur Conjure les échevins, avec la précaution néanmoins de prendre pour cette fois la qualité de mayeur. Mais un mayeur ne pourroit conjurer les hommes de fief, même en prenant la qualité de bailli ; la raison de cette différence est qu'un bailli peut créer un mayeur , au lieu qu'un mayeur ne peut créer un bailli.

Plusieurs arrêts rendus pour la France , ont jugé qu'un seigneur ne peut nommer un lieutenant bailli ; & ont ordonné que la justice seroit administrée par le bailli seul , ou par celui qu'il commettroit en son absence. Dans les pays-bas , rien n'est plus ordinaire que de voir des lieutenans de bailli , de prevôt , de mayeur ; les coutumes de Cambresis & de la chatellenie de Lille en parlent fréquemment ; mais elles défendent aux baillis & aux mayeurs de se créer des lieutenans , d'où il faut conclure qu'elles le permettent au seigneur. C'est ce qu'a décidé l'arrêt de règlement du 22 décembre 1772 cité ci-dessus. « Il autorise en tant que besoin , les » abbés & religieux de saint-Sepulchre de Cam- » brai , de commettre un lieutenant stable & » permanent , à l'effet de remplir les fonctions » dudit bailli , en cas d'absence ou d'empêche- » ment légitime. » Cet arrêt a proscrit les prétentions du sieur Henrici bailli de saint-Sépulchre, qui soutenoit que le droit de nommer un lieutenant-bailli appartenoit à lui seul, à l'exclusion du seigneur.

Voyez *Knobaert, ad jus civile Gandensium ; Burgundus, ad Consuetudines Flandriæ ; Maillart, sur Artois ; Damhoudere, en sa pratique civile ; Vander-haere, en son histoire de la châtellenie de Lille, page 138 ; les coutumes de Lille ; Cambresis, Valenciennes*, &c. Voyez aussi les articles ÉCHEVINAGE, GOUVERNANCE, MAYEUR, HOMMES DE FIEFS, &c. (*Article de M. MERLIN, avocat au parlement de Flandres*)

CONNÉTABLE. C'étoit le nom d'un grand officier de la couronne, qui ne subsiste plus.

Il avoit le droit de commander l'armée où il se trouvoit ; les autres généraux & même les princes du sang étoient obligés de lui obéir. Il régloit tout ce qui avoit rapport au militaire, comme la marche des troupes, les campemens, le partage du butin, la reddition des places, &c. Il avoit droit de connoître des délits des soldats, & sa juridiction étoit exercée par des prévôts qui suivoient les armées.

Cette dignité a été supprimée à la mort du connétable de Lesdiguières, par édit du mois de janvier 1627, enregistré le 13 mars suivant.

Voyez *l'encyclopédie*, à l'article CONNÉTABLIE, &c. (*Article de M. GILBERT DE MARETTE, avocat au parlement de Bretagne.*)

CONNÉTABLIE ET MARÉCHAUSSÉE DE FRANCE. C'est la juridiction de MM. les maréchaux de France sur les gens de guerre, & sur tout ce qui a rapport à la guerre directement ou indirectement tant en matière civile que criminelle.

On appelle cette juridiction *Connétablie & Maréchauſſée* parce que le connétable l'exerçoit avec les maréchaux de France dont il étoit le chef.

Depuis la ſuppreſſion de cet officier, ſa juridiction eſt demeurée entre les mains de MM. les maréchaux de France ; le plus ancien d'entr'eux en eſt le chef & repréſente à cet égard le connétable : ils l'exercent par eux-mêmes, par des lieutenans qu'ils ont dans les différens bailliages du royaume & par les officiers de la Connétablie.

Le nom de Connétablie eſt particulièrement affecté à la première des trois juridictions qui ſont compriſes ſous le titre général de *ſiège de la table de marbre du palais à Paris ; l'amirauté eſt la ſeconde & les eaux & forêts la troiſième.* Cette dénomination commune vient de ce qu'autrefois ces juridictions tenoient leur ſéances ſur la table de marbre qui étoit dans la grand ſalle du palais & qui fut détruite lors de l'incendie arrivé en 1618. La Connétablie a auſſi le titre *de juſtice militaire.*

L'établiſſement de la Connnétablie paroît être auſſi ancien que celui du connétable qui remonte juſqu'aux premiers temps de la monarchie. Les grands officiers de la couronne avoient chacun une juridiction pour ce qui étoit de leur reſſort : ainſi il eſt probable que le connétable etant devenu le premier des officiers militaires exerça dès lors une juridiction ſur ceux qui étoient ſoumis à ſon commandement.

On ne trouve point l'édit qui a inſtitué cette juridiction ; mais un mémoire dreſſé au ſiège en 1655, porte que ce ſiège ſubſiſtoit depuis 400 ans ce qui feroit remonter son institution en 1255. Miraulmont dit qu'anciennement elle s'exerçoit à la suite de nos rois ; que le conné-table & les maréchaux de France avoient des prévôts qui avoient une juridiction criminelle au camp durant la guerre & même en temps de paix sur les vagabonds & non domiciliés ; & que le parlement ayant été fixé à Paris, cette juridiction fut établie au siège de la table de marbre.

Le plus ancien vestige, que l'on trouve dans le siège de son ancienneté est une sentence du 9 février 1316, dont l'appel fut porté au parlement & un arrêt de cette cour du 22 janvier 1361, qui sur l'appel d'une sentence du même siège, la qualifie *sentence de l'audience de la cour des maréchaux* ; il y a lieu de croire que cette cour étoit la même juridiction que la Conné-tablie.

Miraulmont rapporte que Charles V ordonna le 13 décembre 1374, que les assignations devant les maréchaux de France seroient faites pour comparoir en la ville de Paris & non ailleurs ; que les ajournemens seroient libellés & non royaux, & qu'ils seroient faits par les sergens royaux des lieux & non par aucun commis-sergent ou officier des maréchaux, ce qui eut lieu, dit-il, afin d'établir la juridiction des connétable & maréchaux de France au palais à Paris.

Les connétables, & depuis eux, les maréchaux de France tenoient autrefois cette juridiction en fief du roi comme un domaine de la couronne, dont la propriété appartenoit au roi, & qui leur avoit été inféodée à cause de leurs offices ; ils en faifoient hommage lors de leur preftation de ferment : on en voit des exemples dans le Féron en 1424, 1631, 1637 & 1655 : mais depuis cette dernière époque cette juridiction eft devenue royale & les officiers ont le titre de *confeillers du roi*.

Ce fiége fe tenoit en 1543 au-deffus de l'auditoire du bailliage du palais : il fut transféré en 1549 aux Auguftins, & en 1590 à Tours, puis rétabli à Paris en 1594.

La Connétablie eft compofée d'un lieutenant général, d'un lieutenant particulier, d'un procureur du roi ; il y avoit auffi un office d'avocat du roi, dont M^e. Simon le Norman étoit pourvu en 1562 ; mais il fut uni, après le décès du titulaire, à celui du procureur du roi, par des lettres du 8 juillet 1563. Un greffier en chef, un commis-greffier, trois huiffiers audienciers & un très-grand nombre d'autres huiffiers répandus dans les bailliages du royaume font employés au fervice de la Connétablie & compris fous les dénominations d'huiffiers, archers, archers-huiffiers, archers-gardes, huiffiers-fergens royaux & d'armes ; ils jouiffent de plufieurs priviléges, notamment du droit d'exploiter par tout le royaume ; ils font jufticiables de la Connétablie pour tout ce qui a rapport à leur fervice.

MM. les maréchaux de France font les préfidens de cette juridiction, & y fiégent quand ils le jugent à propos ; ils y viennent ordinairement en corps, habillés comme les ducs & pairs, en petit manteau & avec des chapeaux ornés de plumes. Le premier maréchal de France à leur tête eft accompagné des gardes de la Connétablie, avec deux trompettes qui sonnent jusqu'à la porte de l'auditoire. Lorsqu'ils sortent de l'audience, ils sont reconduits dans le même ordre & avec la même pompe.

Le lieutenant général va prendre les opinions des maréchaux de France, qui en matières sommaires opinent assis, mais découverts & en s'inclinant. Si c'est une affaire de discussion, ils se réunissent près du doyen & donnent leur avis debout & découverts : le lieutenant-général a seul la parole & prononce.

Mais comme les maréchaux de France viennent rarement siéger à la Connétablie, ils ne sont en quelque sorte que les baillis de cette juridiction : le lieutenant-général y préside en leur absence, & rend la justice en leur nom & même en celui du Connétable malgré qu'il soit supprimé.

Le lieutenant-général a la garde du sceau du premier maréchal de France, dont on se sert pour sceller toutes les expéditions du siége : ce sceau représente un connétable armé, au-dessous duquel sont les armes du doyen des maréchaux de France.

Les jugemens scellés de ce sceau sont exécutoires dans tout le royaume sans *visa* ni *pareatis*.

Dans tous les cas qui sont de la compétence de la Connétablie, les attributions du scel du châtelet n'ont pas lieu non plus que le privilége de *committimus*.

Cette juridiction est sous le ressort immédiat du parlement; on y juge définitivement nonobstant l'appel jusqu'à 100 livres en matière sommaire & sans préjudice de l'appel jusqu'à la somme de 1000 livres.

Lorfqu'on y condamne un coupable à mort, il doit être conduit au fupplice par le lieutenant-général, affifté de fon greffier & d'un nombre fuffifant d'archers.

Cette juridiction fuit le ftyle des requêtes du palais; les audiences s'y tiennent les lundis, jeudis & famedis, & les procureurs du parlement y poftulent.

Comme il n'y a que deux juges dans ce fiége, on y appelle pour les jugemens des procès criminels un troifième gradué; & depuis longtems le lieutenant-général ou celui qui préfide en fon abfence font dans l'ufage d'inviter pour cet effet un ou plufieurs avocats du parlement.

On y a quelquefois appelé des maîtres des comptes, lorfqu'il s'agiffoit de finances.

Des maîtres des requêtes y ont auffi affifté quelquefois pour différens objets, en vertu de mandement & de lettres de juffion.

Le prévôt de la Connétablie y a féance & voix délibérative dans toutes fortes d'affaires après le lieutenant-particulier : pour ce qui eft de fes lieutenans & des autres prévôts & lieutenans des maréchaux de France, ils n'ont féance que fur les bas fiéges; & quant à la voix délibérative, ils ne l'ont que lorfqu'ils apportent des procès prévôtaux à juger.

La Connétablie connoît premièrement de tous les excès, dommages, crimes & délits commis par les gens de guerre à pied ou à cheval, au camp, en garnifon, en y allant ou revenant, ou tenant les champs; des excès & violences qui peuvent leur être faits; des infractions de fauve-garde & des gardes enfreintes; des logemens de gens de guerre fans commiffion & fans route, ou qui se font dans les environs ; des exempts & des privilégiés, & de tous les crimes & délits commis à l'occasion des faits dont on vient de parler.

2°. Elle connoît de tous les procès & différens procédant du fait de la guerre & gendarmerie, comme des rançons, butins, prisonniers de guerre, espions, proditeurs, transfuges, déserteurs, enrôlemens forcés, destitution & cassation de gens de guerre, de la reddition des villes, châteaux & forteresses rendus aux ennemis du roi par faute & malversation des gentilshommes sujets au ban & arrière-ban ; des actions & poursuites qui en peuvent résulter ; des appellations interjetées des maire & échevins, sur le fait de la milice, guet & garde des bourgeois & habitans ; des délits & différens survenus entr'eux ou autres particuliers dans les corps de garde des villes, & de tous les cas & crimes commis par gens étant sous les armes, ainsi que de l'appel des sentences rendues par les prévôts des compagnies bourgeoises d'arquebusiers, fusiliers & chevaliers de la flêche ou de l'arc.

3°. Elle connoît des actions personnelles que les gens de guerre peuvent avoir en vertu de contrats, cédules, promesses, obligations faites entr'eux ou autres personnes pour prêt de deniers, vente de vivres, armes, chevaux, ou autres munitions & équipages de guerre, en demandant, défendant ou intervenant.

4°. Des montres & revues, payemens de gages, soldes, appointemens, taxations, droits de paye & de regître, & autres droits prétendus par les gens de guerre à pied ou à cheval, mortes-payes, prévôts, vice-baillis, vice-sénéchaux, lieutenans - criminels de robe-courte; chevaliers du guet, leurs officiers & archers, commissaires & contrôleurs des guerres, tréforiers-payeurs, héraults d'armes, capitaines & conducteurs des charrois, munitionnaires & autres officiers de la gendarmerie ; des poursuites qui ont lieu contre les tréforiers généraux de l'ordinaire & extraordinaire des guerres ; cavalerie légère, artillerie, payeurs, receveurs ou leurs commis ; des prêts faits aux armées, réponses, obligations faites au camp ou en garnison ; lesquels commissaires des guerres, contrôleurs, tréforiers & payeurs font tenus de faire enregistrer au greffe de la Connétablie leurs lettres de provisions deux mois après leur expédition ; ce qui ne se fait qu'après information de vie & mœurs : les payeurs font aussi obligés d'y faire enregistrer les actes de réception de leurs cautions deux mois après leur réception.

5°. Elle connoît encore des différends qui surviennent à l'occasion des comptes, assignations, mandemens, rescriptions, récépissés, ordonnances, billets & lettres de change que les tréforiers des guerres, payeurs, leurs clercs & commis se donnent les uns aux autres pour le fait de leurs charges, commissions, maniemens & entremises ; des abus & malversations que ces officiers pourroient commettre en leurs offices & commissions ; des procès & différens des commissaires des guerres, Tréforiers-payeurs & leurs commis, capitaines & conducteurs des charrois & artillerie, munitionnaires & autres officiers de guerre.

6°. Des actions qui peuvent être intentées pour l'exécution ou explication des traités faits

pour

pour les offices de prévôts, vice - baillis, vice-sénéchaux, lieutenans-criminels de robe-courte, chevaliers du guet, leurs officiers & archers, ainsi que pour ceux des commissaires, trésoriers des guerres & payeurs, & autres officiers de milice; des ventes de tous offices de gendarmerie par autorité de justice; des décrets interposés sur les biens des condamnés par jugement prévôtal, procès & différends qui peuvent naître à cause des armes & blazons des familles nobles.

7°. Des causes & actions personnelles des domestiques des maréchaux de France, maîtres-armuriers-arquebusiers, fourbisseurs, s'agissant du fait d'armes & de leur négoce, ventes & achats entr'eux & les particuliers pour le fait des marchandises de contrebande, ainsi que de celles des marchands tailleurs & artisans qui fournissent aux gens de guerre les sayes, casaques & habits d'ordonnance & autres choses pour le fait de la guerre.

8°. Les maréchaux de France ou leur lieutenant-général en la Connétablie, connoissent par prévention de tous crimes & cas prévôtaux, & même de tous autres délits & contre toutes sortes de personnes, sauf à en faire le renvoi, s'il est requis, après l'information & le décret exécuté; ainsi que des contraventions faites aux édits de sa majesté sur le fait des duels & rencontres contre toutes personnes & en tous lieux; des contraventions aux ordonnances touchant le port d'armes & de tous crimes ordinaires royaux commis hors les villes closes, où il y a bailliage & sénéchaussée, le tout par prévention & à la charge de l'appel.

9°. Les prévôts des maréchaux, tant généraux, provinciaux que particuliers, vice-baillis, vice-sénéchaux, lieutenans-criminels de robe-courte, chevaliers du guet, leurs lieutenans, affesseurs, procureurs du roi, greffiers, commissaires & contrôleurs aux montres, les tréforiers de la folde, receveurs & payeurs des compagnies des prévôts doivent être reçus en la Connétablie après information de vie & mœurs, & les oppositions à leur réception doivent y être jugées.

10°. Elle connoît aussi des fautes & délits des prévôts des maréchaux, vice-baillis, vice-sénéchaux, leurs lieutenans, affesseurs, lieutenans-criminels de robe-courte, chevaliers du guet, officiers & archers de leur compagnie, en l'exercice de leurs charges & commissions; des excès & rebellions à eux faits & à ceux qui les ont appelés en aydes; des réglemens faits entr'eux pour leurs états; des procès qui furviennent entr'eux pour raison de leurs fonctions; des provisions, nominations, deftitutions ou fufpensions des archers; des taxes de leurs falaires & vacations; des montres, police & difcipline de leurs compagnies; des appellations interjetées des prévôts, favoir, en matière criminelle par ceux qui ne font pas foumis à leur juridiction, ou pour raison de déni de juftice, & en matière civile, des deftitutions, fufpensions ou interdictions par eux faites de leurs officiers & archers, taxes de leurs falaires & vacations.

Enfin c'est à la Connétablie que font adressées les lettres d'abolition, pardon & innocence qui font obtenues par les perfonnes & pour raison des délits que l'on vient d'énoncer. Tels font les principaux objets de compétence de la Connétablie.

Cependant on doit obferver que lorfque les officiers & foldats commettent quelque crime qui intéreffe les habitans d'une garnifon, les juges des lieux doivent, en connoître, fuivant l'article 43 de l'ordonnance du mois de mai 1665.

Il paroît même qu'ils peuvent prendre connoiffance des délits commis par les gens de guerre dans leurs marches : c'eft ce qui réfulte de la décifion d'un conflit qui s'éleva en 1742 entre M. Serpillon lieutenant criminel au baillage & préfidial d'Autun, & M. de Beauclas lieutenant général de la Connétablie. Voici à quel fujet. De jeunes officiers paffant avec des recrues par Autun, avoient attaqué & maltraité à coups d'épée & de couteaux de chaffe plufieurs habitans, & fur-tout le lieutenant particulier au baillage de cette ville, qui étoit refté à demi-mort fur la place. M. Serpillon en avoit informé fur le champ, & décerné un décret contre ces officiers qui furent arrêtés. Pendant cette inftruction, le prévôt de la Maréchauffée en donna avis au lieutenant général de la Connétablie, qui ordonna le 9 mai, qu'à la requête du fubftitut du procureur du roi à la Maréchauffée d'Autun, il feroit informé du délit dont il étoit queftion, par le prévôt ou fon lieutenant. Il fit défenfes en même temps au lieutenant criminel de paffer outre à fon inftruction, à peine de nullité, avec injonction d'envoyer les informations qu'il avoit faites au greffe de la Connétablie.

Ce conflit de juridiction donna lieu à différens mémoires que les deux juges adreffèrent refpectivement à M. le chancelier d'Agueffeau. Il

décida la contestation par une lettre qu'il adressa
le 30 juin 1742 à M. Serpillon. Elle est conçue
en ces termes.

« M. j'ai reçu les lettres que vous m'avez
» écrites à l'occasion de différentes procédures
» qui ont été faites par vous & par le lieutenant
» général de la Connétablie contre des officiers
» de milice qui ont commis des excès graves
» envers plusieurs habitans d'Autun, en passant
» avec leurs troupes en cette ville ; & comme
» il y auroit de l'inconvénient à différer l'ins-
» truction & le jugement de cette affaire, jusqu'à
» ce que le roi ait fait examiner en son conseil
» s'il y a lieu d'avoir égard aux représentations
» des officiers de la Connétablie qui prétendent
» que la connoissance de tous crimes commis
» par des gens de guerre doit leur appartenir
» sans distinction, vous pouvez achever l'ins-
» truction du procès dont il s'agit, & procéder
» au jugement définitif, sans tirer à conséquence
» dans d'autres cas semblables, jusqu'à ce qu'il
» ait plu au roi de s'expliquer plus précisément
» sur les attributions & priviléges dont les offi-
» ciers de la Connétablie doivent jouir. »

M. Serpillon observe dans son commentaire
sur l'ordonnance criminelle, que son principal
moyen consistoit en ce qu'il avoit prévenu le
prévôt que les maréchaux de France ont à
Autun pour l'exercice de leur juridiction sur les
gens de guerre, ce qui excluoit le lieutenant
général de la Connétablie, de la connoissance
du délit dont il s'agissoit.

Ce juge ne peut connoître non-plus des rébellions faites aux cavaliers de Maréchaussées qui
prêtent main-forte à des huissiers porteurs d'un

mandement de juftice : comme ces rébellions font incidentes au procès, la connoiffance en appartient aux juges qui ont donné les mandemens fuivant la difpofition de l'article 20 du titre premier de l'ordonnance criminelle.

Cependant M. Serpillon rapporte dans fon commentaire fur cette ordonnance que les officiers de la fénéchauffée d'Angers ayant informé d'une rébellion faite a un décret de prife de corps qu'ils avoient décerné, le procureur du roi de la Connétablie revendiqua la connoiffance de ce délit qui lui fut attribuée par arrêt du parlement de Paris du 15 juillet 1747.

Sur quoi M. Serpillon obferve que les officiers de la fénéchauffée d'Angers défendirent foiblement leurs droits en cette occafion, & que fuivant toute apparence ils ne cherchèrent qu'à fe débarraffer d'une procédure inftruite à la requête du procureur du roi ; de forte que M. le procureur général au parlement de Paris, qui n'avoit pour objet que d'accélérer le jugement de la rébellion dont il s'agiffoit, ne crut pas devoir difcuter des droits de juridiction qui n'étoient pas conteftés.

Quoi qu'il en foit, la règle générale eft que la Connétablie doit connoître non-feulement des excès commis envers les cavaliers de la Maréchauffée, mais encore des délits qu'ils peuvent commettre eux-mêmes dans l'exercice de leurs fonctions, en un mot de tout ce qui a rapport à la police & à la difcipline de ce corps.

La Connétablie défendit en conféquence, par ordonnance du 22 mai 1749, à tous prévôts d'exiger des exempts, brigadiers, fous-brigadiers, archers, trompettes, aucune finance ou droit de nomination, ni d'en recevoir directement ou indirectement, quand il leur feroit volontairement offert, fous peine d'interdiction.

La même ordonnance porte que les fommes dont la retenue aura été ordonnée par les prévôts fur les gages & appointements, pour achats de chevaux de fervice, refteront entre les mains des tréforiers des Maréchauffées, pour être employés à ces achats.

Il eft ordonné en outre que l'habillement, l'armement & l'équipage des exempts, brigadiers, &c. qui auront obtenu leur congé, ou qui feront caffés & décédés, feront remis par le prévôt ou fon lieutenant de réfidence, à celui-qui remplira la place vacante, fans que ce dernier foit tenu d'en payer la valeur.

Cependant comme les prévôts des maréchaux font juges en dernier reffort pour les cas prévôtaux, il s'éleve quelquefois des conflits entr'eux & la Connétablie; c'eft ce qui a donné lieu à une ordonnance du 4 juin 1666, par laquelle les maréchaux de France ont défendu aux prévôts, ainfi qu'à leurs officiers & cavaliers, toute diftraction de la juridiction de la Connétablie, directement ou indirectement, pour tout ce qui pouvoit concerner la police des Maréchauffées, à peine de trois cents livres d'amende, & même d'être affignés à comparoir en perfonne à l'affemblée des maréchaux de France à Paris, pour y rendre raifon de leur défobéiffance & contravention, & être ordonné plus grande peine, fuivant l'exigence des cas.

L'ordonnance du roi du 19 avril 1760, enjoint auffi, titre 4, article 6, aux commandans des brigades de Maréchauffée, de remettre aux greffes de leurs départemens, les procès-verbaux d'excès commis envers eux ou envers leurs cavaliers dans leurs fonctions, pour qu'ils foient enfuite envoyés, à la diligence des fubftituts, au procureur du roi de la Connétablie.

. Ce fiége a renouvelé cette injonction par deux jugemens rendus fpécialement pour les officiers & cavaliers de la prévôté générale de l'Ifle-de-France, les 30 décembre 1760 & 25 février 1763.

Outre la juridiction que MM. les maréchaux de France ont à la Table-de-marbre, ils ont un tribunal qui fe tient chez le plus ancien d'entre eux, où ils connoiffent par eux-mêmes & fans appel, des différens qui naiffent entre les gentils-hommes & autres faifant profeffion des armes, pour raifon du point d'honneur. Ils s'affemblent pour cet effet tous les jeudis; les requêtes font remifes au fecrétaire du tribunal, & rapportées par un maître des requêtes.

MM. les maréchaux de France ont en chaque bailliage & fénéchauffée un lieutenant dont les compagnies de Maréchauffée font tenues d'exé-cuter les ordres, de même que la compagnie de la Connétablie exécute ceux de MM. les maréchaux de France.

. Voyez *les lettres de Charles IX du 6 décembre 1568; les ordonnances du roi des 18 octobre 1533, premier février 1574, 9 février 1584, janvier 1660, 3 mai & 18 juin 1682; l'ordonnance criminelle; les édits des mois de mars 1577 & 1587, novembre 1588, mars 1600, & juin 1650; l'encyclopédie; le mémoire concernant la Connétablie, dreffé en 1655; le recueil de la Connétablie & Maréchauffée*

*par Pinſon de la Martinière ; celui de Saugrain;
celui de Jolly ; l'hiſtoire des Connétables & Maré-
chaux de France par Leferon & Miraumont; le
dictionnaire de la Maréchauſſée par M. de Bauclas.*
Voyez auſſi les arricles M A R É C H A U S S É E,
P R É V Ô T D E S M A R É C H A U X, B I L L E T S,
D'HONNEUR, POINT D'HONNEUR & CITATION,
LIEUTENANT DES MARÉCHAUX, MARÉCHAL
DE FRANCE, &c. (*Article de M GILBERT
DE MARETTE, avocat au parlement de Bretagne.*)

C O N N E X I T É ou CONNEXION. C'eſt le
rapport & la liaiſon qui ſe trouvent entre pluſieurs affaires qui demandent à être décidées par
un ſeul & même jugement.

Un particulier, par exemple, eſt aſſigné pour
le déſiſtement de la propriété d'un héritage ;
peu de temps après il reçoit une nouvelle aſſignation pour le payement des fermages du même
héritage pendant un certain nombre d'années ;
il eſt certain que ces deux affaires ont trop de
Connexité pour eſſuyer chacune une proc dure
différente ; il eſt naturel qu'elles ſoient décidées
par un ſeul & même jugemeni : c'eſt pourquoi
ſi ces deux affaires ſont portées chacune dans
un tribunal différent, c'eſt le cas de demander
le renvoi de l'affaire incidente devant le juge de
l'affaire principale, ou de ſe pourvoir devant
le juge ſupérieur pour la faire évoquer devant
lui (*),

(*) *Procédure qu'on peut tenir pour parvenir à une
évocation, à cauſe de connexité.*
A Monſieur, monſieur le bailli, &c.
Supplie, &c.... diſant qu'il a été traduit devant vous

C'eft auffi la Connexité des affaires qui autorife quelquefois les parties à demander dans la caufe d'appel l'évocation du principal ; mais pour ne point ufer ici de redites, nous renvoyons à l'article CAUSE. (*Article de M. DAREAU, avocat, &c.*)

CONNOISSEMENT. Terme du commerce maritime, par lequel on exprime un acte

---

pour le défiftement d'un héritage, &c. (*on détaille ici la nature, l'objet & l'état de l'affaire.*) Depuis ce tems-là il a pris envie à la partie adverfe de former une nouvelle demande devant (*tel juge*) qu'on peut regarder comme une demande incidente par laquelle elle a conclu à ce que le fuppliant fut condamné à lui payer le nombre de.... années de jouiffance de l'héritage dont le défiftement eft demandé pardevant vous ; à raifon de.... livres chaque année, avec les intérêts, &c. Mais comme cette feconde demande a trop de Connexité avec la première pour que le fuppliant foit obligé de contefter dans deux tribunaux différens pour deux objets fufceptibles d'un feul & même jugement, il a été confeillé de recourir à votre autorité, & à cet effet de vous donner la préfente requête.

Ce confidéré, Monfieur, il vous plaife ordonner que les parties en viendront à votre première audience d'après trois jours pour voir dire que la demande formée par la partie adverfe devant (*tel juge*) demeurera évoquée pardevant vous pour y être ftatué en même temps qu'il le fera fur la demande en défiftement dont il s'agit par un feul & même jugement, & par provifion faire défenfes de faire de pourfuites ailleurs que pardevant vous, à peine de nullité & même d'amende, &c. ordonner qu'à cet effet la préfente requête & l'ordonnance qui s'en fuivra feront fignifiées tant au procureur conftitué par la partie adverfe, qu'au greffe de la juridiction où a été portée la demande de l'évocation de laquelle il s'agit par la préfente requête.

Ordonnance. Permis de fignifier aux fins de la préfente requête, & cependant défenfe de procéder ailleurs qu'en ce fiége fous les peines de droit. Fait à , &c.

ou reconnoiſſance ſous ſignature privée, concernant la déclaration des marchandiſes qui ſont chargées ſur un vaiſſeau, le nom de ceux qui les ont chargées, celui des perſonnes auxquelles elles ſont adreſſées, l'envoi ou le lieu de leur deſtination, & une ſoumiſſion de les y porter. Cet acte fait la ſûreté des propriétaires des marchandiſes.

L'article premier du titre 2, du livre 3 de l'ordonnance de la marine du mois d'août 1681, veut que le Connoiſſement ſoit ſigné par le maître ou par l'écrivain du bâtiment.

La ſignature de l'écrivain lorſqu'il y en a un, engage le maître, l'écrivain étant ſon prépoſé à cet égard; elle engage auſſi les propriétaires du vaiſſeau, de même que ſi le maître avoit ſigné.

Lorſque le maître a chargé lui-même des marchandiſes pour ſon compte, il doit ſe faire donner un Connoiſſement par l'écrivain, s'il y en a un, & par le pilote, parce qu'il ne peut pas ſe le donner à lui-même.

Le Connoiſſement que le maître eſt tenu de donner à ceux qui chargent des marchandiſes ſur le navire, doit ſuivant l'article 2, contenir *la qualité, quantité & marque des marchandiſes.*

Ce qui eſt dit de la *qualité*, s'entend de la qualité générique, extérieure & apparente : on doit dire, par exemple, *tant de balles de coton, tant de caiſſes d'indigo*, &c. Mais il eſt inutile de dire que le coton eſt de telle ou telle eſpèce, que l'indigo eſt cuivré ou bleu, ou bien conditionné; & même ſi cela étoit exprimé, on ne pourroit pas inquiéter le maître à ce ſujet, pourvu qu'il repréſentât le nombre de balles de coton & de caisses d'indigo exprimé dans le Connoissement & sous la même marque qu'elles auroient été chargées. Ce seroit en vain que l'affreteur prétendroit que le coton & l'indigo ne sont pas de la qualité spécifiée dans le Connoissement, il ne seroit point écouté, à moins qu'il ne prouvât quelque prévarication de la part du maître ou des gens de l'équipage.

Outre l'expression de la *quantité* des marchandises, on ajoute quelquefois le poids des caisses ou des ballots ; mais quand le maître n'a pas vérifié le poids, il a coutume d'ajouter à la signature du Connoissement ces termes : *sans approuver*, ou que *dit être*, & l'affreteur ne doit pas empêcher cette restriction, ni exiger une signature pure & simple, à moins qu'il n'offre de vérifier à ses frais le poids en présence du maître. L'amirauté de Marseille l'a ainsi jugé par sentence du 15 décembre 1753.

On doit appliquer une *marque* aux marchandises, pour s'assurer, lorsqu'on décharge les caisses ou ballots au lieu de la destination, que ce sont les mêmes qui ont été chargés & qui sont énoncés dans le Connoissement.

L'article 3 veut que chaque Connoissement soit fait triple, afin que le chargeur, celui à qui les marchandises sont adressées, & le maître ou l'écrivain du vaisseau en aient chacun un. C'est avec cet acte, que le chargeur peut être en état de convaincre le maître qu'il lui a confié les effets qui y sont énoncés ; que celui auquel les marchandises sont adressées a droit de les réclamer à l'arrivée du navire, & que le maître est fondé à demander le payement du fret stipulé.

Vingt-quatre heures après que le vaisseau est

chargé, les marchands doivent préfenter les Connoiffemens au maître pour les figner, & lui fournir les acquits de leurs marchandifes, à peine de payer l'intérêt du retard; & les facteurs ou commiffionnaires qui reçoivent les marchandifes mentionnées dans les Connoiffemens, font tenus d'en donner le reçu au maître qui le demande, à peine de tous dépens, dommages & intérêts, même de ceux du retard. Telles font les difpofitions des articles 4 & 5.

Lorfqu'il fe trouve quelque différence dans les Connoiffemens d'une même marchandife, celui qui eft entre les mains du maître fait foi, s'il eft écrit de la main du marchand ou de fon commiffionnaire; & l'on s'en rapporte à celui qui eft entre les mains du marchand, lorfqu'il eft écrit de la main du maître. C'eft ce qui réfulte de l'article 6.

Lorfque le Connoiffement eft perdu, l'atteftation du capitaine ou des principaux de l'équipage doit en tenir lieu; & à leur défaut, s'ils font péris dans un naufrage, l'atteftation des autres perfonnes de l'équipage qui fe font fauvées.

Quand le chargement fe trouve fait en pays étranger, foit par des mariniers ou par des gens qui font dans le vaiffeau en qualité de paffagers, & qu'ils le font affurer en France par leurs correfpondans, ces mariniers ou paffagers doivent laiffer un double du Connoiffement entre les mains du conful François ou de fon chancelier au lieu où fe fait le chargement; & à défaut de confulat dans ce lieu, entre les mains d'un notable marchand de la nation françoife. Cela eft ainfi réglé par l'article 63 du titre des affurances.

On conçoit que l'objet de cette loi a été d'obvier aux fraudes & à la collusion qui pourroient se pratiquer entre ces personnes & le capitaine, attendu que sans cette précaution, il pourroit en cas de naufrage ou de prise, donner aux assureurs un faux Connoissement contenant une plus grande quantité de marchandises que celle dont le chargement étoit composé.

Le Connoissement ne se trouve pas compris au nombre des actes rappelés dans le tarif du 29 septembre 1722 ; mais l'article 94 porte que les actes omis dans ce tarif doivent acquitter le droit de contrôle sur le pied de ceux auxquels ils ont rapport. Or, le Connoissement a un rapport déterminé à la lettre de voiture ; car les lettres de voiture usitées sur mer comme sur terre, représentent dans la navigation au petit cabotage, les Connoissemens dont on fait usage dans les voyages de long cours ou au grand cabotage : ainsi le droit de contrôle du Connoissement doit être perçu conformément à l'article 60 du tarif, c'est-à-dire sur le pied de cinq sous comme pour les lettres de voiture.

Voyez *l'ordonnance de la marine du mois d'août 1681, & les commentateurs ; le traité du contrat de louage maritime, & celui des contrats aléatoires par Pothier ; le tarif du 29 septembre 1722, &c.* Voyez aussi les articles Assurance, Capitaine, Navigation, Charte-partie, Consul, Jet, &c.

CONQUÊT. On appelle ainsi toute acquisition que font le mari & la femme, soit conjointement ou séparément durant la communauté conjugale.

Les Conquêts sont opposés aux biens propres.

Ainsi tout ce que l'un des Conjoints acquiert durant la communauté, soit par son induſtrie ou par la libéralité d'autrui, profite pour une moitié à l'autre Conjoint, & forme dès-lors un Conquêt de communauté.

Ce qui vient par ſucceſſion ne pouvant être regardé comme le fruit de l'induſtrie ni de la générofité, demeure propre au Conjoint qui avoit droit d'y ſuccéder. Les dons & les legs faits aux enfans leur demeurent propres auſſi, parce que ces ſortes de libéralités ſont toujours préſumées faites en avancement d'hoirie.

A l'égard des donations entre-vifs ou à caufe de mort qui viennent des parens collatéraux, ces donations forment des Conquêts quand elles ont lieu durant la communauté, parce que les collatéraux ne nous doivent pas leur ſucceſſion comme nos aſcendans nous doivent la leur; ce qu'ils nous donnent eſt donc autant le fruit de leur libéralité que de leur attachement (*).

Ce que l'on reçoit par accommodement de famille, par partage ou par licitation, ne forme pas non plus un Conquêt.

Il en eſt de même d'un héritage acquis par l'un des conjoints en vertu d'un droit qui n'eſt pas ceſſible, tel que celui du retrait lignager. Cet héritage demeure propre à celui qui avoit droit d'en exercer le retrait, ſauf à rembourſer à la communauté ce qu'il en a tiré pour ce re-

---

(*) Faites une exception pour quelques coutumes comme celles d'Anjou ou du Maine, où les donations faites à l'héritier préſomptif en ligne collatérale ſont réputées faites en avancement d'hoirie.

trait. Il en feroit différemment fi l'acquifition provenoit d'un retrait conventionnel dont on auroit acquis le droit : ce droit pouvant entrer dans la communauté, l'héritage qu'il procure y entreroit pareillement. Mais fi la faculté de réméré appartenoit originairement au conjoint par la réferve qu'il s'étoit faite d'y rentrer, l'héritage racheté lui demeureroit propre, non-obftant le fentiment contraire de M. Pothier, dès que la caufe du retrait conventionnel feroit antérieure à la communauté.

Nous avons dit que les chofes qui font le fruit de la libéralité devenoient des Conquêts dans la communauté ; cette règle reçoit cependant trois exceptions : la première eft lorfque la donation eft antérieure au mariage, parce qu'ordinairement ce n'eft pas le contrat, mais la célébration du mariage qui établit la communauté dans laquelle il ne fe forme des Conquêts qu'à compter du jour de la bénédiction nuptiale. La feconde, lorfque les chofes font réputées données en avancement d'hoirie, ou par des actes qui en tiennent lieu, par la raifon qu'on ne peut pas dire que la communauté a procuré à un conjoint ce qu'il auroit toujours eu par droit fucceffif, quand même il n'auroit point été marié. La troifième eft lorfque la libéralité eft faite à condition que les chofes données feront propres au donataire ; en ce cas l'intention du donateur étant que l'objet donné n'entre point en communauté, l'autre conjoint ne peut rien y prétendre. Au refte, l'article 246 de la coutume de Paris a fait à cet égard une règle particulière qui eft devenue générale dans tout le pays coutumier (*). Il y a plus ; c'eft que fi la donation étoit faite par le contrat de mariage aux *futurs époux*, elle formeroit un propre dont moitié feroit pour chacun d'eux , fans que le mari comme chef de la communauté, pût en difpofer comme d'un Conquêt. Dumoulin nous enfeigne aufſi que quoique cette donation fût faite au futur époux feul , fi néanmoins le donateur étoit un afcendant de la future ou fon proche parent collatéral dont elle fut l'héritière préfomptive , la donation feroit toujours cenfée faite à la future, & le futur époux ne feroit confidéré qu'en cette qualité feule pour accepter ce qui feroit donné à caufe de fa future époufe.

Si après le mariage fait un père donnoit à fon gendre & à fa fille un héritage pour leur appartenir à chacun pour moitié, la moitié de la femme lui feroit un propre, parce qu'elle le tiendroit en ligne directe , & la moitié du mari feroit un vrai Conquêt, parce que cette moitié feroit réellement pour lui l'effet d'une pure libéralité.

Si dans une donation faite à l'un des conjoints après la célébration du mariage , l'héritage donné étoit grevé d'une fubftitution, cette claufe n'empêcheroit pas que cet héritage ne fût un Conquêt pour en jouir jufqu'à l'ouverture de la fubftitution par celui auquel il feroit deftiné par

(*) Obfervez que s'il s'agiffoit d'une fociété même univerfelle entre d'autres perfonnes que des conjoints, il ne feroit pas néceffaire que le donateur eût appofé la condition que l'objet donné ne tomberoit point dans la fociété : les lois 9, 10, 11, 71, du paragraphe 1 au dig. *pro focio*, ne font entrer en fociété que ce qui vient d'un travail commun & non ce qui n'eft l'effet que d'une pure libéralité.

le

le partage de la communauté. Il faudroit pour que ce fût un propre décidé, que la donation le conférât au donataire pour en jouir comme tel.

Si la donation avoit lieu de la part d'un collatéral, avec mention que c'est en avancement d'hoirie, cette explication suffiroit pour empêcher que l'héritage donné ne fût un Conquêt. Il est vrai que cet héritage ne laisseroit pas d'être un acquêt dans la succession du donataire, mais cet acquêt auroit l'effet d'un propre à l'égard de la communauté, parce que l'intention du donateur seroit marquée d'empêcher que l'autre conjoint n'en profitât ; ce qui est tellement vrai, que le donataire lors de l'ouverture de la succession, seroit tenu de précompter à ses co-héritiers l'héritage donné, puisqu'il ne l'auroit reçu qu'en avancement d'hoirie.

Au reste, observez que quoique les choses données ne tombent pas toujours dans la communauté, les fruits ou revenus ne laissent pas d'en faire partie.

Une autre observation relative aux libéralités que l'on reçoit, est que si la chose donnée ou léguée à l'un des conjoints est de nature à ne pouvoir subsister que dans la personne de celui qui en est gratifié, sans pouvoir être communiquée à l'autre conjoint, elle demeure propre au donataire. Ainsi quand un créancier par son testament fait remise à son débiteur d'une certaine somme, comme cette remise ne peut subsister que dans la personne du débiteur, celui-ci n'est point obligé de tenir compte à la communauté de la moitié de cette somme, tout comme il n'eſt pas obligé de lui faire raiſon de la moitié de la valeur d'un droit de paſſage que lui accorde un voiſin ſur ſon héritage pour aller dans un pré qui ne fait point partie de la communauté ; il ſuffit que ce droit ne puiſſe appartenir qu'au propriétaire du pré, pour que le conjoint qui n'a rien à réclamer dans ce pré n'ait rien à prétendre à raiſon du paſſage accordé.

Il ne faut pas mettre non plus au rang des Conquêts les héritages dans leſquels rentre un conjoint durant le mariage par la voie de la reſciſion, de la réſolution ou de la ſimple ceſſation de l'aliénation qui en avoit été faite auparavant : mais l'objet d'une rétroceſſion devient un Conquêt quand même cette rétroceſſion ſeroit faite pour le même prix, lorſque les choſes étoient conſommées & qu'il n'y avoit aucune cauſe pour y donner lieu forcément. Si cette rétroceſſion cependant provenoit, par exemple, d'un défaut de payement, elle ſeroit regardée comme une réſolution du contrat, parce qu'en fait de vente le prix eſt une des trois choſes ſans leſquelles le contrat ne peut ſubſiſter, & dès-lors l'héritage ne peut être regardé comme un Conquêt, parce que le vendeur en y rentrant, n'y rentre point par un droit nouveau : le défaut de payement remet ſimplement les choſes dans l'état où elles étoient avant l'aliénation.

Il ne faut pas regarder non plus comme Conquêt ce qui accroît naturellement à un propre, tel que ſeroit l'accroiſſement que procureroit une alluvion ou toute autre cauſe étrangère. Mais l'accroiſſement qui a pour principe une cauſe civile ne produit pas le même effet. Ainſi l'héritage qu'un ſeigneur acquiert pour ajouter à son fief ne laisse pas d'être un Conquêt, de même que le seroit celui qu'il acquerroit pour accommoder ou pour aggrandir une de ses terres voisines.

A l'égard d'un édifice construit sur un propre de communauté, comme l'union de cet édifice avec le propre est telle qu'elle peut être regardée comme naturelle, tous les auteurs conviennent que l'édifice suit la propriété du fonds suivant la maxime *superficies cedit solo*. Cependant comme cette union naturelle a été déterminée par une cause morale & civile qui est la construction, le conjoint à qui reste l'héritage est obligé d'indemniser la communauté d'une moitié de ce qu'il en a coûté pour parvenir à cette construction.

Mais supposé que le bâtiment ait été construit avant l'établissement de la communauté, & que durant cette même communauté il vienne à tomber en ruine, les matériaux, les mazures entreront-ils dans la communauté en les regardant comme objets mobiliers ?

Lorsque le propriétaire du fonds est dans le dessein de faire rétablir le bâtiment, il est décidé que les matériaux dont il s'agit conservent la nature de propre qu'ils avoient auparavant, & qu'ils deviennent acquêts mobiliers pour lui lorsqu'il renonce à une nouvelle construction ; mais dans ce cas-ci ils n'entrent point pour cela dans la communauté, par la raison, suivant les jurisconsultes, qu'il ne faut point laisser lieu aux conjoints de se favoriser l'un aux dépens de l'autre.

A l'égard des héritages que l'on acquiert par échange contre un propre de communauté, ces héritages prennent la qualité du propre échangé, & par conséquent ne forment point de Conquêt. On doit feulement indemnifer la communauté de ce qu'on peut en avoir tiré pour un retour en argent fi l'échange y a donné lieu.

Quand la chofe donnée en échange pour un propre eft un objet mobilier, cet objet, quoique tel, ne laiffe pas d'être réputé propre de communauté; car il faut bien faire attention à la différence qu'il y a entre un propre de communauté & un propre de fucceffion. Un objet mobilier ne peut point par la force d'un échange devenir un propre de fucceffion, mais il peut devenir un propre de communauté, par la raifon qu'en fait de communauté on peut établir telles fictions que l'on juge à propos; ce qu'on ne peut pas faire de même en matière de fucceffion. C'eft par cette raifon que fi j'ai vendu un propre pour de l'argent, qui eft quelque chofe de mobilier, je ferai en droit lors de la diffolution de ma communauté, de prélever fur la maffe de cette même communauté le prix de l'aliénation qui y fera entré.

Mais fi au lieu de mettre cet argent en maffe dans la communauté, je me fuis réfervé par le contrat d'aliénation d'employer le prix de mon propre vendu, en achat d'un ou de plufieurs autres héritages, & qu'effectivement cet achat ait été fait, les héritages nouvellement acquis doivent me tenir lieu du propre aliéné. Obfervez toutefois, que fi le prix de cette nouvelle acquifition excédoit de beaucoup (*) le prix de la première

_____

(*) On a déterminé cet excès jufqu'à un tiers en fus du prix de la première aliénation, comme fi ayant vendu mon

aliénation, les nouveaux objets acquis ne me feroient propres que jufqu'à concurrence de la fomme pour laquelle j'aurois aliéné mon propre, & ils feroient Conquêts pour le furplus.

Lorfqu'il s'agit d'une diffolution de communauté, & qu'il s'y trouve des héritages, fans qu'on fache fi ce font des Conquêts ou des propres, on les préfume être des Conquêts, & ils entrent en partage.

Quand le mari emploie les deniers dotaux de fa femme en achat d'héritages, ces héritages ne laiffent pas d'être Conquêts ; ils ne deviennent propres à la femme que lorfque le mari eft chargé de l'emploi, & que la femme a accepté l'acquifition. Denizart prétend que cette acceptation doit être expreffe & fous l'autorifation du mari. Pothier dit au contraire que la préfence ou la foufcription de la femme au contrat où il eft dit que l'acquifition eft faite des deniers de la femme fuffit. Le fentiment de ce jurifconfulte nous paroît à la vérité plus conforme aux loix romaines, mais celui de Denizart eft mieux dans les principes de notre jurifprudence coutumière ; & obfervez que fi le mari & la femme acquéroient conjointement, fans faire mention que l'acquifition eft pour tenir lieu d'un remploi, l'héritage demeureroit Conquêt.

Les Conquêts dans la coutume de Paris ne font pas à la libre difpofition du mari ni de la femme, lorfqu'ayant des enfans ils paffent à un

_____

propre douze mille livres, j'achete des héritages jufqu'à concurrence de dix-huit mille livres pour le remplacer. Si mon nouvel achat ne va pas jufqu'au tiers, je conferve le total & j'en fuis quitte pour une indemnité de l'excédent.

second mariage. L'article 279 dit que la femme qui a des enfans & qui se remarie ne peut disposer des Conquêts de sa première communauté, ni en faveur de son second mari, ni en faveur d'un étranger ; & la jurisprudence des arrêts a rendu cette prohibition commune au mari, attendu que les raisons à son égard sont les mêmes qu'à l'égard de la femme : mais cette prohibition ne s'entend que d'une disposition gratuite ; car le mari & la femme peuvent vendre leurs Conquêts, les engager & les aliéner comme leurs autres biens, pourvu que dans ces sortes de dispositions rien n'annonce une fraude méditée contre les enfans du premier lit. C'est ce qui a été décidé par deux arrêts rapportés dans la collection de jurisprudence, l'un du 7 & l'autre du 20 juillet 1731.

La coutume de Paris est tellement respectée sur cet article, qu'il a été jugé par un autre arrêt du 4 août 1733, que la femme qui n'a pour tout bien que ce qu'elle a gagné dans une première communauté, ne peut même pas faire entrer dans une seconde communauté une partie de ce qui provient de la première lorsqu'elle a des enfans, quand même cette partie n'excéderoit point une part d'enfant. On regarde ce que la loi protége en cette matière comme l'objet d'une substitution tellement propre aux enfans, qu'ils peuvent le recueillir sans pour cela se rendre héritiers.

Observez que cette disposition singulière de la coutume de Paris ne reçoit point d'application hors de son territoire, & que même elle ne produit d'effet qu'autant que dure le second ou tout autre mariage subséquent. Mais on demande fi une femme qui auroit des Conquêts de fa première communauté régie par une autre coutume, & qui viendroit fe remarier à Paris, feroit foumife à l'article 279 de la coutume de cette capitale? La négative eft l'opinion la mieux fondée, par la raifon que le nouveau domicile que la femme acquerroit à Paris ne feroit pas un motif pour lui faire perdre des droits qu'elle auroit déja acquis.

Cette queftion conduit à demander fi les Conquêts qui fe feroient dans une coutume comme celle de Normandie, où il eft même défendu de ftipuler une communauté, entreroient dans celle qui eft ftipulée fous une autre coutume? L'affirmative eft reçue, de crainte de favorifer la fraude qui pourroit avoir lieu en faifant des acquifitions dans des coutumes où ces acquifitions ne feroient pas mifes au nombre des Conquêts. D'où il réfulte que s'il y a des Conquêts faits en différentes coutumes, ils fe règlent tous fuivant la loi du contrat de mariage ou de la coutume qui en tient lieu.

A l'égard des offices, tous ceux qui font vénaux, foit de juftice, de police ou de finance, & qui ont été acquis durant la communauté, forment des Conquêts; mais le mari a droit de les retenir en indemnifant la communauté. S'il fe trouve pourvu de plufieurs de ces offices, il peut abandonner ceux qu'il juge à propos & conferver les autres, pourvu que cette féparation puiffe fe faire fans qu'il en réfulte une perte confidérable.

Pour ce qui eft des offices qu'on ne poffède que pour le revenu qui y eft attaché, le mari peut bien les retenir lorfqu'il en eft pourvu, mais il faut qu'il en tienne compte à la communauté fuivant ce qu'ils valent actuellement. C'eſt ce qui a été jugé pour un office d'inſpecteur ſur les veaux, par un arrêt du 7 Juillet 174), rapporté par Denizart. Il en eſt de même des offices domaniaux tels que les greffes ; comme ces offices peuvent être poſſédés en propriété par des femmes & par des mineurs, en les faiſant exercer par des commis, on les compte dans un partage de communauté pour ce qu'ils valent alors.

Quant aux offices de la maiſon du roi & autres ſemblables auxquels il n'y a aucune finance attachée, ils ſont regardés ſimplement comme des commiſſions que le mari peut retenir ſans indemnité, par la raiſon, ſuivant Pothier, que des offices de cette eſpèce ne ſont pas une choſe qu'on puiſſe dire faire partie d'une communauté. Sa déciſion eſt conforme à un édit de 1678. Mais obſervez que ſi le mari durant la communauté avoit obtenu du roi un brevet de retenue ſur un office de cette nature, ce brevet ſeroit un effet de communauté, & les héritiers de la femme auroient leur part dans la ſomme que payeroit le ſucceſſeur à l'office.

Les offices proprement dits qui ſont donnés en pur don par le roi au mari, appartiennent à ce dernier ſeul, & n'entrent point dans la communauté.

Pour ce qui eſt des offices en général ſur leſquels la communauté a des droits, le mari eſt obligé de déclarer trois mois après la confection de l'inventaire s'il entend les retenir, ſans quoi ils demeurent à ſes riſques & périls ; & qu'il les retienne ou non, jamais les frais de provifion, de réception, ni de centième denier pour la confervation de ces offices, ne fe précomptent fur la communauté, parce que ce font toujours des frais perdus dans l'un comme dans l'autre cas ; frais d'ailleurs qui étoient néceffaires, & fur lefquels la communauté eft cenfée s'être indemnifée, ou fur lefquels elle avoit efpérance de s'indemnifer par les profits, les émolumens & les priviléges attachés à chaque office.

Le mari a un plein & entier pouvoir fur les Conquêts de la communauté : il peut les vendre, aliéner, hypothéquer & en difpofer à fa volonté fans le confentement de fa femme ; il peut même les donner par difpofitions entrevifs, même à titre gratuit, pourvu que ce ne foit point à des perfonnes auxquelles il foit défendu de donner, ou interpofées pour couvrir la fraude. Mais par teftament ou autre acte de dernière volonté, il ne peut difpofer des biens de la communauté au préjudice de la moitié qui en appartient à fa femme ; & c'eft à ce fujet qu'on peut dire que le mari vit comme maître & qu'il meurt comme affocié : *vivit ut dominus, moritur ut focius.*

Il n'en eft pas de même de ces communautés formées entre différens particuliers par d'autres actes que des contrats de mariage : chaque affocié a un droit égal fur l'adminiftration des Conquêts de la fociété. Ce qui eft fait par l'un d'eux eft valable à la vérité pour les tiers étrangers qui ont contracté, parce que chaque affocié eft préfumé mandataire des autres ; mais s'il a mal adminiftré fans leur aveu, il eft refponfable envers eux de fon adminiftration ; ce qu'on ne peut pas dire du mari à l'égard de la femme commune ; il eft libre d'adminiftrer comme bon lui femble, fans que lors de la diffolution de la communauté on puiffe lui demander pourquoi il l'a ou ne l'a pas adminiftrée de telle ou telle manière. La femme eft obligée de la prendre telle qu'elle fe trouve, fi mieux elle n'aime y renoncer.

Voyez *Dupleffis & les autres commentateurs de la coutume de Paris ; de Renuffon, le Brun, Pothier, dans leur traité de la communauté ; la collection de jurifprudence ; le journal du palais & celui des audiences, &c.* Voyez auffi les articles BIENS, ACQUÊT, PROPRE, COMMUNAUTÉ, SUCCESSION, REMPLOI, &c. (*Article de M. DAREAU, avocat, &c.*)

CONSANGUIN. Terme de jurifprudence qui défigne un parent du côté paternel. Il n'eft guères ufité que dans ces phrafes, *frère confanguin, fœur confanguine,* pour dire frère ou fœur du côté du père feulement. Ceux qui ne font frères ou fœurs que du côté de la mère fe nomment *utérins,* comme qui diroit fortis du même fein, *quafi ex eodem utero.* On nomme frères ou fœurs *germains* ceux qui font iffus du même père & de la même mère. On dit de ces derniers qu'ils ont entr'eux la parenté du *double lien.*

Il y a une grande différence dans le pays de droit écrit & dans une grande partie du pays coutumier (pour les fucceffions) entre être parent des deux côtés & ne l'être fimplement que d'un feul ; c'eft ce qui fera particulièrement expliqué à l'article SUCCESSION. (*Article de M. DAREAU, avocat, &c.*)

CONSANGUINITÉ. C'étoit chez les Romains la parenté qui fe trouvoit entre deux ou plufieurs perfonnes du côté du père feulement. Mais parmi nous on entend par *Confanguinité* toute forte de parenté, foit du côté du père, foit de celui de la mère, conformément au texte du droit canon.

On ne fe fert de ce terme de Confanguinité que relativement aux mariages pour lefquels on examine fi ceux qui fe propofent l'union conjugale font parens ou non entr'eux, & à quel dégré fe trouve leur Confanguinité ; parce que fi en ligne collatérale elle a paffé le quatrième dégré, elle n'eft plus un obftacle au mariage. Mais en ligne directe elle eft toujours un empêchement, à quelque degré qu'elle fe rencontre. C'eft ce qui fera expliqué à l'article EMPÊCHEMENT.

En toute autre matière qu'en fait de mariage, on fe fert du terme de *parenté* au lieu de celui de Confanguinité. Voyez PARENTÉ.

L'annotateur de Denizart, au mot *Confanguin*, a dit que *la Confanguinité finit au fixième ou feptième degré ; mais qu'elle fe perpétue à l'infini pour la fucceffion à la couronne.* Il y a une erreur dans la première partie de cette obfervation, & la feconde a befoin d'être expliquée. La Confanguinité peut fe perpétuer à l'infini, il fuffit qu'on puiffe la reconnoître dans les degrés même les plus éloignés. Il eft vrai qu'elle ne produit plus les mêmes empêchemens, après certains degrés, pour les mariages, les récufations, les témoignages, &c. Mais pour ce qui s'appelle *droits de famille*, elle peut aller à l'infini, puifque dans nombre de coutumes, même en collatérale, la représentation a lieu à l'infini. En matière de retrait lignager, il suffit aussi d'être parent à quelque degré que ce soit, pour qu'on soit habile à l'exercer. *Tant que le lignage peut se prouver*, disent la plupart des coutumes.

A l'égard de la succession à la couronne, il n'y a de différence des autres successions ordinaires, qu'en ce que les mâles seuls de la famille y sont appelés à l'exclusion des filles ou de leurs descendans ; & en cela il paroît que la nation s'est conformée aux dispositions de la loi voconienne dont il est parlé à l'article AGNATION. (*Article de M. DAREAU, avocat, &c.*)

CONSÉCRATION. Cérémonie instituée dans l'église pour rendre une chose sacrée.

La première Consécration usitée est celle des saintes huiles (*), dont on se sert pour d'autres Consécrations.

La Consécration des huiles n'appartient qu'à l'évêque. Les théologiens rejettent l'opinion de ceux qui ont prétendu qu'un simple prêtre pouvoit faire cette Consécration.

Suivant l'usage reçu dans l'église, l'évêque

_____

(*) Il y a trois sortes d'huiles sacrées. 1.° L'huile du *saint-chrême* mêlée de baume, dont on se sert pour le baptême, pour la confirmation, pour le sacre des évêques, pour la Consécration des églises, des autels, des calices, des patènes & des fonts-baptismaux. 2.° L'huile des *catéchumènes* qui n'est que d'olives, & dont on se sert pour le baptême, pour les prêtres que l'on ordonne, pour les rois que l'on sacre & pour les églises & les autels avant l'onction du saint-chrême. 3.° L'huile *des infirmes* qu'on applique aux malades à qui on administre le sacrement d'*extrême-onction.*

ne peut faire le *faint chréme* que le jeudi de la femaine fainte & *à huis clos :* il doit le renouveler tous les ans ; mais en cas d'omiffion, on peut toujours fe fervir des huiles furannées ; & même on convient qu'un prêtre peut mêler de l'huile non confacrée à l'huile confacrée quand celle-ci peut manquer, purvu que celle qu'on ajoute foit en moindre quantité que celle qui refte.

Les huiles facrées fervent, comme nous l'avons dit, ou pour confacrer, ou pour bénir d'autres chofes que l'on veut rendre vénérables aux yeux du public. Les curés en leur qualité de curé, ont droit de s'en fervir pour l'adminiftration des facremens & les autres fonctions attachées à leur miniftère : mais pour ce qui eft des cérémonies particulières, où il s'agit d'onctions, elles appartiennent aux évêques, à moins qu'ils ne permettent à des prêtres de les faire pour eux, fuivant qu'il eft expliqué à l'article Bénédiction.

La diftribution des huiles facrées fe fait d'abord par l'évêque aux archiprêtres de fon diocèfe, & chaque archiprêtre les diftribue enfuite aux curés de fon département. L'article 11 du chapitre premier des ftatuts du diocèfe de Lyon veut que les curés ou autres ayant charge d'ames aillent les recevoir de l'archiprêtre & les emportent eux-mêmes avec décence, ou que ceux qui font malades chargent un prêtre voifin de les aller prendre pour eux.

Confécration d'un évêque, fe dit de l'action de lui conférer la plénitude du facerdoce & tous les attributs de la dignité épifcopale.

La Confécration d'un évêque doit être faite

dans les trois mois du jour de son institution,
sous peine, selon le concile de Trente, de perdre les fruits de l'évêché & l'évêché même,
s'il passe encore trois mois sans s'acquitter de
ce devoir. Cela est conforme aux articles 5 & 8
de l'ordonnance de Blois.

Cette Consécration se fait ou un dimanche,
ou un jour de fête d'apôtre. Elle doit être faite
par trois évêques, dont l'un est le consécrateur
& les deux autres sont assistans. Le plus ancien
de ces assistans demande au consécrateur que
le prêtre qu'on présente soit ordonné évêque.
Le consécrateur, après s'être assuré de l'élection
du sujet présenté, lui fait faire sur l'évangile le
serment d'obéissance & de fidélité à l'église romaine suivant les canons. Il lui représente les
obligations dont il va être chargé : il l'interroge
sur ses dispositions & en particulier sur la foi.
Après toutes ces questions, il le fait revêtir des
habits potificaux. On récite les litanies comme
à l'ordination des prêtres. Les trois officians lui
mettent sur les épaules le livre des évangiles
ouvert : ils lui font ensuite l'imposition des
mains sur la tête en lui disant, *recevez le Saint-
Esprit*, & le consécrateur lui fait une onction
du saint chrême sur la tête & sur les mains.

Le nouvel évêque étant ainsi consacré, reçoit
le bâton & l'anneau pastoral, après quoi il continue avec le célébrant la messe commencée,
& reçoit de lui la communion sous les deux
espèces. Après la messe, on lui met la mitre &
les gants ; on chante le *Te Deum*, & il est conduit autour de l'église ou de la chapelle pour
donner la bénédiction au peuple.

Toutes ces cérémonies sont accompagnées

de diverses prières consignées dans le livre des cérémonies qu'on appelle le *Pontifical*.

La Consécration d'un archevêque est à peu près la même que celle d'un évêque ; il n'y a de différence qu'en ce qu'elle doit être faite par trois évêques suffragans, & que les autres évêques de la province doivent y assister, ou au moins envoyer leurs lettres d'adhésion ainsi que le primat. On observe encore que le nouvel archevêque, quoique mis en possession de de son archevêché, ne peut exercer aucune fonction ni d'ordre, ni de juridiction, qu'il n'ait reçu le *pallium*.

Les conciles de Bordeaux & de Tours de l'année 1583, ont fait des réglemens sur le lieu & la forme du sacre des évêques.

CONSÉCRATION, se dit absolument & par excellence de ce mystère de la religion dans lequel le corps & le sang de JESUS-CHRIST sont réellement sous les espèces du pain & du vin, quand le prêtre qui célèbre la messe a prononcé les paroles sacramentelles indiquées pour cet effet.

Pour ce qui est du sacre des rois, voyez l'article SACRE. (*Article de M. DAREAU, avocat, &c.*)

CONSEIL. Avis que l'on donne à quelque personne sur ce qu'elle doit faire ou ne pas faire.

Le Conseil que l'on donne dans une affaire où l'on est sans intérêt n'est point obligatoire, & celui qui l'a donné ne répond pas des suites qu'il peut avoir. C'est ce qui résulte de la maxime *ñemo ex Consilio tenetur*.

Observez toutefois que cette règle est sujette à quelques exceptions. En effet, si le Conseil étoit donné par dol ou par fraude, il feroit jufte d'en rendre l'auteur refponfable & de le condamner à réparer le dommage que fa fraude auroit occafionné à la perfonne confeillée. En pareil cas la décifion doit dépendre de la qualité du fait & des circonftances.

En fecond lieu, celui qui confeille de commettre un délit quelconque, eft non-feulement repréhenfible, mais il peut encore être confidéré comme complice & en conféquence être condamné à la même peine que l'auteur du délit. C'eft auffi ce qui dépend de la qualité du fait & des circonftances.

Ainfi lorfqu'il paroît que fans le Confeil donné le crime n'eut pas été commis, il eft conftant que l'auteur du Confeil doit être puni comme l'auteur du crime, fur-tout fi celui-là a indiqué à celui-ci les moyens de réuffir dans cet objet.

Cette règle s'obferve particulièrement dans les crimes atroces, tels que celui où une femme à confeillé à fon amant de tuer fon mari.

Non-feulement on infligeroit en pareil cas à l'auteur du Confeil la même peine qu'à l'auteur du crime, mais ils feroient encore tenus l'un & l'autre folidairement des dommages & intérêts de la partie civile.

Il doit en être différemment fi le Confeil de commettre un crime a été donné par légereté fans que l'auteur en fentit les fuites, ou que ce Confeil ait été fufceptible d'une interprétation favorable & non criminelle; ou fi celui qui a donné le Confeil n'a pas confeillé directement le crime, mais un autre fait qui en étoit une caufe éloignée. Dans tous ces cas, l'auteur du Confeil ne doit

pas

pas être puni de la même peine que l'auteur du crime.

Il faut suivre la même règle lorsque le Conseil n'a pas été exécuté, si ce n'est toutefois quand il s'agit d'un crime atroce, tel que celui de lèze-majesté, d'assassinat prémédité, &c. dans ces cas celui qui a donné le Conseil doit être condamné à la même peine que celui qui a tenté de commettre le crime.

Voyez *les lois civiles ; Prosper Farcinacius, praxis & theoria criminalis ; Julius Clarus, practica criminalis ; le traité de la justice criminelle ; Boerius, dans ses décisions*, &c. Voyez aussi les articles CRIME, DOL, ACCUSATION, &c.

CONSEIL. Ce mot signifie quelquefois un avocat donné par le juge à quelqu'un pour l'éclairer & le diriger dans ses affaires, & alors celui que le juge met sous la direction de ce Conseil ne peut sans l'assistance du même Conseil, traiter, s'engager, ni intenter de procès.

On donne un tel Conseil à ceux qui sont interdits pour cause de dissipation ou de foiblesse d'esprit lorsque ces choses sont prouvées.

Il est aussi des personnes qui sans être insensées ni prodigues, & n'étant par conséquent pas dans le cas de l'interdiction aux termes de la loi, ont cependant besoin qu'il leur soit donné un Conseil. Cela se pratique par exemple, à l'égard de quelqu'un qui a l'esprit processif, & qui sans cette précaution intenteroit sans cesse à ses voisins d'injustes procès dont il seroit enfin la victime par les condamnations auxquelles il s'exposeroit.

Dans un semblable cas, il est d'usage de présenter une requête au juge, par laquelle on de-

mande que celui qui eſt ſujet à élever des conteſtations mal fondées, ne puiſſe à l'avenir former aucune demande en juſtice ſans y être auto-
riſé par un avis exprès qui ait jugé ſa prétention juſte & ſoutenable ; mais le juge ne doit
l'ordonner qu'avec connoiſſance de cauſe, &
alors il lui déſigne un ou pluſieurs avocats pour
Conſeil.

Il faut obſerver que lorſque la ſentence nomme ſimplement un Conſeil à celui qu'on juge en
avoir beſoin, ſans prouver d'ailleurs une interdiction contre lui, elle l'empêche de diſpoſer de ſes
immeubles par actes entre vifs, ſans l'avis par
écrit de ſon Conſeil, mais cette ſentence ne le
prive pas de la faculté d'en diſpoſer librement
par teſtament ou par autre acte de dernière volonté.

Il eſt à remarquer encore que le Conſeil
donné au plaideur téméraire lui eſt uniquement
nommé pour l'empêcher d'intenter de mauvais
procès, mais non pour l'empêcher de ſe défendre dans ceux qui lui ſont faits, parce que le droit
naturel autoriſe quiconque eſt attaqué à ſe défendre. D'où il réſulte que celui qui a une demande
à former en juſtice contre une perſonne qui eſt
aſſujettie à un Conſeil, ſeroit mal fondé à aſſigner le Conſeil de ſa partie en aſſiſtance de
cauſe.

Au ſurplus, l'effet de la nomination d'un Conſeil donné à une perſonne contre laquelle il n'y
a pas de motifs ſuffiſans d'interdiction eſt tel
qu'elle ne peut paſſer aucun acte même après la
démiſſion de ſon Conſeil, & elle doit attendre
pour pouvoir contracter valablement qu'il lui
ſoit nommé un nouveau Conſeil. C'eſt ſuivant

ce principe qu'a été rendu au parlement de Paris un arrêt du 7 juin 1760, dont l'espèce est rapportée dans la collection de jurisprudence. Cet arrêt a jugé que la veuve Cheval n'avoit pu même après la démission du Conseil auquel elle étoit soumise, révoquer une procuration qui avoit été consentie par ce Conseil pour l'administration de ses biens, ni constituer un autre procureur aux mêmes fins avant qu'elle se fût fait nommer un nouveau Conseil. L'arrêt rendu en conséquence a annullé le bail passé par ce nouveau procureur, sans qu'il ait même été besoin de faire droit sur les lettres de rescision que cette veuve avoit prises contre ce bail.

Un arrêt plus remarquable à ce sujet est celui du 29 juillet 1762 dont l'espèce est pareillement rapportée dans le livre qu'on vient de citer. Il s'agissoit d'une lettre de change acceptée par le nommé Angot, après une sentence du châtelet de Paris du 9 janvier 1758, qui sur son propre exposé de sa facilité à s'engager pour autrui, lui avoit nommé des Conseils sans l'autorisation desquels il ne devoit faire à l'avenir aucun billet, lettre de change ni autre acte obligatoire.

Cependant une sentence des consuls l'avoit condamné à payer la lettre de change dont il s'agit. Il en interjeta appel, & ses Conseils en firent de même, fondés sur la sentence du 9 janvier 1758.

Mais le créancier opposoit que cette sentence du châtelet de Paris rendue sur simple requête & sans avis de parens, étoit abusive & propre à faciliter des fraudes, n'étant pas naturel de penser qu'un homme de quarante-cinq ans occupant un emploi de 3000 livres, jouissant d'ailleurs

de fes revenus & ayant la libre adminiftration
de fes biens, put avoir les mains liées par un
jugement qui lui nommoit des Confeils.

Malgré ces confidérations qui fembloient devoir déterminer les juges à condamner le fieur
Angot comme mineur émancipé, jufqu'à concurrence de fon mobilier & de fes revenus ;
l'arrêt qui intervint le 29 juillet 1762 infirma la
fentence des confuls, & déclara nul le billet
d'Angot.

En matière criminelle, tout accufé eft tenu de
répondre en perfonne lors de fon interrogatoire
fans qu'il puiffe s'aider d'un Confeil.L'article 8 du
titre 14 de l'ordonnance de 1670 y eft formel.
Suivant cette loi, l'accufé ne peut pas même
avoir un Confeil après la confrontation, fi ce
n'eft lorfqu'il s'agit des crimes de concuffion,
de peculat, de banqueroute frauduleufe, de vol
fait par des commis ou par des affociés en affaires
de finance ou de banque, quand il eft queftion
enfin de fauffeté de pièces ou titres, de fuppo-
fition de part & autres crimes qui intéreffent
l'état des perfonnes ; alors les juges, aux termes
de l'ordonnance, peuvent ordonner fi la matière
le requiert, que les accufés communiqueront
avec leurs Confeils.

L'ufage eft auffi de donner un Confeil aux
accufés de crimes lorfqu'étant pris en flagrant
délit dans les tribunaux mêmes, pendant la tenue
de l'audience, on leur fait leur procès fur le
champ. C'eft ce qu'a remarqué M. Boucher
d'Argis dans fon article Confeil de l'encyclopédie, & Dénifart cite pour preuve de cet ufage,
l'exemple d'un particulier auquel on fit le procès
le 29 août 1733 pour crime commis à l'audience.

On nomme CONSEIL DE TUTELLE, une assemblée composée de magistrats, d'anciens avocats & procureurs qui sont choisis pour veiller à la tutelle des mineurs & pour délibérér dans les affaires qui concernent leurs biens.

C'est aux parens du mineur à nommer les personnes qui doivent composer ce Conseil, & cette nomination se fait ordinairement par l'acte même de tutelle. S'il arrivoit que les parens ne s'accordassent pas entr'eux sur le choix, ce seroit alors au juge à les régler. Le souverain lui - même, suivant l'état & la qualité du mineur, veut bien quelquefois choisir les personnes qui doivent former le Conseil de tutelle ; car il faut observer que ce Conseil n'a lieu qu'à l'égard de la minorité des princes & des grands du royaume, ou lorsqu'il s'agit d'un mineur dont la fortune & les possessions sont considérables.

Dans ces sortes de Conseils on traite de tout ce qui est convenable à l'intérêt du mineur ; on y rédige les délibérations qui s'y font en conséquence, afin que le tuteur onéraire s'y conforme dans sa gestion, parce que c'est là ce qui opère sa décharge.

Les *placités* du parlement de Rouen de 1666 proposent l'établissement d'un Conseil de tutelle, afin que le tuteur ne puisse intenter de procès qu'avec raison ou du moins avec apparence de raison. L'article 32 de ces *placités* porte que lors de l'institution de la tutelle, les nominateurs pourront choisir deux ou trois parens du mineur, des avocats ou autres personnes, par l'avis desquels le tuteur sera obligé de se conduire dans les affaires ordinaires de la tutelle, sans qu'ils puissent néanmoins rien décider fur la demeure, l'éducation ou le mariage du mineur qu'en la préfence de ceux qui ont nommé le Confeil.

L'article 513 de la coutume de Bretagne a aufli une difpofition précife fur cet objet, fuivant laquelle le tuteur ne peut intenter de procès fans l'avis du Confeil à peine d'être tenu de l'indemnité du mineur s'il vient à fuccomber.

C'eft avec le Confeil de tutelle qu'on paffe les baux des héritages du mineur & qu'on ordonne les réparations qui y font à faire. Les comptes de l'adminiftration du tuteur onéraire fe rendent aufli dans ce Confeil & y font réglés.

Il faut obferver que dans les pays où les tutelles font datives comme à Paris, les Confeils ne peuvent être nommés que par un avis de parens homologué par le juge; ainfi la nomination d'un Confeil de tutelle faite par teftament ne vaudroit pas. Dénifart cite à ce fujet un arrêt du parlemeut de Paris du 11 février 1760 qui l'a jugé ainfi pour la fucceffion du fieur Hatte, fermier général.

Voyez *le dictionnaire des fciences ; la collection de jurifprudence ; les placités du parlement de Rouen;* &c. Voyez aufli les articles INTERDICTION, PRODIGUE, MINEUR, TUTEUR, (*Article de M. ROUBAUD, avocat au parlement*).

CONSEIL DU ROI. C'eft une affemblée de perfonnes choifies par le roi pour connoître de tout ce qui intéreffe l'adminiftration générale du royaume, tant pour l'intérieur que pour l'extérieur.

L'établiffement de ce Confeil eft prefque aufli ancien que la monarchie, & tous les monumens atteftent que nos rois ont eu dans tous les temps un Confeil à leur fuite. L'impoffibilité où ils étoient de remplir par eux-mêmes tous les objets de l'administration générale de l'état, les obligeoit d'appeler auprès de leurs personnes des sujets distingués par leur capacité & par leurs lumières sur lesquels ils se reposoient d'une partie des soins du gouvernement ; ils en choisissoient d'autres en même-temps pour rendre en leur nom la justice à leurs peuples.

De là, la distinction qu'on faisoit dans ces premiers temps entre le Conseil commun du roi & le Conseil privé ; on entendoit par Conseil commun, tantôt le parlement qui émanoit originairement du Conseil du roi, & qu'on appeloit par cette raison le Conseil commun du parlement ; tantôt une assemblée composée de divers membres du Conseil privé & de ceux du parlement ou de la chambre des comptes, que le roi chargeoit de l'examen & de la discussion de certaines matières relatives au gouvernement de l'état.

Mais sous le roi Jean les choses changèrent à cet égard. Ce prince craignant que l'usage d'appeler les cours à l'administration des affaires du royaume ne tirât à conséquence & ne les détournât du soin de rendre la justice aux particuliers qui faisoit l'objet de leur institution, réserva à son Conseil d'état exclusivement la connoissance des affaires relatives au gouvernement de l'état.

La multitude & la diversité des affaires qui se traitent au Conseil ont obligé nos nos rois de le diviser en plusieurs departemens.

Ces departemens ont été plus ou moins multipliés en différens temps suivant l'exigence des cas & des circonstances particulières relatives à l'administration du royaume, & on donnoit à chacun de ces départemens le nom de la matière qui devoit y être traitée.

Aujourd'hui tous les Conseils du roi sont divisés en cinq principaux départemens qui sont le Conseil des affaires étrangères autrement dit le Conseil d'état ; celui des dépêches ; le Conseil royal des finances ; le Conseil royal de commerce, & le Conseil privé particulièrement connu sous le nom de Conseil des parties.

Nous allons entrer dans quelques détails relatifs à l'objet de chacun des ces Conseils, aux matières qui s'y traitent, aux membres qui les composent, & aux procèdures qui s'y observent dans l'instruction des affaires & dans les jugemens qui s'y rendent.

On nomme *Conseil d'état ou des affaires étrangères*, celui dans lequel on s'occupe de tout ce qui est relatif aux négociations avec les puissances étrangères, ainsi que de la paix & de la guerre. Il est composé d'un petit nombre de personnes choisies par le roi, devant lesquelles le secrétaire d'état qui a le département des affaires étrangères, rend compte au roi de celles sur lesquelles il y a à délibérer. Les arrêts qui y sont en conséquence rendus sont signés en commandement par le secrétaire d'état.

Ce Conseil où le roi appelle ceux qu'il lui plaît se tient ordinairement dans la chambre du roi tous les dimanches & les mercredis. Ceux qui y entrent ont le titre de ministres d'état par leur seule admission à ce Conseil, sans qu'ils aient besoin d'une commission expresse ou des patentes du prince, & ils conservent toujours cette qualité lors même qu'ils cessent d'assister au Conseil.

Le *Conseil des dépêches* est celui où l'on délibère sur les affaires qui ont rapport à l'administration de l'intérieur du royaume. On le nomme Conseil des dépêches parce que dans l'origine les décisions qui en émanoient étoient renfermées dans les dépêches ou lettres signées par un des secrétaires d'état, suivant la matière dont il s'agissoit.

Il est composé du chancelier de France, de quatre secrétaires d'état, de tous les membres qui forment le Conseil d'état ou des affaires étrangères, & des autres ministres & conseillers d'état que le roi veut bien y faire appeller. Il se tient ordinairement les samedis.

Dans le *Conseil royal des finances* on traite de tout ce qui concerne l'administration des finances & les revenus de l'état ; on y porte toutes les affaires qui intéressent le domaine, les droits de la couronne, les fermes du roi ; on y juge aussi les différens qui surviennent entre les fermiers & les traitans. Ce Conseil établi au mois de septembre 1681 est composé du chancelier, d'un chef du Conseil des finances, & des ministres & conseillers d'état dont le roi juge à propos d'avoir l'avis sur les matières qui touchent aux finances.

Conseil royal de commerce, est celui où l'on porte toute les affaires qui appartiennent au commerce de l'intérieur ou de l'extérieur du royaume. Ceux qui composent ce Conseil sont ordinairement le chancelier, le secrétaire d'état qui a les affaires du commerce dans son département, un conseiller d'état chargé d'examiner les affaires avant qu'elles soient portées à ce Conseil, & les autres membres du Conseil que le roi trouve à propos d'y admettre.

Il y a outre cela un autre Conseil de commerce plus communément appelé bureau du commerce. Il fut établi pour la premiere fois en 1607 sous Henri IV. Il cessa d'avoir lieu après la mort de ce prince, & il fut ensuite rétabli sous le ministère du cardinal de Richelieu. Ensuite on ne voit pas que ce Conseil ou bureau se soit tenu depuis la mort de Louis XIII jusqu'en 1700 que fut formé par Louis XIV celui qui subsiste actuellement.

Suivant l'édit de création de ce Conseil du 29 juin 1700, il doit se tenir une fois au moins chaque semaine; douze des principaux marchands ou négocians du royaume doivent y avoir entrée. Dans ce nombre de douze, il doit y en avoir toujours deux de la ville de Paris, & chacun des dix autres doit être choisi dans les villes de Rouen, Bordeaux, Lyon, Marseille, la Rochelle, Nantes, Saint-Malo, Lille, Bayonne & Dunkerque.

Ce Conseil, aux termes du même édit, doit avoir pour objet la discussion & l'examen des propositions & mémoires qui peuvent y être envoyés, & de toutes les affaires & difficultés qui surviennent sur le fait du commerce de terre ou de mer, du dedans comme du dehors du royaume; on y porte également tout ce qui intéresse les fabriques ou manufactures du royaume. C'est ensuite sur le rapport des délibérations prises dans ce bureau ou Conseil de commerce que sa majesté en son Conseil ordonne ce qui est le plus expédient pour l'avantage du commerce.

Cet édit porte aussi que l'intention de sa majesté est que le choix & nomination des marchands & négocians qui devront entrer dans le Conseil de commerce se fasse librement & sans brigue par le corps de ville & par les marchands & négocians dans chacune de ces villes, & que ceux fur lefquels le choix tombera foient gens d'une probité, capacité & expérience reconnue. Sa majefté veut en conféquence que les officiers municipaux & les marchands & négocians des villes qui ont droit d'envoyer des députés au Confeil de commerce s'affemblent chaque annéc pour procéder à cette élection.

Il eft dit en outre qu'il fera nommé deux intéreffés aux fermes de fa majefté pour être appelés à ce Confeil lorfque la nature des affaires le demandera.

Il eft enfin expreffément enjoint au fecrétaire du Confeil de commerce de tenir un regiftre exact de toutes les propofitions, mémoires & affaires qui feront portées à ce Confeil, ainfi que des délibérations qui y feront prifes, dont il doit délivrer les expéditions fuivant que le Confeil l'ordonne. L'intendant de la généralité, le lieutenant-général de police & les intendans du commerce ont entrée à ce bureau.

Le Confeil des parties ou Confeil privé connoît des affaires contentieufes qui s'élèvent entre les particuliers, lorfque ces affaires font relatives à la manutention des lois, à l'exécution des ordonnances du royaume & à l'ordre judiciaire établi par le fouverain.

De cette nature d'affaires dont le Confeil privé ou des parties connoît exclufivement, font les demandes en caffation d'arrêts rendus par les cours fupérieures, les conflits fufcités entre les mêmes cours, les réglemens à faire entr'elles, les évocations fur parentés & alliances, les oppofitions au titre des offices, les rapports de provifions de ces offices, &c. &c.

C'eft M. le chancelier, qui en fa qualité de chef né du Conseil, préfide au Conseil des parties : cependant le roi eft toujours réputé y être préfent ; il y a en conséquence toujours dans la falle où fe tient le Conseil, un fauteuil dans lequel fa majefté eft cenfée affifter au rapport des affaires qui s'y décident.

Ce Conseil eft compofé de M. le chancelier, des quatre fecrétaires d'état, des conseillers d'état & des maîtres des requêtes qui y fervent par quartier. Le grand doyen, autrement appelé le doyen des doyens des maîtres des requêtes, a le droit d'entrer au Conseil toute l'année. Les doyens de quartier au contraire n'ont le droit d'y entrer, outre le temps de leur quartier, que pendant les trois mois qui fuivent le quartier où ils ont été de fervice.

M. le garde des fceaux y affifte auffi, & y prend féance après M. le chancelier, lorfque ces deux charges font divifées.

Les maîtres des requêtes rapportent les affaires au Conseil privé ; & comme le roi eft toujours cenfé y être préfent, ils font leur rapport debout à côté du fauteuil de fa majefté.

C'eft une prérogative du grand doyen lorfqu'il rapporte quelque affaire, de remplir cette fonction affis & couvert.

Les agens généraux du clergé de France ont le droit d'entrer au Conseil, lorfqu'on doit y faire le rapport de quelque affaire qui intéreffe le clergé général. Ils peuvent en conséquence y faire telles repréfentations & réquifitions qu'ils jugent convenables : mais ils font obligés de fe retirer avant l'ouverture des opinions.

Les affaires font inftruites au Conseil par le

ministère des avocats connus sous le nom d'avocats aux Conseils du roi. On peut voir ce qui
est relatif à leurs charges & fonctions à l'article
AVOCAT AU CONSEIL.

Toutes les affaires au reste qui doivent être
portées au Conseil sont auparavant examinées par
des commissaires nommés par M. le chancelier
à cet effet, & qui lors du rapport qui se fait
ensuite au Conseil de l'affaire, opinent les premiers. C'est l'objet des différens bureaux établis pour les différentes sortes d'affaires qui sont
de nature à être portées au Conseil. Ces bureaux sont composés d'un ou de plusieurs Conseillers d'état & de maîtres des requêtes. L'examen qu'ils font d'une affaire dans l'assemblée
qu'ils tiennent chez le président du bureau en
abrége beaucoup ensuite la discussion au Conseil
& en facilite le jugement. C'est de la même manière à peu près que les procès sont examinés dans
les cours par des conseillers députés à cet effet
par le premier président, & qu'on nomme petits
commissaires.

Le Conseil privé ou des parties suit toujours
le roi : il tient en conséquence ordinairement
ses séances dans une des salles que le roi habite ;
mais lorsque le roi va à l'armée, ou qu'il fait
quelque autre voyage où le Conseil est dispensé
de le suivre, il se tient chez M. le chancelier.

Indépendamment des conseillers d'état & des
maîtres des requêtes, il ne doit y avoir dans
la salle du conseil dont les portes sont fermées,
que les deux secrétaires de M. le chancelier,
le greffier du conseil qui est de quartier, &
deux huissiers des conseils du roi autrement
appelés huissiers de la chaîne.

Le nombre des juges n'eſt point fixé pour rendre un arrêt au conſeil des parties ; les procès s'y décident à la pluralité des ſuffrages , & les voix ne s'y confondent point entre ceux qui ſont parens, comme dans les tribunaux ordinaires. Il n'y a au ſurplus jamais de partage d'opinions, par la raiſon que lorſqu'il ſe trouve une voix de plus d'un côté que de l'autre , la pluralité l'emporte , & que dans le cas où le nombre des opinans eſt égal de part & d'autre la voix de M. le chancelier fait alors pancher la balance de ſon côté.

A l'égard de la forme de procéder au conſeil des parties , elle eſt preſcrite par le règlement du 28 juin 1738 qui a changé beaucoup de choſes à la procédure qui s'y obſervoit anciennement , ainſi qu'aux droits & fonctions des avocats aux conſeils chargés de diriger cette procédure. Ce règlement en conſéquence eſſuya dans le temps de très-grandes difficultés de la part des avocats au conſeil , qui le trouvoient préjudiciable à leurs droits & prérogatives, à la nobleſſe de leur profeſſion, & à l'intérêt même de leurs clients ; mais après les plus vives oppoſitions de leur part , après des remontrances réitérées toujours ſans ſuccès & qui furent même ſuivies de la démiſſion d'un grand nombre d'entr'eux , les autres ſe ſoumirent & ſe conformèrent à ce règlement dans l'exercice de leurs fonctions qu'ils reprirent.

On peut conſulter ce règlemens relativement aux diverſes eſpèces d'affaires qui ſont de nature à être inſtruites au Conſeil. Les principales diſpoſitions qu'il renferme appartenant aux articles CASSATION D'ARRÊT , OPPOSITION ,

PROCÉDURE, RÉGLEMENS DE JUGES ; on peut consulter sur chacun de ces mots la procédure prescrite au Conseil par le règlement de 1738.

Nous observerons seulement que suivant un arrêt du Conseil d'état du 19 août 1769, concernant l'expédition des affaires portées au Conseil des parties, sa majesté veut que les requêtes en cassation, en contrariété ou en revision d'arrêt ne puissent être présentées à M. le chancelier, pour qu'il commettre des commissaires & un rapporteur, qu'avec toutes les pièces qui sont énoncées dans ces requêtes ; il est de plus ordonné que ces mêmes requêtes seront remises au rapporteur nommé, dans huitaine à compter du jour que le *committitur* aura été expédié ; le même arrêt porte que les requêtes en matière criminelle seront rapportées par préférence à celles qui concernent les matières civiles, & ces dernières suivant l'ordre des *committitur*. En conséquence les greffiers du conseil doivent remettre en exécution de cet arrêt à M. le chancelier au premier conseil de chaque mois un état par ordre de date des *committitur*. Il est ordonné enfin que les requêtes seront communiquées aux commissaires députés à cet effet dans trois mois, à compter du jour qu'ils auront été commis, faute de quoi ces requêtes seront regardées comme non avenues, & l'amende acquise au roi. Il est aussi fait défenses & inhibitions aux avocats au Conseil, de se livrer à des digressions superflues, ou de se permettre des répétitions dans leurs écritures. Il leur est pareillement défendu de faire imprimer & rendre publics des mémoires sur les demandes en cassation portées au Conseil, avant que les requêtes aient été communiquées aux parties.

Un autre arrêt du Conseil du 4 novembre 1769 étend aux parties & aux imprimeurs mêmes, les défenses de faire imprimer des mémoires & consultations avant qu'il ait été ordonné un soit communiqué à la partie adverse, & cela sous peine de mille livres d'amende au profit de l'hôpital général de Paris.

. On doit encore regarder comme une partie du Conseil privé, les assemblées qui se tiennent sous les noms de grande & de petite direction des finances. Leur objet est l'examen des affaires fort contentieuses & d'une discussion étendue entre les parties, lorsque ces affaires intéressent les finances. Ce qu'on nomme la petite direction ne diffère de la grande qu'en ce que l'on porte dans la première les affaires les plus importantes, & dans la dernière celles qui sont d'une moindre conséquence. La forme de procéder est d'ailleurs la même dans l'une comme dans l'autre. Tous les conseillers d'état & maîtres des requêtes y ont séance & voix délibérative. Il y a outre cela, dans ces deux directions, les inspecteurs généraux du domaine de la couronne, qui y soutiennent les droits du roi dans les *dires* qu'ils donnent & qui sont communiqués aux parties pour y répondre. Consultez les mots GRANDE ET PETITE DIRECTION, & INSPECTEURS DU DOMAINE.

Le Conseil de chancellerie fait aussi une partie du Conseil privé. M. le chancelier y préside. On y traite des affaires qui concernent la librairie & l'imprimerie. On y expédie aussi les lettres en relief de laps de temps, & l'on y fait la distribution du prix des offices vendus au sceau. Les contraventions aux règlemens concernant la chancellerie

sont

font examinées dans un bureau particulier, &
M. le chancelier donne fa décifion fur le compte
que les commiffaires députés à cet effet lui
rendent dans cette affemblée qui fe tient chez lui.

C'eft à M. le chancelier qu'appartient la nomination de ces commiffaires. Ils n'ont d'ailleurs
que la voix confultative, & les arrêts rendus
à ce Confeil énoncent qu'*ils le font* de l'avis de
M. le chancelier.

Il y a outre cela au Confeil différentes commiffions, foit ordinaires, foit extraordinaires,
nommées par le roi, pour connoître de certaines affaires particulières. Ces commiffions
rendent des jugemens dans les affaires foumifes
à leur examen. Elles font ordinairement compofées d'un ou deux confeillers d'état & de
plufieurs maîtres des requêtes. Il y a dans chacune de ces commiffions un procureur général
& un greffier. Le règlement du Confeil de 1738
contient des difpofitions particulières fur la procédure qui doit s'obferver dans ces commiffions.

Au refte, les fonctions des Confeils du roi
ne difcontinuent jamais, & l'on n'y connoît
point de vacances comme dans les cours ordinaires.

En général, le Confeil du roi ne diffère pas
moins des tribunaux ordinaires de juftice dans
fa forme extérieure que dans fon objet, qui
n'eft point la juftice diftributive, mais feulement
la manutention de l'ordre établi par les lois &
ordonnances du royaume pour l'adminiftration
de l'état. Il n'eft point directement juge des
différens des particuliers, mais feulement de la
compétence des juges & de la validité de leurs
arrêts. Auffi il décide fimplement que la procé-

dure faite dans tel tribunal eft nulle, & le jugement qui y eft intervenu incompétemment rendu ; mais il renvoie les parties fur le fonds de leurs différens & conteftations, devant les juges qui doivent en connoître. Ainfi encore, en matière de caffation, ou il confirme l'arrêt dont une des parties fe plaint, ou il le caffe ; & dans ce dernier cas, fans rien décider fur l'objet de la conteftation du fonds, il renvoie ordinairement les parties dans un autre tribunal, pour y recevoir un nouveau jugement.

Par une fuite du même principe, il eft de maxime que le Confeil ne juge aucune affaire en matière criminelle. Lorfque dans une inftance introduite au Confeil, il s'agit de quelque pièce arguée de faux ou fufpecte, & que les moyens de faux propofés par l'une des parties font jugés admiffibles, le Confeil eft dans l'ufage alors d'en renvoyer l'inftruction aux requêtes de l'hôtel.

Que les procès pendants au Confeil ne font point fujets à péremption, c'eft une maxime établie fur la novelle 23, chapitre 2, & que nous avons adoptée dans notre droit.

A l'égard des membres qui compofent le Confel du roi, on peut confulter les mots CONSEILLERS D'ÉTAT, MAÎTRES DES REQUÊTES, AVOCATS AU CONSEIL, GREFFIERS ET HUISSIERS DU CONSEIL, où l'on trouvera tout ce qui a rapport à leurs droits & prérogatives, & à l'étendue de leurs fonctions.

Nous obferverons feulement que les membres du Confeil du roi ne forment point une compagnie comme les cours & juridictions ordi-

naires ; ils ne marchent en conséquence jamais
en corps , & n'affiftent point comme les cours
aux cérémonies publiques. Cependant il eft
d'ufage , lorfqu'on chante un *te Deum* en action
de grâce où les cours affiftent, que M. le chancelier s'y rende auffi , accompagné de quelques
confeillers d'état & maîtres des requêtes , précédé des huiffiers du Confeil.

Voyez *Duchefne , ftile des Confeils ; le dictionnaire raifonné des fciences ; la collection de
jurifprudence ; le dictionnaire de droit & de pratique
de Ferrière ; la coutume de Bretagne ; le règlement
du Confeil de 1738 ; l'ordonnance de la marine ;
le formulaire du Confeil ; les recherches de Pafquier ;
Joly, des offices de France ; la bibliothèque du droit
françois par Bouchel ; La Rocheflavin , des parlemens de France ; & la bibliothèque hiftorique de
la France par le P. le Long.*

Voyez auffi les articles COMMISSIONS DU
CONSEIL, GRAND-CONSEIL, PARLEMENS, &c.
(*Cet article eft de M. ROUBAUD , avocat au
parlement.*)

CONSEIL DES PRISES. C'eft une
commiffion extraordinaire que le roi établit en
temps de guerre, près de l'amiral, pour juger
en première inftance les prifes faites en mer
fur les ennemis, foit par les vaiffeaux du roi,
foit par ceux des particuliers qui ont obtenu des
commiffions pour armer en courfe.

Cette commiffion eft compofée de l'amiral
qui en eft le chef & chez qui elle fe tient, d'un
certain nombre de confeillers d'état & de maîtres
des requêtes, du fecrétaire général de la marine
qui a voix délibérative, d'un greffier & des
autres officiers néceffaires.

Anciennement les officiers de l'amirauté avoient le droit de juger les prifes en première inftance, fauf l'appel. C'eft ce que prouvent plufieurs anciennes ordonnances de 1400, de 1517, de 1543 & de 1584. Mais ils n'exerçoient ce droit que comme repréfentant l'amiral à qui il appartenoit.

La déclaration du premier février 1650 porte que les procédures concernant les prifes, feront faites par les officiers de l'amirauté du lieu où elles arriveront, & enfuite envoyées *à la reine mère* (*), *pour être jugées en la manière accoutumée, fuivant les ordonnances.*

Cette loi fuppofe évidemment un droit antérieur attribué à l'amiral pour juger les prifes à l'exclufion des officiers de l'amirauté. On ne voit cependant pas qu'aucun amiral l'ait exercé avant Henri de Montmorency ; mais celui-ci en a joui, même à l'égard des prifes amenées dans les ports de Bretagne, nonobftant les prétentions contraires du gouverneur de cette province. C'eft ce que prouve un jugement qu'il rendit le 3 octobre 1614, au fujet d'une prife conduite à Breft. Il eft conçu en ces termes : *Nous, en vertu du pouvoir attaché à notre charge d'amiral, avons déclaré, &c.*

Deux ans après ce jugement, la charge d'amiral étant devenue vacante par la mort du duc de Montmorency, Louis XIII en fupprima le titre, pour créer celle de grand-maître, chef & furintendant de la navigation & commerce

----

(*) Cette princeffe exerçoit alors la charge de grand-maître, chef & furintendant général de la navigation & commerce de France.

de France, en faveur du cardinal de Richelieu, qui en cette qualité continua de juger les prifes comme l'amiral fon prédéceffeur.

M. de Brézé, neveu & fucceffeur du cardinal, fe maintint dans ce droit, ainfi que la reine mère qui après lui poffeéda la même charge.

M. le duc de Vendôme en· étant devenu titulaire, fur la démiffion de cette princeffe, il jugea auffi les prifes. Cette prérogative lui fut même confirmée par arrêt du confeil du 19 août 1650. Lorfque les affaires fe trouvoient compliquées, il faifoit prier, avec l'agrément du roi, plufieurs confeillers d'état ou maîtres des requêtes d'affifter au jugement. On s'affembloit dans un appartement de l'hôtel de Vendôme qui pour cette raifon s'appeloit l'*appartement de l'amirauté*. Le prévôt de la marine ou fon lieutenant avec fes archers en gardoient la porte, & fervoient d'huiffiers pendant la tenue des féances.

M. le duc de Beaufort, fucceffeur de M. de Vendôme, en ufa de même. Il tenoit fon confeil tantôt à l'hôtel de Vendôme, tantôt dans fon hôtel à Saint-Germain en Laye.

· Durant le miniftère du cardinal de Richelieu & la régence de la reine mère, les appels des jugemens des prifes ne furent guère ufités ; mais les raifons d'acquiefcement aux décifions concernant cette matière, n'étant plus les mêmes du temps de M. de Vendôme, ces appels devinrent très-fréquens. Comme ils étoient très-préjudiciables aux parties, & qu'ils compromettoient en quelque façon la dignité & l'autorité de la charge d'amiral repréfentée par celle de grand-maître de la navigation, il fut réfolu d'établir une commiſſion compoſée de conſeillers d'état & de maîtres des requêtes qui s'aſſembleroient près de la perſonne de M. de Vendôme, pour tenir le Conſeil des priſes, & y juger celles qui feroient faites, ſauf l'appel au conſeil d'état du roi. Cela fut ainſi réglé par des lettres-patentes données à Touloufe le 20 décembre 1659. Telle eſt l'époque du premier établiſſement du Conſeil des priſes.

Cet ordre ſubſiſta ſans variation pendant l'exercice de M. le duc de Beaufort, ſucceſſeur de M. le duc de Vendôme ; mais après le décès de M. de Beaufort, arrivé en l'année 1669, Louis XIV ayant jugé à propos de rétablir la charge d'amiral en faveur de M. le comte de Vermandois, & la minorité de ce prince ne lui permettant pas de préſider au Conſeil des priſes, les jugemens qui y furent rendus dans la ſuite, ceſsèrent d'être intitulés du nom de l'amiral, le roi ayant établi en 1671 une commiſſion du conſeil où les priſes devoient être jugées, & les arrêts expédiés au nom de ſa majeſté.

Cependant le roi, pour prévenir les conſéquences qui pourroient réſulter de cette nouvelle forme, fit un règlement le 23 ſeptembre 1676, par lequel il ordonna entr'autres choſes que les aſſemblées des commiſſaires ſe tiendroient toujours dans la maiſon de l'amiral de France, lorſqu'il feroit en âge d'y aſſiſter pour y tenir la première place, & qu'en attendant qu'il fût en âge, elles ſe tiendroient dans un appartement de ſa maiſon, au cas qu'il y en eût un commode, ou dans le même lieu où ſe tenoit le conſeil de ſa majeſté dans ſes maiſons royales, ou dans la maiſon de celui qui préſideroit à l'aſſemblée.

M. le comte de Vermandois étant mort en minorité, & M. le comte de Touloufe ayant été pourvu de la charge d'amiral, auffi en minorité, il intervint, le 21 octobre 1688, un nouveau règlement entièrement conforme en cette partie au précédent du 23 feptembre 1676.

La dernière alternative ayant été préférée par les commiffaires, & en conféquence les affemblées pour le jugement des prifes s'étant tenues régulièrement dans la maifon du plus ancien des commiffaires confeillers d'état, lorfque M. le comte de Touloufe eut atteint l'âge requis pour préfider au Confeil des prifes, il s'éleva une difficulté, non précifément fur le point de favoir fi les affemblées fe tiendroient dans fa maifon, puifque ce point étoit décidé expreffément par les règlemens de 1676 & 1688, conformément à l'ufage pratiqué de tout temps, mais fur l'intitulé des jugemens. M. l'amiral prétendit qu'ils devoient porter fon nom, comme ayant feul droit de les rendre, par un privilége attaché à fa charge, de toute ancienneté.

Les commiffaires qui avoient perdu cet ufage de vue depuis vingt-cinq ans qu'ils n'avoient point vu d'amiral les préfider, foutinrent de leur côté, que par leur qualité de commiffaires nommés par le roi, ils étoient juges conjointement avec M. l'amiral, de manière que les jugemens fur le fait des prifes ne devoient être rendus qu'au nom du roi.

Cette conteftation devenue férieufe, intéreffoit trop M. le comte de Touloufe, pour qu'il ne négligeât rien de tout ce qui pouvoit fervir

à appuyer fon droit: il donna donc des mémoires au roi, dans lefquels il fit voir que
depuis l'établiffement de fa charge, l'amiral
avoit toujours eu le privilége de juger les prifes,
foit par lui-même, foit par fes officiers; que ce
privilége étoit configné dans toutes les anciennes
ordonnances, & que s'il n'étoit pas auffi expreffément défigné dans les nouvelles, il n'y
en avoit aucune abfolument qui y eût dérogé;
que ce même privilége n'avoit reçu aucune
atteinte depuis qu'il avoit été nommé des confeillers d'état & des maîtres des requêtes pour
affifter au jugement des prifes, puifque, quoique
cet ufage eût été pratiqué dès le temps du cardinal de Richelieu, premier grand-maître, chef
& furintendant de la navigation, les jugemens
des prifes n'en avoient pas moins été rendus
en fon nom, de même qu'ils l'avoient été au
nom du duc de Montmorency & des amiraux
fes prédéceffeurs; & que s'il en avoit été autrement depuis l'établiffement de la charge d'a-
miral en 1669, c'eft que cette charge ayant
toujours été poffédée en minorité, & pendant
ce temps-là l'amiral n'ayant pas eu droit de
préfider au Confeil des prifes, il n'y avoit pas
de conféquence à tirer de ce que les jugemens
n'avoient point été rendus en fon nom dans cet
intervalle.

Le droit de M. le comte de Touloufe ainfi
fondé fur les ordonnances & fur la poffeffion
non interrompue de fes prédéceffeurs, il en
concluoit que les commiffaires n'étoient à fon
égard que des affeffeurs que le roi lui donnoit
pour l'aider dans le jugement de prifes, à l'inftar
des commiffaires que le roi nommoit auffi dans

les commiſſions adreſſées aux intendans pour juger certaines affaires ; & que comme la qualité de commiſſaires qu'avoient ceux-ci n'empêchoit pas que les jugemens ne fuſſent rendus au nom des intendans, de même celle de commiſſaires du Conſeil des priſes ne devoit pas empêcher que les jugemens de ce conſeil ne portaſſent le nom de l'amiral, comme ayant éminemment, par le titre de ſa charge, le privilége de juger ſeul les priſes & tout ce qui en dépend ; d'où il s'enſuivoit par identité de raiſons, que les requêtes des parties, devoient lui être adreſſées, & que c'étoit à lui auſſi qu'il appartenoit de charger les officiers de l'amirauté de tenir la main à l'exécution des jugemens.

Ces moyens ayant paru fondés, le roi fit en conſéquence un règlement le 9 mars 1695, qui depuis a toujours été obſervé. C'eſt la première loi qui ait donné une forme certaine au Conſeil des priſes. Nous allons la rapporter.

» La minorité de M. le comte de Vermandois » & celle de M. le comte de Touloufe enſuite » ayant ſuſpendu juſqu'à ſa réception dans la » charge, d'amiral de France, une partie des » fonctions les plus honorables attachées à cette » charge, au ſujet des priſes qui ſe font à la » mer, ſoit par les vaiſſeaux de ſa majeſté, ſoit » par les vaiſſeaux de ſes ſujets qui ont com- » miſſion pour armer ; & ſa majeſté deſirant » maintenir l'amiral de France dans ſon ancienne » juridiction, à préſent que M. le comte de » Touloufe eſt en état de l'exercer par lui-même, » après s'être fait repréſenter les ordonnances » tant anciennes que nouvelles, arrêts & rè- » glemens rendus ſur la manière d'inſtruire &

» juger les prifes, a réfolu le préfent règlement,
» qu'elle veut être exécuté, dérogeant à tous
» autres, en ce qu'ils n'y feroient pas conformes.

» ARTICLE PREMIER. Les prifes feront jugées
» par les ordonnances qui feront rendues par
» M. le comte de Touloufe, amiral de France,
» & par les fieurs commiffaires qui feront choifis
» & nommés de nouveau par fa majefté, pour
» tenir Confeil près de lui, fans qu'il y ait un pro-
» cureur pour fa majefté dans cette commiffion.

» II. Les commiffaires s'affembleront à cet
» effet dans la maifon de M. l'amiral, foit qu'il
» foit préfent ou abfent. Les affemblées fe tien-
» dront aux jours & heures qui feront par lui
» indiqués, & le fecrétaire de la marine y
» affiftera fans voix délibérative.

III. L'amiral préfidera à ce Confeil, & lorfque
» les avis feront partagés fa voix prévaudra;
» & fi les avis font partagés en fon abfence, il
» y aura ordonnance de partage.

» IV. Il diftribuera tous les procès à ceux
» des commiffaires qu'il jugera à propos, même
» les fimples requêtes, & en fon abfence le plus
» ancien des fieurs commiffaires préfidera &
» diftribuera comme lui.

» V. M. l'amiral & les commiffaires connoîtront
» auffi des partages des prifes, & de tout ce
» qui leur eft incident, même des échouemens
» des vaiffeaux ennemis qui arriveront pendant
» la guerre, circonftances & dépendances.

» VI. Lorfqu'il y aura lieu de condamner les
» parties à des dommages & intérêts, ou d'or-
» donner des eftimations, M. l'amiral & les
» commiffaires les pourront régler & arbitrer à
» une fomme fixe & certaine, fuivant l'exigence

» des cas ; & lorfqu'ils jùgeront à propos que
» lefdites eftimations ou liquidations foient faites
» par experts, ils commettront les officiers
» de l'amirauté pour recevoir leur rapport &
» donner leur avis, fur lequel M. l'amiral & les
» commiffaires ordonneront ce que de raifon.

» VII. Toutes les requêtes feront adreffées
» à M. l'amiral feul, & les ordonnances feront
» intitulées de fon nom.

» VIII. Elles feront fignées de M. l'amiral &
» des commiffaires ; & les commiffaires figne-
» ront tous au-deffous du rapporteur & fur la
» même colonne, en forte qu'il n'y ait fur la
» première que la feule fignature de M. l'amiral.

» IX. En fon abfence, les ordonnances feront
» fignées en la manière ordinaire, toujours in-
» titulées du nom de M. l'amiral.

» X. Les inftructions qui concernent les
» échouemens ou les prifes, partage d'icelles,
» circonftances & dépendances, feront faites
» par les officiers de l'amirauté dans le ref-
» fort defquels elles feront amenées, fuivant les
» formalités prefcrites par les ordonnances,
» arrêts & règlemens, foit que les prifes aient été
» faites par des armateurs particuliers, foit
» qu'elles aient été faites par des navires de fa
» majefté, en quelque nombre qu'ils puiffent
» être, fans que les officiers de l'amirauté puiffent
» les juger en aucun cas.

» XI. Pourront néanmoins les officiers de
» l'amirauté, lorfque les prifes feront conf-
» tamment faites fur les ennemis, fuivant les
» pièces du bord & les interrogatoires des pri-
» fonniers, & lorfque les marchandifes pour-
» roient dépérir, ordonner que les marchandifes

» de la cargaison seront judiciairement vendues,
» pour empêcher le dépérissement & prévenir
» la diminution du prix.

» XII. Les greffiers des sièges de l'amirauté
» enverront exactement & diligemment au se-
» crétaire général de la marine, les instructions
» qu'ils auront faites des affaires ci-dessus spé-
» cifiées, faute de quoi ils seront responsables
» des dommages & intérêts des parties ; & le
» secrétaire général de la marine tiendra un re-
» gistre exact & fidèle de toutes les procédures
» qui lui seront envoyées, & du jour qu'il les
» aura reçues.

» XIII. Les procédures & instructions des
» prises qui seront faites sous les Tropiques &
» au-delà, pourront être faites dans les îles
» Françoises de l'Amérique, en la manière
» accoutumée, sans que l'intendant & autres à
» qui la connoissance en est conjointement attri-
» buée, puissent les juger à l'avenir ; ils don-
» neront seulement leur avis dont ils enverront
» une expédition au secrétaire général de la
» marine, avec une grosse de la procédure,
» pour y être fait droit par M. l'amiral & les
» commissaires. Leurs avis néanmoins seront
» exécutés par provision, en baillant bonne &
» suffisante caution, qui sera reçue par l'in-
» tendant.

» XIV. Le secrétaire général de la marine
» expédiera les ordonnances qui seront données
» par M. l'amiral & les commissaires, & signera
» les expéditions qui seront délivrées aux
» parties.

» XV. Les appellations des ordonnances ainsi
» rendues par M. l'amiral & les commissaires,

» feront portées & jugées au confeil royal des
» finances, & M. l'amiral y affistera & y prendra
» le rang que fa naiffance & fa charge lui don-
» nent.

» XVI. Le fecrétaire d'état ayant le dépar-
» tement de la marine rapportera feul dans le
» confeil royal les affaires qui s'y porteront par
» appel ou autrement, enfemble les oppofitions
» ou autres incidens qui pourront furvenir, &
» les arrêts qui interviendront feront expédiés
» en commandement par le même fecrétaire
» d'état ayant le département de la marine.

» XVII. Seront au furplus les ordonnances,
» arrêts & règlemens, même les ordres que
» fa majefté a donnés depuis la guerre, fur le
» fait des prifes, tant par rapport à la manière
» de les inftruire, que pour celle de les juger
» en certains cas, exécutés felon leur forme &
» teneur, en tout ce qui n'eft point contraire au
» préfent règlement; lequel fera lu, publié &
» enregiftré dans tous les fiéges de l'amirauté. »

Le Confeil des prifes fut continué par un arrêt
du confeil d'état du 12 mai 1702, où fe trouve
rappelé le règlement de 1695. Il y eft dit que
fa majefté ayant été fatisfaite des fervices rendus
par les commiffaires qui furent alors nommés
pendant le cours de la précédente guerre, elle
eftimoit néceffaire de les continuer pour le
jugement des affaires que la conjonfture lors
préfente pourroit faire naître; en conféquence
cet arrêt ordonna l'exécution du règlement de
1695, & des arrêts & règlemens rendus depuis
fur le fait des prifes.

Jufqu'alors le fecrétaire général de la marine
avoit expédié les ordonnances données par l'a-

miral & par les commissaires. Il signoit aussi les
expéditions qui en étoient délivrées aux parties;
mais par un arrêt du conseil d'état du 13 août
1707, il fut ordonné que le secrétaire général
de la marine auroit à l'avenir séance & voix
délibérative dans les assemblées qui se tiendroient
pour juger les prises ; & le roi nomma un greffier de l'assemblée pour dresser en cette qualité
les ordonnances , en signer les expéditions en
parchemin , & faire toutes les fonctions nécessaires, sans avoir néanmoins entrée ni séance
dans cette assemblée. Il fut aussi ordonné que
chacun des commissaires écriroit dorénavant de
sa main tout ce qui seroit jugé sur chacune des
affaires dont il auroit fait le rapport, le roi
dérogeant à cet égard au règlement de 1695.

. La guerre ayant été déclarée à l'Espagne au
mois de janvier 1719, le roi voulant pourvoir
à l'instruction & au jugement des prises qui
pourroient être faites sur les Espagnols, fit un
règlement le 12 février suivant, pour l'établissement du Conseil des prises.

Ce règlement assez conforme aux précédens,
ordonne seulement de plus que si les commissaires étoient partagés en l'absence de l'amiral,
l'affaire lui seroit rapportée au conseil suivant,
& qu'en cas de voyage ou de maladie, elle seroit
portée au conseil de régence qui subsistoit alors,
pour y être fait droit comme sur les appels.
Il fut dit aussi que les appellations des ordonnances du Conseil des prises seroient rapportées
au conseil de régence par ceux des commissaires
du Conseil des prises qui avoient entrée au
conseil de régence.

Il y eut le 3 novembre 1733 un nouveau

règlement pour l'établissement du Conseil des prises, à l'occasion de la guerre déclarée à l'empereur le 10 octobre précédent. Ce règlement est en tout point conforme aux précédens, si ce n'est qu'au lieu de porter les appels au conseil de régence, comme il étoit dit par le dernier règlement, il fut dit par celui-ci que les appels seroient portés & jugés au conseil royal des finances où l'amiral assisteroit, conformément au règlement de 1695.

Enfin le roi ayant déclaré la guerre le 15 mars 1744, au roi d'Angleterre, électeur d'Hanovre, fit un règlement le 22 avril de cette année, pour l'établissement du Conseil des prises, lequel rappelle tous les précédens règlemens, à partir de celui 1695, & est conforme à celui de 1733.

Aujourd'hui il n'y a point de Conseil des prises, attendu que la France est en paix avec les autres puissances.

Voyez *le recueil des ordonnances du Louvre; l'ordonnance de la marine & les commentateurs; l'arrêt du conseil du 19 août 1650; les lettres-patentes du 20 décembre 1659; les règlemens des 23 septembre 1676, 12 février 1719, 3 novembre 1733 & 22 avril 1744,* &c. Voyez aussi les articles PRISE, AMIRAUTÉ, MARINE, &c.

CONSEIL D'ADMINISTRATION. C'est le titre que l'ordonnance du roi du 25 mars 1776, a donné à une assemblée composée dans chaque régiment, tant d'infanterie que de cavalerie, dragons ou hussards, du colonel ou mestre-de-camp commandant, du colonel ou mestre-de-camp en second, du lieutenant-colonel, du major & du plus ancien capitaine, lesquels ont tous voix délibérative pour statuer sur les affaires qui peuvent intéresser le corps.

Le colonel ou mestre-de-camp-commandant est nommé chef du Conseil d'administration. Lorsqu'il est absent, ses fonctions doivent être suppléées par le colonel en second; & à son défaut, par l'officier qui commande le régiment. C'est ce qui résulte de l'article 2 du titre premier de l'ordonnance citée.

L'article 3 veut que le Conseil s'assemble chez le chef, & qu'il soit toujours composé de cinq personnes. Les membres absens doivent être remplacés par les plus anciens capitaines présens.

Suivant l'article 4, l'assemblée du Conseil doit avoir lieu une fois chaque semaine; & extraordinairement, toutes les fois que celui qui doit y présider le juge nécessaire.

Le lieutenant-colonel, & en son absence le major, doit faire le rapport des objets à mettre en délibération : il en doit être rédigé un précis que le quartier-maître est tenu d'inscrire, ainsi que les décisions du Conseil, dans un registre destiné pour cet effet & appelé *registre du Conseil* : les cinq officiers doivent signer sur ce registre à la fin de chaque séance. Telles sont les dispositions de l'article 5.

Comme le Conseil d'admiaistrarion est établi pour veiller au bon ordre, à l'économie, à toutes les fournitures nécessaires au corps, pour ordonner, vérifier, approuver les marchés & les dépenses, & pour juger de la conduite de ceux qu'il a chargés de quelque détail, l'article 6 a ordonné qu'aucun des membres du Conseil

ne

ne pourroit être perſonnellement chargé d'aucun achat.

Tous les officiers d'un régiment devant concourir à l'avantage & au bien général du corps, le Conſeil peut charger de l'exécution de ſes ordres ceux qui ont les talens néceſſaires, & il doit en être fait note ſur le regiſtre. Aucun officier ne peut ſe diſpenſer de donner ſes ſoins à la partie de détail que le Conſeil lui a confiée. Cela eſt ainſi ordonné par l'article 7.

Voyez *l'ordonnance citée*, & les articles HABILLEMENT, REMONTE, PRÊT, &c.

CONSEIL DE GUERRE. C'eſt une aſſemblée que les officiers tiennent à l'armée ou dans une place, ſoit pour délibérer entre eux ſur le parti qu'ils doivent prendre dans le ſervice en quelque rencontre difficile, ſoit pour attaquer l'ennemi ou pour l'éviter, ſoit pour faire quelque règlement relatif à la diſcipline des troupes, ou pour juger quelque délit militaire.

Le Conſeil de guerre connoît des crimes ou des délits qui ſe commettent de ſoldat à ſoldat ; & ſi les coupables ſont conſtitués priſonniers, les officiers ne peuvent pas les retirer ou faire retirer des priſons où ils ſont détenus par les juges ordinaires, ſous prétexte qu'ils doivent connoître de leurs crimes ; ils peuvent ſeulement requérir ces juges de leur faire remettre les priſonniers ; & en cas de refus, ils doivent ſe pourvoir au roi.

Les juges ordinaires des lieux où les troupes tiennent garniſon, connoiſſent de tous les crimes & délits qui peuvent y être commis par les gens de guerre, quand quelqu'autre ſujet du roi s'y trouve intéreffé ; mais ces juges font obligés d'appeler le fergent-major ou l'officier qui commande la troupe , pour affifter à l'inftruction & au jugement des procès de tout crime de foldat à habitant.

Le titre 26 de l'ordonnance du roi du premier mars 1768 a réglé les formalités qui doivent être obfervées relativement aux crimes & délits dont la connoiffance eft attribuée aux Confeils de guerre. En voici les difpofitions :

« ARTICLE PREMIER. Les Confeils de guerre » qui feront affemblés dans les places , fe tien-» dront chez les commandans defdites places , » & lefdits commandans y préfideront.

» II. Les majors des places inftruiront les » procès qui devront être jugés par le Confeil » de guerre , & donneront leurs conclufions fans » avoir voix délibérative.

» III. Si le major d'une place fe trouve com-» mandant , ou s'il eft abfent , le premier aide-» major remplira fes fonctions.

» IV. Aucun officier ne fera mis au Confeil » de guerre fans un ordre de fa majefté ; le com-» mandant de la place pourra cependant , dans » les cas qui requerront célérité, faire entendre » des témoins pour conftater la vérité des faits , » & rendre enfuite compte de ces informations » au commandant de la province & au fecré-» taire d'état ayant le département de la guerre.

» V. Lorfqu'un foldat , cavalier ou dragon » d'une garnifon où il y aura état-major, y com-» mettra un crime ou délit pour lequel il devra » être jugé par un Confeil de guerre , l'officier » commandant la compagnie dont fera l'accufé; » & à fon défaut ou refus, le major du régiment

» rendra fa plainte au commandant de ladite
» place , pour obtenir qu'il en foit informé.

» VI. Ledit commandant de la place ne pourra
» refufer de recevoir ladite requête fans des
» raifons très-graves , dont il informera fur le
» champ le fecrétaire d'état ayant le départe-
» ment de la guerre , pour en rendre compte à
» fa majefté.

» VII. La requête ayant été répondue d'un *foit*
» *fait ainfi qu'il eft requis* , figné dudit comman-
» dant de la place , fera remife au major de la
» place , lequel procédera à l'information , l'in-
» terrogatoire de l'accufé , le récolement des
» témoins & leur confrontation audit accufé ; le
» tout en fuivant les formalités prefcrites par
» l'ordonnance criminelle du mois d'août 1670,
» & de manière que la procédure foit parfaite
» en deux fois vingt-quatre heures au plus , à
» moins qu'il n'y ait des raifons effentielles qui
» exigent d'y employer un plus long-temps.

» VIII. Lorfque pour l'inftruction du procès
» le major de la place ou du quartier aura befoin
» de la dépofition de quelque témoin qui ne
» fera pas fujet à la juftice militaire , il s'adref-
» fera aux magiftrats du lieu pour ordonner aux-
» dits témoins de fe rendre à cet effet devant
» lui à une heure marquée , & les magiftrats ne
» pourront refufer ledit ordre.

» IX. Le procès étant en état , le major de la
» place en rendra compte au commandant de la
» place, qui ordonnera fans délai la tenue du
» Confeil de guerre.

» X. Le Confeil de guerre ne fe tiendra que
» les jours ouvrables , hors les cas extraordi-
» naires qui ne permettront pas de le différer.

» XI. Les officiers qui devront compofer le
» Confeil de guerre feront commandés à tour
» de rôle à l'ordre, par le major, la veille du
» jour qu'il devra fe tenir, & aucun d'eux ne
» pourra fe difpenfer de s'y trouver & d'y
» opiner.

» XII. Ils feront au nombre de fept, y compris
» le préfident.

» XIII. Quand il n'y aura pas affez d'officiers
» d'infanterie dans une garnifon, pour juger un
» foldat, on aura recours aux officiers de cava-
» lerie & de dragons de la même garnifon; &
» réciproquement lorfqu'il s'agira du jugement
» d'un cavalier ou dragon, s'il n'y a pas dans la
» garnifon fuffifamment d'officiers de ces deux
» corps, on y appellera des officiers d'infanterie
» de la garnifon.

» XIV. Si en raffemblant tous les officiers de
» la garnifon de ces différens corps, il ne s'en
» trouvoit pas le nombre requis pour tenir le
» Confeil de guerre, le commandant de la place
» y fuppléera en appelant les offidiers, foit d'in-
» fanterie, foit de cavalerie ou de dragons des
» garnifons voifines; lefquels, fous aucun pré-
» texte, ne pourront fe difpenfer de s'y rendre.

» XV. Les officiers de la garnifon où fe tien-
» dra le Confeil de guerre, ne pourront faire
» difficulté d'admettre les officiers des places
» voifines qui auront été ainfi appelés, ni pré-
» tendre avec eux d'autre rang que celui qui eft
» réglé pour l'infanterie par ancienneté de corps;
» & pour la cavalerie & les dragons, par an-
» cienneté de commiffions ou brevets; les offi-
» ciers de cavalerie devant avoir la préféance
» fur ceux de dragons.

» XVI. Lorsqu'un capitaine de la garnison où
» le Conseil de guerre se tiendra commandera
» dans la place , il aura la préséance sur ceux qui
» se rendront dans ladite place , quoique d'un
» corps plus ancien.

» XVII. Au défaut d'officiers dans les places
» & les garnisons voisines, pour juger les sol-
» dats , cavaliers & dragons , on admettra au
» Conseil de guerre des fourriers-sergens , &
» maréchaux-des-logis de la garnison , jusqu'au
» nombre nécessaire.

» XVIII. Tous ceux qui devront composer le
» Conseil de guerre , se rendront chez le com-
» mandant de la place, qui devra présider audit
» Conseil de guerre , à l'heure de la matinée
» qui leur aura été prescrite , & ils iront avec
» lui entendre la messe , qui sera dite avant la
» tenue du Conseil de guerre.

» XIX. Lesdits officiers seront à jeûn , ceux
» d'infanterie seront en guêtres & porteront
» leur hausse-col; ceux de la cavalerie & de dra-
» gons seront en bottes.

» XX. Au retour de la messe , le président
» s'étant assis, les autres juges prendront leur
» place alternativement à sa droite & à sa gau-
» che; ceux d'infanterie se placeront suivant leur
» grade & l'ancienneté des régimens dont ils
» seront, de manière que les capitaines du se-
» cond régiment ne prennent rang qu'après que
» ceux du premier seront placés , & ainsi des
» lieutenans.

» XXI. A l'égard des officiers de cavalerie &
» de dragons , ils se placeront de même alter-
» nativement à droite & à gauche du président ,
» suivant leur grade , & prendront séance entre

Ii iij

» eux fuivant l'ancienneté de leurs commiffions
» ou brevets, conformément à ce qui eft pref-
» crit par l'article 15.

» XXII. Les officiers de cavalerie appelés à
» un confeil de guerre d'infanterie, & ceux
» d'infanterie appelés à un Confeil de guerre de
» cavalerie, prendront féance à la gauche du
» préfident ; & en ce cas, les officiers du corps
» dont fera l'accufé, fe rangeront fucceffivement
» à droite du préfident.

» XXIII. Le commiffaire des guerres ayant la
» police de la troupe dont fera l'accufé, ou dans
» le département duquel le Confeil de guerre fe
» tiendra, y affiftera s'il le juge à propos ; en ce
» cas il aura la feconde place, & repréfentera
» aux juges les ordonnances relatives au délit
» dont il fera queftion.

» XXIV. Le major de la place s'affeoira près
» de la table, vis-à-vis le préfident, & appor-
» tera les ordonnances militaires & les infor-
» mations.

» XXV. Tous les officiers de la garnifon, de
» quelque corps qu'ils foient, pourront être pré-
» fens au Confeil de guerre, & ils fe tiendront
» debout, chapeau bas & en filence.

» XXVI. Les juges étant affis & couverts,
» après que le préfident aura dit le fujet pour
» lequel le Confeil de guerre fera affemblé, le
» major de la place fera lecture de la requête
» contenant plainte, des informations, du ré-
» colement & de la confrontation des témoins
» & de fes conclufions, qu'il fera tenu de fi-
» gner.

» Le major fe tiendra couvert comme les
» autres juges pendant le rapport du procès, &

» ne se découvrira que lorsqu'il donnera ses con-
» clusions.

» XXVII. L'accusé ayant été conduit au Con-
» seil de guerre par une escorte de dix hommes
» de son régiment, aux ordres d'un bas offi-
» cier, aussi-tôt après la visite & la lecture en-
» tière du procès, le président ordonnera qu'il
» soit amené devant l'assemblée où il le fera
» asseoir sur la sellette, si les conclusions sont à
» peine afflictive ; sinon il y comparoîtra de-
» bout.

» XXVIII. Le président, après lui avoir fait
» prêter serment de dire la vérité, procédera à
» son dernier interrogatoire ; chaque juge pourra
» l'interroger à son tour, & il sera conduit en
» prison dans le même ordre quand les interro-
» gatoires seront finis.

» XXIX. L'accusé étant sorti, le président
» prendra les voix pour le jugement de l'ac-
» cusé.

» XXX. Le dernier juge opinera le premier,
» & ainsi de suite en remontant jusqu'au prési-
» dent qui opinera le dernier.

» XXXI. Dans le Conseil de guerre mêlé
» d'officiers d'infanterie, de cavalerie & de dra-
» gons, les officiers de cavalerie & de dragons
» opineront les premiers, s'il s'agit de juger un
» fantassin ; & ce seront les officiers d'infan-
» terie, s'il s'agit de juger un cavalier ou un
» dragon.

» XXXII. Celui qui opinera ôtera son cha-
» peau & dira à haute voix, que trouvant l'ac-
» cusé convaincu, il le condamne à telle peine
» ordonnée pour tel crime, ou que le jugeant
» innocent, il le renvoie absous ; ou si l'affaire

» lui paroît douteufe faute de preuves, qu'il
» conclut à un plus ample informé, l'accufé ref-
» tant en prifon.

» XXXIII. A mefure que chaque juge don-
» nera fon avis, il l'écrira au bas des conclufions
» du major, & le fignera.

» XXXIV. L'avis le plus doux prévaudra dans
» les jugemens, fi le plus févère ne l'emporte de
» deux voix, & l'avis du préfident ne fera compté
» que pour une voix, comme celui des autres
» juges.

» XXXV. L'accufé étant jugé, le major de la
» place fera dreffer la fentence ; tous les juges
» figneront au bas, quand bien même ils au-
» roient été d'avis différens de celui qui aura
» prévalu, & il en fera envoyé une expédition
» au fecrétaire d'état ayant le département de
» la guerre, & au commandant de la pro-
» vince.

» XXXVI. Le major de la place ira enfuite
» à la prifon avec celui qui lui fervira de gref-
» fier ; & fi l'accufé eft renvoyé abfous, il le
» fera mettre en liberté auffi-tôt que fon juge-
» ment lui aura été prononcé.

» XXXVII. Si l'accufé eft condamné à mort
» ou à une peine corporelle, le major de la
» place le fera mettre à genoux pendant que le
» greffier lui lira fa fentence ; dans le premier
» cas, on lui donnera auffi-tôt un confeffeur,
» & il fera exécuté dans la journée ; dans le fe-
» cond, il reftera en prifon jufqu'au moment de
» l'exécution.

» XXXVIII. Défend fa majefté aux officiers
» généraux ou aux commandans des places,
» d'ordonner ni fouffrir, fous quelque prétexte

» que ce puiſſe être, qu'il ſoit ſurſis à l'exécu-
» tion d'un jugement du Conſeil de guerre, ſans
» un ordre exprès de ſa majeſté.

» XXXIX. Dans les cas néanmoins où des
» ſoldats invalides feront prévenus de quelque
» crime ou délit militaire, toute la procédure
» ſera inſtruite ſous l'autorité du Conſeil de
» guerre, & conduite juſqu'à jugement définitif
» excluſivement : l'intention de ſa majeſté étant
» qu'il ſoit ſurſis audit jugement, en attendant
» que ſur le compte qui lui en ſera rendu, il en
» ſoit par elle ordonné ; bien entendu que cette
» ſurſéance n'aura lieu que pour les crimes qui
» exigeront une punition capitale.

» XL. Le commandant de la place pourra,
» s'il le juge à propos, faire prendre les armes
» à toute la garniſon pour aſſiſter aux exécu-
» tions, ou ſeulement au régiment dont ſera le
» coupable, & à des détachemens des autres
» corps ; leſquels détachemens ſe placeront aux
» exécutions à la gauche du régiment dont ſera
» le criminel, quand même ce régiment ſeroit le
» moins ancien.

» XLI. Le criminel ſera amené ſur le lieu de
» l'exécution par un détachement d'un lieutenant
» & vingt grenadiers ; & lorſqu'il y arrivera,
» les troupes feront ſous les armes, les tambours
» battans aux *champs*, les trompettes ſonnant *la*
» *marche*, & il ſera publié à la tête de chaque
» troupe un ban, portant défenſe, ſous peine
» de la vie, de crier *grâce*.

» XLII. Le criminel étant arrivé au centre
» des troupes, on le fera mettre à genoux, on
» lui lira la ſentence à haute voix ; & s'il doit
» être remis entre les mains de l'exécuteur, on

» le dégradera des armes, après quoi on le con-
» duira au lieu du fupplice.

» XLIII. Celui qui aura été condamné à être
» pendu fera paffé par les armes au défaut
» d'exécuteur, & en ce cas il en fera fait men-
» tion au bas de la fentence.

» XLIV. L'exécution étant faire, les troupes
» défileront devant le mort, le régiment dont
» fera l'exécuté marchant avant les détachemens
» des autres régimens ».

On a auffi appelé *Confeil de guerre*, une féance
particulière du confeil du roi qui étoit compofée
de feigneurs, des officiers & du fecrétaire d'état
ayant le département de la guerre : il y avoit un
préfident & un vice-préfident. Ce Confeil fe
tenoit au Louvre trois fois la femaine : on y
traitoit tout ce qui avoit rapport à la guerre &
aux troupes. Il fut fupprimé au mois d'octobre
1718.

Voyez *le code militaire*, & *l'ordonnance du roi
du premier mars 1768*. Voyez auffi les articles
DÉSERTION, DÉLIT, PEINE, TROUPES, &c.

CONSEIL DE MARINE. C'eft une
affemblée des principaux officiers de la marine
établie dans chacun des ports de Breft, Toulon
& Rochefort, pour délibérer & ftatuer fur les
opérations relatives à la conftruction des vaiffeaux & au fervice de la marine royale.

Par l'ordonnance du 8 novembre 1774, le
roi a ordonné que le Confeil de conftruction
établi par les ordonnances de 1689 & 1765,
prendroit le titre de Confeil de marine & fe
conformeroit provifoirement à ce qui étoit prefcrit par l'ordonnance du 25 mars 1765, jufqu'à
ce qu'il eût plu à fa majefté d'en régler définitivement les fonctions,

 Et par une autre ordonnance du 27 feptembre 1776, concernant la régie & adminiftration
générale & particulière des ports & arfenaux
de marine, le roi a maintenu & confervé le
même Confeil de marine pour exercer dans
chacun des trois ports que nous avons défignés,
les fonctions qui lui font attribuées définitivement par cette ordonnance (*).

 (*) Ces fonctions font ainfi réglées par le titre 18 de
l'ordonnance citée :

Article 386. Il ne pourra être conftruit aucun vaiffeau,
frégate ou autre bâtiment, que le plan n'en ait été examiné
par le confeil de marine de l'un des trois ports de Breft,
Toulon ou Rochefort : en conféquence lorfqu'un ingénieur,
conftructeur en chef, un ingénieur ordinaire ou fous-ingé-
nieur aura été chargé de dreffer le plan d'un vaiffeau ou
autre bâtiment, il fera tenu de foumettre fon plan à l'examen du Confeil de marine ; & fi ledit ingénieur-conftructeur
n'eft pas réfidant dans l'un des trois grands ports, il adreffera
fon plan au directeur des conftructions du port le plus prochain, pour être par celui-ci préfenté au Confeil de marine.
Ce plan fera double, parfaitement femblable & accompagné
des calculs, ainfi que des deux devis qui feront pareillement
doubles, l'un des bois & des fers néceffaires pour fon exécution, avec leurs dimenfions & les proportions de la mâture;
& l'autre de la difpofition des logemens.

 Ces plans & devis, foit que l'ingénieur-conftructeur qui
les aura dreffés foit réfidant dans le port, ou qu'il réfide hors
du département, feront approuvés du directeur des conftructions & de l'ingénieur-conftructeur en chef, & vifés du
directeur-général avant que d'être préfentés au Confeil.

 387. Enjoint fa majefté aux Confeils de marine établis
dans fes trois ports de Breft, Toulon & Rochefort, de
tenir exactement la main à ce que les ingénieurs conftruc-
teurs affujettiffent fcrupuleufement les dimenfions principales des vaiffeaux du même rang, & des frégates de
même force d'où dépendent les proportions de la mâture
& des agrès, à dès mefures uniformes & invariables qui

Les officiers qui doivent compofer le Confeil

feront fixées par un réglement particulier de fa majefté.
De manière que tous les agrès, apparaux, mâtures &
affuts d'un vaiffeau ou d'une frégate, puiffent fervir indiftinctement à tous les vaiffeaux du même rang, à toutes
les frégates de même force.

388. Le Confeil nommera quelques-uns de fes membres,
ou tels autres commiffaires qu'il lui plaira choifir, pour
faire un examen particulier defdits plans & devis; & lefdits commiffaires en feront leur rapport par écrit au Confeil; tous les membres figneront les deux plans & les deux
devis doubles, lefquels, ainfi que le rapport des commiffaires & l'avis du Confeil, feront envoyés par le préfident
au fecrétaire d'état ayant le département de la marine qui fera
connoître les intentions de fa majefté au commandant &
à l'intendant.

389. Les plans & devis doubles ayant été approuvés
par fa majefté, & renvoyés dans le port au commandant,
le directeur des conftructions préfentera au Confeil les
états qu'il aura fait dreffer du nombre des ouvriers, &
de la qualité & quantité des matières néceffaires pour la
conftruction ordonnée; lefdits états feront examinés &
comparés aux plans & devis, foit dans le Confeil, foit
par les commiffaires qu'il plaira au Confeil de nommer,
pour en faire l'examen & le rapport : & fi ledit Confeil
approuve lefdits états, & ne trouve aucune réduction à y
faire, ils feront vifés par le commandant, & remis enfuite
à l'intendant.

390. Il en fera ufé de même pour les états d'ouvriers
& de matières qui feront demandés par le directeur de port
& par celui de l'artillerie, relativement aux ouvrages dépendans de leurs directions, qu'il fera néceffaire d'exécuter
pour pourvoir au gréement, équipement & armement du
vaiffeau, & généralement dans tous les cas où il s'agira
de conftruction, refontes, radoubs ou autres ouvrages
confidérables.

391. Le Confeil fe fera rendre compte par les trois
directeurs, toutes les fois qu'il le jugera à propos, de
l'avancement des ouvrages qui devront être exécutés dans

leurs directions respectives ainsi que des visites qui auront
été faites des vaisseaux & autres bâtimens défarmés dans
le port, dans les magasins particuliers des vaisseaux ou autres, & dans ceux de l'artillerie ; il se fera pareillement
rendre compte, par le commiffaire des chantiers & atteliers,
& celui du magasin général des différentes recettes de matières, munitions, marchandises & ouvrages, qui auront
été faites dans l'intervalle de deux conseils

392. Il fera fait deux visites des vaisseaux en construction ; la première, lorsque le vaisseau fera monté en bois
tors ; la seconde, lorsqu'il fera entièrement achevé. Le
Conseil nommera, pour chaque visite, trois capitaines
de vaisseau qui feront accompagnés par le directeur des
constructions, l'ingénieur constructeur en chef & l'ingénieur constructeur du vaisseau. Les commiffaires nommés
par le Conseil examineront à chaque visite si le constructeur s'est exactement conformé au plan qui avoit été
présenté au Conseil & approuvé par sa majesté , & ils
feront leur rapport sur la manière dont la construction
aura été exécutée sur ce qu'il pourroit y avoir à déser
dans la solidité de la perfection de l'ouvrage, à quoi il
feroit possible de remédier , & leur rapport , ainsi que
l'avis du Conseil sur ladite construction, feront envoyés
par le président, au secrétaire d'état ayant le département
de la marine.

393. Le directeur général remettra au Conseil l'état
général de la dépense à laquelle auront monté ensemble la
construction, le gréement & l'équipement du vaisseau ou
tout autre bâtiment, lequel état aura été formé des trois
états particuliers qui lui auront été fournis par les directeurs ; & l'intendant remettra pareillement au conseil l'état
général qui lui aura été remis par le commiffaire des
chantiers & atteliers. Ces deux états feront comparés entre
eux & avec les devis, par les commiffaires que le Confeil aura nommés pour procéder à cet examen ; & sur
le rapport des commiffaires, le Conseil donnera son avis
qui fera transcrit au bas de chaque état, & signé de tous
les membres : l'état du directeur général fera déposé au

préfide toujours ; l'intendant qui prend féance

contrôle de la marine, afin qu'on puiffe y avoir recours au befoin ; & celui du commiffaire des chantiers & atteliers fera envoyé par l'intendant au fecrétaire d'état ayant le département de la marine.

394. Lorfqu'une conftruction aura été faite à l'entreprife, en tout ou en partie, le payement n'en pourra être achevé qu'après que la vifite & le rapport des commiffaires nommés par le Confeil, auront conftaté que l'ouvrage eft bon, valable, & bien conditionné dans toutes fes parties : dans ce cas, & dans le cas contraire, il fera dreffé un procès-verbal pour conftater la bonté de l'ouvrage, ou ce qui manque à fa perfection ; & le payement n'en fera achevé qu'après que ledit procès-verbal aura été envoyé par le préfident au fecrétaire d'état ayant le département de la marine, qui fera connoître les intentions de fa majefté au commandant & à l'intendant.

395. Les refontes, radoubs & autres ouvrages confidérables, ne pourront être exécutés qu'après que leur néceffité aura été difcutée dans le Confeil de marine, & que le devis des dépenfes néceffaires y aura été examiné ; à l'effet de quoi, le Confeil nommera trois capitaines de vaiffeau & un ou deux ingénieurs-conftructeurs ordinaires, auxquels fe réuniront le directeur des conftructions & l'ingénieur-conftructeur en chef, pour faire la vifite des bâtimens qu'il fera queftion de réparer : le rapport defdits commiffaires & la délibération du Confeil, feront envoyés par le préfident au fecrétaire d'état ayant le département de la marine, qui fera connoître les intentions de fa majefté au commandant & à l'intendant.

396. Dans le cas où le rapport des commiffaires indiqueroit des réparations urgentes à faire à quelqu'un des bâtimens vifités, le commandant, fur la délibération du Confeil, donnera fes ordres pour qu'il foit procédé fans délai auxdites réparations.

397. Lorfque les refontes, radoubs & autres ouvrages confidérables auront été ordonnés par fa majefté, le Confeil de marine & les directeurs des détails, chacun pour fa partie, fe conformeront en tous points à ce qui a

été prefcrit par les précédens articles, pour les conftructions entières.

398. A l'égard des conftructions nouvelles, réparations & ouvrages confidérables à faire aux batteries du port & de la rade, à l'arfénal, aux quais, cales & baffins, & à tous bâtimens civils appartenans au roi, ils ne pourront être exécutés qu'après que leur néceffité aura été difcutée dans le Confeil de marine, auquel aura été appelé, pour être oui, l'ingénieur en chef des bâtimens civils, & après que le devis des dépenfes néceffaires y aura été examiné: à l'effet de quoi, le Confeil nommera quelques-uns de fes membres, ou tels autres officiers qu'il jugera à propos de commettre, pour faire la vifite des bâtimens civils, quais, baffins, batteries, &c. qu'il fera queftion de réparer; & enfuite l'avis qui aura été pris, fera envoyé par le commandant & l'intendant, chacun féparément, au fecrétaire d'état ayant le département de la marine, qui leur fera connoître à l'un & à l'autre les intentions de fa majefté: & fi l'exécution defdits ouvrages eft approuvée, le payement n'en pourra être fait, qu'après qu'ils auront été examinés par les commiffaires que le Confeil avoit chargés de la vifite faite antérieurement pour en conftater la néceffité.

399. Les marchés & adjudications de tous les ouvrages & approvifionnemens, & tous les traités pour fournitures quelconques, au-deffus de la fomme de quatre cens livres, feront faits & arrêtés par l'intendant, en préfence du Confeil: & lefdits marchés, traités & adjudications feront revêtus de la fignature de tous les membres du Confeil; ils feront faits doubles, & envoyés par l'intendant au fecrétaire d'état ayant le département de la marine, qui les renverra revêtus de fon approbation, fi lefdits marchés, adjudications & traités font approuvés par fa majefté.

400. Le Confeil nommera tous les mois, trois de fes membres, ou tels autres officiers qu'il lui plaira commettre, pour affifter pendant le mois, aux marchés d'ouvrages ou de fournitures dont le prix n'excédera pas la fomme de

senal ; le commissaire général des ports & arse-

___

quatre cens livres , & les commissaires nommés par le Conseil, signeront lesdits marchés & en feront leur rapport au Conseil à la première séance.

401. Il sera remis au Conseil par l'intendant , dans le courant du mois d'août , un projet de tous les bois , chanvres, fers, canons , armes , poudre de guerre , munitions & marchandises quelconques , nécessaires pour la construction , l'armement, la garniture, les rechanges & l'entretien de tous les vaisseaux & autres bâtimens que sa majesté a résolu d'avoir , & pour les remettre en état de naviguer & combattre lorsqu'ils viendront desagréés ou dépourvus de munitions ensuite d'un mauvais temps ou d'un combat ; & outre l'état des bois estimés nécessaires pour les radoubs ordinaires, il y sera joint un état d'approvisionnemens suffisans pour la construction nouvelle du nombre des vaisseaux & autres bâtimens que sa majesté réglera, lesquels états auront été dressés en conséquence des états de constructions , radoubs, armemens & autres ouvrages qui auront été ordonnés par sa majesté : copie desdits états sera annexée à l'état d'approvisionnement, lequel après avoir été examiné par le Conseil qui donnera son avis sur icelui, sera arrêté par l'intendant en présence dudit Conseil, signé par tous les membres , & envoyé , ainsi que l'avis du Conseil, par ledit intendant , au secrétaire d'état ayant le département de la marine.

402. Il sera choisi des échantillons & modèles de chaque marchandises , armes & munitions dont le port devra être approvisionné , lesquels seront présentés au Conseil qui donnera son avis sur iceux.

403. Il sera dressé des affiches qui contiendront les espèces & les quantités des différentes marchandises dont le port aura besoin d'être pourvu : ces affiches seront publiées & mises dans les places publiques des villes & bourgs du voisinage des arsénaux : elles seront insérées dans les papiers publics, & il en sera envoyé aux négocians des villes les plus commerçantes de la province & des lieux où les marchandises sont les plus abondantes, en sorte qu'ils puissent faire leurs offres, & qu'on ait le

naux

naux de marine qui prend séance après le direc-

temps de les recevoir avant le jour fixé pour l'adjudication au rabais de chaque espèce de marchandises ou de leur convertissement. Cette adjudication se fera tous les ans, au commencement du mois d'octobre.

404. Les premiers rabais seront reçus au jour nommé, en présence du Conseil & portes ouvertes ; & si la fourniture est considérable, il y aura trois remises de trois jours chacune : l'adjudication sera faite par l'intendant, à l'extinction de la bougie, au moins disant à la troisième remise dont il sera délivré des actes en forme, par le secrétaire du Conseil, en sa qualité de contrôleur de la marine, si dans les vingt-quatre heures ensuite, il ne se présente plus personne pour rabaisser. Ledit acte sera signé par tous les membres du Conseil, & copie en sera envoyée par l'intendant au secrétaire d'état ayant le département de la marine.

405. Les échantillons ou modèles des marchandises, seront apportés au Conseil avant les adjudications : & après que chaque adjudication aura été faite, l'échantillon ou modèle de la marchandise sera cacheté du cachet du président du Conseil, de celui de l'intendant, de celui du fournisseur & de celui du contrôleur de la marine ; pour être ensuite gardé dans les magasins par les soins dudit contrôleur, afin qu'on puisse y avoir recours & en faire la confrontation lors des livraisons.

406. Les publications & adjudications d'ouvrages qu'il y aura à faire aux batteries à la charge de la marine, aux ports, quais, formes, calles, édifices des arsénaux & bâtimens civils quelconques, appartenans à sa majesté, seront faites en présence du Conseil, avec les mêmes formalités, sur les plans, profils & devis d'ouvrages & de dépenses qui auront été examinés par le Conseil, & arrêtés par sa majesté.

407. Le Conseil s'assurera que les entrepreneurs & ouvriers ne font aucune association pour raison des ouvrages que sa majesté fait faire dans le port, à moins que lesdits entrepreneurs & ouvriers n'en obtiennent la permission par écrit de l'intendant, dont il sera donné

teur général, soit qu'il la prenne en sa qualité de

connoissance au Conseil, & fait mention dans le marché; & les associations faites sans la permission donnée par l'intendant, & sans être venues à la connoissance du Conseil, seront réputées nulles, & les ouvrages entrepris en conséquence, donnés à d'autres à la folle enchère des associés.

408. Toute vente de vieux vaisseaux ou autres bâtimens, de vieux bois ou fers, & généralement de tous autres effets quelconques, jugés hors de service pour la marine du roi, sera faite en présence du Conseil, dans la forme prescrite par les articles précédens pour les adjudications de marchandises & ouvrages.

409. A l'égard des effets neufs que sa majesté voudroit céder à des particuliers, le marché ne pourra être conclu qu'autant qu'il aura été passé en présence du Conseil, & signé de tous les membres; & copie dudit marché & l'avis du Conseil, seront envoyés par l'intendant au secrétaire d'état ayant le département de la marine.

410. Le Conseil nommera, quand il le jugera à propos, un capitaine & un lieutenant de vaisseau pour faire la visite des casernes, de l'hôpital & des galères, bagnes ou salle des forçats: ils en feront au moins une par semaine, & ne pourront s'en dispenser jusqu'à ce qu'ils aient été relevés dans cette fonction par d'autres officiers nommés par le Conseil; ils seront accompagnés dans celle des casernes par un officier de la majorité, dans celle de l'hôpital par le commissaire, un médecin & un chirurgien de l'hôpital, & dans celle du bagne, par ledit commissaire préposé pareillement au détail des chiourmes Ils goûteront le pain des soldats, & visiteront chaque chambrée; ils goûteront les alimens des malades; s'informeront si ces alimens sont distribués en la quantité réglée, & examineront la manière dont lesdits malades sont tenus & soignés: ils se feront aussi représenter le pain des forçats, & verront si l'on se conforme à ce qui aura été réglé pour la qualité & quantité de la ration qui doit leur être fournie; & du tout ils feront leur rapport par écrit au Conseil; & dans le cas où ledit rapport annonceroit

commiffaire général , ou qu'il fupplée l'inten-

quelques négligences ou abus reconnus par les commiffaires qui auront fait lefdites vifites , l'intendant donnera
les ordres néceffaires pour qu'il y foit pourvu & remédié.

411. Le Confeil nommera , quand il le jugera à propos , un capitaine , un lieutenant & un enfeigne de vaiffeau pour faire la vifite des vivres , foit des vivres neufs
qui arriveront dans le port , foit de ceux qui proviendront
des retours de campagnes. Les officiers commis par le
Confeil , feront toutes les vifites qu'il y aura à faire
pendant le temps qu'ils feront en exercice , fe tranfpor-
teront au lieu qui fera défigné , toutes les fois qu'ils en
feront avertis , & feront chaque fois leur rapport au
Confeil.

412. Lorfqu'il viendra à vaquer une place de maître
entretenu , de quelque profeffion , art ou métier que ce
foit , & de côme ou fous-côme des galères , aucun fujet
ne pourra être propofé pour la remplir , au fecrétaire
d'état ayant le département de la marine , qu'après que le
Confeil aura examiné les fervices , les talens & la capacité de tous les concurrens , ainfi que leurs certificats de
mérite & de bonnes mœurs , fignés des capitaines ou
autres officiers commandant les vaiffeaux , fous les ordres
defquels ils auront fervi ; ou le certificat du directeur du
détail auquel ils auront été attachés , vifé du directeur
général & du commandant , ainfi que celui du commiffaire des chantiers & ateliers , vifé de l'intendant , fi ce
font des gens employés dans lefdits chantiers & ateliers ,
ou aux mouvemens du port : la préférence , a mérite égal ,
fera donnée au plus ancien , s'il eft en état de fervir. Le
procès-verbal dudit examen , figné de tous les membres ,
ainfi que l'avis motivé du Confeil , pour propofer le
fujet qui aura paru le plus capable d'occuper la place
vacante , feront envoyés par le préfident , au fecrétaire
d'état ayant le département de la marine , qui fera connoître les intentions de fa majefté au commandant & à
l'intendant.

413. Il ne fera fait aucun examen de machine ou de
projet quelconque , ni aucune épreuve dans le port , que le

dant en cas d'abfence ; & le major de la marine
& des armées navales.

Confeil n'ait nommé tels commiffaites qu'il voudra choifir,
pour affifter auxdits examens ou épreuves. Lefdits commiffaires en feront leur rapport au Confeil qui donnera
fon avis ; & fi l'objet eft de quelqu'importance , lefdits
rapports & avis du Confeil feront envoyés par le préfident , au fecrétaire d'état ayant le département de la
marine.

414. Tous les membres du Confeil qui auront connoiffance de quelqu'abus ou ufage nuifible aux intérêts du roi ,
feront tenus d'en faire leur rapport au Confeil qui , fi le
cas le requiert , nommera des commiffaires pour examiner
l'affaire. Le rapport defdits commiffaires & l'avis qui aura été
pris , feront envoyés par le préfident , au fecrétaire d'état
ayant le département de la marine.

415. Il fera tenu extraordinairement , après chaque campagne , un Confeil de marine où feront appelés les commiffaires départis au bureau du magazin général & à celui
des armemens & vivres , pour examiner les confommations & les devis des vaiffeaux qui reviendront de la
mer.

416. L'officier qui aura été chargé du détail général
d'une armée navale , efcadre ou divifion , remettra au
Confeil fes regiftres , ainfi que les procès-verbaux de marchés & achats de munitions ou effets , certificat des fourniffeurs , & toutes autres pièces fervant à juftifier des
remplacemens & dépenfes , afin que lefdites pièces foient
examinées dans le Confeil qui nommera des commiffaires
pour un plus ample examen , s'il le juge à propos. Ledit
Confeil vérifiera fi ledit officier s'eft exactement conformé à ce qui lui eft prefcrit par l'ordonnance de ce jour ,
*pour régler les fonctions dont les officiers de la marine
feront chargés fur les efcadres & à bord des vaiffeaux ,
relativement aux confommations & remplacement des
munitions & des effets , & aux revues des équipages dans
le cours des campagnes :* & dans le cas où ledit Confeil
auroit reconnu quelque manque de formalité ou contravention à ladite ordonnance , & n'auroit pas approuvé

les pièces qui lui auront été remifes , ledit officier ne pourra être payé de fes appointemens qu'après que fa majefté aura fait connoître fes intentions au commandant du port & à l'intendant.

417. L'officier qui aura été chargé du détail particulier de chaque vaiffeau, remettra pareillement au Confeil l'inventaire d'armement , le regiftre des confommations journalières , les feuilles féparées des articles des différens maîtres , mois par mois, fignées d'eux , les procès-verbaux concernant les confommations dont l'objet aura été confidérable , & les marchés & quittances des fourniffeurs pour les achats & remplacemens qui auront été faits dans la forme prefcrite par l'ordonnance de ce jour, citée dans le précédent article. Toutes lefdites pièces feront certifiées par l'officier chargé du détail & vifées de l'officier commandant le vaiffeau ; & fi ce font des procès-verbaux de confommation ou de remplacemens, elles feront en outre certifiées par tous les officiers de l'état major , à défaut de quoi elles feront regardées comme nulles & non avenues.

418. Le Confeil fera chargé de vérifier la nature , la quantité & la néceffité defdites confommations ; fi les procès-verbaux font revêtus des formes prefcrites, & fi les remplacemens ont été faits avec les formalités exigées par la fufdite ordonnance : à l'effet de quoi, il nommera deux de fes membres auxquels fe réunira le commiffaire du magafin général , pour examiner dans le plus grand détail, lefdites confommations & pièces qui les concernent , & en faire leur rapport dans un Confeil qui fera indiqué par le préfident.

419. Dans le cas où , fur le rapport des commiffaires du Confeil , les confommations paroîtroient hors de la règle, où il auroit été manqué aux formalités pour les remplacemens qui auront été faits , & où les intérêts du roi feroient léfés , foit par la négligence de l'officier-commandant & de celui chargé du détail , foit par malverfation de la part des différens maîtres chargés des effets du roi, il en fera dreffé un procès-verbal , pour être envoyé

traire du conseil, & il n'a voix délibérative qne

par le président : ainsi que l'avis qui aura été pris par le Conseil, au secrétaire d'état ayant le département de la marine ; & dans ce cas, l'officier commandant le bâtiment, l'officier chargé du détail, & ceux des maîtres dont les consommations n'auront pas été approuvées par le Conseil, ne pourront être payés de leurs appointemens & solde, qu'après que sa majesté aura fait connoître ses intentions au commandant du port & à l'intendant.

420. Dans le cas où toutes les consommations auront été approuvées, il en sera donné par le Conseil, un certificat, dont copie sera envoyée par le président, au secrétaire d'état ayant le département de la marine ; & l'intendant, sur l'approbation du Conseil, pourra ordonner le payement des appointemens de l'officier - commandant, de ceux de l'officier chargé du détail, & de la solde des maîtres.

421. Indépendamment des états de consommations, il sera remis au Conseil, par chaque officier-commandant, un devis signé de lui, du vaisseau ou autre bâtiment qu'il aura commandé, dans lequel devis seront détaillés la manière dont l'arrimage aura été fait, la quantité de lest, soit en fer, soit en cailloux, qui aura été embarquée ; la manière dont il étoit distribué dans la calle & la différence du tirant d'eau en lest, le nombre des canons montés & leurs calibres, le nombre de l'équipage, la quantité de l'eau & des vivres, & la différence du tirant d'eau, le navire étant tout armé & prêt à mettre sous voiles. Il sera fait mention dans ce devis, des bonnes ou des mauvaises qualités qu'on aura reconnues au bâtiment pendant la navigation, à toutes les allures, à toutes les voilures, & dans toutes les positions. Il y sera joint un état des changemens ou réparations à faire au bâtiment, que l'officier-commandant aura jugé convenable de proposer au Conseil.

422. Le Conseil examinera le devis qui lui aura été présenté ; & s'il juge à propos qu'il y soit joint quelques observations, elles seront transcrites au bas dudit devis, qui sera signé des membres du Conseil, pour être déposé

dans les cas où il s'agit de marchés & d'adjudications.

au contrôle de la marine, & servir d'instruction aux officiers qui commanderont dans la suite le même bâtiment.

423. Dans le cas où l'état joint au devis annonceroit quelque réparation indispensable & urgente à faire au bâtiment, le Conseil nommera ceux de ses membres, ou tels autres commissaires qu'il lui plaira choisir, pour vérifier la nécessité desdites réparations, & en faire leur rapport par écrit au commandant, qui donnera ses ordres pour qu'il soit procédé sans délai aux réparations urgentes, & rendra compte sur le champ au secrétaire d'état ayant le département de la marine, de la délibération du Conseil, & du travail qu'il aura ordonné en conséquence du rapport des commissaires.

424. Dans le cas où un vaisseau ou autre bâtiment de sa majesté, désarmeroit dans un autre port que ceux de Brest, Toulon & Rochefort, l'officier commandant le bâtiment, adressera au commandant du port auquel il sera affecté, le registre des consommations faites pendant sa campagne, & le devis du bâtiment ; pour lesdits devis & consommations, être examinés dans le Conseil de marine, ainsi qu'il est prescrit par les précédens articles. Entend toutefois sa majesté, que le payement des appointemens & soldes du désarmement, sera fait, dans ce cas seulement, sans attendre la délibération du Conseil.

425. Il sera dressé procès-verbal de chaque séance du Conseil de marine, & il en sera envoyé, par le président, une expédition signée du secrétaire dudit Conseil, au secrétaire d'état ayant le département de la marine ; & le secrétaire du Conseil donnera une copie signée de lui, au commandant & à l'intendant, du procès-verbal de chaque séance.

426. A l'effet de quoi, à la fin de chaque séance, le secrétaire fera le résumé des opinions, dans lequel il énoncera tous les avis particuliers : il en sera fait lecture

-: L'intention du roi étant que les membres

au Conseil,-& tous les membres figneront au bas dudit réfumé.

427. Le fecrétaire s'occupera enfuite de rédiger le procès-verbal ; & fi cette rédaction ne peut-être achevée dans la féance , il fera fait lecture dudit procès-verbal au Conseil fuivant, excepté dans le cas où la nature des objets qui auront été difcutés , exigeroit que fa majefté fût informée fans délai de la délibération du Conseil ; auquel cas le préfident indiqueroit pour le lendemain un Conseil extraordinaire , pour lecture y être entendue dudit procès verbal, qui fera figné de tous les membres fi aucun n'a d'obfervations à faire fur icelui. Les avis particuliers qu'on pourroit avoir donnés par écrit, ainfi que les mé- moires qui auroient été remis au Conseil, fur la matière qui aura été difcutée , feront joints au procès-verbal de la féance, pour le tout être envoyé par le préfident , au fecrétaire d'état ayant le département de la marine.

428. Le fecrétaire du Conseil portera toutes les déli- bérations ou avis dudit Conseil , & les procès-verbaux des féances, fur un regiftre particulier qu'il tiendra à cet effet , & qui fera dépofé au contrôle : fur ce regiftre feront tranfcrits les ordres de fa majefté , & les décifions relatives aux différens objets qui auront été examinés & difcutés dans le Conseil, & fur lefquels il aura donné fon avis.

429. Se réferve fa majefté de renvoyer aux Conseils de marine, foit avec voix délibérative , foit avec voix confulta ive feulement, toutes les affaires, autres que celles men- tionnées dans la préfente ordonnance , qu'elle jugera à propos d'y faire juger & difcuter.

430. Enjoint fa majefté aux préfidens defdits Conseils, de tenir foigneufement la main à ce que tout s'y paffe dans le bon ordre & avec la décence convenable ; à ce que les objets y foient traités fans confufion , & les opinions dé- battues fans partialité & fans chaleur ; enfin, à ce que tous les membres du Conseil concourent affidument , paifible- ment & avec zèle, à tout ce qui peut contribuer au bien du fervice.

permanens du Conseil soient toujours au nombre
de cinq, le commandant du port doit être sup-
pléé en cas d'absence, par le directeur général ;
celui-ci par le directeur particulier le plus ancien dans l'ordre des capitaines de vaisseau ;
l'intendant par le commissaire général ; celui-ci
par le plus ancien des commissaires ordinaires ;
& le major de la marine, par le major de la division du corps royal d'infanterie de la marine,
ou par l'officier qui le supplée dans l'ordre du
service. Les commissaires doivent prendre rang
après les capitaines de vaisseau.

Indépendamment des cinq membres perpétuels, le Conseil peut appeler les directeurs &
sous-directeurs des trois détails, & les commissaires départis aux cinq bureaux de l'arsenal,
suivant la nature des objets qui doivent être
examinés & discutés dans le Conseil, ou des
comptes qui doivent y être rendus. Il peut pareillement appeler des capitaines de vaisseau,
excepté ceux qui sont attachés aux trois directions, & des lieutenans, en évitant toutefois le
trop grand nombre & la confusion. Les directeurs, sous-directeurs, capitaines ou lieutenans
de vaisseau & commissaires ainsi appelés pour
être membres du Conseil, y ont voix délibérative.

Lorsqu'il s'agit de constructions ou d'objets
qui y ont rapport, le Conseil doit appeler l'ingénieur constructeur en chef, ou en son absence
le plus ancien des ingénieurs constructeurs ordinaires, lequel, dans ce cas, a voix délibérative.

Lorsque les autres officiers, ingénieurs-constructeurs ou entretenus dans le port sont appelés

au Conseil, ils sont tenus de s'y rendre pour y donner leur avis ou répondre aux questions qu'on a à leur faire relativement aux objets concernant le détail auxquels ils sont attachés, ou sur lesquels on leur suppose des connoissances particulières : les officiers & ingénieurs-constructeurs ainsi appelés, ne peuvent pas prendre séance; ils doivent être assis hors du rang à côté du président, & se retirer lorsqu'ils ont donné leur avis ou répondu aux questions qu'on leur a faites.

Lorsqu'il doit être délibéré sur certains objets, le commandant du port peut donner entrée dans la salle du Conseil à quelques lieutenans & enseignes qui doivent y assister pour leur instruction, debout & en silence.

Il doit être tenu un Conseil tous les quinze jours dans l'hôtel du président : & indépendamment des Conseils fixes, le commandant doit en faire tenir d'extraordinaires toutes les fois qu'il le juge convenable au bien du service, ou lorsqu'il en est requis par l'intendant.

Le président est chargé d'annoncer à la fin de chaque séance les questions prévues qui doivent être agitées à la séance suivante.

Indépendamment du Conseil de marine permanent dont nous venons de parler, le roi s'est réservé de faire assembler extraordinairement une autre sorte de Conseil de marine, dont l'objet sera d'examiner, lorsque sa majesté l'ordonnera, la conduite des officiers généraux, capitaines de vaisseau & autres officiers qu'elle aura chargés du commandement de ses escadres, divisions ou vaisseaux particuliers, rela-

tivement aux miffions qui leur auront été données (*).

(*) *Les fonctions du Conseil de marine affemblé extraor-*
dinairement par ordre du roi , font déterminées dans le
titre 19 de l'ordonnance citée : voici ce qu'on y lit à ce
fujet :

Article 434. Le commandant en chef d'une efcadre,
ainfi que les officiers généraux employés fous fes ordres,
& le commandant d'un bâtiment particulier, au retour de
la mer, enverront leurs journaux à fa majefté : & fi elle
juge à propos de faire tenir un Confeil de marine pour examiner la conduite & les opérations defdits officiers-commandans; en même temps qu'elle nommera les officiers
qui doivent le compofer, elle adreffera au préfident lefdits
journaux, & une copie des inftructions qu'elle aura données aux commandans.

435. Chacun des officiers-commandans qui devra être
examiné, remettra au Confeil un extrait de fon journal,
figné de lui, dans lequel feront détaillées toutes les opérations & les manœuvres de fa campagne, relatives à
l'exécution de fes inftructions particulières, s'il a été chargé
d'une miffion en chef, ou des ordres qu'il a reçus du général, s'il a navigué en efcadre ; & où il rendra compte de
la conduite qu'il a tenue dans les divers événemens fur-
venus pendant fa campagne, & des motifs qui ont déterminé, dans chaque circonftance, fes opérations & fes
manœuvres.

436. Il leur ajoutera, qu'ils font tenus, ainfi que fa
majefté l'exige d'eux, au fecret le plus inviolable fur tout
ce qui aura été agité & délibéré dans les affemblées, hors
defquelles ils ne s'entretiendront point de ce qui aura fait
le fujet de leurs délibérations.

437. Le Confeil élira enfuite un des membres pour être
le rapporteur.

438. Celui qui devra être examiné au Confeil, ou qui
y fera appelé, s'y rendra lorfque le préfident l'en fera
avertir : il répondra à toutes les interrogations qui lui
feront faites, après avoir préalablement fait ferment de

"Dans ce cas, le conſeil de marine ne peut

---

dire vérité, & fournira tous les mémoires qui lui ſeront demandés.

439. Le Conſeil examinera ſi les commandans ont rempli dans toute leur étendue les inſtructions qui leur ont été données par ſa majeſté, & s'il ſe ſont conformés à tout ce qui leur eſt preſcrit par les ordonnances.

440 Le commandant d'une eſcadre rendra compte au Conſeil de la conduite de chacun des officiers généraux commandant ſous ſes ordres, & de celle des capitaines commandant les vaiſſeaux ou autres bâtimens qui la compoſoient; & ceux-ci, lorſqu'ils ſeront appelés au Conſeil, de celle des officiers qui auront ſervi ſous eux; & leſdits officiers ſubalternes, ainſi que les pilotes, remettront leurs journaux au préſident du Conſeil.

441. Les délibérations du Conſeil, dans leſquelles il ſera fait mention de l'avis motivé de chacun des membres, ſeront ſignées de tous, & adreſſées par le préſident à ſa majeſté qui ſe réſerve de faire enſuite connoître ſes intentions.

442. Le rapporteur du Conſeil portera ſur un regiſtre le réſultat de l'examen qui aura été fait à chaque aſſemblée, & les délibérations.

443. Lorſqu'il ne devra point être tenu de Conſeil de marine, tous les officiers de l'eſcadre, de la diviſion ou du vaiſſeau particulier, à l'exception du commandant en chef & des officiers généraux, remettront ainſi que les pilotes, au retour de leur campagne, au commandant du port, les journaux qu'ils ſont obligés de tenir; leſquels ſeront examinés par deux officiers nommés à cet effet par ledit commandant, qui enſuite fera connoître à ſa majeſté ceux qui n'auront point apporté d'application dans la tenue deſdits journaux: ledit commandant ordonnera qu'il ſoit fait des extraits des obſervations & remarques intéreſſantes qui pourront ſe trouver dans leſdits journaux, & il envertra leſdits extraits ou les journaux entiers, s'il le juge à propos, au ſecrétaire d'état ayant le département de la marine, pour être remis au dépôt général des cartes, plans & journaux de la marine.

être compofé que du nombre d'officiers généraux ou anciens capitaines de vaiffeau que fa majefté aura jugé à propos de nommer.

L'affemblée de ce Confeil doit être tenue chez l'officier le plus ancien qui doit y préfider, & les autres membres du Confeil doivent prendre féance fuivant leur ancienneté dans leurs grades refpectifs.

Voyez *les ordonnances des 25 mars 1765, 8 novembre 1774, & 27 feptembre 1776.* Voyez auffi les articles NAVIGATION, VAISSEAU, MARINE, CAPITAINE, &c.

CONSEIL PROVINCIAL D'ARTOIS. C'eft

---

444. Si aucun des vaiffeaux ou autres bâtimens du roi, défarme dans un autre port que Breft, Toulon & Rochefort, le fecrétaire d'état ayant le département de la marine, après avoir reçu le journal qu'il eft enjoint à l'officier qui l'aura commandé d'envoyer, lui fera connoître celui defdits ports où les officiers de fon état-major & le pilote, devront remettre le leur, & où ils devront ainfi que lui fe rendre, fi fa majefté juge à propos de faire examiner la conduite dudit officier dans un Confeil de marine.

445. Il fera établi dans chacun des ports de Breft, Toulon & Rochefort, un dépôt où feront remis les journaux, plans & mémoires des officiers dont la conduite aura été examinée au Confeil de marine, & les ordres du roi, en conféquence defquels il aura été procédé audit examen, ainfi que le regiftre où feront portés les réfultats & délibérations dudit Confeil. Les journaux dont il eft parlé ci-deffus article 443, qui n'auront point été envoyés à la cour, feront pareillement remis au dépôt, dont le commandant du port fera particulièrement chargé. Il n'en communiquera aucun papier (fi ce n'eft lors de la tenue d'un Confeil de marine, à l'officier qui en fera le préfident) que par les ordres du fecrétaire d'état ayant le département de la marine.

un tribunal qui tient ses séances à Arras, & dont nous avons parlé à l'article ARTOIS.

CONSEIL SOUVERAIN D'ALSACE. C'est un tribunal souverain établi à Colmar, & qui tient lieu de parlement dans la province d'Alsace.

Il est composé d'un premier président, d'un second président, de deux conseillers chevaliers d'honneur d'église ; de cinq conseillers chevaliers d'honneur d'épée ; de vingt conseillers, dont un doyen & deux conseillers clercs, & de deux conseillers honoraires. Il y d'ailleurs deux avocats généraux & un procureur général, deux substituts du procureur général, deux greffiers en chef, un garde des archives, six secrétaires interprêtes, un receveur payeur des gages, un receveur des amendes & épices ; un receveur des consignations, un contrôleur des amendes ; dix-huit procureurs, un premier huissier & trois autres huissiers. La chancellerie établie près le Conseil souverain d'Alsace, est composée d'un conseiller garde des sceaux, d'un secrétaire contrôleur, de trois secrétaires du roi & de deux greffiers. Il y a outre cela un receveur payeur des gages, un receveur des émolumens du sceau, un chauffe-cire & deux huissiers. Les gages de tous ces officiers se prennent sur les émolumens du sceau, & en cas d'insuffisance, sur le domaine.

Ce tribunal connoît en première instance de toutes les affaires de ceux qui avoient autrefois leurs causes commises à la régence d'Autriche, & tels étoient les abbés, les prieurs, les communautés ecclésiastiques, les princes, les seigneurs & les gentishommes, à l'exception de ceux de la baſſe Alſace, qui ont leur directoire à Strasbourg, & à l'exception auſſi des officiers des lieux dépendans du temporel de l'évêché de Strasbourg, & de ceux du comté de Naſſau, &c. des ſentences deſquels les appellations ſont portées à leurs régences reſpectives. Il en faut encore excepter *le grand & le petit ſénat* de la ville de Strasbourg, qui jugent en dernier reſſort les affaires criminelles, & les civiles, juſqu'à la ſomme de mille livres. Le Conſeil ſouverain d'Alſace connoît de même en première inſtance de toutes les cauſes des officiers de ſon corps, & de celles des officiers de la chancellerie qui eſt établie près de ce Conſeil.

Toutes les appellations, tant des juges royaux que de ceux des ſeigneurs & des magiſtrats des villes, & même les appellations comme d'abus des tribunaux eccléſiaſtiques, ſont auſſi du reſſort de ce tribunal.

CONSEIL SOUVERAIN DE ROUSSILLON. C'eſt un tribunal ſouverain établi à Perpignan, capitale du Rouſſillon.

Avant que ce Conſeil fût érigé tel qu'il eſt préſentement, il y avoit à Perpignan un Conſeil royal particulier qui avoit été inſtitué par les rois d'Eſpagne, auxquels appartenoit alors le Rouſſillon. L'établiſſement de ce *Conſeil* de la part de la France eſt de 1642, temps où le Rouſſillon fut réuni à la couronne. Cependant il ne reçut ſa perfection qu'en 1660, après la paix des Pyrenées conclue en 1659. Il eſt compoſé d'un premier préſident, de deux autres préſidens, de deux conſeillers d'honneur, d'un conſeiller clerc & de ſix laïcs ; de deux 'avocats généraux & d'un procureur général. Le gouverneur de la province, & en son absence, le lieutenant général qui y commande, ont droit d'assister à ce *Conseil* & même d'y présider. Le ressort de ce tribunal comprend la viguerie du Roussillon, celle de Conflans & celle de Capsir & de Cerdaigne qui sont unies ensemble, & dont le siége est à Montlouis. Par une déclaration du 7 décembre 1688, le roi unit à ce *Conseil* le consistoire de son domaine dans le pays de Roussillon : c'est de là que ce *Conseil* a deux sortes de fonctions : la première est de juger par appel & souverainement toutes les affaires civiles & criminelles qui y sont portées, en quoi ce Conseil est semblable aux autres cours supérieures du royaume : l'autre fonction de ce Conseil est de connoître en première instance, par députés ou commissaires, des affaires qui concernent le domaine du roi : ce sont le procureur général & les deux avocats généraux, avec deux des juges à tour de rôle, qui décident ces matières ; le président ou conseiller qui se trouve de service en cette juridiction, prend alors la qualité de *conseiller du domaine*. L'appel de leurs jugemens est porté au Conseil souverain, devant les autres juges qui n'en ont pas connu en première instance. Voyez *le mémoire dressé en 1710, pour la généralité de Perpignan, par ordre de M. le duc de Bourgogne.*

CONSEIL SUPÉRIEUR. On a ainsi appelé des tribunaux que Louis XV avoit créés par ses édits des mois de février, août, septembre & décembre 1771 dans les villes d'Arras, de Blois, de Châlons, de Clermont-Ferrand,

de

de Lyon, de Poitiers, de Nîmes, de Bayeux, de Douai & de Rouen.

Ces tribunaux devoient connoître au souverain & en dernier ressort de toutes les matières civiles & criminelles dans l'étendue des bailliages dont leur arrondissement étoit composé, à l'exception néanmoins des affaires concernant les pairs, les pairies, &c.

Le roi ayant rappelé à leurs fonctions les magistrats dispersés sous le règne de son prédécesseur, a supprimé par les édits de novembre 1774 & février 1775, les Conseils supérieurs dont il s'agit, & a rétabli l'ordre des juridictions tel qu'il étoit avant qu'ils fussent créés.

CONSEIL SUPÉRIEUR. C'est aussi le nom qu'on donne dans les Colonies aux tribunaux souverains qui y rendent la justice en denier ressort. Voyez les lois citées, & les articles PARLEMENT, GRAND CONSEIL, ARTOIS, COLONIE, &c.

CONSEILLER. C'est un titre commun à plusieurs officiers. Il signifie proprement celui qui est établi pour donner ses conseils sur certains objets. Il y a les Conseillers d'état, les Conseillers au parlement, les Conseillers clercs, les Conseillers d'honneur, les Conseillers honoraires, les Conseillers d'épée, les Conseillers du roi, les Conseillers des présidiaux, des bailliages & autres siéges royaux, &c.

L'origine des Conseillers proprement dits qui assistent le principal juge de leurs conseil, est fort ancienne : on voit que chez les Grecs, il y avoit des Conseillers pour rendre la justice.

Les Athéniens avoient deux tribunaux supérieurs ; l'un appelé sénat des cinq cens, s'occupoit du gouvernement civil & de la manutention des lois ; l'autre étoit ce fameux aréopage ou préfidoit un des archontes, avec trois cens Confeillers appelés aréopagiftes : il connoiffoit de la police, des matières criminelles & de quelques autres affaires privilégiées.

On voit pareillement qu'il y eut dès les premiers temps des Confeillers chez les Romains. Romulus le forma un confeil de cent notables citoyens qu'il nomma fénateurs. C'eft de ces cent premiers Confeillers ou fénateurs que toutes les anciennes familles patriciennes tiroient leur origine & leur nobleffe.

Les rois fucceffeurs de Romulus, & après eux les confuls, rendirent de même la juftice avec leurs Confeillers ou fénateurs ; le peuple connoiffoit cependant de certaines affaires, & alors chacun opinoit, ou bien l'affemblée établiffoit un confeil pour juger l'affaire.

Les confuls fe trouvant affez occupés du gouvernement de l'état, établirent le préteur pour rendre la juftice en leur place. On ne lui donna point de *Confeillers* ; mais il choififfoit lui-même pour chaque affaire des juges qui faifoient près de lui la fonction de Confeiller. Il ne les prenoit d'abord que parmi les fénateurs ou les chevaliers ; enfuite il y admit auffi des plébéïens.

Le préteur forma encore une autre claffe de *Confeillers* qu'il tira d'entre ceux qui s'appliquoient à l'étude des lois, & qui prenoient le titre de jurifconfultes, parce qu'on les confultoit fouvent fur les procès qui étoient à juger. Il en prit cinq des plus habiles dans chacune des trente-cinq tribus, ce qui faifoit en tout cent foixante-

quinze : on les appela cependant par abrévia-
tion les *centumvirs*. Lorfque le préteur avoit à
décider quelque queftion de droit, il prenoit des
juges ou *Confeillers*, parmi les *centumvirs* ; au
lieu que pour les queftions de fait, il prenoit des
juges dans les trois ordres des citoyens indiffé-
remment.

Les proconfuls, préteurs ou préfidens, qui
étoient les gouverneurs & magiftrats des provinces, avoient auffi la liberté de choifir eux-
mêmes leurs affeffeurs ou *Confeillers*. Ils en prenoient à Rome ou dans les provinces ; mais fi
c'étoit dans leur gouvernement, ces affeffeurs
devoient être changés au bout de quatre mois.
Il falloit enfuite que les proconfuls ou préteurs
en fiffent venir d'ailleurs. Les uns & les autres
devoient être choifis parmi ceux qui avoient
étudié les lois ; ils affiftoient le magiftrat de
leurs confeils dans les jugemens, & le repré-
fentoient en fon abfence. C'eft pourquoi on les
qualifioit *confiliarii & comites magiftratuum* ;
le magiftrat leur renvoyoit l'inftruction & l'examen des procès ; mais il étoit obligé de juger lui
même, ce qu'il faifoit fur le rapport & l'avis de
fes Confeillers.

On voit par ce qui vient d'être dit, que chez
les Romains les fimples Confeillers ou affeffeurs
des magiftrats n'étoient point eux-mêmes con-
fidérés comme magiftrats ; ce n'étoient que des
affeffeurs que le magiftrat appeloit pour l'aider
de leurs confeils & qui par eux-mêmes n'avoient
aucun caractère d'officiers publics.

Les comtes des provinces & des villes ayant
fuccédé en France aux magiftrats Romains, on
établit auffi auprès d'eux des Confeillers pour les

aſſiſter dans leurs jugemens, tant au civil qu'au criminel, & pour repréſenter le magiſtrat en cas d'empêchement de ſa part. La loi ſalique nomme ces Conſeillers *rachinburgi*, mot dérivé de l'Allemand, & qui ſignifioit juges. Ils con-ſervèrent ce nom ſous les rois de la première race, & en quelques endroits juſqu'à la fin de la ſeconde. On les appelloit plus communément en d'autres endroits *ſcabini*, échevins, c'eſt-à-dire *juge* ou *homme ſçavant*.

Ces *rachinbourgs* ou échevins étoient élus par le magiſtrat avec les principaux citoyens. On ne prenoit que des gens d'une ſageſſe & d'une probité reconnues : ils prêtoient ſerment entre les mains du magiſtrat de ne jamais commettre ſciemment aucune injuſtice. Si par la ſuite on en reconnoiſſoit quelqu'un qui n'eût pas les qua-lités ou les ſentimens convenables, il pouvoit être deſtitué par les commiſſaires du roi, ap-pelés *miſſi dominici*, qui en pouvoient mettre en place un autre.

On envoyoit au roi les noms de ceux qui étoient élus, ſoit pour qu'il confirmât l'élec-tion, ſoit afin qu'il connût ceux qui étoient en place ; le juge en appeloit deux ou trois & quel-que fois juſqu'à douze, plus ou moins, ſelon l'importance de l'affaire ; & quand ils n'étoient pas en nombre ſuffiſant, le magiſtrat pouvoit y ſuppléer, en appelant d'autres citoyens des plus capables, à ſon choix.

Sous la troiſième race, les baillis, prévôts, châtelains, vicomtes & viguiers, qui ſuccédèrent aux comtes pour l'adminiſtration de la juſtice, n'avoient point d'abord de *Conſeillers* en titre. Les affaires légères étoient décidées par le bailli ou autre juge feul : quant à celles qui étoient plus importantes & qui méritoient qu'on prît l'avis de quelqu'un, le juge appeloit avec lui deux, trois ou quatre perfonnes telles qu'il vouloit, d'autant que les lois étoient alors dans l'oubli, & qu'on ne fe conduifoit que fuivant des ufages & coutumes que chacun connoiffoit.

Le juge pouvoit en cas d'abfence, déléguer un certain nombre d'affeffeurs pour rendre la juftice ; mais il étoit refponfable des fautes de ceux qu'il avoit commis, & les affeffeurs euxmêmes étoient punis. Dès que le juge reprenoit fes fonctions, ces affeffeurs délégués redevenoient perfonnes privées. A chaque affaire qui méritoit quelque difcuffion, le juge fe choififfoit un nouveau confeil.

Comme les nobles avoient le privilége de ne pouvoir être jugés que par leurs pairs ou égaux, le feigneur ou fon bailli, quand il s'agiffoit des caufes des nobles, appeloit avec lui pour *Confeillers*, un certain nombre de pairs du feigneur, au lieu que pour les caufes des roturiers, le juge appeloit pour affeffeurs tels particuliers qu'il vouloit, lefquels faifoient ferment à chaque caufe, de juger en leur confcience. On les appeloit alors *prud'hommes* ou *juges*.

On voit dans les établiffemens de faint Louis & dans les auteurs contemporains, que le nombre des juges devoit toujours être de deux, trois, quatre ou fept, felon l'importance de la matière ; que fi le feigneur n'avoit pas affez de vaffaux pour fournir ce nombre de pairs, on avoit recours au feigneur le plus proche ; & en cas de refus au feigneur fuzerain ; que les nobles qui refufoient cet emploi étoient contraints de

l'accepter par faifie de leurs fiefs, & les roturiers par prifon : que le miniftère des uns & des
autres étoit purement gratuit ; que les juges &
par conféquent ceux qui faifoient la fonction de
Confeillers, étoient garants de leurs jugemens ;
qu'en cas de plainte, les nobles étoient obligés
de foutenir leurs jugemens par gages de bataille,
& les roturiers par de bonnes raifons ; qu'autrement ils étoient condamnés aux dommages
& intérêts des parties.

L'adminiftration de la juftice étant devenue
plus paifible fous Philippe-le-Bel, les baillis &
les autres juges eurent la liberté de fe choifir un
confeil tel que bon leur fembloit, fans avoir
égard à la qualité des parties, mais feulement
à la nature de l'affaire : ils appeloient ordinairement des avocats de leur fiége ; mais tous ces
Confeillers n'avoient que des fonctions paffa-
gères.

Le prévôt de Paris étoit le feul au commencement de la troifième race, qui eût confervé
fon confeil ordinaire, compofé de l'avocat & du
procureur du roi, & de plufieurs *Confeillers*,
dont les uns étoient appelés *auditeurs*, les autres
examinateurs.

La première création de Confeillers en titre
d'office, eft celle qui fut faite par Philippe-de-
Vallois en 1327, de huit Confeillers au châtelet, quatre clercs & quatre laïques ; le nombre en fut enfuite augmenté en différens temps.

Nous allons maintenant entrer dans quelques
détails fur chaque efpèce principale de Confeiller en particulier.

Des Confeillers d'état. Ce font ceux que le roi
choifit pour fervir dans fon confeil, & y donner
leurs avis fur les affaires qui s'y traitent.

Anciennement le nombre des Conseillers d'état varioit suivant la volonté du roi ; mais comme il s'étoit trop augmenté, il fut réduit à quinze par l'article 207 de l'ordonnance de 1413. En 1664, il fut porté à vingt ; enfin il fut fixé irrévocablement par le réglement de 1673 à trente Conseillers ; sçavoir trois d'église, trois d'épée & vingt-quatre de robe.

La place de Conseiller d'état n'est point un office ; mais un titre de dignité qui est donné par des lettres-patentes adressées à celui que le roi a choisi en considération de ses services. Sa Majesté mande par ces lettres au chancelier de France de recevoir son serment ; il le reçoit au conseil, où le greffier fait d'abord la lecture des lettres du nouveau Conseiller d'état ; & après qu'il a prêté serment debout & découvert, M. le chancelier lui dit de prendre sa place. C'est de ce jour que le rang est réglé entre les Conseillers d'état d'église, d'épée & de robe, quelque rang qu'ils aient d'ailleurs, à l'exception de ceux qui sont officiers de la couronne, lesquels conservent entr'eux le rang de cette dignité, & précèdent ceux qui ne le sont pas.

Des vingt-quatre Conseillers d'état de robe, douze servent au conseil des parties pendant toute l'année, & sont appelés ordinaires ; les douze autres ne sont obligés d'y servir que pendant six mois, & sont appelés *semestres* : mais il est d'usage depuis longtemps qu'ils servent aussi pendant toute l'année.

Les Conseillers d'état d'église & d'épée servent pendant toute l'année, & sont par conséquent ordinaires.

Lorsqu'il vaque une des douze places de Confeiller d'état ordinaire, Sa Majefté la donne à l'un des fémeftres ; le plus ancien eft ordinairement préféré, & on lui expédie de nouvelles lettres-patentes, mais il ne prête point de nouveau ferment.

Le doyen des Confeillers d'état jouit de plufieurs prérogatives ; il eft affis au confeil vis-à-vis du chancelier de France, & lorfqu'il eft abfent, fa place n'eft point remplie : il ne la cède qu'aux officiers de la couronne.

Après le décès de M. d'Ormeffon, doyen du confeil, M. de Machault, confeiller d'état de robe, prit la place de doyen fans aucune conteftation de la part de M. de Chaumont, Confeiller d'état d'épée, qui avoit pris féance au confeil longtemps avant lui.

En 1680, M. Poncet, Confeiller d'état ordinaire, & M. de Villayer, feulement Confeiller d'état fémeftre, prétendirent refpectivement le titre de doyen ; & par l'arrêt du confeil du 9 décembre 1680, il fut ordonné qu'ils feroient les fonctions de doyen chacun pendant fix mois ; que cependant M. de Villayer précéderoit M. Poncet en toute affemblée ; & qu'à l'avenir, le plus ancien feroit doyen feul : que s'il n'étoit que fémeftre de ce jour, il deviendroit ordinaire.

Il fut décidé par arrêt du confeil rendu en 1704, en faveur de M. l'archevêque de Reims, qu'un Confeiller d'état d'églife, qui fe trouve le plus ancien du confeil d'état à fon rang, jouit de la place & de la qualité de doyen & des prérogatives qui y font attachées.

On n'obferve plus le réglement que Henri III

avoit fait relativement aux habits avec lesquels les Conseillers d'état devoient assister au conseil. Ceux qui sont de robe y assistent aujourd'hui avec une robe de soie en forme de simare, qui étoit autrefois l'habit ordinaire des magistrats ; les Conseillers d'état d'église qui ne sont pas évêques, en ont une pareille, & ceux qui sont évêques y viennent en manteau long : les Conseillers d'état d'épée, aussi-bien que les secrétaires d'état, avec leurs habits ordinaires ; les maîtres des requêtes en robe de soie, pareille au surplus à celle des officiers des parlemens. Les Conseillers d'état de robe & les maîtres des requêtes font leur cour au roi en manteau court, ou en manteau long dans les occasions de deuil, où les personnes qui sont à la cour se présentent avec cet habillement.

Au sacre du roi, les Conseillers d'état de robe ont des robes de satin avec une ceinture garnie de glands d'or, des gants à frange d'or & un cordon d'or à leur chapeau. Ils portent des robes de satin sans ces ornemens lorsqu'ils accompagnent le chancelier aux *Te Deum*. L'habit des Conseillers d'état d'épée dans ces occasions est le même que celui des gens d'épée qui ont séance au parlement. Le rochet avec le camail est l'habit de cérémonie de ceux qui sont d'église, du moins s'ils sont évêques.

Il ne faut pas confondre les Conseillers d'état par lettres dont nous venons de parler, avec les Conseillers d'état par brevet ; les premiers jouissent de la noblesse transmissible, quand même ils ne seroient pas nobles d'extraction ; ils ont des appointemens & le droit de *commit-*

timus au grand fceau ; & auffitôt qu'ils font inftallés, ils doivent réfigner les offices fubalternes de judicature dont ils peuvent être pourvus, attendu l'incompatibilité d'une place fupérieure avec une inférieure.

Les feconds, c'eft-à-dire les Confeillers d'état par brevet, n'ont qu'un titre d'honneur qui attribue à celui auquel il eft accordé des priviléges perfonnels, mais nullement tranfmiffibles. Il n'a aucune entrée au confeil, ni ferment à prêter, parce qu'il eft fans fonctions. Il n'a d'ailleurs ni appointemens, ni droit de *committimus*, & fon brevet n'empêche pas qu'il ne puiffe poffder des offices fubalternes de judicature.

Par l'ordonnance du mois de janvier 1629, Louis XIII révoqua tous les brevets de Confeillers en fes confeils obtenus par quelque perfonne que ce fût, & déclara qu'il n'y auroit que les Confeillers auxquels il auroit accordé des lettres en commandement fous fon grand fceau qui pourroient avoir entrée au confeil & recevoir des appointemens.

Durant la minorité de Louis XIV, il fut accordé plufieurs brevets de Confeiller d'état : mais par le réglement du mois de Janvier 1673, ils furent tacitement révoqués, puifqu'après avoir fixé le nombre des Confeillers d'état à trente, & réglé leur fervice, il fut défendu par l'article 5 à tout autre particulier de quelque qualité & condition qu'il fût, de prendre le titre de Confeiller d'état & de Confeiller du roi en fes confeils, à peine d'être déclaré ufurpateur de ces titres, & de trois mille livres d'amende.

Par un jugement contradictoire de M. Tubeuf,

intendant & commissaire départi pour la recherche des usurpateurs du titre de noblesse, dans les généralités de Moulins & de Bourges, rendu le 15 Mars 1669, sur les conclusions du procureur général de la commission, le sieur Pierre Rapine de Fourcherennes a été déclaré usurpateur du titre de noblesse, pour avoir indûment pris la qualité de noble & d'écuyer, sur le fondement d'un brevet de Conseiller d'état accordé en 1652.

Mais par arrêt du conseil du 17 avril 1753, le sieur de Lespes des Hureaux a été déchargé du droit de franc-fief, attendu que son trisaïeul avoit été pourvu par lettres du grand sceau en 1654, d'une place de Conseiller d'état ; qu'il avoit prêté le serment en plein conseil, & qu'il y avoit fait le service.

Des Conseillers au parlement. Anciennement on choisissoit dans l'ordre des ecclésiastiques & des nobles, des francs autres que les barons pour concourir avec eux & avec les prélats à l'administration de la justice. Ces francs furent depuis appelés maîtres & ensuite *Conseillers.*

Dans les trois siècles qui ont précédé la fixation du parlement à Paris, les Conseillers étoient la plupart des abbés ; il y en avoit fort peu de laïcs, parce qu'on étoit alors dans l'opinion qui a même duré encore longtemps après, qu'il falloit avoir été reçu chevalier pour siéger au parlement. L'ignorance des laïcs, & le goût de la chevalerie, qui étoit alors seule en honneur, put éloigner les laïcs de ces places de sénateurs. On ne vouloit point de laïcs non chevaliers, tellement que les barons ne pouvoient rendre la justice en personne à leurs sujets sans être chevaliers : de forte que les gens de lettres, peu propres au noviciat de la chevalerie, ne pouvoient devenir fénateurs qu'en fe faifant d'églife. De-là tant d'eccléfiaftiques au parlement durant ces trois fiècles.

La preuve qu'il y avoit des fénateurs laïcs dès le commencement de la troifième race, fe tire de ce qu'il y avoit au parlement des chevaliers diftingués, des barons & d'autres perfonnes qui étoient auffi des vaffaux du fecond ordre, c'eft-à-dire qui ne relevoient pas immédiatement du roi.

Dans un parlement tenu en 1225, le fire de Coucy ayant récufé tous les barons, le roi demeura prefque feul avec quelques perfonnes de fon confeil, *rex quafi folus præter paucos confilii fui (manfit)*. Saint Louis, dans une ordonnance de 1246, dit pareillement, *de communi Confilio & affenfu dictorum baronum & militum*. Ces chevaliers étoient les fénateurs ou Confeillers du parlement. Ainfi faint Louis ne rétablit pas les fénateurs, comme quelques-uns l'ont cru, puifqu'il y en avoit toujours eu ; mais il les difpenfa d'être eccléfiaftiques, en les difpenfant auffi d'être chevaliers ; cela ne fe fit même que peu à peu ; c'eft de-là qu'ils ont confervé le titre de chevalier. On voit dans les regiftres fous les dates des années 1317, 1364, 1368, 1377, 1384, 1388 & 1459, qu'ils font qualifiés *meffires & chevaliers, milites*. Et en 1484, on trouve pour la première fois un Confeiller qualifié *meffire, maître*.

Il y eut donc fous faint Louis des Confeillers laïcs non chevaliers.

Une ordonnance du 17 novembre 1318, ap-

pelle *maîtres du parlement* les Conseillers, aussi
bien que les présidens ; celles ·de 1319 & de
1320, les distinguent en deux classes, sçavoir, les
jugeurs & les rapporteurs. Les jugeurs étoient
ceux qui rendoient les arrêts ; les rapporteurs
étoient ceux qui faisoient le rapport des enquêtes ou preuves.

Dans une déclaration du premier Juin 1334,
le roi les qualifie de *nos conseillers de nos chambres de parlement.*

Dans celle du dernier décembre 1334, il y
a *Confiliarii noſtri.*

Il paroît qu'ils ne prirent ce titre de Conseillers que lorſqu'ils furent érigés en titre d'office.
On unit en un même corps les Conseillers jugeurs & les Conseillers rapporteurs, & il fut
ordonné que tout Conseiller seroit rapporteur
& jugeur.

Le nombre des Conseillers clercs & Conseillers laïcs fut d'abord égal ; il y en avoit treize
de chaque sorte sous Philippe-le-Bel: sous Louis
Hutin, le nombre des laïcs fut augmenté d'un
tiers, car il n'y avoit que douze clercs & dix-
huit laïcs. Sous Philippe-le-Long il y eut vingt
clercs & trente laïcs. La chambre des requêtes
étoit alors composée de plus de clercs que
de laïcs.

La qualité de Conseiller au parlement a toujours suppose la nobleſſe dans celui qui étoit
revêtu de cette place ; car, comme le droit de
la nation étoit que chacun fût jugé par ſes pairs,
il falloit être noble pour être juge des nobles,
& pour juger l'appel des baillis, pairs & barons.
Pour aider aux pairs & aux prélats à rendre la
ja juſtice, & ſurtout depuis les établiſſemens

de faint Louis, qui étant tirés du droit Romain,
rendoient néceffaire la connoiffance du corps de
droit, on admit au parlement des gens lettrés
non nobles; & dans des temps d'ignorance, où
l'on ne faifoit pas attention que la dignité de
cette fonction conféroit néceffairement la nobleffe, on donnoit des lettres de nobleffe à ceux
qui n'étoient pas nobles d'extraction; on les
faifoit chevalier ès-lois; mais dans des temps
plus éclairés, on a reconnu l'erreur où l'on
étoit tombé à cet égard; & dans les occafions
qui fe font préfentées, on a jugé que ces offices
conféroient la nobleffe. Il y en a arrêt dès 1546;
Louis XIII confirma la nobleffe du parlement
par deux édits des mois de novembre 1640 &
juillet 1644.

Les Confeillers au parlement jouiffent de
l'exemption du ban & arrière-ban, du logement
des gens de guerre & de la fuite du roi, des
droits feigneuriaux, tant en achetant que ven-
dant des biens dans la mouvance du roi, & de
la preftation de l'hommage en perfonne. Ils ont
droit d'indult & de franc-falé, & ils portent la
robe rouge & le chaperon herminé dans les cérémonies.

Les Confeillers clercs en particulier font dif-
penfés de réfider à leurs bénéfices.

Le doyen des Confeillers de la grand'chambre
& le plus ancien des Confeillers clercs de la
même chambre eft gratifié d'une penfion : aux
enquêtes, il n'y a de penfion que pour le doyen
des Confeillers laïcs.

Les Confeillers au parlement ont le droit de
dreffer des procès-verbaux des chofes qui fe
paffent fous leurs yeux, & qui intéreffent le
fervice du roi, le public ou la compagnie.

Mais un de leurs plus confidérables privíléges eft celui qu'ils ont de ne pouvoit être jugés que par le parlement affemblé, & d'être exempts de toute inftruction devant aucun autre juge ; enforte que *la plume doit tomber des mains*, fuivant l'expreffion ordinaire, dès qu'un Confeiller au parlement eft impliqué dans la procédure : le juge doit s'interrompre, fut-ce au milieu d'une dépofition, interrogatoire, plaidoierie ou autre acte quelconque de la procédure.

Des Confeillers clercs. On appelle ainfi ceux dont les offices font affectés a des clercs.

Tous les clercs ou eccléfiaftiques qui font Confeillers, ne font pas pour cela *Confeillers clercs :* ceux qui font pourvus d'offices de Confeillers laïcs font Confeillers laïcs ; & il n'y a véritablement de Confeillers clercs que ceux qui font pourvus d'un office affecté à un clerc.

Dans les tribunaux où il y a deux fortes d'offices de Confeillers, les uns affectés à des laïcs, les autres à des clercs ; les offices de chaque efpèce doivent être remplis par des perfonnes de la même qualité, c'eft-à-dire que les offices de Confeillers laïcs dòivent être remplis par des laïcs, & les offices de *Confeillers clercs* par des eccléfiaftiques, conformément à une déclaration faite pour le parlement le 23 mars 1484.

L'objet que l'on a eu en créant ainfi deux fortes de Confeillers clercs & laïcs, a été fans doute que les deux ordres concourufient également à l'adminiftration de la juftice ; qu'il y eût des clercs pour foutenir les privíléges des eccléfiaftiques, & des laïcs pour foutenir les droits de l'état contre les entreprifes des ecclé-

544 CONSEILLER.

fiaftiques. C'eft pourquoi les offices de Confeillers laïcs ne peuvent fans difpenfe être remplis par des clercs, de même que ceux des
clercs ne peuvent auffi fans difpenfe être remplis
par des laïcs.

L'établiffement des Confeillers clercs eft fort
ancien : les premiers Confeillers clercs ont été
les évêques & archevêques, qui en cette qualité avoient autrefois tous entrée au confeil du
roi & au parlement, d'où ils ont encore confervé le titre de Confeillers du roi en fes confeils. Dans la fuite il fut ordonné qu'il n'y auroit au confeil du roi que ceux qui y feroient
appelés ; & Philippe VI fe faifant confcience
d'empêcher que les prélats ne vaquaffent aux
affaires fpirituelles, ordonna qu'ils ne fe ren-
droient plus au parlement; il n'y eut que l'évêque de Paris & l'abbé de faint Denis qui y confervèrent leur entrée, comme étant plus à portée que les autres d'y venir fans manquer à
leurs autres fonctions.

Les fix pairs eccléfiaftiques qui ont pareillement confervé leur féance au parlement, font
auffi proprement des Confeillers clercs, puifque
ces places ne peuvent être remplies que par
des eccléfiaftiques; mais ils font diftingués par
le titre de *ducs* & de *comtes & pairs eccléfiaftiques*, & l'on n'a pas coutume de les défigner
fous le titre de Confeillers, quoiqu'ils en faffent
réellement la fonction : ce font des Confeillers
clercs nés en vertu de leur dignité de pair.

L'archevêque de Paris & l'abbé de Cluny
font encore des Confeillers clercs du parlement; mais ils font diftingués des autres par le
titre de Confeillers d'honneur nés.

Le

Le châtelet de Paris eſt peut-être le premier tribunal où il y ait eu des places de Conſeillers affeêtées à des clercs ſans autre dignité.

Depuis que le parlement a été rendu ſédentaire à Paris, il y a toujours eu, outre les prélats qui y avoient alors entrée, des places de Conſeiller affeêtées à des clercs. Il y en a auſſi dans les autres parlemens.

Pour poſſéder un office de Conſeiller clerc, il faut régulièrement être dans les ordres ſacrés : mais on accorde quelquefois à de ſimples clercs des diſpenſes pour poſſéder cette ſorte d'office.

Les Conſeillers clercs ne vont point à la tournelle ; ils n'inſtruiſent point les procès criminels, & n'aſſiſtent point au jugement Cet uſage eſt fort ancien : car on voit au regiſtre du parlement de l'an 1475 une proteſtation faite le 23 août par les gens d'égliſe., ſur ce qu'étant préſens à la prononciation du jugement du connétable ſaint Pol qui fut fait à la baſtille, *quod non erant per modum conſilii, auxilii, autoritatis, conſenſus ſeu appunctamenti.*

Cependant au parlement de Grenoble il eſt d'uſage que les Conſeillers clercs inſtruiſent les procès criminels, & aſſiſtent même au jugement comme juges, ſi la peine des accuſés ne doit point être afflictive au corps.

Les Conſeillers clercs des parlemens, qui ſont en même temps chanoines, ſont diſpenſés de la réſidence à leur canonicat, & ne laiſſent pas de gagner les gros fruits. Les jours de fêtes ils portent la robe rouge au chœur ſous leur ſurplis.

A la grand'chambre du parlement, où les.

Conseillers clercs siégent tous de suite, leur place est à la gauche des présidens ; ils ne font nommés qu'après les Conseillers laïcs ; ils opinent cependant les premiers avec les présidens. Dans les autres chambres & tribunaux, ils n'ont rang que du jour de leur réception.

Un Conseiller clerc qui se trouve le plus ancien des Conseillers de sa compagnie, peut *décaniser*, c'est-à-dire jouir de tous les honneurs & priviléges de doyen, & présider à la compagnie en cas d'absence des présidens ou autres chefs.

Des Conseillers d'honneur. Ce sont des gens qui sans être ni avoir été titulaires d'un office de Conseiller, ont néanmoins entrée & voix délibérative dans une cour souveraine, avec le titre de Conseiller d'honneur, & une séance distinguée au-dessus de tous les Conseillers titulaires.

Il y a des Conseillers d'honneur nés, c'est-à-dire, qui le sont en vertu de quelqu'autre dignité à laquelle le titre & la fonction de Conseiller d'honneur sont attachés ; d'autres qui le sont en vertu d'un brevet du prince, qui leur confère cette qualité. Il y a des Conseillers d'honneur dans la plupart des cours souveraines. Le parlement de Paris est la première où il y en ait eu, & où ils sont encore en plus grand nombre.

L'origine des Conseillers d'honneur au parlement vient de ce que cette cour ayant été tirée du conseil du roi, il y eut pendant long-temps beaucoup de relation entre ces deux compagnies. Les gens du parlement étoient souvent appelés au conseil du roi, & reciproquement les gens du conseil venoient souvent au parlement. Ils n'étoient cependant pas membres du parlement, ce n'étoit qu'une séance d'honneur qui leur étoit accordée: mais il devoit toujours y en avoir au moins un ou deux, & tous y avoient entrée quand ils jugeoient à propos d'y venir ; c'est ce que dénote le grand nombre de Conseillers dénommés dans les anciens registres du parlement, qui sont qualifiés en même temps *Conseillers au conseil privé* & *Conseillers en la cour.*

Quoique les Conseillers d'honneur aient entrée, séance & voix délibérative dans toutes les assemblées, ils ne rapportent point & n'ont aucune part aux épices ni aux autres émolumens.

Il y a au parlement de Paris deux Conseillers d'honneur nés, qui sont l'archevêque de Paris & l'abbé de Cluni. Les autres Conseillers d'honneur qui acquièrent cette qualité par lettres du roi, sont tous de robe, tels que des conseillers d'état, des présidens, des maîtres des requêtes. On a vu aussi quelques évêques Conseillers d'honneur : tel étoit en 1720, M. Fontaine évêque de Nevers.

Le nombre des Conseillers d'honneur au parlement de Paris a été fixé à six par lettres patentes du 4 mai 1771.

Il y a aussi des Conseillers d'honneur nés dans d'autres parlemens. L'abbé de Citeaux siége avec cette qualité au parlement de Dijon.

Des Conseillers honoraires. Ce sont ceux qui ont obtenu des lettres d'honoraire après vingt ans d'exercice. On leur en accorde quelquefois plutôt. Ils ont entrée, séance & voix délibérative aux audiences & assemblées du corps auquel ils sont attachés, mais ils ne peuvent instruire ni rapporter aucune affaire, & il ne leur est dû aucune part aux épices ni aux autres émolumens. Voyez HONORAIRE & VÉTÉRANCE.

On appelle aussi *Conseillers honoraires*, les titulaires de certains offices créés par édit du mois d'avril 1635, portant que ces offices peuvent être possédés par toutes sortes de particuliers, gradués ou non gradués, pour avoir séance & voix délibérative dans la compagnie.

Les offices de cette espèce, vacans aux parties casuelles, ont été supprimés par édit du mois de février 1753, qui a d'ailleurs permis aux officiers des présidiaux, bailliages, sénéchaussées, &c. de réunir à leur corps ceux de ces offices qui viendroient à vaquer dans la suite, par mort, démission, &c. en remboursant le prix de l'acquisition au propriétaire.

Des Conseillers d'épée. Ce sont des officiers d'épée qui ont entrée, séance & voix délibérative en qualité de Conseillers dans quelque compagnie de justice.

On peut mettre dans cette classe les princes du sang & les ducs & pairs qui siégent au parlement l'épée au côté, les conseillers d'état d'épée qui sont du conseil du roi, & les chevaliers d'honneur qui sont établis dans certaines compagnies. Il y a aussi quelques officiers d'épée, tels que des gouverneurs de province, qui sont Conseillers nés dans certaines cours souveraines. Enfin les baillis & les sénéchaux, les grands-maîtres des eaux & forêts, & autres qui siégent en épée à la tête de certains tribunaux, sont bien des juges d'épée, mais on ne les désigne pas ordinairement sous le titre de Conseillers dépée.

Des Conseillers du roi. Le titre de Conseiller du roi est commun à plusieurs sortes d'officiers de justice. On l'a aussi communiqué à divers officiers militaires & de finances, & même à des gens de lettres.

. Ce titre pris dans sa véritable signification ne convient naturellement qu'à ceux dont le roi prend conseil pour ses affaires. Et en effet, ceux qui sont des conseils d'état & privé du roi, ont les premiers porté ce titre de Conseiller du roi, qui est juste à leur égard, puisque le roi les assemble pour donner leur avis en sa présence, sur les affaires qu'il fait mettre en délibération dans son conseil. Les ecclésiastiques, les gens d'épée & ceux de robe, dont ce conseil est composé, prennent tous également le titre de *Conseillers du roi en ses conseils.* Les évêques prennent encore cette qualité, parce qu'autrefois ils avoient tous entrée au conseil du roi.

. Loyseau, dans son *traité des offices, livre 1, chap. vij, n.° 57,* dit que « le titre de Conseiller » du roi étoit autrefois si honorable que les » moindres officiers qui le portoient étoient les » baillis & les sénéchaux; que ce titre valoit » autant qu'à présent celui de Conseiller d'état, » parce qu'au commencement ceux qui por- » toient ce titre, étoient des gens du conseil » du roi qui étoient envoyés pour gouverner » les provinces & rendre la justice; que depuis » il fut communiqué aux lieutenans généraux » des baillis, lorsqu'ils furent érigés en titre » d'office, & qu'ils succédèrent au fait de la » justice aux fonctions entières des baillis &

Mm iij

» des sénéchaux ; qu'en 1551, lors de l'érection
» des Conseillers-présidiaux, on ne voulut pas
» encore leur communiquer ce titre ; qu'on
» aima mieux en imaginer exprès un autre, &
» emprunter pour eux des Romains la qualité
» de magistrat, quoiqu'en effet ils ne soient pas
» vrais magistrats ; que cela fut fait ainsi, ou
» afin qu'il y eût une distinction d'honneur entre
» eux & leurs chefs qui sont les lieutenans du
» siége, ou plutôt afin de les distinguer d'avec
» les anciens avocats qui auparavant servoient
» d'assesseurs & conseillers aux magistrats, &
» que par cette raison on appeloit anciennement
» en France Conseillers. De sorte, dit-il, que
» les Conseillers-présidiaux furent appelés Con-
» seillers-magistrats, c'est-à-dire Conseillers en
» titre d'office.

Mais Loyseau ajoute que « depuis, ce titre
» a été communiqué pour de l'argent (& pour
» ainsi dire par impôt) aux élus & à d'autres
» petits financiers dont on a voulu parer les
» offices de ce titre, afin de les mieux vendre ;
» qu'il en est arrivé comme des anneaux d'or,
» qui étoient jadis l'enseigne de la noblesse
» Romaine, laquelle les jeta & quitta par dépit,
» d'un commun consentement, lorsque Flavius,
» affranchi d'Appius - Clodius, fut fait édile-
» currule, & par ce moyen acquit le droit de
» porter l'anneau d'or ; de même que les hon-
» nêtes femmes de France quittèrent la ceinture
» d'or qui étoit autrefois leur marque & orne-
» ment, lorsqu'elles virent que les femmes
» publiques affectoient d'en porter contre la
» prohibition du roi S. Louis, dont est venu le
» proverbe, *bonne renommée vaut mieux que*

» *ceinture dorée* ; que le même titre de Conseiller
» du roi fut tellement méprisé que les Conseillers-
» présidiaux le refusèrent lorsqu'on voulut le
» leur attribuer pour de l'argent. »

Loyseau ne parle pas des Conseillers au châtelet
de Paris ; ce sont néanmoins les premiers, après
les gens du conseil, qui ont porté le titre de
Conseillers du roi. Ce tribunal est le premier
où il y ait eu des Conseillers ; & le titre de
Conseillers du roi leur convenoit d'autant mieux
que nos rois, entr'autres S. Louis, alloient souvent en personne rendre la justice au châtelet ;
& c'est sans doute par cette raison que le prévôt
de Paris avec les Conseillers de son siége s'appeloient le conseil du roi au Châtelet.

Depuis que le roi a eu fixé à Paris une portion de son conseil d'état sous le titre de parlement, ceux qui ont été établis pour former
cette compagnie, ont aussi pris le titre de Conseillers du roi, pour lequel il sont fondés en
double titre : l'un, en ce qu'ils ont été tirés
du conseil du roi, & qu'ils en ont encore fait
long-temps les fonctions, lorsque le roi assem-
bloit son conseil privé avec le parlement, pour
tenir son conseil commun ; l'autre titre est que
depuis l'institution du parlement nos rois ont
coutume de venir, quand ils le jugent à propos,
tenir leur lit de justice au parlement, & d'y délibérer de leurs affaires avec ceux qui composent
le parlement, lequel par cette raison est nommé
dans les anciens titres *la cour du roi*. Dans des
lettres du roi Jean du 16 novembre 1353, les
Conseillers du roi au parlement sont dits *tenans
le parlement*.

Nos rois ayant par succession de temps établi

des Conseillers dans les bailliages & les séné-
chauffées, & dans la plupart des autres siéges
royaux, on a donné auffi aux Conseillers de ces
différens siéges le titre de Conseillers du roi,
à l'inftar de ceux du Châtelet. Ceux qui l'avoient
d'abord négligé l'ont dans la fuite reçu, & préfentement ce titre eft commun à tous les Confeillers des siéges royaux.

Il a été attribué non-feulement à tous les
Conseillers proprement dits, établis dans les
fiéges royaux, mais encore à beaucoup d'autres
officiers de juftice dont le titre propre & principal n'eft cependant pas celui de Conseiller ;
tels que les préfidens des cours fouveraines,
des conseils fouverains & provinciaux, & des
préfidiaux ; les maîtres des requêtes, les maîtres
des comptes, les correcteurs - auditeurs, les
lieutenans généraux, civils, particuliers, criminels & de police ; les affeffeurs, les Greffiers
en chef des cours & autres siéges royaux, les
tréforiers de France, les fecrétaires du roi, les
notaires, les commiffaires au châtelet de Paris
& beaucoup d'autres officiers des juftices royales.

Le connétable prenoit auffi le titre de Conseiller
du roi, & l'on trouve des exemples qu'on l'a donné
anciennement à quelques maréchaux de France.

La plupart des tréforiers, receveurs & payeurs
des deniers royaux, & leurs contrôleurs, ont
auffi le titre de Conseillers du roi.

Enfin il y a encore quelques officiers du roi
qui ne font ni de juftice, ni militaires, ni de
finances, mais que l'on peut plutôt placer dans
la claffe des gens de lettres, qui ont auffi le
titre de Conseillers du roi, comme le premier
médecin & ceux qui ont un brevet d'hiftorio-
graphe de France.

Des Conseillers des présidiaux, des bailliages & autres siéges royaux. Ce font des magiſtrats prépofés pour rendre la juſtice avec les principaux officiers des fiéges auxquels ils font attachés.

Anciennement il n'y avoit point de Conſeillers en titre dans les bailliages & les fénéchauſſées; on ne les a créés que quand on a établi des préfidiaux.

Les Conſeillers des préfidiaux & des bailliages ou autres fiéges royaux ont voix délibérative à tous les jugemens qui fe rendent, foit à l'audience ou à la chambre du conſeil, tant en matière civile qu'en matière criminelle.

Lorſque les baillis, leurs lieutenans ou autres chefs font abſens, le plus ancien Conſeiller préſent eſt en droit de tenir l'audience, de préfider au jugement des procès, de faire toutes fortes d'actes d'hôtel, de juridiction volontaire & d'inſtruction, & de jouir tandis qu'il préfide, des profits, honneurs & prééminence qui appartiennent aux baillis ou à leurs lieutenans. C'eſt ce qui réfulte de l'article 50 de l'édit du mois de mars 1551.

Les Conſeillers ont auſſi l'inſtruction en matière criminelle, lorſque les lieutenans & l'aſſeſſeur font abſens. Cela eſt ainfi réglé par deux édits, l'un du mois de novembre 1554, & l'autre du mois de juin 1586.

Ils peuvent même informer dans le cas de flagrant délit, comme quand il s'agit de fédition, d'émotion populaire ou autre crime, & qu'il importe d'arrêter promptement le coupable. Il n'eſt pas néceſſaire pour cela que les lieutenans foient abſens; mais ils doivent remettre les procédures au lieutenant criminel ou autre officier qui les précède, pour continuer l'instruction. C'est ce qu'ont ordonné deux arrêts, l'un rendu par le parlement de Toulouse le premier mai 1595, & l'autre par le conseil le 6 septembre 1678.

Il en est de même lorsqu'il est question d'un cas prévôtal, soit que le délit ait été commis dans le lieu où réside le Conseiller, ou hors de ce lieu ; il suffit que ce soit dans l'étendue du bailliage, quand il s'agit d'un cas ordinaire, ou dans l'étendue du présidial, si le cas est prévôtal.

Une plainte rendue devant un Conseiller, hors le cas de flagrant délit, & par lui répondue sans que le lieutenant criminel fût absent, ne seroit pas nulle pour cela, mais le lieutenant criminel auroit une action pour faire défendre au Conseiller d'entreprendre sur ses fonctions.

En général un Conseiller peut faire par lui-même tout ce qui est provisoire ou de police, dans les cas qui requièrent célérité ; comme quand il s'agit d'un incendie, d'une inondation, &c. Il peut donner les ordres convenables pour le rétablissement de l'ordre, sans qu'il soit nécessaire pour cela que les chefs & les autres officiers qui le précèdent soient absens.

La qualité de magistrats appartient aux Conseillers des bailliages & des présidiaux.

Ils sont exempts de taille & d'ustensiles, de guet & de garde, & des autres charges publiques de ce genre.

Quant au logement des gens de guerre, l'ordonnance du premier mars 1768 n'en a exempté que les chefs avec les avocats & procureurs du roi.

Nous parlons des autres fortes de Conseillers sous les noms des siéges auxquels ils sont attachés.

Voyez le recueil des ordonnances du Louvre; le règlement du conseil du 8 février 1673; l'édit du mois d'octobre 1571; le style de la chancellerie; la déclaration du 23 mars 1584; le dictionnaire des sciences; le traité des offices par Joly; l'édit du mois d'août 1575; le traité du droit & des prérogatives des ecclésiastiques dans l'administration de la justice séculière; l'édit du mois d'avril 1635, & celui du mois de février 1753; l'ordonnance de Louis XIII du mois de janvier 1629; les édits de janvier & de mars 1551; Loyseau, traité des offices; les édits de mai 1552, novembre 1554 & juin 1586; le traité de la juridiction des présidiaux; l'ordonnance du premier mars 1768, &c.

Voyez aussi les articles CONSEIL, PARLEMENT, PRÉSIDIAL, CHATELET, BAILLIAGE, HONORAIRE, VÉTÉRANCE, JUGE, COMPÉTENCE, OFFICE, HÔTEL, LOGEMENT, &c.

CONSEILLERS - COMMISSAIRES AUX AUDIENCES. On appelle ainsi au parlement de Douai deux Conseillers chargés de présider à l'instruction des causes.

On a vu à l'article *Comparution*, la manière dont s'instruisent au parlement de Douai les causes privilégiées ou que les parties veulent faire décider bien vîte. A l'égard des autres, on ne présente point requête à la cour, mais on lève une commission en la chancellerie, & l'on fait assigner sa partie à comparoir à l'audience des Conseillers-commissaires.

Cette audience ne se tient qu'une fois la semaine, c'est le vendredi; & si ce jour étoit une fête, ce seroit le samedi.

On met fur le rôle toutes les caufes qui doivent s'inftruire à l'audience, fuivant l'ordre de la préfentation qu'en font les procureurs au greffe, mais on donne la préférence à celles où le procureur général eft partie.

Le jour de l'affignation venu, les deux parties comparoiffent par-devant les deux Confeillers-commiffaires, & y déduifent fommairement leurs moyens, jufqu'à la duplique incluivement. Alors la caufe eft *retenue en avis*, & l'on remet le procès au premier préfident qui y nomme un rapporteur. Voyez l'article COULER EN AVIS.

Si l'une des deux parties fait défaut le jour de l'audience, on obferve la même chofe que dans les *comparutions*.

Les Commiffaires peuvent prononcer fur tous les incidens qui s'élèvent entre les parties fur la forme de la procédure, & leurs jugemens ont la force & le nom d'arrêts, lorfqu'il n'en a point été appelé *en pleine cour*, ou qu'en cas d'appel ils ont été confirmés.

Il n'eft point permis d'en appeler en leur préfence, mais feulement au greffe. Il faut que cet appel foit interjeté dans le troifième jour de la prononciation du jugement. Dans ce délai font même comptés les jours de dimanche & de fête.

L'appelant doit relever fon appel dans les dix jours, & configner douze livres pour l'amende, *à peine que ledit appel fera déclaré défert; & l'amende encourue au profit de fa majefté!* Ce font les termes de l'article 22 du chapitre 10 du ftyle de la cour. Comme ce texte ne diftingue point fi le concours des deux défauts, c'eft-à-dire du défaut de relever l'appel & du défaut de configner l'amende, eft néceffaire pour faire prononcer la défertion, ou fi l'un des deux fuffit, on a mis en queftion fi faute de configner l'amende, l'appel qui a été relevé doit être déclaré défert. M. de Blye rapporte un arrêt du 2 décembre 1694, qui jugea pour la négative; mais cette jurifprudence ne fubfifta pas long-temps. M. des Jaunaux rapporte deux arrêts qui ont jugé pour l'affirmative; l'un eft du 15 février 1695, l'autre a été rendu le 4 octobre 1696, après que toutes les chambres eurent été confultées.

Ces fortes d'appels fe plaident à l'audience de la cour; & s'il fe trouve égalité de voix, le jugement eft confirmé, fuivant un arrêté du premier mars 1687 (*).

(*) Il y a une particularité remarquable dans la maniere dont on juge ces appels; les Confeillers qui ont tenu l'audience & rendu l'arrêt, affiftent au jugement de l'appel qui en eft interjeté, & ils y ont voix délibérative, foit que la caufe fe juge à l'audience, foit qu'après avoir été appointée elle fe juge comme les procès par écrit. C'eft ce que porte un arrêté du parlement de Flandres du 22 novembre 1694, inféré dans le recueil de M. de Flines; on en a encore vû un exemple à l'audience de la grande chambre du 13 janvier 1777.

Il s'eft agité à cette audience une queftion intéreffante. Le fieur Canone d'Hereque s'étoit pourvû en complainte contre le fieur Douai; la caufe s'étant inftruite pardevant l'huiffier exploiteur, fuivant la pratique du parlement de Flandres, les deux parties furent ajournées par devant les commiffaires aux audiences, pour plaider fur la provifion : le fieur Canone fit défaut, & les juges le déclarèrent déchû de fa complainte, d'après l'interprétation qu'ils donnèrent à l'article 5 du chapitre 4 du ftile; le fieur Canone en appela, on lui oppofa qu'il n'étoit pas recevable, que les jugemens des Confeillers-commiffaires ne font foumis à l'appel que lorfqu'ils concernent l'inftruction des procès:

Tout cela s'obferve tant dans les caufes portées en première inftance au parlement, que dans celles qui y font portées par appel. A l'égard de celles-ci, il y a plufieurs chofes à obferver.

Quand l'appelant fait défaut, la défertion fe prononce par les Commiffaires; il ne faut pas qu'elle foit décrétée par la cour pour être valablement acquife à l'intimé. M. Pollet rapporte un arrêt du 27 juillet 1694 qui l'a ainfi décidé.

Si la défertion a été prononcée mal-à-propos, l'appelant peut en appeler en pleine cour; mais fi elle eft fondée fur un motif fuffifant, comme fur le défaut de configner l'amende, fur le défaut de comparoir, il eft difficile de s'en relever. Car il n'en eft pas en Flandres comme en France, où celui dont l'appel a été déclaré défert, peut encore appeler de nouveau, en payant les dépens, comme l'a jugé un arrêt du 31 mai 1672 rapporté dans le journal du palais. En Flandres, la défertion emporte la confirmation de la fentence, & l'on ne peut en être relevé fans une caufe légitime & fondée en droit, comme l'a jugé l'arrêt du 27 juillet 1694, cité ci-deffus.

& que lorfqu'ils emportent fin de caufe, comme lorfqu'ils décretent une défertion d'appel, une déchéance de complainte, ils font cenfés rendus par la cour, & par conféquent en dernier reffort; on appuya fur les différens articles du ftile qui ne parlent que des appels *d'appointemens* rendus par les commiffaires, terme qui ne fignifie que des jugemens préparatoires & jamais définitifs. Nonoftant ces raifons, le parlement reçut l'appel & infirma le jugement qui en étoit l'objet, conformément aux conclufions du miniftère public.

On pourroit même douter, dit M. Pollet, s'il ne faut pas fe pourvoir dans la forme prefcrite par l'édit des requêtes civiles du mois de mars 1674, qui eft un extrait du titre 35 de l'ordonnance du mois d'avril 1667. Le fentiment de ce magiftrat eft très - plaufible. Puifqu'un jugement des Commiffaires qui déclare un appel péri & défert, ne peut être attaqué par la voie d'appel en pleine cour, quand il eft fondé fur un jufte motif, il a dans ce cas la force d'un arrêt : or on ne pourroit faire rétracter un arrêt par lequel la cour auroit prononcé la défertion d'un appel, fous prétexte que l'appelant auroit des raifons légitimes pour s'en faire relever, fi ces raifons n'étoient pas du nombre de celles qui donnent ouverture à la requête civile. C'eft ce qui a été jugé dans l'efpèce fuivante.

Jean - Baptifte Tranniaux avoit relevé fon appel & donné affignation à l'audience des Confeillers - commiffaires. Boutry fon adverfaire, defirant accélérer le jugement de la caufe, préfenta requête pour en demander l'inftruction fommaire. Tranniaux comparut par procureur; mais comme il n'avoit point configné l'amende de fol appel, cette *comparution* avoit été déclarée comme non avenue. Tranniaux fe trouva lui-même à la feconde avec un avocat, mais elle fut encore rejetée à défaut de procureur. A la troifième il fit défaut, & la cour déclara fon appel péri & défert. Dans la huitaine il fe pourvut en oppofition contre cet arrêt, après avoir configné l'amende. Il allégua qu'une maladie dangereufe l'avoit empêché de conftituer un procureur pour la troifième *comparution*, & que les calomnies de fes adverfaires l'avoient mis dans l'impoſſibilité de trouver une caution pour l'amende, ce qu'il offroit de prouver. La cour le débouta purement & ſimplement de ſa requête par arrêt du 17 novembre 1766, au rapport de M. Desjardins, & par-là jugea que pour être relevé d'une déſertion d'appel, il ne ſuffit pas d'alléguer une cauſe légitime & fondée en droit, ſi l'on ne ſe pourvoit dans la forme preſcrite par l'édit des requêtes civiles.

Il en doit être de même des déſertions prononcées par les Conſeillers-commiſſaires, dont les jugemens ont force d'arrêts en cas de nonappel. Les arrêts ne peuvent être rétractés que dans les cas & dans les formes exprimées par le légiſlateur. Dès qu'un moyen qui pourroit les faire réformer n'eſt pas expreſſément indiqué par la loi, il eſt cenſé abſolument interdit ; & c'eſt vraiment ici qu'on peut dire que la loi défend tout ce qu'elle ne permet pas. Or les moyens de faire rétracter un arrêt ſe bornent au parlement de Flandres, à la reviſion, à la requête civile, à l'oppoſition & à la caſſation. Hors ces cas, les arrêts ſubſiſtent, & rien n'en peut altérer la force. Ainſi une cauſe légitime & fondée en droit ne peut motiver la rétractation d'une déſertion d'appel, ſi elle n'eſt du nombre de celles qu'indique l'édit des requêtes civiles.

D'après toutes ces raiſons, on ne doit point tirer à conſéquence un arrêt du 28 avril 1684 qui a jugé le contraire.

Mais au moins ne peut-on pas ſe pourvoir dans la huitaine en oppoſition contre un jugement des Conſeillers-commiſſaires qui a déclaré un appel péri & déſert ? Cette queſtion n'a pas toujours été décidée de même. Par arrêt du 16

novembre

novembre 1691, rapporté par M. d'Hermaville, le parlement jugea pour l'affirmative. Le contraire vient d'être jugé au rapport de M. Desjardins, entre Jean-Michel Mallet demandeur en opposition, & Angelique Beauvois défenderesse. L'arrêt est du 25 avril 1776.

Cette dernière décision paroît plus juste. La première n'est fondée que sur l'article 3 de l'édit des requêtes civiles, ou, si l'on veut, du titre 25 de l'ordonnance de 1667. Cet article permet de se pourvoir en opposition contre les arrêts rendus par défaut, faute de se présenter, ou faute de plaider; mais cette disposition n'a lieu que pour les jugemens rendus par la cour en première instance, comme l'ont décidé les arrêts rapportés à l'article COMPARUTION. On peut en ajouter deux autres qui ont jugé que la voie d'opposition n'est point recevable contre des arrêts rendus par défaut, faute de plaider, dans les causes d'appel. L'un est du 3 août 1767, entre Camille Isbergue appelante des juges-consuls de Lille & demanderesse en opposition, & Louis Dupuis intimé & défendeur. L'autre est du 6 août 1770, entre Benoît Bataille appelant des juges-consuls de Valenciennes & demandeur en opposition, & Claude le Grand intimé & défendeur.

D'après une jurisprudence si constante, il est clair que l'opposition n'étant pas recevable contre les arrêts rendus par défaut en cause d'appel, ne peut l'être contre les arrêts de désertion.

Les Conseillers-commissaires aux audiences jugent des provisions en matière possessoire. On a vu aux articles CHARGE D'EN-

QUÊTE & COMPLAINTE EN MATIÈRE CIVILE, comment s'inftruifent les complaintes au parlement de Douai.

Mais on a demandé s'ils pouvoient condamner aux dépens de la provifion. Le parlement jugea pour l'affirmative en 1691. L'arrêt eft rapporté par de Ghewiet en fes inftitutions au droit Belgique. Le Confeil provincial de Gand avoit jugé de même par fentence du 2 avril 1690.

L'ufage d'inftruire les caufes par le miniftère de deux Confeillers, n'eft point particulier au parlement de Douai ; il eft adopté dans tous les confeils provinciaux & fouverains des Pays-bas (*), à l'exception de celui d'Artois où l'on fuit l'ordonnance de 1667.

Leurs fonctions ne fe bornent pas à l'inftruction des caufes ; ce font eux qui reçoivent les fermens des nouveaux avocats ; c'eft à leur audience

_____

. (*) Les articles 331 & 332 de l'ordonnance rendue le 17 décembre 1611 pour le confeil de Mons, donneront une idée du pouvoir des Confeillers-commiffaires dans l'inftruction des caufes. Voici comme ils font conçus.

« Auxdits plaids préfideront & affifteront deux Confeil- » lers laics, de robe longue (*pour les diftinguer des Che-* » *valiers d'honneur*) qui feront par tour à ce députés, pour » décider tous les débats & difficultés qui feront mues par » les avocats, en cas que lefdits débats fe puiffent terminer » promptement.

» Sinon les pourront retenir en leurs avis ; & en cas » qu'ils rencontraffent de difficulté trop grande, lefdits com- » miffaires en feront rapport en l'une des chambres de la » cour, pour en être ordonné par icelle ».

Dans les fiéges royaux de la Flandres, les plaids fe tiennent par le premier officier, & fes fonctions font à l'égard de l'inftruction des caufes, femblables à celles des Confeillers-commiffaires du parlement.

que se fait la lecture & la publication des édits, ordonnances & déclarations nouvellement enregistrées.

La publication des substitutions se fait également à leur audience. Autrefois elle se faisoit dans les juridictions subalternes. L'ordonnance du mois d'août 1747 veut qu'elle se fasse dans les siéges royaux ; mais comme il ne s'en trouve point dans quelques villes du ressort de ce parlement, le roi ordonna par une déclaration du 12 juillet 1749, que la publication & l'enregistrement des substitutions se feroient en la cour seulement, dans tous les cas où les biens substitués se trouveroient dans son ressort, & que l'auteur de la substitution y auroit aussi son domicile au jour de l'acte qui la contiendroit, si elle étoit faite par un acte entre vifs, ou au jour de son décès si elle étoit faite par une disposition à cause de mort.

L'article 21 du titre 16 de l'ordonnance criminelle porte que les impétrans de lettres d'abolition & de remission seront tenus de les présenter à l'audience, tête nue & à genoux. On a douté si au parlement de Flandres cette cérémonie devoit se faire à l'audience des Conseillers - commissaires, ou à celle de la cour. Un arrêté que rapporte M. de Blye, sans en citer la date, a décidé qu'elle devoit se faire à l'audience de la cour.

Dumées dit en son traité des juridictions, que la renonciation des veuves à la communauté se fait à l'audience des Conseillers-commissaires pour la partie du Hainaut-François qui est régie par les chartes générales. Si cet usage subsistoit de son temps, on peut assurer qu'aujourd'hui il n'en reste pas la moindre trace. La critique

qu'il en a faite n'a peut-être pas peu contribué
à l'abolir. Il n'étoit fondé que fur l'article 2
du chapitre 33 des chartes générales, qui porte
que les renonciations de veuves doivent fe faire
à la cour de Mons, dans les *pleins plaids* qui
fe tiennent quatre fois l'an. Mais comme les
juges royaux font fubrogés à ce tribunal dans
toutes les matières qui lui font attribuées par
les chartes générales, fuivant l'arrêt du confeil
du 18 juin 1703, pourquoi les renonciations
de veuves feroient-elles exceptées de la règle
générale? D'ailleurs ce ne feroit pas à l'audience
des Confeillers-commiffaires qu'elles devroient
fe faire, ce feroit devant tout le parlement
affemblé, puifqu'à Mons elles ne peuvent fe
faire que dans les *pleins plaids*.

Voyez *le ftile du parlement de Flandres ; les
arrêts de MM. Pollet, des Jaunaux, d'Hermaville ;
les chartes générales du Hainaut ; l'inftitution de
la cour de Mons ; le ftile du confeil de Gand, de
Malines, &c.*

Voyez auffi les articles DOUAI, DÉSERTION
D'APPEL, COMPARUTION, &c. (*Article de
M. MERLIN, avocat au parlement de Flandres.*)

CONSEILLERS-PENSIONNAIRES.
Ce font des officiers établis dans les villes des
Pays-bas, pour donner leur avis aux échevins
fur les caufes foumifes à leur décifion. Comme
les échevins même des villes ne doivent pas
néceffairement être verfés dans le droit, on a
prévenu les abus que pourroit faire naître leur
inexpérience, en agrégeant à leur corps deux
gradués qui portent le titre de Confeillers-
penfionnaires, & font à leur égard ce que font
les échevins de Mons & de Valenciennes à

l'égard des gens de loi des villages de leur territoire.

Ils ne font cependant pas obligés de conformer leurs jugemens à l'avis de leurs conseillers ; ceux-ci n'ont pas même voix délibérative. C'est la différence qu'il y a entre les échevins des villes & ceux des villages.

On a vu à l'article CHARGE D'ENQUÊTE, que les officiers municipaux des villes situées dans le chef-lieu de Valenciennes font obligés de prendre & de fuivre l'avis des échevins de cette ville, dans les caufes qui s'inftruifent pardevant eux. Cela provient de ce qu'il n'y a point de Confeillers - penfionnaires dans leur corps.

Avant la réunion de la Flandres à la France, les charges de Confeillers-penfionnaires étoient à la difpofition des corps de ville ; mais par un édit du mois de novembre 1695, elles furent érigées en titre d'offices formés & héréditaires, & il fut permis à ceux qui en feroient pourvus de prendre la qualité de Confeillers du roi, & d'exercer en même temps d'autres charges publiques.

Voyez cet édit dans *le recueil des édits particuliers au reffort du parlement de Flandres, page 316.*

Voyez auffi les articles ÉCHEVINS, CHARGE D'ENQUÊTE, FLANDRES, &c. (*Article de M. MERLIN, avocat au parlement de Flandres.*)

CONSENS. Terme ufité en matière bénéficiale pour défigner une petite note fommaire, portant qu'un tel procureur conftitué par la procuration pour réfigner, a l'expédition de la préfente fignature, & que l'original de la procuration eft demeuré à la chancellerie ou à la chambre apoftolique.

Cette formalité a été introduite pour obvier à certaines fraudes que les petites dates avoient occafionnées.

Le Confens s'étend au dos de la fignature, foit par le notaire de la chancellerie, foit par un des notaires de la chambre, felon le choix du banquier porteur de la procuration pour réfigner, & contient l'année, le jour du mois, le nom du réfignant, le nom du fondé de pro-curation pour réfigner, & la foufcription du notaire.

Quoique la procuration ne foit remife entre les mains du notaire de la chancellerie ou d'un des notaires de la chambre, qu'après la date de la réfignation admife, & même fouvent qu'elle ne foit remife que long-temps après la date re-tenue ; cependant l'extenfion du *Confens* ne fe fait pas feulement du jour que la procuration a été remife au notaire, mais du jour que la réfi-gnation a été admife ; enforte que la date de la réfignation & celle du Confens qui eft au dos de la fignature, font toujours du même jour.

Si le réfignant fe réferve une penfion & que le réfignataire ait été préfent à la procuration & ait confenti à la penfion, la procuration *ad refignandum* doit faire mention de la préfence & du confentement du réfignataire, & qu'il a ac-cepté la réfignation aux conditions y portées ; mais fi le réfignataire n'a point été préfent, & conféquemment qu'il n'ait pas confenti à la pen-fion, on met en ce cas la claufe fuivante.

Et cum derogatione regulæ de preftando confenfu, attento quod refignatarius abfens & orator qui pa-cificè poffidet , aliter refignare non intendit.

Lorfque le réfignataire à confenti à la pension, on ne met point cette clause ; mais en même-temps que l'on fait étendre le Consens sur la résignation, le notaire étend le Consens au dos de la signature de pension en cette manière.

Die, &c. (si c'est à la chambre), & si c'est à la chancellerie, *anno incarnationis Dominicæ, retro scriptus D. Joannes per illustrem virum D. procuratorum suum reservationi retro scriptæ & litterarem expeditioni consensit, &c. juravit, &c.*

Le Consens ne se met qu'aux résignations & aux signatures de pension.

Voyez *le traité de l'usage & pratique de la cour de Rome, par Pérard Castel ; le dictionnaire de droit canonique ; le recueil des décisions sur les matières bénéficiales par Drapier*, &c. Voyez aussi les articles RÉSIGNATIONS, PENSION, PROVISIONS, &c..

Fin du Tome quatorzième.

E R R A T A.
T O M E VII.

Pag. 561, ligne 10, le titre quatre du règlement ; lisez le titre quatre de la première partie du règlement.

T O M E XIII.

Pag. 485, à l'article COMPÉTENCE, ajoutez, *cet article est de M. GILBERT DE MARETTE, avocat au parlement de Bretagne.*

T O M E XIV.

Pag. 391, lign. 7, Louis XIV ; lisez Louis XV.

Les Tomes XV & XVI paroîtront au mois de décembre 1777.